臺灣歷史與文化 研究輯刊

七 編

第 5 冊

逆寫慈母
——台灣戰後女性小說的母親書寫 1950～2000

陳 靜 宜 著

花木蘭文化出版社

國家圖書館出版品預行編目資料

逆寫慈母——台灣戰後女性小說的母親書寫 1950～2000／陳靜
宜著 -- 初版 -- 新北市：花木蘭文化出版社，2015〔民104〕
序2+ 目2+254 面；19×26 公分
（臺灣歷史與文化研究輯刊 七編；第5冊）
ISBN 978-986-404-176-3（精裝）
1. 臺灣小說 2. 女性文學 3. 文學評論
733.08   103027817

ISBN-978-986-404-176-3

9 789864 041763

臺灣歷史與文化研究輯刊
七 編 第 五 冊   ISBN：978-986-404-176-3

逆寫慈母——台灣戰後女性小說的母親書寫 1950～2000

作　　者　陳靜宜
總 編 輯　杜潔祥
副總編輯　楊嘉樂
編　　輯　許郁翎
出　　版　花木蘭文化出版社
社　　長　高小娟
聯絡地址　235 新北市中和區中安街七二號十三樓
　　　　　電話：02-2923-1455／傳眞：02-2923-1452
網　　址　http://www.huamulan.tw 信箱 hml810518@gmail.com
印　　刷　普羅文化出版廣告事業
初　　版　2015 年 3 月
定　　價　七編 10 冊（精裝）台幣 20,000 元

逆寫慈母
——台灣戰後女性小說的母親書寫 1950～2000

陳靜宜　著

作者簡介

陳靜宜，東華大學中國語文學博士。曾任台北大學、東華大學兼任講師，現任聖母醫護管理專校助理教授。曾獲中興湖文學獎、東華文學獎。著有短篇小說〈夢旅〉、〈半生佛〉，散文〈雨夜，她從黑暗泅泳而來〉，現代詩〈陌路〉，單篇論文〈走進荒野，詩的繁花盛景——當代台灣女詩人的性別意識和語言實踐〉、〈中國古典夢文學的追尋意識〉、〈囚與逃——張愛玲《傳奇》的迴旋敘事學〉等，學術著作《張愛玲長篇小說的女性書寫》，國文教材讀本《悅讀‧樂讀》。

提　要

　　「母親」是歷來不曾斷絕過的文學主題，不同時空背景之下作家所描繪出來的母親形象亦有差異。以目前台灣戰後女性小說的母親書寫之相關文獻看來，論者幾乎都集中在八〇年代以後的作品，其中又以針對「母女關係」這一區塊的研究最多。從文學史的角度綜觀，台灣戰後歷經數度不同思潮的衝擊與文藝流派的遞嬗，文學中的母親形象應也隨之變動並因此有不同的詮釋空間。四、五〇年代的大陸遷台女作家既承襲古典文學的溫雅風格，又曾接受五四新文學中性別教育的啟蒙，加上時空遷移的流離經驗，其筆下的文學母親想必具有值得深究之處。此外，六、七〇年代學院派的現代主義女作家也陸續寫出了不同面向的母親，指涉另類的文化意涵，充滿前衛精神，但這些文本卻甚少被發掘，相關論述更是付之闕如。從四、五〇年代的慈母神話到世紀末的解構母親，筆者以為唯有透過整個戰後女性小說中母親書寫的爬梳與探討，才更能窺見不同階段女作家對這個角色的思索、演變，及其女性意識的突破與蛻變。

　　審視台灣戰後的女性小說家們，她們生長於不同的世代、族群和地理空間，也陸續經歷了不同階段的經濟、政治與文化上的轉型過程。對她們而言，越來越開放多元的視野使她們勇於突破禁忌，抒發自我的聲音，然而另一方面，她們也無法完全拋開傳統的道德包袱。她們不認同母親那一輩的勞苦與認命，拒絕走向傳統的桎梏，而當自己成為母親之後，子女又在許多認知上與她們疏異，形成難以跨越的代溝。正因種種外在與內在的衝突，使得女性小說中的母親書寫具有更多重的詮釋空間——無論是從女兒的角度或母親的立場來舖展這個主題。母親書寫因此不只是女作家單純的文字經營，其更深層、繁複的意義更在於反觀自我生命、重思女性在社會結構中的位置，以及辯證人我（母親與女兒）之間的愛恨關係。

　　本論文探討的時空範圍從五〇到九〇年代，選取的文本包括不同階段之女性小說的母親書寫，除了緒論及結論之外，論文中間依照時序先後分四大章，各章選取二到四位能夠突顯各個時期的母親形象之特質的作品為探討對象。論述以文本的細讀剖析與深度詮釋為首要，並配合不同階段台灣的政經背景、社會脈絡、文史思潮，以及女性主義各個流派的母職理論，加以互證詮解。

花蓮，我的東岸時光

　　雨季，七月的圖書館更冷清了，偌大的校園彷彿只剩我一人。完成論文修改的最後階段，我收拾研究小間散亂一桌的書籍和資料，關上筆電，熄燈。不甚晴朗的天氣，微涼，我將所有的物件放置後車廂，決定去看海。走台 11 線，兩旁的景致魔幻般伸展開來，天地瞬間遼闊了。一如往昔，將車停在石雕館前，我先去迴瀾客棧的石塘看錦魚和睡蓮，然後穿越海岸路到對面的步道漫行；左邊是海，無邊境際，天色蒼茫，右方沿途是門諾，花中，燈塔咖啡，亞士都……。木棉花開，紛紛落了一地，欖仁葉婆娑搖曳，發出沙沙聲響。不甚晴朗的天，灰濛濛的霧，看不清海上的船隻，飄起細雨了，許多記憶頃刻間紛至沓來，彷彿潮水湧現。

　　七星潭的月影。林田山的班遊。滿妹豬腳。石梯坪的飛魚季。瑞穗牧場的駝鳥群。舞鶴台地的茶與黃昏。布洛灣的四月百合。六十石山的八月金針。提拉米蘇。水璉的波斯菊。鯉魚潭的貓眼石，銅門的芒草和鐮刀。富里的紫米，磯崎的熱浪。和南寺的梅枝與佛陀。南濱漂木。白色燈塔。女兒的誕生和外婆的死亡。記憶奔馳著，如夢境，海風呼呼，迎面襲來。

　　花蓮，我的東岸時光。

　　博士論文得以順利完成，首先要感謝指導教授賴芳伶老師的多方啓迪。賴老師深厚博雅的學問、嚴謹的治學態度與豁達的人生觀，均是我爲學處世的典範。東華五年，老師不僅在學識與論文上悉心指引，對我的生活現況和處境亦充滿關愛之情。我們之間，除了這份可貴的師生情緣之外，亦融合了

近似母女關係的深厚情誼。走進文學院 D 棟老師的研究室，窗外青樹翠蔓，海岸山脈停格在遠方，老師與我展開對話，關於知性論述的層層析辯，或者女性經驗的切切私語，每一幕，都是我人生的經典鏡頭。於此，我要向賴老師致以最深的謝意。

感謝陳芳明老師對這本論文提出的犀利見解。多年前倘若未受教於陳老師，我無緣接觸到台灣文學與女性主義的領域，或許也就無後續衍伸的研究歷程。而陳老師投注於學術的心力、果敢與熱情，亦是我學習的典範。博論完成，同樣要向一路鼓勵我勇往直前的陳老師致上最深的謝意。

感謝范銘如老師於初審及口試的勉勵與指正，讓我受益良多。感謝陳萬益老師、楊翠老師於百忙中撥冗指導，提出許多中肯的意見。時間向前推移，論文尚未進入撰述之際，感謝郝譽翔老師和吳明益老師對我初擬之研究計畫的指教與肯定。同輩的情誼也必須謹記，景琦、珊妃、玲玲、家祺都是這段悲欣交集的歲月參與者。

最後，感謝外子正文的支持。為了讓我完成博士階段，這些年他父兼母職，毫無怨言，而在我撰寫論文遇到瓶頸之際，還得忍受我的抱怨和碎碎念。博論完成，亦要向他致以謝意。

2010 年 7 月　東華大學

目次

第一章　緒　論

第一節　研究動機

一、母親的神格化

　　對大多數人而言，母親在成長的過程中扮演了最重要的角色，她的勞苦和奉獻，得到社會的崇高頌讚，這固然補償了母親犧牲自我的付出，但同時卻也不斷將母親角色刻板化。在傳統的社會背景之下，作家書寫母親的唯一目的便是呈現她的慈愛、歌頌她的偉大，然而，在此前提下，幾乎所有文學中的母親形象都很相似，甚至是模糊的；每一個冠上「母親」稱謂的女性被放置在一個符合傳統文化的道德框架中，以致她的個體性被忽略了。一般最常見的即是以神聖與苦難來描繪母親，神聖和苦難其實是一體的兩面，也都是一種生命被「非人化」（神格化）的結果。作家一方面同情憐憫母親的苦難，另一方面卻以她受苦難的程度給予不同程度的讚頌，母親於是成為一個被觀看的「他者」（other），失去其主體性。當我們試圖以「小敘述」（細節描述）的認知去書寫女性的生命史時，在這裡遇到了阻礙，因為在難以突破的、刻板單一的母親形象的標準裡，女性不得不再度回到歷史大敘述（grand narrative）的脈絡。然而，無私的母親是真實的人性嗎？母職究竟是女人的天性，還是文化的產物？作家「對母親的某種詮釋」（如慈母、惡母）是否可視為另一種性別論述？而在將母親神格化的過程中，「母親」這個符碼可能有什麼隱喻？「成為母親」又代表了什麼樣的寓意？這些疑問引發了筆者最初的

研究動機。

閱讀現當代的小說，確實有不少作家將「成為母親」視為是一個女性得以重生或藉此掌權的開端；「成為母親」不僅被詮釋為女性必經歷的社會化過程，還可能被解讀為她擺脫邊緣走向權力核心的手段。然而，如果這些觀點都符合史實，為何六、七〇年代開始，陸續湧出那麼多作家，竭力將筆下的母親醜怪化、瘋狂化、情慾化，甚至讓筆下的母親們背棄家庭倫常、出走失蹤，這些與傳統認知背道而馳的文學母親，勢必隱藏了作家內心強大的顛覆力量。值得注意的是，這群作家幾乎都是女性。女作家試圖將母親這個角色從無私無慾的神的位置拉向七情六慾的（女）人的位置（鬆動母親被框限的性別位置），當她們書寫母親時，所思考的不僅是這個身分在父系文化的真實意涵，也重新探索了（女性）自我成長的過程。

二、「逆寫慈母」延伸的性別議題

二十世紀以來，文學裡的母親形象漸漸在多重折射的時空鏡頭之下，呈現紛雜多樣的面貌，四〇年代張愛玲便以〈金鎖記〉裡曹七巧這個惡母角色改寫了中國文學史中母親被化約的刻板形象〔註1〕。此作雖然遲至六〇年代才在台灣刊行，但其影響力延燒到八、九〇年代，並間接促使「母親」這個近乎神聖的文化符號一再地受到質疑和考驗。六〇年代不可忽略的還有歐陽子的〈魔女〉（1967），這篇以現代主義的手法來解構慈母神話的短篇小說，揭開了台灣戰後女性小說「逆寫慈母」的序幕，具有相當的重要性。

不管作家們以何種敘事手法來處理「逆寫慈母」這個議題，其書寫的目的只有一個：從母親神話中覺醒，將女性從無私無慾的牢籠中解放出來。人性是複雜多面的，母性自然也是，因此，越是將一個母親理想化，便越是要她放棄自我的主體性，如廖輝英言：「母親是無我，而創造和成就，卻是相當自我的東西，兩者之殘酷拉扯，毀滅過多少有創造力的女人？有幸走出來又不虧母職的人，不知比男性多耗費幾倍的心力和體力〔註2〕。」尤其隨著時代的變遷，女性除了擔任母親之外，還得扮演其他的角色，在多重的壓力下勢必會產生心理的衝突，諸多女性於實踐母職之際已面臨種種的困境，而慈母

〔註1〕 胡錦媛〈母親，妳在何方？——被虐狂、女性主體與閱讀〉，收入楊澤編《閱讀張愛玲——張愛玲國際研討會論文集》，台北：麥田，1999.10，頁235。

〔註2〕 廖輝英〈勇敢一生做母親〉《愛情原來是這樣》，台北：皇冠，1992.7，頁81。

神話的刻板信念、傳統母德模範的要求，更使她們承受巨大的壓力。周芬伶也認爲：「面對多變的社會，傳統的母德模範已經不能滿足現代媽媽或現代孩子，孩子需要他們需要的母親，母親必須調整自己去配合孩子的需要，孩子也必須調整自己去尊重母親的性格〔註3〕。」這段話揭示了母職文化的轉變，固守傳統母德已經不再是現代女性唯一的選擇。至於文學裡那些完美無缺的母親形象，大多數不過是男性作家的浪漫想像〔註4〕，換言之，作家大力提倡和歌頌文學裡鞠躬盡瘁、慈暉普照、犧牲奉獻之母親形象的背後動機，很可能是一種相當沙文的男性觀點〔註5〕。王德威則認爲，對母親的浪漫想像，除了出自沙文的觀點，也同時蘊藏了作家某種補償的心理：

> 母親的苦難、母愛的失落這些題材，與其說指向作家對母親的關懷，不如說指向作家補償一己欲望或挫折的權宜手段。這樣的寫作甚至可流爲對「母親」意義的持續剝削，而非增益。於是母愛越寫越偉大，而作家因自得或自咎而生的滿足感也隨之水漲船高。「神話」化的母親，「天職」化的母愛，不代表社會敘述功能的演進，反可能顯示父權意識系統中，我們對母親角色及行爲的想像，物化遲滯的一面〔註6〕。

母親越神聖偉大，她的自我犧牲當然也越大，雖然在一個群體社會的網絡裡，作爲人母，犧牲有時是必要的，它甚至可說是一種（成就他人的）美德，一種責任的完成，然而，從另一方面來看，犧牲也意味將「自我」建立在外界的眼光上，放棄主體性與自由意志，如周蕾所說：「母親犧牲自己的行爲其實已經是文化攤派於婦女身上的社會及道德要求〔註7〕。」

　　值得一提的是，從四○到九○年代，當女作家致力於將筆下的母親形象平民化、寫實化的時候，男作家卻堅守傳統，一再將手中的母親神格化、浪漫化；以七○年代鄉土文學爲例，梅家玲便指出，此時期「出自男作家筆下的女

〔註3〕　周芬伶〈千面媽媽〉《女阿甘正傳》，台北：健行文化，1996.6，頁41。

〔註4〕　蔡振念〈叫母親太沈重——台灣現代小說中的母親及母女關係〉，《中國現代文學理論》第20期，2000.12，頁513。

〔註5〕　廖輝英〈母親是夏娃〉，收入《愛情原來是這樣》，頁95。

〔註6〕　王德威〈作母親，也要作女人〉，《小說中國——晚清到當代的中文小說》，台北：麥田，1993.6，頁320～321。

〔註7〕　周蕾〈愛（人的）女人——被虐待、狂想和母親的理想化〉，《婦女與中國現代性：東西方之間閱讀記》，台北：麥田，1995.11，頁305。

人，往往以兩種類型最屬習見：一是偉大的母親，二是活躍的妓女。母親辛勤持家，爲的是栽培兒子成人成器，光大家門；妓女送往迎來，與美日等強國男人應對周旋，從事的是國際貿易兼國民外交活動。前者爲家，後者爲國，二者相輔相成，還眞都對國家社會貢獻良多。」梅認爲這個時期的小說中的母親固然展現強韌的生命力，卻也不斷地被神格化，例如黃春明〈看海的日子〉裡的白梅〔註8〕，而這樣的文學殊異同樣也出現在大陸的當代文壇〔註9〕。如此的文學現象顯示出不同性別的作家對於同一個主題在文學形構及價值觀點上的差異。除了上述黃春明〈看海的日子〉（1967）之外，諸如王拓〈金水嬸〉（1975）、王禎和〈香格里拉〉（1979）、七等生〈老婦人〉（1984）、郭松棻〈奔跑的母親〉（1984）等等，文中的母親莫不以一種正面的（大地之母、慈愛、犧牲）形象現身，這其中固然也有其價值之處，但比起女作家「逆寫慈母」的批判與勇氣，男作家對母親角色的詮釋相對而言確實是較爲保守。

三、女性文本的多重意義

　　審視台灣戰後的女性小說家們，她們生長於不同的世代、族群和地理空間，也經歷了不同階段的政經結構與文化轉型。對她們而言，越來越開放多元的視野使她們勇於突破禁忌，抒發自我的聲音，然而另一方面，她們也無法完全拋開傳統的道德包袱（因爲已經某種程度的內化）；她們不認同母親那一輩的勞苦與認命，拒絕走向傳統的桎梏，而當自己成爲母親之後，子女又在許多認知上與她們疏異，形成難以跨越的代溝。正因種種外在與內在的衝突，使得女性小說中的母親書寫具有更多重的詮釋空間——無論是從女兒的角度或母親的立場來舖展這個主題，而這些自身經驗，相對地也是男作家所缺乏的。

　　筆者相信，透過文學來詮釋「母親」亦是女作家一生中渴望重建的心靈

〔註8〕　梅家玲〈性別論述與戰後台灣小說發展〉，《性別，還是家國？：五○與八、九○年代台灣小說論》，台北：麥田，2004.9，頁 21。針對黃春明〈看海的日子〉裡白梅從養女到妓女到母親的這種不與命運低頭且在家鄉待產期間奇蹟式地福佑家鄉的災厄這種種的敘述，王德威評：「我們直可將其看作是『聖徒列傳』式的奇蹟。……看海的日子，因而散播著母性救贖一切的神話。」〈尋找女主角的男作家〉，《中外文學》第 14 卷第 10 期，1986.3，頁 35。

〔註9〕　參見陳碧月〈90 年代：顛覆「母親神話」的大陸女性小說〉，《兩岸當代女性小說選讀》，台北：五南，2007.9，頁 209～228。以及盛英《中國女性主義文學縱橫談》，北京：九州，2004.10，頁 26，222，236。

工程，無論筆下的母者是慈是惡：作家藉著書寫或探索另一個真實的「她」、或彌補曾經錯失的親情、或釋放長久以來彼此的傷害……，母親書寫因此不只是女作家單純的文字經營，其更深層、繁複的意義更在於反觀自我生命、重思女性在社會結構中的位置，以及辯證人我（母親與女兒）之間的愛恨關係。

四、「母親書寫」的相關論述

作　者	論　文　題　目	學　校　系　所	學年度
林素英	母親形象與母女關係：兩種典範之研究	台灣大學外文所博士論文	87
張佩珍	台灣當代女性文學中的母女關係探討	南華大學文學所碩士論文	89
簡君玲	若即若離——八、九〇年代台灣女性文學中的「母女角色」探討	清華大學中文所碩士論文	91
吳芷維	交纏與共生：九〇年代以來女性小說中的母女關係	靜宜大學中文所碩士論文	93
邱麗君	桂花巷中的母親形象	中正大學外文所碩士論文	94
黃瓊慧	張愛玲及其小說中母親形象研究	彰化師大國文所碩士論文	94
許雅茹	蕭颯小說中的母親形象研究	雲林科大漢學資料整理研究所碩士論文	95

如上表所列，以目前台灣戰後女性小說的母親書寫之相關文獻看來，筆者以為可歸納出幾個重點：第一，研究範圍幾乎都集中在八〇年代以後的文學作品，第二，針對單一作家（或作品）的母親形象作探討，第三，集中在「母女關係」這一部分。就第一、二點而言，「母親」是歷來不曾斷絕過的文學主題，不同時空背景之下作家所描繪出來的母親形象多少有所差異，然而八〇年代之前與此相關的論述幾乎是付之闕如的。八〇年代之前女性小說中的「母親們」以何種面貌出現？其與八〇之後最大的差異在哪裡？尤其是四、五〇年代的大陸遷台女作家群，她們既承襲古典文學的溫雅風格，又曾接受五四新文學之人本思想與性別意識的啓蒙，加上時空遷移的流離經驗，其筆下的文學母親想必具有值得深究的空間和文化意涵。六、七〇年代常被提及的相關作品似乎僅止於歐陽子的〈魔女〉，殊不知六〇年代除了學院派的現代主義作家之外，女留學生以及延續五〇年代的大陸遷台女作家都陸續寫出了不同面向與類型的母親，但這些文本卻甚少被發掘，更別說論述了。從

文學史的角度綜觀，台灣戰後歷經數度不同思潮的衝擊與文藝流派的遞嬗，文學中的母親形象也因此有所變動，僅就八〇年代之後的作品來看似乎失於片斷。從四、五〇年代的慈母神話到世紀末的解構母親，筆者以爲唯有透過整個戰後女性小說中母親書寫的爬梳與探討，才更能窺見不同階段女作家對這個角色的思索、詮釋，及其女性意識的突破與蛻變。

就第三點而言，「母女關係」的描寫無疑是女作家在母親書寫這塊領域中著力最多的部分，以目前的文獻資料來看，論者也多以此爲探討對象。母女關係記載著女性經驗的傳承，也是另一種女性私密語言的歷史化，自然有其研究的價值，但除此之外，母親與兒子之間的某些情結與互動、第一人稱母親話語的文本也極待挖掘和探討，如此更能呈現這個領域的全面性。

第二節 研究範圍

本論文探討的時空範圍從五〇到九〇年代，選取的文本包括不同階段之女性小說的母親書寫，以下依時序先後簡述各階段女性文學及母親書寫的特色：

一、40～50 年代

四、五〇年代是台灣近代史的一個重要轉折，不僅政治面臨劇烈的轉變，文學也回歸到以中文爲主要的創作媒介。這個時期，台灣本土作家因爲文字和政治的因素，自願或被迫地暫時停筆，大陸移民卻因語言的優勢，得以記錄不同族群互動的過程，呈現他們在台灣這塊土地上的初期面貌。在這個各方秩序都處於瓦解和重構的階段，台灣的舊居民與大陸的新移民皆力圖在混亂中尋找自身的主體性與共存的方式，其中不管是對立衝突，或是妥協包容，接觸的過程必定是多元複雜的；現實的生活如此，文學的書寫亦是，更何況，當時的寫作人數和創作量都不算少，整個四、五〇年代的文壇豈是「反共」、「懷鄉」之主流論述所能獨霸？值得注意的是，活躍於當時文壇但書寫的主旨與取向不一定契合主流的大陸移民女作家群。

這批作家可說是台灣戰後女性小說家的源頭，她們的作品固然不乏呼應主流，卻也有部分創作開始以台灣的生活現象爲背景，更重要的是，她們不僅關注到島上的性別與省籍的議題，也開始正視、思量在此重建家園的處境

與方法，而非一心眷戀大陸故鄉。重現她們的作品，無非具有填補四、五〇年代台灣文學史的重要性。再者，這些遷台的外省女作家們有不少是受五四文化運動的新式教育啓蒙，頗具性別意識，來台初期即針對一些性別議題，數度與男性文人交鋒〔註10〕，開拓了台灣女性書寫的視野，蘇雪林、林海音、張秀亞、琦君、孟瑤、潘人木、郭良蕙、謝冰瑩、鍾梅音、童眞……等等，都是當時重要的作家。她們的書寫文類多爲散文和短篇小說，由於刊登之處大多在報紙副刊和雜誌上，因此對當時推行的國語教育也有間接的幫助〔註11〕。1950年孟瑤的〈弱者，妳的名字是女人！〉曾引發文壇上性別議題的熱烈討論〔註12〕，這篇文章用詞激烈，針對妻母職對於女性追求自我所產生的阻礙提出了尖銳的控訴：

> 幾乎有點近乎病態似地崇拜武則天……。她殺女抑子，甚至於謀夫（雖然在歷史上還是疑案）。她多麼蔑視「母親」與「妻子」這光華燦爛，近乎神聖的誘惑啊。而這可怕的兩個陷人坑，誰要邁過了它，震鑠古今的勳業，便也隨著完成了。只是女人，所有的女人都慷慨地，自動地跳了下去〔註13〕！

其中不僅質疑傳統家庭制度，也暗藏解構母親神話的意圖，在五〇年代初期的時空背景下，實具前衛精神。鍾梅音除了聲援孟瑤的這篇文章之外，也曾與她辯論女子教育〔註14〕。五〇年代大部分的女性小說都展現明顯的女性自覺，她們不畏懼在論述場域中爭取發聲的位置，極力思索女性主體的再定位，這不僅異於反共主流，亦不若後代評論家標籤的婉約嫻雅〔註15〕。

〔註10〕范銘如〈台灣新故鄉——五〇年代女性小說〉，《眾裡尋她——台灣女性小說縱論》，台北：麥田，2002，頁19。

〔註11〕齊邦媛認爲，這群女作家的作品不但對當時推行的國語文教育極有幫助，她們追懷往事的那種美化的傾向，也開啓了所謂的精緻文化。齊邦媛〈閨怨之外——以實力論台灣女作家的小說〉，《千年之淚：當代台灣小說論集》，台北：爾雅，1990.7，頁110。

〔註12〕孟瑤，本名揚宗珍，曾任中興大學中文系系主任，著有《中國文學史》、《中國戲曲史》及《中國小說史》三部學術鉅著。以中國古典文學爲研究領域的她當時發表此文引起文壇的騷動，引發熱烈討論，文章觀點近似美國七〇年代激進派女性主義。

〔註13〕孟瑤〈弱者，妳的名字是女人！〉，《中央日報・婦女與家庭週刊》，1950.5.7。

〔註14〕鍾梅音以散文馳名，她的幾篇短文如〈談今後的女子教育〉、〈戀愛與結婚〉、〈我看婚姻制度〉（俱收入《風樓隨筆》，台北：三民，1970）都觸及性別的議題。

〔註15〕例如《二十年來的台灣婦女》（台北：台灣省婦女寫作協會，1965）的編輯群，

　　婚姻與愛情仍然是這時期女作家關注的焦點，在她們的作品裡，有敘寫台灣的新居生活，也有懷鄉思親，而就懷鄉思親這一部分來看，幾乎每位作家都描寫過「母親」這個角色。五○年代女作家的母親書寫通常會出現兩種情形：其一是表現出對母親深切思念的孺慕之情，其二是透過不同的視角，去呈現一個具有母親身分的女性在傳統大家族裡所面臨的困境，以及身處父權文化之下的弱勢。第一點的代表作家如張秀亞、琦君、謝冰瑩等，她們除了承襲漢文化的孝道精神之外，亦受五四文學弒父戀母之思潮的影響，筆下的母親大多被刻劃爲一慈愛溫婉的形象，與五四時期的冰心、馮沅君、丁玲等走的是相同的路線〔註 16〕。不過，筆者認爲除了上述的承襲與影響之外，作家投以如此的深情還有一點是因爲她們所描繪的乃爲現實生活中「不存在（兩岸的隔閡，或者生死的距離）的母親」；渡海來台（異鄉）的女兒們唯有透過文字，才得以重現現實生活中缺席的（故鄉）母親，並以此重現（或重溫）她們的母女之情。至於第二點，描寫最多且最傳神的莫過於林海音，林的小說重心有不少是放在女性走入婚姻之後（尤其是爲人母）可能遇到的種種挑戰，其作品中所披露的女性／母親經驗，讓我們見到她們在性別壓迫中掙扎且無法翻身的殘酷處境。

　　對這群渡海來台的大陸移民女作家而言，現實中不可復返的除了中國和台灣（因政治）在地理空間的斷裂之外，在她們個人的生命歷程中，成年與童年、現今與過去也是另一種更深切的、永遠的斷裂。因此，當故鄉、母親、童年在這群時空置換的女作家的記憶裡一再疊合時，「母親」便不再只是一個具體的、特定的某位女性，也是舊時代的傳統女性的縮影，甚至混融更多作家的鄉土想像和空間隱喻，種種外緣與內在的因素促使她們小說的母親書寫具有多層次的解讀性。在這群作家中，筆者選取琦君和林海音的作品爲探討對象，其因除了上述的承襲五四文學與懷鄉心理之外，「母親」也是她們的創作裡出現最頻繁、最被細膩描繪，也最讓讀者感動的女性人物，堪稱那個時期母親書寫的代表。

　　　在縱論台灣婦女的文學風格時，強調歷代的女性作品以婉約爲主。葉石濤在
　　　《台灣文學史綱》裡也認爲五○年代的女作家作品「社會性觀點稀少，以家庭、
　　　男女關係、倫理爲主題。」（高雄：文學界，1987.2，頁 96。）

〔註16〕冰心是五四女作家歌頌母親最有力者，她一面強調母愛無所不在，一面也沉浸
　　　在母女連心的理想關係裡。馮沅君的〈慈母〉、〈隔絕〉對母女間相互扶持的關
　　　係，亦多所著墨。丁玲的《母親》也是典範。參見王德威〈作母親，也要作女
　　　人〉，《小說中國——晚清到當代的中文小說》，台北：麥田，1993.6，頁 320。

二、60～70 年代

　　六、七○年代的小說大抵可分爲三大類。第一類是延續五○年代這群以報章、雜誌爲發表據點的大陸遷台女作家，其中如林海音、琦君等在六○年代仍致力寫作，產量十分豐富。在這群外省女作家中，寫作始於五○年代末而盛於六、七○年代如童眞、畢璞、艾雯也值得注意，她們延續寫實路線，內容仍是閨閣婚戀、瑣碎書寫，但開始反思兩性在社會結構裡的位置，對男女在婚姻裡的權力差距有深刻的批判，尤其是對於母職文化及母子衝突等議題有開創性的見解，也初步描繪介於慈與惡之間的母親形象，有別於琦君和林海音建構的慈母文學，因此，三位作家也是筆者在論文中選取的對象。

　　六○年代值得一提的還有瓊瑤，她慣以通俗、誇張的手法去寫愛情故事，並結合小說與電影，將文學導向影像傳播，朝商業化的路線發展。瓊瑤所有的小說都是以描寫不食人間煙火的愛情爲題材，尋愛過程一定會遭到阻礙，例如階級的界限、貧富的懸殊、年齡的差距、長輩的阻撓等等，戲劇效果十足。她的首部作品《窗外》（1963）固然是描寫師生戀，卻也開啓了台灣女性小說「母女衝突」的扉頁，在六○年代仍屬保守的台灣社會裡，瓊瑤幾部激烈的母女辯證的作品確實引人矚目，在戰後女性小說的母親書寫裡不容忽視，八、九○年代蘇偉貞等筆下更尖銳的母女對話在某種程度上或可視爲瓊瑤作品的衍伸或延異。

　　第二類是學院派的現代主義女作家。她們深受西方思潮的影響，側重於描寫人性複雜的深層心理，而不只是外在情節的推展。這群女作家的崛起，「代表本省籍女性菁英正式涉入五○年代以降、由大陸來台新移民主導的女性文壇〔註17〕」。她們的作品就某種意義而言，確實是對傳統文本的一大衝擊，因爲她們試圖跳脫一種愛情／婚姻／家庭的女性書寫的刻板模式，朝向「人」的各種面向去發展（尤其是內心的刻劃），而她們犀利的眼光、冷靜剖析人性的寫作手法也拓展了整個文學視野，將女性小說發展到另一個層面。如果說五○年代女作家欲呈現的是女性在父系社會中的困境，那麼六○年代這群現代派作家則更一步思索女性在面對人生困境時該如何爲自己作取捨。從整個戰後女性小說史來看，這是一個重要的轉折階段〔註18〕，因

〔註17〕 范銘如〈台灣現代主義女性小說〉，《眾裡尋她——台灣女性小說縱論》，頁80。
〔註18〕 之所以認爲六○年代是一個重要的轉折階段，乃如范銘如所說：「六○年代是台灣文學史上重要的分水嶺。各種西方現代主義藝術思潮不僅在此時期被引

為這群作家讓小說中的女性從「客體」（object）的位置逐漸邁向「主體」（subject）。此外，她們也試圖運用不同的寫作手法如意識流、象徵、心理分析等等，將小說人物的主體性表現出來。

　　現代主義女作家筆下的母親形象不再如林海音等採取透過女兒的話語去建構，而是開始讓母親發出「自己的聲音」，講述自身的私密、情慾、歷史，建構她的主體性話語。比起四、五〇年代，六〇年代的現代派女作家更勇於開拓女性的私慾空間。另一方面，透過第一人稱的敘述，女作家在書寫的過程中也開始質疑、辯證女性和母性的關係，重審傳統社會中母親角色的定義，並從中挖掘這個角色不為人知的其他面向。歐陽子和陳若曦是此時期筆者選取的探討對象，歐陽子擅長描寫異常心態的女性／母親人物，挖掘人性的黑暗意識，顛覆意味濃厚，堪稱現代主義女性小說中母親書寫的代表；至於陳若曦，雖然她離開學院之後明顯轉向寫實主義的文學發展，然而她發表於六〇年代幾篇深具現代主義色彩的作品仍有其探討價值，尤其針對母親角色之失控行徑與分裂人格的描寫，比起歐陽子絲毫不遜色。

　　第三類是女留學生文學。六、七〇年代是台灣出國留學的熱潮，此與台灣戰後政治、經濟和文化狀況都有密切關聯：在當時高壓統治和文化斷層的局勢中，許多知識分子紛紛以出國深造作為改善生活處境的方法，這期間，描述異鄉求學的文學作品應運而生，形成所謂的「留學生文學」次文類。台灣這個年代的留學潮，除了可視為中國現代化運動過程中留學熱的持續延燒〔註 19〕，若將之比喻為四〇年代大陸遷台的遺緒也不為過。重讀六、七〇年代的留學生文學，令人想探究的是，為何那群人人欽羨的女留學生筆下流露的氣息總是如此悲情？這種悲情，並不是所謂的感時憂國、去國懷鄉的愁緒，而是一個女性即使遠渡重洋完成她追尋的理想（指留

　　　介進來，更激發本土創作家創作出具實驗性、前衛性的文學作品，跳脫當時意識形態和單調的寫實主義窠臼。雖然在鄉土文學論戰中，對六〇年代西化的傾向提出抨擊批判，卻無損於當初的文學先鋒晉身為經典大師的地位，現代主義對台灣文學的貢獻同樣難以抹滅。」同上註，頁 79。

〔註 19〕王德威認為，留學是中國現代化運動的產物之一，從晚清以迄，政府便鼓勵知識分子出國學習新科技，貢獻所能，富國強民，挽救中國瀕臨被殖民的劣勢地位。留學生的表述因此不單是個人的選擇，還跟國族論述息息相關。晚清至五四的小說中有大量描寫留學生在國外及返國後的種種行徑。參見王德威〈賈寶玉也是留學生——晚清的留學生小說〉及〈出國・歸國・去國——五四與三、四〇年代的留學生小說〉，俱收入《小說中國——晚清到當代的中文小說》，頁 229～236、237～247。

學）、結婚生子，她仍然找不到生命出口的困與苦，聶華苓在接受廖玉蕙的專訪時曾說：「我就是寫人的一種困境──總是逃，總是困。……這個『困』是多方面的，精神的、心理的、政治的或個人的處境。」〔註 20〕她一語道出了那個時代女留學生的人生桎梏。她們的作品也出現女性外遇的情節，或女大男小的婚戀組合，作家似乎要藉此來擺脫一些傳統性別意識的窠臼，賦予女性更多的自主權，但即使如此，女留學生文本始終有一股淡淡的哀愁，一種揮之不去的悒鬱氛圍，其原因究竟為何？我們或可從性別的角度來找其中的原因：

> 這些在台灣社會的金字塔頂端的菁英，到異邦之後，因種族衍生出的經濟弱勢，使她們階級下降，成為打工洗碗的雜役。忍受「研究生」與「洗碗工」的複合矛盾階級身分；歷盡萬苦拿到學位後，她們的性別卻往往驅使她們必須走入家庭，為丈夫的事業成功默默付出〔註21〕。

因此所謂的「困」正是「留學」和「妻／母職」這兩種不同的身分和處境所造成的內心衝突。

　　女留學生文學裡有不少是描寫移居美國的華人母親，儘管她們在美多年，丈夫事業有成，兒女成群，心靈仍有很深的、被外界孤立的寂寞，吉錚〈會哭的樹〉（1965）、於梨華〈有一個春天〉（1964）讀來令人驚心，而孟絲〈生日宴〉（1967）、〈唐人街的故事〉（1970）、叢甦〈百老匯上〉（1976）更進一步觸及母女／子之間的情結與衝突。女留學生作家也試圖讓筆下的母親發出「自己的聲音」，讓那些孤寂的母親在遙遠的異國用母語說出內心的困頓和怨忿，讓她們透過說話（如同作家透過書寫），在不斷被邊緣化的現實生活中成為自己生命的主體。吉錚、於梨華、孟絲都是六、七〇年代出色的女留學生作家，也是筆者選取探討的對象，她們均為學院出身，在長期客居異鄉的日子裡，用文學的筆生動寫出了無根、流離的母者心境（多少亦為自身的寫照），在戰後女性小說的母親書寫裡，獨樹一格。

　　至於以鄉土文學為主流的七〇年代，女性作家的參與不多，由鄉土書寫而受到矚目的寥寥可數。蕭麗紅或可歸為七〇年代後期融合鄉土與閨秀兩大

〔註20〕廖玉蕙〈逃與困──聶華苓女士訪談錄〉（上）《自由時報》2003.1.13，聶華苓在接受專訪時提到《桑青與桃紅》正是「書寫人的困境逃無可逃」。

〔註21〕范銘如〈來來來，去去去──六、七〇年代海外女性小說〉，《眾裡尋她──台灣女性小說縱論》，頁 139。

主題的代表作家〔註22〕，其《桂花巷》（1977）亦有相當篇幅的母親描述和母子關係，尤其刻劃寡母的情慾流動令人印象深刻，直逼張愛玲《怨女》。《桂花巷》中鄉土／母親／女性三者的疊合或對立，在七〇年代末有不少相互質詰和對話的空間。

三、80～90 年代

八、九〇年代可說是台灣戰後女性小說的的豐收期。女作家在四、五〇年代不但人數眾多，產量也豐富，不少作家能夠從不迎合單一（反共）主流文學的視角，展開更多元的女性書寫，以文字來見證歷史的不同面貌。到了六〇年代，不管是學院派（現代主義）、通俗文藝或是留學生文學，雖不乏出色的女作家，但整體而言，女性文學的氣勢似乎已大不如之前。七〇年代鄉土敘述當道，女性小說更是零星。但七〇年代後期，這種陽盛陰衰的局面卻逐漸出現逆轉，女作家開始從「文學獎」進軍，引起評論家與讀者的注意，蔣曉雲的《隨緣》（1977）、《姻緣路》（1979）以及蕭麗紅的《桂花巷》（1977）、《千江有水千江月》（1980）可說開啓了八、九〇年代女性小說的扉頁。

八〇年代陸續發表作品的女作家所關注的仍是愛情與婚姻，這一點自然也讓她們被貼上「閨秀文學」的標籤，不過，這個時期女性小說呈現的「愛情」議題不全然是單純的談情說愛，她們更大的企圖或在於藉著敘寫這個類型的小說來質疑、思考傳統定義下的婚姻價值和性別文化，也試圖去建構八〇年代越來越多的都會新女性的形象，並思索這群新女性如何在婚戀與事業之間掌握自己的人生，而她們的人際關係與社會定位又和母親那一輩有何不同。八〇年代女性小說雖從「愛情」（閨秀）出發，但擴及的層面包括單身貴

〔註22〕邱貴芬在〈女性的「鄉土想像」——台灣當代鄉土女性小說初探〉提到，1970年代中葉到 1980 年代初是台灣文學史上重要的時期，因為這期間發生了鄉土文學論戰，也是女性文學風起雲湧的開始，而「蕭麗紅的《桂花巷》可算是當時台灣鄉土文學與台灣女性文學交會的一個重要文本場域」。收入梅家玲編《性別論述與台灣小說》，台北：麥田，2000.10，頁 124。其實這種結合鄉土文學與女性文學的特色不只出現在《桂花巷》，蕭麗紅的另一部長篇小說《千江有水千江月》也是如此，楊照便認為《千》「有一點張愛玲式的浪漫、細緻，而卻又把故事背景拉到過去的台灣鹿港，小說中大量出現對『老台灣』的鄉土描寫。這樣的安排下很明顯地結合了七〇年代末期的鄉土文學主題與浪漫女性書寫習慣。」〈四十年台灣大眾文學小史〉，《文學、社會與歷史想像：戰後文學史散論》，台北：聯合文學，1995.10，頁 44。

族、貞操觀念、未婚生子、外遇、適婚年齡等等的探討，寫實意義濃厚。因此，八○年代大量的以愛情爲主題的女性小說「不代表她們逃避、消遣，更不代表其『天眞無知』；相反地，它意味著女性自主意識的抬頭，她們企圖由愛情中解碼，找出成爲兩性私密關係裡主導、強勢的奧異〔註23〕。」

　　八○年代跨越至九○年代有一個重要的歷史點，便是 1987 年的解嚴。解嚴不僅鬆動了台灣單一的政治信仰，也連帶逐漸牽動社會及文化結構的變化，此對作家的思考自然有所衝擊；作家除了在選擇的題材上力求突破，敘事形式與內容也有所翻新。以解嚴後到世紀末這段時期來看，女性小說最大的改變就是逐漸從以婚戀爲主的「閨秀文學」轉移到對族群與歷史記憶的關注。邱貴芬認爲，與八○年代比起來，九○年代的文學背景的大轉向如下：

　　　　從八○年代中葉到九○年代中葉女作家小說的一大轉向即是「政治
　　　　化」──此處所定義的「政治」乃廣義的政治，「性別政治」亦包括
　　　　在內。台灣於 1987 年宣布解嚴，不僅言論尺度大幅鬆綁，而且由於
　　　　本省籍李登輝接任總統所帶來的政治人事大洗牌和隨即引發的族群
　　　　意識效應，台灣的言論場域在這段期間非常政治化。同時，在此時
　　　　期，戰後出生，拜國民義務教育和核心小家庭結構之賜，得以出國
　　　　留學取得博士學位的女性亦紛紛回國在學院從事教職，透過這些學
　　　　院女性的引介，加上解嚴後認同政治議題的風行，女性主義、同志
　　　　運動在九○年代初的台灣論述界引起一陣騷動。在此氣氛中，女作
　　　　家創作的「政治性」遂有檯面化的趨勢〔註24〕。

九○年代之後，愛情似乎不再是女性文本的主角，她們涉入歷史大敘述，建構女性／國族／歷史的多軸論述，由八○年代的愛情／婚姻／兩性的層面發展出複雜的、具互文性指涉的女性書寫。此外，在寫作技巧的表現上，此時期的女作家也不甘於寫實的單一筆調，試圖在語言形式上展現更多元的敘事美學與多重聲音。

　　閱讀八、九○年代的母親書寫，筆者以爲可歸納出兩大特點，第一是呈現母女／子之間不同的對話，形成兩代之間價值差異的對照。第二是更無情地解構「慈母神話」，將母親一再醜陋化、瘋癲化、情慾化。以第一點來看，

〔註23〕 范銘如〈由愛出走──八、九○年代女性小說〉，《眾裡尋她──台灣女性小說
　　　　縱論》，頁 156。
〔註24〕 邱貴芬《日據以來台灣女作家小說選讀》導論，收入邱貴芬主編《日據以來
　　　　台灣女作家小說選讀》（上）（下）集，台北：女書文化，2001，頁 39。

蕭颯〈我兒漢生〉(1978)、袁瓊瓊〈希元十六歲〉(1979)、廖輝英〈油麻菜籽〉(1983)、蘇偉貞〈黃花落〉(1984)、鍾文音《女島紀行》(1998)等等都呈現了兩代之間尖銳的對立與價值觀念的衝突。第二點如蕭颯〈水月緣〉(1976)、〈小駱先生的一天〉(1981)、袁瓊瓊〈瘋〉(1979)、〈媽媽〉(1979)、蘇偉貞〈背影〉(1992)、平路〈婚期〉(1998)等等皆是,作者從子女的角度刻劃了母親的種種不堪以及對她無情地的嘲諷,充滿愛恨交集的情緒。此外,九〇年代的文學母親也逐漸脫離以婚姻為依歸,選擇不同的生存方式,例如蕭颯《單身蕙惠》(1993)中描述未婚生子的故事,揭開了現實社會裡另一種母親類型的可能性,於梨華則在〈踏碎了的九重葛〉(1991)深刻描繪(現實社會中越來越多的)獨居寡母的蒼涼。

這個時期的女作家雖然有不少作品是從女兒的視角來書寫母親,卻與林海音那個階段不同。五〇年代女作家筆下的母親是與故鄉、童年記憶疊合的,母親角色或多或少被美化,女兒即使不認同母親那一輩的宿命和犧牲,慈母依舊是受人敬重的女性典範;重讀五〇年代的女性小說的「母親們」,可以深刻感到一種高貴的情操和溫柔的沉默。此外,五〇年代的女作家在敘述母親時,總愛以「小女兒」的姿態出現,童言童語中流露出對母親無限的愛戀。然而,這些溫馨的畫面到了八、九〇年代幾乎整個瓦解,這個時期的女作家不再以「小女兒」的姿態出現,而是持一種冷靜的「大女人」態度重新去審視「母親」這個角色,母親甚至成了女兒力圖擺脫(或背離)的人生陰影。六〇年代歐陽子的〈魔女〉僅僅是揭開聖(母)與魔(女)的議題,九〇年代的女作家卻是集體地解構慈母神話,平路甚至在《行道天涯》(1995)還要進一步解構國母神話。

或許,女作家(一群憤怒的女兒)要解構的不是母親本身,而是女性在父系社會裡背負的沉重包袱,以及那一整套箝制並阻礙女性成長的禮教文化,而母親,就是傳遞包袱和禮教文化的人。對戰後出生的這群中生代女作家而言,母親不僅不再是她們心中的女性典範,而且還與她們一路築起的(獨立自主)信念背道而馳,因此在文學裡,以一種對立的姿態去寫母親、背離慈母神話。八、九〇年代筆者選取的對象為蕭颯、袁瓊瓊和蘇偉貞,三位均為當代台灣重要的中生代女作家,文學作品質與量俱豐。她們的創作雖從「婚戀家庭」(閨秀)出發,但思索的層面擴及現實生活及父權文化,甚具反諷效果,掙脫柴米油鹽傳統閨秀的格局,這一點從她們的母親書寫中可明顯看見,

其中九○年代的作品蘊藏的女性意識及寫實色彩又比八○年代強烈。

第三節　研究方法、目的與論文架構

除了緒論及結論之外，論文中間依時序先後與流派分四大章，各章選取二到四位能夠突顯不同時期的母親形象之特質的作品為探討對象。論述過程以文本的細讀剖析與深度詮釋為首要，並配合不同階段台灣的政經背景、社會脈絡、文史思潮，以及女性主義各個流派的母職理論，加以互證詮解。論文架構依次如下：

第一章　緒論

闡明研究動機、範圍、方法以及論文架構。

第二章　沉默與犧牲：琦君、林海音小說的母親書寫

本章選取琦君（1917～2006）和林海音（1918～2001）發表於五、六○年代的作品，在進入兩位作家的母親書寫之前，先就戰後初期女性文學所表述的內容，以及其在文壇上的評價作一初步的了解。論文核心依「舊時代的母親形象」、「慈母，女性的典範」、「童年‧故鄉‧母女情」以及「母性與女性之間的抉擇」四部分來作析論。

第三章　介於慈與惡之間：艾雯、畢璞、童真小說的母親書寫

本章針對艾雯（1922～2009）、畢璞（1922～）和童真（1928～）發表於五○年代末到八○年代初的小說中的母親作為探討對象，分別就「堅毅而充滿韌性的地母意象」、「強悍／強權／強勢的母者姿態」、「母職，女性的困境」以及「惡母的雛型」四部分來析論。

第四章　情慾‧毀滅‧流離：歐陽子、陳若曦、於梨華、孟絲小說的母親書寫

本章旨在探討現代派女性小說的母親形象，進入文本之前，先就現代主義文學中女性敘述的特點作一簡述，選取的作家以陳若曦（1938～）、歐陽子（1939～）、於梨華（1931～）和孟絲（1936～）發表於六、七○年代的小說為主。此外，李昂（1952～）、吉錚（1937～1968）和叢甦（1939～）於六、七○年代發表的少數作品，以及陳若曦和於梨華寫於八、九○年代的幾篇相關議題之作，也會在論述中一併討論。論文分「重現母親的情慾之聲」、「惡母，人性的幽暗探索」、「流離的母群」三部分來析論。

第五章　瘋癲，或者逃亡：袁瓊瓊、蕭颯、蘇偉貞小說的母親書寫

本章針對袁瓊瓊（1950～）、蕭颯（1953～）和蘇偉貞（1954～）發表於七〇年代末到九〇年代末之小說中的母親作爲探討對象，並針對「閨秀文學」在文壇上的現象作一初步解析。論文分別就「瘋母敘事的文化意涵」、「離家出走，或者離奇失蹤的母親」以及「愛恨交集的母女／子關係」三部分來析論。

第六章　結論

第二章　沉默與犧牲：琦君、林海音小說的母親書寫

　　琦君（1917～2006）和林海音（1918～2001）兩人年齡相近，戰後初期分別從上海、北平來到台灣〔註1〕。兩人家庭環境良好，成長過程多少接受過五四文化的薰陶，並受過高等教育。她們輾轉來台之後開始執筆創作，數十年來筆耕不歇，質與量俱豐，在台灣戰後文壇上擁有廣大的讀者，是五、六○年代重要的女作家。兩人的寫作風格不盡相同，琦君溫婉，林海音明朗，但她們都是堅持純文學位置的書寫者。閱讀她們的作品，有不少是以童年故居為主題的懷鄉之作，而在這一類的作品中，慈母永遠是筆下的靈魂人物。「母親」似乎是兩位作家最專注的女性角色，不管是記憶中的故土風情，或者成長過程的點滴生活，均由這個點延展開來。大量描寫慈母和母女情誼的心理除了是一種鄉愁的抒放之外，也是受五四女作家如冰心等的影響〔註2〕，這個文學脈絡，應鳳凰稱之為「五四文學傳統的台灣化〔註3〕」。此外，她們也關

〔註1〕　戰後初期大陸遷台女作家群裡，林海音的身份較為特殊，她1918年出生於日本大阪，父親林煥文是台灣苗栗頭份人，母親林黃愛珍是台灣板橋人。1921年（三歲）隨父母返回台灣。1923年（五歲）隨父母到北平定居，一直到1948年（三十歲）才返回台灣。因此，林海音的「遷台」嚴格來說應屬「歸台」。

〔註2〕　孟悅、戴錦華在《浮出歷史地表：中國現代女性文學研究》中提到：「五四是不孝不肖的時代，兒女作家們是叛逆的女性，但她們謳歌的主題之一卻是母親。在她們筆下，你可以找到一種歷史上沒有、後來也罕見的母女紐帶。」書中舉出如馮沅君、盧隱的作品裡處處可見與母親相關的主題，而冰心更是書寫母親的代表作家。台北：時報文化，1993.9，頁68～69。

〔註3〕　應鳳凰認為琦君、林海音是接受過五四洗禮的作家，所以在探討她們的作品時，必須放在「五四文學傳統的台灣化」的脈絡下去檢視。應鳳凰〈五、六○

注舊社會的女性在傳統父權文化下的遭遇以及承受的悲苦，特別是那群不識字的、命運任人擺佈的舊時代母親們。沒有一個讀者可以忘記，林海音《城南舊事》裡英子的母親大腹便便地站在大爐灶前燒飯的背影，還有琦君〈髻〉裡的母親面對丈夫帶回美麗的姨太太時那副忍氣吞聲的模樣。她們如此細膩地描寫舊時代女性的哀榮喜樂，乃因為自己的母親就是經歷者。「母親」是她們生命經驗中最初的女性，敘寫母親突顯了她們（甚至是所有女作家）最關切的女性議題。

將琦君和林海音放在同一章來討論除了她們的母親書寫的內容有多處疊合之外，最重要的一點是她們的「文學位置」是相同的。兩人於戰後初期除了在報紙副刊上發表散文之外，她們投稿較多的刊物，是在知識份子群中較具影響力的由夏濟安主編的《文學雜誌》與聶華苓等主編的《自由中國》，而不是在《暢流》、《野風》等較通俗的、市場導向的、屬於休閒與娛樂性質的綜合性雜誌。換言之，如果將五〇年代的文學作品放到一個等邊三角形裡，「市場性、政治性、文學性」分別是三角形的三邊，琦君和林海音是同屬「文學性」這一邊〔註4〕。站在相同的文學位置上，我們才能進一步探討她們在同一主題的作品。

本章選取琦君和林海音發表於五、六〇年代的作品為探討對象，在進入兩位作家的母親書寫之前，先就戰後初期女性文學所表述的內容，以及其在文壇上的評價作一初步的了解。論文核心依「舊時代的母親形象」、「慈母，女性的典範」、「童年‧故鄉‧母女情」以及「母性與女性之間的抉擇」四部分來作析論。

第一節　戰後初期女性文學的評價

五〇年代是女作家活躍文壇的時代，這些遷台的大陸女性中不少具有高

年代女性小說的性別與家國話語——比較琦君與林海音〉，收入李瑞騰主編《永恆的溫柔——琦君及其同輩女作家學術研討會論文集》，中壢：中央大學中文系琦君研究中心，2006.7，頁 79。

〔註4〕 同上註，頁 82～83。朱雙一在〈《自由中國》與台灣自由人文主義文學脈流〉中提及，五〇年代的台灣文學，有一個「自由人文主義文學脈流」，它繼承了胡適的自由主義精神，避免文學淪為反共宣傳的工具。這一文學脈流表現在《自由中國》和《文學雜誌》上最明顯，兩刊物的作者群重疊性相當高。收入何寄澎主編《文化、認同、社會變遷：戰後五十年台灣文學國際學術研討會論文集》，台北：文建會，2000，頁 75～106。

等學歷，加上當時需要中文寫作人力資源，以便推行國語政策，於是「這樣的寫作生態竟意外地打開了台灣文壇一向為男性主宰的瓶頸〔註5〕」。這些具有高等學歷又逢時擁有寫作空間的女作家們在台灣文學史佔有什麼地位？評論者又給予何等的評價呢？

　　對於當時的女性文學，葉石濤雖認同「五○年代是女作家輩出的時代」，但是「由於時代空氣險惡，動不動就會捲入政治風暴裡去，所以社會觀點稀少，以家庭、男女關係、倫理等為主題的女作家的作品大行其道〔註6〕。」他舉潘人木《漣漪表妹》、《馬蘭自傳》等作品即使也以反共為主題，但主要的興趣仍然脫離不了家庭情愛的範圍，更別說林海音、張秀亞等的作品，根本與反共的主題完全無關。閱讀五○年代這群女作家的作品（散文與小說），內容確實多以婚戀家庭為主題，但是以婚姻／愛情／家庭所鋪陳的文章就是「社會性觀點稀少」嗎？更何況，大陸遷台女作家所關懷和描繪的也不全然在這個層面。葉的此番論述引起兩極化的爭議，呼應與抨擊的皆有。與葉的觀點相近者為彭瑞金與劉心皇，彭認為五○年代女作家的散文創作質量均有可觀之處：「她們柔美而優雅的文字，充滿感情的心和筆，倒是唯一真正保留了一點散文的血脈。……她們不屬於反共文學的正規部隊，擁有較多的發展空間〔註7〕。」劉心皇則認為，「在自由文藝中，散文以女作家為多。優點在於感情豐富、思想細緻，描寫心情和事物，都能入情入理，而且用詞美麗。可惜的是，她們所寫的差不多是身邊瑣事。讀她們的作品，彷彿不知道是在這樣驚天動魄的時代裡。男作家的散文，則多能反映這樣不平凡的時代〔註8〕。」彭和劉雖給予五○年代女作家較高的肯定，但不難看出與葉同樣是站在一個比較寫實的、政治的立場來評價。雖然，這個時期的女作家並未被忽略，其藝術表現也受到注意，但有一個重點是，這樣的文學史述無法呈現她們作品裡某些獨特的、屬於女性的文學視野，也無法彰顯出「與男性作家作品在內容、題材、敘事手法上的異質性所可能帶來的文學史意義〔註9〕」，

〔註5〕　邱貴芬〈從戰後初期女性創作談台灣文學史敘述〉，《後殖民及其外》，台北：麥田，2003.9，頁62。
〔註6〕　葉石濤《台灣文學史綱》，高雄：文學界，1987.2，頁103～104。
〔註7〕　彭瑞金《台灣新文學運動四十年》，高雄：春暉，1997.8，頁80。
〔註8〕　劉心皇〈導言：自由中國文學三十年〉，收入劉心皇編著《當代中國新文學大系：史料與索引》，台北：天視，1981.8，頁70。
〔註9〕　施佳瑩〈戰後台灣文學史的建構與女作家小說〉（上），《國文天地》第19卷第2期，1993.7，頁71。

就女性文學而言，這是十分重要的。

對照上述論者批評女作家的作品缺少大時代色彩、社會寫實性不夠，楊照倒是逆向思考，認為五、六○年代在「反共文學」、「現代文學」的大標題底下，有一個既不反共，也不怎麼現代的伏流，那就是以散文為大宗的女性作家的作品：「相對『反共』、『現代』雙雙走離現實，反而是女作家作品還保留了一點現實的紀錄」〔註10〕。楊照的說法質疑了男性／歷史敘述的真實性，而肯定了女性／細節描述才是正視現實、具有寫實色彩的作品。范銘如在分析戰後初期的女作家文本之後發現，她們的作品固然也有呼應主流的反共、懷鄉文學，但也開始創作以台灣為背景的作品，女作家群「不僅正視、討論島上的性別和省籍的議題，也流露出落地生根的意願。她們書寫的重點在於思量在此重建家園的困境與方法，而非弔念和重返失樂園〔註11〕」。范的論述更強調了戰後初期女性書寫的寫實精神。封德屏在探討 1949～1955 年由武月卿主編的《中央日報‧婦女與家庭週刊》的女性作品後也下了如此的結論：

> 這些身處在五○年代「反共」氛圍中的女作家，她們沒有忘記「國仇家恨」，但是她們用一支自由的筆，自自然然地寫下她們的所思所感。……最可貴的，閱讀她們的作品，絕少怨天載道的追悔與憤怒，而多是面向現實生活的在地書寫〔註12〕。

封著眼女作家對台灣的在地書寫，和范銘如強調的社會寫實精神是一致的。

以本章論文所要處理的作家琦君和林海音為例，一般讀者會將她們定位為懷鄉文學的書寫者，確實她們最感人的作品，以及奠定她們在文壇地位的都是所謂的懷鄉之作（前者有大量的懷鄉憶舊散文，後者的代表作《城南舊事》則是回憶童年往事）。然而，琦君在 1968 年出版的《繕校室八小時》收錄了她一系列以台灣公務生涯為背景的社會寫實短篇小說〔註13〕，這些作品

〔註10〕楊照〈神話的文學‧文學的神話──論五○、六○年代的台灣文學〉，《文學、社會與歷史想像──戰後文學史散論》，台北：聯合文學，1995.10，頁 121。不過楊照也指出，她們所刻劃的那一點現實，是比較集中在都會的外省人的圈圈裡，和本省籍男性作家所寫的農村鄉土是不一樣的。

〔註11〕范銘如〈台灣新故鄉──五○年代女性小說〉，《眾裡尋她──台灣女性小說縱論》，台北：麥田，2002.3，頁 15。

〔註12〕封德屏〈遷台初期文學女性的聲音──以武月卿主編《中央日報‧婦女與家庭週刊》為研究場域〉，收入李瑞騰主編《永恆的溫柔──琦君及其同輩女作家學術研討會論文集》，中壢：中央大學中文系琦君研究中心，2006.7，頁 26。

〔註13〕琦君 1949 年來台後，在高檢處任書記官，之後轉任為司法行政部編審科長，

「具有濃厚的時代意識，深刻反映出台灣在六〇年代的社會氛圍，與琦君其他懷舊作品大異其趣〔註14〕」，尤其與書同名的〈繕校室八小時〉這一篇，是琦君少數冷靜犀利的作品，她透過幾個小公務員的眾生相，將腐敗的官僚文化描繪得淋漓盡致，「文字之冷雋銳利鞭闢入裡〔註15〕」。彭歌甚至認爲這篇小說「是寫大機關裡小職員生活最生動的小說之一〔註16〕」。此外，林海音在 1953 年 3 月發表過一篇短篇小說〈春酒〉，此文表面上寫的是一場豪門春酒，實際上是要批判一群來台的大陸人那種一心想回大陸、滿嘴鄙視台灣的過客心態，寫實性相當濃厚。呂正惠稱讚此作「是一篇上乘的『諷刺小說』，是對於『不知悔改』的舊官僚的迎頭痛擊〔註17〕」。琦君長期在司法界工作，林海音則是從事報業編輯，她們的社會經驗自然影響寫作的題材，雖然從她們整體創作的「質」與「量」來看，其最關注的仍是女性的議題，描述最多且寫得較佳的也還是婚姻愛情，但她們少數的社會寫實小說（如上述例子）仍有可觀之處，而這些社會意識濃厚且具批判色彩的作品也證明了女作家的文章絕非「社會觀點稀少」。

第二節　舊時代的母親形象

在傳統「父母之命，媒妁之言」的婚制下，婚姻的成立取決於兩方的父母，因此被決定的不是只有女子（新娘），男子（新郎）亦是。然而男子在娶

可說大半生都在司法界服務。琦君認爲從事寫作的人應該多擴展生活領域，培養悲天憫人的同理心，而司法界正給了她獨一無二的機會；她曾造訪全省受刑人，發掘許多感動人心的故事，將之寫出成了她唯一的社會寫實小說《繕校室八小時》。參見應鳳凰、鄭秀婷〈永保赤子之心的希世珍琦——琦君〉，《明道文藝》第 346 期，2005.1，頁 38。

〔註14〕林秀蘭〈琦君的社會寫實小說《繕校室八小時》〉，《文訊》第 207 期，2003.1，頁 12。

〔註15〕應鳳凰〈五、六〇年代女性小說的性別與家國話語——比較琦君與林海音〉，收入李瑞騰主編《永恆的溫柔——琦君及其同輩女作家學術研討會論文集》，中壢：中央大學中文系琦君研究中心，2006.7，頁 91。

〔註16〕彭歌〈東方的寬柔〉，收入隱地編《琦君的世界》，台北：爾雅，1980.11，頁 144。

〔註17〕呂正惠〈五〇年代的林海音〉，收入東海大學中文系編《戰後初期台灣文學與思潮》，台北：文津，2005.1，頁 623。除了〈春酒〉之外，呂也舉林海音的短篇小說〈蟹殼黃〉、〈要喝冰水嗎？〉（1956）、〈鳥仔卦〉（1957）、〈窮漢養嬌兒〉（1956）等，強調她的文學深富現實感，並非只侷限在家庭婚姻。

了無感情基礎的妻子之後，他仍然被允許擁有三妻四妾的權力，女子卻無任何選擇。男女在婚姻上的不平等其實是顯現在婚後的權力落差，而非婚制。尤其對男性而言，考量妻子的標準不在容貌身段，而在於她是否能夠生出兒子——完成傳宗接代的任務，如林芳玫所言：「母親這個角色表面上看似偉大，常被父權文化加以頌揚，然而這個角色的權威來源完全奠立在某個特定基礎之上——生育男性後代成為父系傳承的接班人。只生產女嬰而不能生產男嬰的母親，她的家庭中的地位可能岌岌可危〔註18〕。」沒有生出兒子，丈夫絕對有充分的理由納妾，林海音〈金鯉魚的百襇裙〉（1965）就是一例。

金鯉魚六歲時被許太太買回家，因她聰明伶俐，很得許太太的喜愛。連生五個女兒的許太太在金鯉魚十六歲時選定她當老爺的姨太太，金鯉魚不負眾望生了個兒子振豐，但孩子一生下就被抱到許太太房裡撫養。即使為許家生了兒子，她還是「金鯉魚」，身分地位沒有因此而改變，「無論大太太待她怎麼好，她仍然是金鯉魚。除了振豐叫她一聲『媽』之外，許家一家人都還叫她金鯉魚。……她是一家三輩子人的金鯉魚！金鯉魚，金鯉魚，她一直在想，怎麼讓這條金鯉魚跳過龍門！〔註19〕」振豐十八歲要娶妻了，金鯉魚希望能穿上大紅百襇裙，她覺得自己有資格穿，因為她是振豐的母親，而振豐是許家唯一的獨子。「金鯉魚要穿大紅百襇裙了嗎？她配嗎？就算她生了兒子，可是在許家，兒子歸兒子，金鯉魚歸金鯉魚呀！……金鯉魚自己覺得她該穿。如果沒有人出來主張她穿，那麼，她自己來主張好了。」（61～62）然而許太太卻命令振豐結婚那天家中婦女一律穿旗袍，因為時序已入民國。金鯉魚內心因此受到撞擊，「她真沒想到這一招兒，心像被啃蝕般的痛苦。她被鐵鍊鍊住了，想掙脫出來一下，都不可能。」（63）大紅百襇裙象徵一種身分與地位，金鯉魚要的就是這個，她這一輩子唯一的希望落空了，「不穿大紅百襇裙，固然沒有身分的區別了，但是，穿了呢？不就有區別了嗎？她就是要這一點點的區別呀！」（63）因為大紅百襇裙的事件，讓十八歲的振豐明白親生母親的痛苦，但是，「在這個新舊思想交替和衝突的時代和家庭裡，他也無能為力。還是遠遠的走開吧，走離開這個沉悶的家庭，到日本去唸書吧！」（64）十年後才因母親的死返鄉。「他知道母親是含恨而死的，

〔註18〕 林芳玫〈女體的凝固與蒸發——市場、家庭與國家對待女體的方式〉，《聯合文學》第 11 卷第 4 期，1995.2，頁 97。
〔註19〕 林海音〈金鯉魚的百襇裙〉《燭芯》，台北：愛眉文藝，1971.1，頁 59。

恨自己一生連想穿一次大紅百襉裙的機會，都被剝削了，對她是一件多麼殘酷的事。……生了兒子應當使母親充滿了驕傲的，她卻沒有得到，人們是一次次的壓制了她應得的驕傲。振豐也沒有想到母親這樣早就去世了，他一直有個信念，總有一天讓這個叫『媽』的母親和那個叫『娘』的母親，處於同等的地位，享受到同樣的快樂。」（64～65）金鯉魚因是妾，棺木不能由大門抬出去，在兒子的堅持和痛喊之下，「結局是振豐扶著母親的棺柩，由堂堂正正的大門抬了出去。他覺得他在母親的生前，從沒有能在行為上表示一點孝順，使她開心，他那時是那麼小，那麼一事無知，更缺乏對母親的身份觀念的了解。現在他這樣做了，不知道母親在冥冥中可體會到他的心意？」（65～66）

　　渡海來台，林海音寫出了新舊文化交替時代的女性悲劇與流離經驗，尤其描寫舊時代婦女處於傳統父權制度之下所承受的種種困境，是戰後初期大陸遷台女作家群裡表現得最出色的。在父權社會裡，女性因為長期處在附屬的沉默位置，往往被視為「物」，這是一種以男性的觀點將女性非人化的迫害；女性被「物化」意謂著她雖為人但卻失去人的主體與尊嚴，並且可以任意被販賣和轉售——女性在婚姻裡被當作資產交換是一種物化，身體被當成生產工具更是一種物化，因為女性一旦被視為生產工具，便是將她歸類為生物性的個體，剝奪其身體自主權，泯滅她為人的本質。從〈金鯉魚的百襉裙〉裡女性身體被當成生兒子的工具來看[註20]，妻與妾的差別並不大，都只是「物」，甚至說，只是一個客體，一個性欲的對象（sextual object）。可歎的是，傳統女性以「能生出兒子」來肯定自我的價值，這間接認同並助長了父權體制物化女性的思想，如陳碧月所言：「林海音筆下的女性形象是勤懇賢慧，刻苦認命的，然而她們的悲劇在於不自覺地認同了男性中心意識對女性的價值期待[註21]。」舊式婦女所受的壓迫是雙重的——階級與性別，

[註20] 將女性身體當成生兒子的工具這種類型的故事，琦君的〈橘子紅了〉（台北：洪範，1991.9）也是一例，文中的秀芬同樣是被大太太買來「生兒子」用的生產工具。琦君曾感歎秀芬這個角色「是好幾個舊時代苦命女子的揉合」，可見這種情形是舊社會常見的事。章方松在評此篇小說時認為此種現象「是一種文化，為傳統舊文化所『化』的舊禮制而產生摧殘人性的悲劇。」章方松《琦君的文學世界》，台北，三民，2004.9，頁128～129。

[註21] 陳碧月〈林海音小說的女性自覺書寫〉，收入李瑞騰主編《霜後的燦爛——林海音及其同輩女作家學術研討會論文集》，台南：國立文化資產保存研究中心籌備處，2003.5，頁32。

這一點在金鯉魚的身上看得最明顯：金鯉魚童年時任由他人買賣，婚姻一事也由他人安排，「一生無論如何掙扎，都掙不脫階級與性別帶給她的命運鎖鏈〔註22〕」。

　　林海音對於身處新舊文化衝突的女性生活有十分敏銳的觀察，這一來與她自己的成長時期有關：「我和我國五四新文化運動，幾乎同時來到這世上，新文化運動發生時（1919年），我才是個母親懷抱中的女嬰，是跟著這個運動長大的，所以那個改變人文的年代，我像一塊海綿似的，吸取著時代的新和舊雙面景象，飽滿得我非要藉寫小說把它流露出來不可〔註23〕。」二來她明白那樣的時代，固然有許多婦女跳過來了，但有更多的女性沒有跳過來，因此她選擇以一種悲憫的筆調去敘寫舊社會的女性，除了為逝去的歷史做見證，更是對那些「沒有跳過來」的女性寄予無限的同情，而金鯉魚就是屬於「沒跳過來」的一例。

　　在這篇小說中，金如同許多舊式女性，希望藉著「生兒子」來跨越自身（妾）階級，提高在許家的地位，她也誠摯（又天真）地相信，只要穿上大紅百襉裙，她的身份就不同了。當她堅定地回答龔嫂子穿百襉裙的人是「我」時，她不再是任人買賣的「物」，而是一個有自覺的、決定為自己爭取一些什麼的一個「人」。金鯉魚並不愚蠢，因為時序已入民國，舊社會眼看著逐漸褪去，她相信人在這個歷史階段是可以為自己做點主張的，或者說，重新界定自己的身分，可是她沒有想到小我／個體／女性的微薄力量是無法抵抗數千年、根深蒂固的大我／集體／父權文化。如果這篇小說的時空背景是在古代，那麼金鯉魚的悲劇是可預期的，但正因為它的背景是已進入新時代，她的努力和自覺仍重重地被壓制住，這才真正顯現出她的悲劇性。林海音曾說：「那個時代就是新和舊在拔河，新的雖然勝利了，舊的被拔過來了，但手上被繩子搓得出了血，斑漬可見〔註24〕。」閱讀金鯉魚的故事，更可以感受到這番話的意義。這篇小說很清楚地讓我們看到「傳統婚姻制度雖已改變，觀念卻還沒有變的婚姻型態之下，女性被當作生殖工具、酬庸商品或為維繫某些儀

〔註22〕　應鳳凰〈五、六○年代女性小說的性別與家國話語——比較琦君與林海音〉，頁 94。

〔註23〕　林海音〈為時代女性裁衣——我的寫作歷程〉，《英子的鄉戀》，台北：九歌，2003.12，頁 266。

〔註24〕　張昌華〈夕陽，牽著駝鈴遠去——林海音的城南舊事〉，《傳記文學》第 18 卷第 1 期，2002.1，頁 7。

典禮範而奉獻的犧牲品〔註25〕。」如果女性連自己的身體都無法掌握、如果她的價值只在於她的「功用性」——生育、勞動、服侍，她如何去主宰自己的人生呢？激進派女性主義者便認爲，人若被剝奪了對他（她）自己身體的操控能力，那就如同被剝奪了作爲人的資格，喪失了作爲人的屬性〔註26〕。

　　新時代並沒有讓金鯉魚成爲自己的主人，「生兒子」也沒有提升她的女性價值、穩固她在許家的地位，然而，跳過這些舊文化對婦女的箝制，金鯉魚更大的不堪還在於她這一生中不曾當過「眞正的母親」——兒子才生下就被抱到大太太的房裡撫養；兒子因爲是許家獨子，在成長的過程中勢必與身爲妾的親生母親保持距離；兒子長大娶親時金鯉魚無法以母親的身份穿百襇裙出席；兒子赴日留學，十年在外，未曾分擔母親的怨與苦……，在許家如此重男輕女的傳統大家族裡，金鯉魚是唯一「生兒子的母親」，但她卻不曾享受過爲人母的權利和親子關係，更別說作爲一個母親的驕傲與尊嚴，甚至，她這個「生母」的地位還可能遠遠不如她的「孩子」〔註27〕。如果，女性身體被當成生產工具在舊社會是一件普遍的事，那麼像金鯉魚這樣「沒有尊嚴的母親」應該爲數不寡。林海音的這篇小說，讓我們看見舊時代另一種「母親角色」。最後必須一提的是，小說中金鯉魚當年求之不得的百襇裙（象徵某種身分與地位的物件）到了孫女這一輩竟成了任意可穿的、再無任何象徵意義的一件戲服，這「不僅強烈地點出今昔之別，更嘲弄了象徵體系〔註28〕」。金的悲劇人生透過今昔（不過才隔了兩代）的巨大差異更突顯了出來。

　　林海音的〈燭〉（1965）一開始便點出韓老太太是一個三十多年來蜷曲在陰暗房間、喊頭暈喊了十幾年的病人。兒子季康完全不重視母親頭暈這件事，對母親的呼喊充耳不聞。季康是韓老太太最小的兒子，八、九歲時母親已躺在床上，比起三個哥哥，他「更能忍受母親的折磨——大家都認爲母親

〔註25〕黃錦珠〈摹寫人生與人性的平凡及永恆——讀林海音《金鯉魚的百襇裙》〉，《文訊》第 179 期，2000.9，頁 25。

〔註26〕羅絲瑪莉・佟斯（Rosemarie Tong）著，刁小華譯《女性主義思潮》（*Feminist Thought: A Comprehensive Introduction*），台北：時報文化，1996.11，頁 124。

〔註27〕舊社會裡身爲妾的母親地位不如自己孩子的處處可見，例如曹雪芹《紅樓夢》裡探春的地位不但高於她的親生母親趙姨娘（也是妾），她甚至對生母充滿鄙視。

〔註28〕江寶釵／范銘如〈姹紫嫣紅開遍〉（序論），江寶釵、范銘如主編《島嶼妏聲：台灣女性小說讀本》，台北：巨流，2000.10，頁 3。

的這種行為是折磨。〔註 29〕」老太太為韓家生了四個孩子，鄉村的秋姑娘來幫忙她照料孩子，卻和丈夫啓福有了關係。白天秋姑娘乖順勤勞，低聲下氣，可是夜晚回房後與啓福的吟吟笑聲卻總鉛似地重壓在她的心上，折磨著。剛開始她裝病，為的是博得丈夫的同情、報復秋姑娘，「有時忽然難以忍受的酸楚和憤恨交織的情緒發作了，她會扔下書本，閉上眼呻吟的喊著：『我暈哪——』把啓福和秋姑娘都招的慌忙的跑過來。……但是過一會兒，他們倆就雙雙的回房去了，再一會兒燈又熄了。……她覺得胸口裡脹氣，像仲康他們吹鼓了的汽球，快炸破了，她捻滅了燈，在無邊的黑暗中，捶打著自己的胸口，抓撕著衣襟，『我暈，我暈，』她輕輕的叫著，嚶嚶的哭了。」（49）時間一久，她變成了真正的病人，「到她的腿一步都不能動了，最小的季康已經有四、五歲了吧？那一年啓福病了，倒在床上已經不能起來，她想掙扎著過去看他，但是退化了的小腿，竟真的癱在那裡，像兩根被棄置的細白棍子。」（50）丈夫和秋姑娘相繼去世，兒子們也陸續成家搬離，只剩小兒子季康在她身邊。某天當韓老太太不再喊頭暈而陷入昏迷時，季康才後悔平日沒好好對待她，「季康坐在床邊，摸撫著母親的肩頭和手臂，他難得這樣的，一下子使他懺悔起來，這麼多年來，他都疏忽了，聽見了母親的喊聲，從沒有一次痛痛快快的到她的床前來，所以，今天她一整天都不肯叫了。」（50～51）

葉石濤曾說：「林海音所有小說幾乎都以這生為女人的悲劇為主題。從清末民初到現在，在這動蕩不已的大時代裡，許多階層，形形色色的女人，悲歡離合的故事，栩栩如生地重現在她的小說裡。……她真正有興趣的，就只有最古老又深刻的問題——女人的命運〔註 30〕。」論及女人的悲劇，此篇的確是林海音所有小說裡表現得最徹底的，〈金鯉魚的百襉裙〉裡被當成生產工具的金鯉魚還曾主動為自己爭取過一件大紅百襉裙、〈殉〉裡沖喜不成的寡婦淑芸收養了小叔的女兒，讓人生有所寄託、〈燭芯〉裡被丈夫背叛的元芳悲痛之餘決定離婚，走自己未來的路……，在這些或因文化衝擊、或逢戰亂流離所造成的女性悲劇裡，只有〈燭〉裡的韓老太太沒有絲毫與命運搏鬥的生命力，她幾乎是以自虐的方式來折磨自己，銷蝕一生的青春和生命。

〔註 29〕 林海音〈燭〉《燭芯》，台北：愛眉文藝，1971.1，頁 41。
〔註 30〕 葉石濤〈林海音論〉，收入李瑞騰、夏祖麗主編《一座文學的橋——林海音先生紀念文集》，台南：國立文化資產保存研究中心籌備處，2002.12，頁 72。

她不甘忍受被遺棄的難堪，可她（大太太）的身份又不能讓她任意發洩怒氣，所以只能不斷地裝病，喊頭暈，「以這種消極的反抗方式，來懲罰丈夫的變心及小妾的得寵〔註31〕」，到後來變得人不像人，鬼不像鬼，尤其她燃起蠟燭，將自己囚禁在一方污穢惡臭的床角的畫面更是令人悚然。蚊帳裡的女子彷彿已經不再是一個病人，而是瘋子，一個沉默的瘋子。王德威曾在〈「女」作家的現代「鬼」話——從張愛玲到蘇偉貞〉一文中言：

> 女作家的恐怖故事可以看作是女性探討自身意識的表徵。……遠離光天化日，僻寂幽靜的深宅大院或是巨廈古堡，正是傳統女性的活動範疇，也是其生活資源及想像力的最終歸宿。……女作家可能將古屋古堡作爲投射或轉移對性、婚姻、及死亡等慾望或恐懼的場合。它權充女性逃避外界曠場威脅（agoraphobia）的安身之地，但也同時是其身心遭受禁錮封鎖（claustrophobia）的幽閉象徵〔註32〕。

韓老太太年輕時將自己禁錮在韓家大院，年老則封鎖於蚊帳床角，三十年下來身心早已萎縮，不再是正常的人。她既不敢像張愛玲〈金鎖記〉（1943）裡的曹七巧做出瘋狂毀滅的事，也不敢像蘇偉貞〈大夢〉（1987）的江母離家出走隱居山林，她只是幽幽怨怨地活著，將自己困囿在家的牢籠裡，像一具陽間的亡靈，無聲無息。陳碧月在分析林海音一系列此類的作品時歸結出舊社會女性最大的困境乃爲：「自我的壓抑造成自我設限的嚴重狀況，以及認定父權傳統對女性角色的定位〔註33〕。」可是，她們難道願意如此自我壓抑和設限嗎？對那個時代的女人而言，婚姻就是命運。像韓老太太這樣一個棄／怨婦角色，林海音是以一種憐憫的眼光（而非控訴的語氣）來描繪的：只寫她默默哀怨的一面，沒有寫出她的瘋狂行徑或苛刻詛咒，這一點或如彭小妍所說：

> 五四至三○年代的女作家們對自由婚戀的追尋以及對舊式婚姻的批判到了五○年代已不再是那麼現實的問題了，換言之，由於時代的變遷，對婚戀選擇的自由度更高的這群五○年代女作家，在處理類似的題材時，反而能夠從一種較爲省思、旁觀的角度出發，其客觀

〔註31〕 汪淑珍〈「女性哭歌」——林海音三角婚姻情節模式分析〉，《中國文化月刊》第 229 期，1999.4，頁 114。
〔註32〕 王德威〈「女」作家的現代「鬼」話——從張愛玲到蘇偉貞〉，《眾聲喧嘩——三○到八○年代的中國小說》，台北：遠流，1988.9，頁 228。
〔註33〕 陳碧月〈林海音小說的女性自覺書寫〉，頁 35。

且冷靜的描述中增加了更多對女性的憐憫與關懷，跳脫（第一人稱）
主觀的尖銳批判〔註34〕。

但是這樣「對女性的憐憫與關懷」的敘事筆法似乎也少了點「為女性鳴不平」
的姿態，少了些五四新女性文學的批判精神，如范銘如所評：「文本中即使
隱約觸及人性更深沉慾望或者既有秩序的不合理處，可惜輒以倫常人際的溫
暖和諧為處理衝突的輕便手段，閃躲掉對體制可有的檢討與批判〔註35〕。」
不過，即使少了點批判的味道，少了點張愛玲式的冷嘲譏諷，重讀林海音這
篇〈燭〉，仍能在文本的爬梳中感受到舊時代女性內心那種無法言說的、深
刻的哀戚，尤其寫她極度憤恨卻又極度壓抑地捶打著自己胸口喊頭暈的那段
文字，營造出一種不忍卒讀的情境，相當具有說服力，齊邦媛曾說：「她（指
林海音）敘事時不詮釋，不評判，但是在適當的時機，她寫出人物的內心世
界，使得敘述有自然的深度和說服力，不需靠曲折的情節，自可扣緊讀者的
注意〔註36〕。」這確實是對林海音小說的精闢見解。

舊式婚姻中的女性有自己的思想和人格嗎？這群「受到傳統觀念的捆束，
甘願淪為男性的附庸，為父權的需求去調整自己，認命於現實安排〔註37〕」的
婦女們判斷自己有無價值的標準似乎只在於兩件事上：是否得到丈夫的愛，
以及是否為夫家生兒子。在〈金鯉魚的百襉裙〉中許太太為丈夫納妾的主因
是為了「生兒子」，然而在〈燭〉裡，韓老太太已經為夫家生了四個兒子，
這樣的「功勞」應能鞏固她在婚姻中的地位，但即使如此，丈夫還是可以任
意納妾，這一點才更突顯出傳統婚姻裡深層隱藏的性別歧視與權力差距。尤
其是，在韓老太太鬱結成疾的二、三十年中，四個兒子（她的豐功偉業）對
她幾乎是漠不關心，甚至認為母親的這種異常行為對他們而言根本是一種精
神折磨，這應也是她數十年來不斷放棄自我的另一個因素——父權社會裡女

〔註34〕 彭小妍〈巧婦童心——承先啟後的林海音〉，收入李瑞騰、夏祖麗主編《一座
文學的橋——林海音先生紀念文集》，台南：國立文化資產保存研究中心籌備
處，2002.12，頁114。

〔註35〕 范銘如〈〈燭芯〉導讀〉，收入李瑞騰、夏祖麗主編《一座文學的橋——林海
音先生紀念文集》，台南：國立文化資產保存研究中心籌備處，2002.12，頁
121。范這幾句評語雖是針對〈燭芯〉，但筆者以為亦適用於林海音其他篇描
寫舊時代婦女的小說上。

〔註36〕 齊邦媛〈江河匯集成海的六○年代小說〉，《霧漸漸散的時候——台灣文學五十
年》，台北：九歌，1998.10，頁52。

〔註37〕 陳碧月〈林海音小說的女性自覺書寫〉，頁39。

性仰賴一生的重要男性：父親、丈夫、兒子都一一疏離了，她還有什麼存活價值？她為夫家生養四個兒子，她擁有什麼？為人妻（丈夫的愛）與為人母（兒子的關心）的尊嚴她都沒有，這樣一個「會生兒子的正室」最後竟只能被迫接受一個「棄婦」的命運，且隱忍懷恨到老死。站在母親書寫的角度，韓老太太的沉默形象和悲劇色彩甚至是比金鯉魚更濃厚的，尤其四個兒子的漠視與遠離更突顯她人生的蒼涼。

在封建的傳統禮教下，女子從來都不被視為一個有人格及思想的人，她所擁有的身份，是父親的女兒、丈夫的妻子與兒子的母親，所以有「婦人，從人者也，幼從父兄，嫁從夫，夫死從子。」（《禮記・郊特牲》）的訓言，又「夫者，妻之天」（《儀禮・喪服傳》），女人必須「服事於夫」。婦女在家庭中的「從」、「服」是她社會生存處境的統稱：在經濟上，女子是寄食於人者，從誰便寄食於誰；在心理上，從誰就得服事於誰〔註38〕，所以經濟與人格上她都不具獨立性，這種附庸性質使得女性永遠只能居於次等的位置，於是在歷史上，有孝女、賢妻、烈女、貞女、節婦、慈母，卻沒有一個「女人」。而且，不管這些世世代代的節婦慈母有任何的成長經歷、心理掙扎，傳統史傳往往將她們壓縮在一個既定的模子裡，說同樣的話、作同樣的事，前仆後繼地紀錄著，以便為後代子孫立下典範〔註39〕。重讀琦君和林海音書寫舊時代婦女的小說，發現她們較著重於敘寫舊女性的犧牲與認命，而不以批判、嘲諷的話語去描繪其瘋狂失態與憤恨吶喊，除了基於憐憫的情感、省思的冷靜之外，還有一點或是：自己的母親是舊時代的女性，因此每一個筆下的舊式婦女都有自己母親的影子。

第三節　慈母，女性的典範

「慈母」是琦君和林海音擅長刻劃的女性人物，她們筆下的慈母都有一種無私的高貴情操，完全以家庭和孩子為自我生命的中心，為此奉獻到底，無怨無悔，很正面的近乎神格的形象。這其中又以琦君表現得最深刻。戰後初期渡海來台的大陸移民女作家大多具有大學以上的學歷，其中甚至

〔註38〕孟悦、戴錦華《浮出歷史地表：中國現代女性文學研究》，台北：時報文化，1993.9，頁6。
〔註39〕胡曉真《才女徹夜未眠——近代中國女性敘事文學的興起》，台北：麥田，2003.10，頁89。

多人出自官宦世家，詩禮門第，社會階層頗高，任職於新聞、教育、軍公職者眾〔註40〕，這樣的家庭環境、教育背景及職業，讓人不難了解她們的文學是較傾向「雅」的，所以在刻劃母親這個角色也大多是正面的。對她們而言，寫作除了推行、提升國語文之外，還有教育大眾的心態，從這一層面來看，她們較不會去寫（或探討）人性的黑暗面，例如：惡母、瘋母之類，雖然她們也會揭露母職的困境，也會觸碰到女性在自我與母性之間的掙扎，但整體看來，她們的文學取向是較偏於發揚人性光明面的。張誦聖便指出，戰後初期的政治統馭很大程度上是要建構一種正面的、保守的、尊崇傳統道德的教化性「主導文化」（dominant culture），作家如朱西甯、林海音、潘人木和琦君的作品具有較純正的意識形態，符合國家文藝政策的要求，所以在文學場域中佔有相似的優勢位置與影響力〔註41〕。張的觀察確實有其敏銳性，但是，林海音和琦君的文學成就是否因其作品具有「保守妥協」的特色是有待得商榷的，因為她們也有不少批判社會現象的寫實小說，例如琦君的〈繕校室八小時〉、林海音的〈春酒〉，也寫不少揭露舊時代女性受階級和性別雙重壓迫的作品如林海音的〈燭〉、〈殉〉、〈金鯉魚的百襉裙〉、琦君的〈橘子紅了〉等等，倘若總評她們的作品「保守妥協」似有不甚公允之處。然而，就她們「慈母書寫」這一區塊來看，絕對是保守妥協的。她們筆下的母親幾乎個個是奉獻一生的慈母，完全無私，即使偶有情感的風波，最後一定回歸母親的本位。兩人文風不同，但同樣致力於發揚「慈母文學」，這一點才符合張誦聖所謂的「經過轉化的中國傳統審美價值」，以及「保守自限的世故妥協心態〔註42〕」。

琦君的〈岳母〉（1958）描述一位喪妻三年的男子李俊人在帶女兒小珍到醫院接腿骨的住院期間認識了醫護人員劉心怡，兩人對彼此頗有好感，小珍也與劉相處融洽。但心怡遲遲未答應李的追求乃是因為他的岳母，「他（指李俊人）告訴我，他的岳母只有一個女兒，他太太去世後，她仍一直住在他家裡代他照料家務，他說，她是位慈愛的老太太。〔註43〕」雖然猶豫掙扎過，

〔註40〕 關於戰後初期渡海來台的女作家們的籍貫、學歷、經歷等詳細資料，參見張瑞芬〈琦君散文及五○、六○年代女性創作位置〉，《臺灣文學學報》第6期，2005.2，頁137～141。

〔註41〕 張誦聖〈台灣女作家與當代主導文化〉，《文學場域的變遷》，台北：聯合文學，2001.6，頁113～126。

〔註42〕 同上註，頁120。

〔註43〕 琦君〈岳母〉《百合羹》，台北：開明，1958.9，本章論文引用之文本選自琦君

心怡最後還是結婚了，婚後她並不快樂，因爲她總覺得丈夫忘不了前妻，而那位「岳母」的存在更是令她不自在。「岳母」隱約感覺到，爲了化解心怡內心的陰影，於是將隱藏多年的一個女兒外遇的秘密告訴她，也決定告訴李俊人，此舉讓心怡既感動又慚愧，「媽，請您原諒我，我太自私了。我再沒想到您是這麼偉大的一位母親！」（139）從此一家人和諧歡樂過日子。

在這篇故事裡，失女的「岳母」對女婿及其再娶的女子如此慈愛寬大、善體人意，求諸現實恐怕不易〔註44〕，文中母親也因被塑造得太過完美，使得小說雖有完滿的喜劇結局卻不易感動讀者，連琦君都「自笑把人生美化得離了譜〔註45〕」。其實，這種美化得離了譜、犧牲奉獻的慈母角色在琦君的小說中幾乎無所不在，她的另一篇〈懇親會〉（1958）也是如此。〈懇〉描述蘋懷孕六個月時，丈夫移情別戀，棄她而去，她雖然萬分傷心，但總以母親的話來鼓勵自己，「當你做了母親以後，你就會懂得自己是多麼重要，人生是多麼有意義了。〔註46〕」於是爲了肚子裡的孩子，她從悲傷中站起來。當女兒瓊瓊四個月大時，某天門口出現了一個被遺棄的女嬰，蘋在不忍心的情況下收留了她，取名瑤瑤。蘋在鄉村的一所小學教書，獨自撫養兩個孩子，「有了兩個可愛的孩子，我就有了一切，就什麼也不再期求了。」（78）八年後背棄她的丈夫回來了，請求她的原諒，並告訴她瑤瑤是他和朋友的妹妹生下的女兒，但那女子生下孩子之後就投河自盡了。蘋雖悲傷卻選擇原諒，結局是一家歡樂團聚。這一篇小說中的母親比起〈岳母〉更是美化得離了譜，尤其是結尾棄她八年的丈夫突然出現時，蘋居然能在那麼短的時間內釋懷一切，立刻要孩子上前認父親。難道一個成爲母親的女人必須如此寬容無私嗎？更令人無法置信的是，蘋在沒有任何責備丈夫的情況下重新接受了他，一家團聚，從此過著幸福快樂的日子。喜劇結局卻毫無說服力，和〈岳母〉相似。另外，〈長相憶〉（1954）裡的母親早知丈夫與家庭教師張小姐的戀情，卻因爲不願「傷了大家的感情」而一直隱忍著，女兒知道後心生感慨，「我這才明白媽原

《錢塘江畔》，台北：爾雅，1980.4，頁124。

〔註44〕琦君曾在〈細說從頭〉一文提到自己爲何會寫〈岳母〉這篇小說：「一位同事告訴我，她的鄰居老太太和女婿同住，女兒死了，她竟百般阻撓女婿再娶，給他不少折磨。我乃有感而寫下了這篇〈岳母〉。當然是虛構了一些意外的情節，使它更小說化。但這位岳母卻是善體人意的慈祥老太太，愛女婿的新婚太太如同己出。」琦君〈細說從頭〉（代序）《錢塘江畔》，頁4。

〔註45〕同上註，頁4。

〔註46〕琦君〈懇親會〉《百合羹》，台北：開明，1958.9，頁76。

來已知道張老師和爸的事，她竟是如此不動聲色，安祥而和善，媽是那麼偉大，我不由對她肅然起敬。〔註47〕」

　　爲什麼這種「美化得離了譜」的母親角色一再地出現在琦君的筆下呢？「我深感這個世界的暴戾已經夠多，爲什麼不透過文學多多渲染美好的一面，以做彌補呢？……文學的最高境界，應與宗教相匯合，凡是眞的，美的，必須是善的〔註48〕。」這是琦君的文學觀，也是她執筆創作的信念。或許，在她所處的那個不安穩的時局裡，她自許要讓文學的溫情爲讀者帶來一些慰藉與對人世的信任，而人性裡眞善美的呈現正是她所認爲的「文學的最高境界」。當然，除了上述的理由之外，這種「美化得離了譜」的母親角色也和琦君自己的母親形象不無關係。她在〈一室莊嚴妻是佛〉便稱讚母親：「她沒有讀多少書，她的人生哲學是從生活中體會得來的。她太善良、太溫厚了。我眞覺得母親才是我們家庭中的一尊佛〔註49〕。」現實中善良溫厚的、近乎神格的母親可視爲她慈母書寫的基礎。她在散文〈髻〉裡提到當年讓她母親鬱鬱不樂的那位姨娘時說：「我一點都不恨她了。因爲自從父親去世以後，母親和姨娘反而成了患難相依的伴侶，母親早已不恨她了。……想起在杭州時，她和母親背對背梳頭，彼此不交一語的仇恨日子，轉眼都成過去。人世間，什麼是愛，什麼是恨呢〔註50〕？」一個人的怨恨和悲憤眞的可以隨時光的流逝沖淡乃至消失嗎？琦君的答案是肯定的，因爲現實中的她與母親做到了，她認爲人的無私並非不可能，只在一念之間，因此〈岳母〉中失女的母親能夠那麼無私地祝福女婿與其再娶的女子，〈懇親會〉的蘋能夠無怨悔地撫育跟自己無血緣關係的孩子並全然原諒丈夫，〈長相憶〉的母親能夠安祥和善地面對丈夫的舊情人……琦君要表現的是人性的純良與至善。她曾說：

> 有人批評我的作品爲什麼只寫光明、善良的一面，我想愛是最重要的，人的心已經夠苦了，何必再去渲染那些黑暗面！醜惡的一面不是不可以寫，因爲人生不如意事常八九，但著筆之際，必須有滿心的同情與悲憫，要以諒解爲出發點。比如我寫童年，我如果不是深深體會姨娘的凶悍，對於母親的慈愛，大概也無法充分感受吧！但

〔註47〕 琦君〈長相憶〉《琴心》，台北：爾雅，1980.12，頁228。
〔註48〕 琦君〈細說從頭〉（代序）《錢塘江畔》，頁4。
〔註49〕 琦君〈一室莊嚴妻是佛〉《細語燈花落》，台北：爾雅，1977.7，頁98。
〔註50〕 琦君〈髻〉《紅紗燈》，台北：三民，1969.11，頁37～38。

　　我更願意表現的是母親的慈愛和對姨娘心境的理解〔註51〕。

鄭明娳也直指：「琦君早年經歷戰亂家變，工作經驗也極豐富，她並不是沒有經受過苦難，不是沒有見過世界醜陋的一面，但她習慣以愛心看世界，多看美的、善的一面。表現在文字上的也如此〔註52〕。」這是解讀琦君作品的一項重要認知。

　　從上述幾篇小說看來，琦君似乎有意在文學裡維繫一個祥和的、完整的人倫秩序，即使這背後有種種的無奈，所以她安排妻子容忍第三者介入婚姻（〈長相憶〉）、外遇的丈夫終究會回來一家團圓（〈懇親會〉）、鬱悶的新婚妻子終會化解心結與家人和樂相處（〈岳母〉）、耽溺於情慾的母親終究會回歸家庭（〈沉淵〉）、擺脫孩子束縛的母親終會愧疚地回家（〈聖心〉）……，雖然她也細膩描寫女性困於婚姻中的辛苦，但從她慣寫的喜劇團圓結局來看，她的婚姻觀是相當傳統的，因此容忍／退讓／割捨以維繫一個儒家式的、祥和的人倫秩序成了她筆下常見的敘事模式。甚至，為了要營造這種穩定的人際關係，她的小說裡大多會安排一個慈母，因為慈母通常沒有自己的主體性（subjectivity），在一個人際網絡裡扮演的是「他者」（other）的角色，是一個配合、犧牲、妥協的人。琦君曾對自己的小說創作有一份期許：「今後不論寫友情、親情、愛情，不論表現什麼主題，都必須有一份高節的情操。……尤其要表現東方女性溫柔敦厚的美德，中國古代『樂而不淫，哀而不傷』的詩騷之旨〔註53〕。」她這點寫小說的「期許」的確也落實在她的作品上，如上述的〈岳母〉、〈懇親會〉、〈長相憶〉及之後會提到的〈琴心〉與〈完整的愛〉等等都不離此宗旨，但相對地，這個宗旨也侷限了她小說創作的發展，以致她筆下的人物同質性太高，又因過度完美（有一份高節的情操）失去真實性。況且她大部分的小說都不斷地在翻新一個關於「殘缺的愛」的故事〔註54〕，缺乏一個小說家在創作過程中對人性的深度探索。

〔註51〕 宇文正《永遠的童話——琦君傳》，台北：三民，2006.1，頁87。

〔註52〕 鄭明娳〈談琦君散文〉，收入隱地編《琦君的世界》，台北：爾雅，1980.11，頁175。

〔註53〕 琦君〈一點心願——由散文到小說四十年〉，《母心・佛心》，台北：九歌，1990.10，頁234。

〔註54〕 藥婆在〈琦君的《菁姐》〉一文中評琦君：「她的寫作圈子實在太狹小。故事上都是那一個故事在翻新，也就是殘缺的愛，……〈清明劫〉中的愛，〈菁姐〉中的愛，不都是同樣的形式嗎？」收入隱地編《琦君的世界》，頁123。

　　值得注意的是，琦君這種類型的小說在五○年代是極受歡迎的〔註55〕，這也間接讓我們感受到五○年代台灣文壇的保守風氣以及讀者的文學品味。或許，如齊邦媛所說，戰後初期渡海來台的女作家如張秀亞、琦君、林海音等的作品「不僅是文字優美，且都具有一種高雅的情操。書中散文篇篇都有懷鄉的惆悵，卻都能哀而不傷，適可而止〔註56〕。」典雅的文字、哀而不傷的高貴情操，以及犧牲奉獻的慈母角色，都是那個時期女性書寫的共同特徵。文學是時代的產物，重讀這些類型的作品，依然能夠感到濃厚的教化色彩。

　　不過，在琦君所有的小說中將慈母形象刻劃得最神格、聖潔的卻不是上述幾篇，而是收錄在《琦君小品》的〈燈下〉（1966）。文中的母親是一個愛整潔、節儉又敬愛丈夫的婦女。某晚女兒小美忽然發現「母親的手指粗糙了，骨節有點肥大，手臂隆起樹杈又似的青筋，皮膚裡隱約顯現出柳葉似的紋路。這，那像是母親的手呢！母親的手原是又細又白又豐滿的。〔註57〕」燈光下，小美還驚見「母親額上的皺紋與眼角的魚尾紋顯得格外明晰，老花眼鏡角鬆鬆地架在兩耳上，鬢髮飄下幾根，其中有的已從灰黃轉為銀白色。」（216）她忍不住感傷，母親為這個家犧牲奉獻，耗盡所有的青春，整天忙碌，雖然小美的哥哥不領情，總讓母親擔憂，但母親仍然默默為家人不斷付出。這篇小說極細膩地描繪出一個任勞任怨的偉大母親的形象，除了琦君本身溫婉古典的文字令讀者再三低迴，也讓熟讀她的散文的讀者聯想到琦君的母親，尤其小說描寫母親終日為了家人忙碌辛勤、一雙手粗糙不堪等等的細

〔註55〕琦君回憶自己的第一篇小說〈姊夫〉刊登在《文壇》之後，林海音和劉枋曾來找她，劉枋稱讚琦君：「我們都很愛讀妳這篇東西，很有情操。」而她的第一本小說散文合集《琴心》自費「委託台北監獄印刷工廠印了五千本，也沒打紙型，就一版而絕。外子於每天下班後，揹了書到重慶南路各書店推銷，居然索書者源源而至，而且出現了好多篇識與不識者自動所寫的評介，一篇篇都使我無限驚喜又惶恐。」琦君〈一點心願——由散文到小說四十年〉，《母心‧佛心》，頁 232～235。張秀亞在剖析琦君的文風時說：「她（指琦君）的小說的一大特色，是形成了自己的一種境界。自然標格，別樣清幽，使人歆羨，而無法模倣。她以自己特有的藝術筆觸（Artistic touch），烘托出一種氛圍，形成作品獨有的風格與境界。」對琦君溫柔敦厚的小說風格稱讚有加，張秀亞〈琴韻心聲——我讀「琴心」〉，收入隱地編《琦君的世界》，頁 102。

〔註56〕齊邦媛〈閨怨之外——以實力論台灣女作家的小說〉，《千年之淚：當代台灣小說論集》，台北：爾雅，1990.7，頁 110。齊的這幾句評語是針對戰後初期女作家的散文，但筆者認為亦適用於琦君、林海音描寫慈母的小說上。

〔註57〕琦君〈燈下〉《琦君小品》，台北：三民，1966.12，頁 215。

節部分，與散文〈媽媽的手〉彼此呼應〔註58〕，令人印象深刻。

　　確實在整個戰後台灣女性作家裡，將「慈母書寫」發揮極致者，琦君絕對是唯一且最出色的作家，如林太乙所說：「我把琦君的作品全部買來看，發現她寫她母親是她作品中最傑出的部分〔註59〕。」這種將慈母視爲女性典範的思維在當今女性意識更爲高漲的時代裡或許越來越不被認同，但是其中那種至情至性的高度抒情卻是難以超越，也樹立了她獨特的文學風格，鄭明娳在論琦君散文時曾歸納：

> 琦君的散文，有許多人物會一再的出現，但讀者不厭其『煩』，這是因爲人物本身雖重現，但人物的事件不重複，……這種效果，表現在琦君寫母親時最成功：〈毛衣〉(《煙愁》)是紀念母親的節儉；〈母親新婚時〉(《三更有夢書當枕》)是寫母親的愛情；〈母親那個時代〉(《紅紗燈》)是寫母親的勤勞；〈母親的偏方〉(《紅紗燈》)寫母親的幹練；〈一朵小梅花〉(《琦君小品》)、〈髻〉(《紅紗燈》)寫母親的幽怨。……讀者可以配合許多片段，塑造出一個具備三從四德的舊式婦女。也可以從任何角度去肯定她許多勤勞、節儉、容忍、慈悲、寬懷的美德〔註60〕。

這雖然是評琦君的散文，但小說中所有的慈母形象幾乎都是以她（散文中）的母親爲底本去延展的，每一篇小說中的慈母都有她的母親的影子，章方松說：「琦君筆下表現最多的是母親，母愛可說是琦君創作的一種情感原動力〔註61〕。」母親書寫無庸置疑地成了她文學世界的軸心。

　　爲什麼琦君如此孜孜不倦、甚至傾注所有的筆墨來敘寫母親呢？難道真是白先勇所說：「琦君替她母親鳴不平（指父親納妾一事），爲她母親立碑作傳，忠實的紀錄下一位菩薩心腸的婦人，在情感上被丈夫拋棄後，是如何默

〔註58〕琦君〈媽媽的手〉：「從我有記憶開始，母親的一雙手就是粗糙多骨的。她整日的忙碌，從廚房忙到稻田，從父親的一日三餐照顧到長工的『接力』。一雙放大的小腳沒有停過。手上滿是裂痕，西風起了，裂痕張開紅紅的小嘴。……我生病，母親用手揉著我火燙的額角，按摩我酸痛的四肢，我夢中都拉著她的手不放——那雙粗糙而溫柔的手啊！」《三更有夢書當枕》，台北：爾雅，1975.7，頁46～49。

〔註59〕林太乙〈琦君與我〉，收入於琦君《青燈有味似兒時》，台北：九歌，1988.7，頁1。

〔註60〕鄭明娳〈談琦君散文〉，頁172～173。

〔註61〕章方松《琦君的文學世界》，台北，三民，2004.9，頁96。

默的承受著非人的痛苦與屈辱〔註 62〕。」琦君或無如此激烈的意圖，對她而言，母親不是一個只會逆來順受、忙碌家人衣食的舊式婦女，母親一生中所承受的悲苦及寬廣的胸襟，都非一般人能夠做到，例如：丈夫的變心、兒子的病逝、女兒的遠離……，尤其母親是文盲，卻執意女兒必須讀書〔註 63〕，這些種種的感動與感恩應才是琦君不斷敘寫母親的主因。因此，琦君讚頌母親的偉大，一再書寫她，並不完全是對舊時代女性的認同，而是對一個堅毅女性的致敬。從另一個角度看，琦君不厭其煩地刻劃慈母，多少亦有彌補對母親的歉疚吧！童年時不解母親的心境、長大因求學而遠離家鄉，加上時逢戰亂，她來不及與母親說聲感謝便已生離死別〔註 64〕，因此，唯有不斷書寫，她才能彌補對母親的歉疚，把這份恩情還回去；唯有不斷書寫，才能完成一個「傷逝的週期」（the completion of a mourning cycle）〔註 65〕。

　　林海音的〈母親是好榜樣〉（1955）描寫幫人擦鞋的小泰，家境貧窮，但他心地善良，總是將擦鞋賺的錢全部交給母親，不管賺得多或少，母親總是和善接受，「作為一個母親的這個中年婦人，對於孩子每天在半工半讀之下所賺來的錢，未嘗不感到無限的辛酸，可是她從來沒有把這種意念表現出來，她總是很愉快，也很受之無愧的樣子把錢接過來。〔註 66〕」在某次擦鞋中他意外撿到一筆客人掉落的錢，當他猶豫是否要交給母親時，突然聽到母親對準備要宰一隻別家飛來的雞的鄰居說：「這樣宰了吃的話，雖然不是偷來的又和偷來的有什麼兩樣呢？」（83），他深感慚愧，決定把撿來的錢還給原主。

〔註 62〕白先勇〈棄婦吟——讀琦君〈橘子紅了〉有感〉，收入琦君《橘子紅了》，台北：洪範，1991.9，頁 2。

〔註 63〕琦君在《母心・佛心》的代序〈媽媽，您安心吧！〉一文中提到自從母親聽到哥哥在北平逝世的靈耗、父親又遲遲不歸之後，「拜佛更虔誠，管教我也更嚴了。幾次三番對我說：『你要用功讀書，爭口氣，考個女狀元。』對親朋戚友的慰問，您總是收起眼淚，抬起頭說：『她爸爸一定會回來的，女兒要帶到外格讀書，不能老待在鄉下啊！』」台北：九歌，1990.10，頁 2～3。

〔註 64〕例如她寫「原應當時刻在母親身邊，陪她談心解悶的，卻為了求學不得不遠離她而去。」「大學畢業，母親就去世了。我一生抱恨終天，未曾能盡反哺之心，孝順母親。」收入琦君《水是故鄉甜》，台北：九歌，1984.5，頁 32，163。

〔註 65〕英國女作家維吉尼亞・吳爾芙（Virginia Woolf）喪母後失魂落魄，直到寫出了 "To the Lighthouse" 之後，才認為自己傷逝的週期終於得以完成。平路以「傷逝的週期」一詞來形容女作家唯有透過書寫，才能彌補和修復與母親之間的親情。平路〈傷逝的週期——張愛玲作品與經驗的母女關係〉，收於楊澤編，《閱讀張愛玲：張愛玲國際研討會論文集》，台北：麥田，1999.10，頁 227。

〔註 66〕林海音〈母親是好榜樣〉《冬青樹》，台北：游目族文化事業，2000.5，頁 82。

這篇小說強調母親是子女仿效的對象，影響深遠，其言行舉止不可不嚴謹。
文中的母親雖不像琦君的〈懇親會〉或〈岳母〉表現無私奉獻的大我精神，
但她無怨悔的、高節品格的姿態仍然是很正面的形象。母親的德行潛移默化
子女爲人處世的道理，這也是林海音的親身體驗：

> 母親是典型的中國三從四德的女性，她識字不多，但美麗且極聰明、
> 脾氣好、開朗、熱心、與人無爭、勤勉、整潔。……母親纏過足，
> 個子又小，而客家女性大腳，勞動起來是有力有勁的。但是嬌小的
> 母親在客家大家庭裡仍能應付得很好，那是因爲母親乖，不多講話。
> 她說妯娌們輪流燒飯，她一樣輪班，小小的個子，在鄉間的大灶間，
> 燒柴、舉炊，她都得站在一個矮凳上才搆得到，但她從不說苦。不
> 說苦，也是女性的一種德行吧，我從未見母親喊過苦，這樣的德行
> 在潛移默化中，也給了我們姐弟做人的道理。像我，脾氣雖然急躁，
> 卻極能耐苦，這一半是客家人的本性，一半也是得自母親〔註67〕。

林海音從不吝在文章裡讚揚自己的母親（琦君當然也是），這一點除了感念於
母親的養育之情、自幼接受儒家道德文化的薰陶之外，傳承五四文學裡冰心
等女作家的母親書寫也是不容忽視的原因〔註68〕。

　　不過，林海音不僅在文學裡敘寫慈母、宣揚慈母文化，她也喜歡以一種
新時代的賢妻良母的形象現身：「寫作是我的職業，也是我的愛好。我是一個
極普通平凡的女性，做了一生的職業婦女，但仍是不放棄照顧家庭。……我
在廚房的時間並不少於在書房的時間。每天上午當我踏進我的出版社辦公
室，同仁們不知道，我已經起五更把午餐準備好了，中午回家只要放進微波
爐按鈕熱一熱就行啦！〔註69〕。」她更樂於當母親：「人生有許多快樂的事情，
再沒有比做一個新生嬰兒的母親更快樂〔註70〕。」林海音身兼作家、編輯、
出版人，但她最熱情投入的還是她的家庭，是相夫教子的工作。她在 1955 年
出版第一本書《冬青樹》時，司徒衛便評：

〔註67〕 林海音〈舊時三女子〉，《我的京味兒回憶錄》，台北：遊目族文化事業，2000.5，
　　　　頁 46～48。此文寫於 1985 年婦女節。
〔註68〕 夏祖麗在《從城南走來：林海音傳》裡提到，凌叔華和冰心是林海音很喜歡
　　　　的三〇年代的女作家，凌善用明暢語言寫女人的心理和生活，冰擅長寫母愛、
　　　　兒童和家庭。台北：天下遠見，2000.10，頁 403～406。
〔註69〕 傅光明《林海音》，香港：三聯書店，2003.10，頁 68。
〔註70〕 林海音〈鴨的喜劇〉（寫於 1955 年 5 月），《冬青樹》，台北：游目族文化事業，
　　　　2000.5，頁 12。

《冬青樹》裡一些作品中的「我」，幾乎全是賢慧又健全的主婦，一種新型態的賢妻良母。她們是快樂家庭的中心，而又是家庭和諧安樂的原動力；具備刻苦耐勞的好精神，又有慈愛溫柔的好心腸。⋯⋯

林海音筆下的女性，給予我們一種新鮮的感覺〔註71〕。

夏祖麗則說：「司徒衛描述林海音筆下的女性，其實也就是林海音本身的寫照〔註72〕。」林海音不只在紙上建構慈母形象，她也將「慈母」這個角色落實，並從家庭的場域跨越至職場，似乎有意要宣示：家中慈母與職業婦女是不衝突的，女性既能在事業上有所成就，慈母的工作也能夠完全兼顧（她也確實如此）。應鳳凰曾寫：「因為林海音有很高的『媒體曝光率』，等於給讀者大眾創造了一個女作家，女性知識份子形象的最佳代表。那是一個容貌美麗的，富正義感的，善於助人的，樂觀勤奮的，超越地域觀念的，懂得生活情趣的新時代女性〔註73〕。」正因為林海音的高度媒體曝光率，她這種新時代女性（兼具知識份子與賢妻良母）的形象想必是有相當程度的影響力。

從另一個更大的角度來看，林海音在 1953 至 1963 年主編《聯合報》副刊時，提攜不少台籍作家；1967 年創辦《純文學》月刊時，突破政治禁忌選載二、三○年代作家的作品；文壇上不論前輩或後輩作家，只要力之所及，熱心的她總是加以關懷和照顧，林海音這種文壇「保姆」的角色，使她成為台灣文壇的一種象徵〔註74〕。林海音筆下的慈母固然不及琦君寫得多，文中母親的犧牲精神與大我境界的描述或許也不及琦君來得嚴密，然而她本身所代表的某種「新型態的賢妻良母」、「文壇保姆」的文化符號，使得她的筆下的母親形象更具說服力。

在慈母書寫的部分，林海音和琦君都不約而同地運用了「童心慈母〔註75〕」

〔註71〕 司徒衛〈林海音的「冬青樹」〉，《五十年代文學評論》，台北：成文，1979.7，頁 186。

〔註72〕 夏祖麗《從城南走來：林海音傳》，頁 143。

〔註73〕 應鳳凰〈林海音與台灣文壇〉，收入李瑞騰、夏祖麗主編《一座文學的橋──林海音先生紀念文集》，台南：國立文化資產保存研究中心籌備處，2002.12，頁 146。

〔註74〕 呂正惠〈五○年代的林海音〉，收入東海大學中文系編《戰後初期台灣文學與思潮》，台北：文津，2005.1，頁 615。

〔註75〕 王列耀在〈台灣女性文學中的母性審視〉一文說：「五○年代初，台灣女作家創造的母親形象與母性內涵較單純。此時期女作家對母性的體察與描繪，可謂童心慈母。」收入廣東省社會科學院文學研究所選編《台灣香港澳門暨海外華文文學論文選》，福州：海峽文藝，1993.3，頁 193。

的敘事模式，透過孩童的話語勾勒出慈母的形象，例如林海音的〈週記本〉
與琦君的〈媽媽離家時〉，然而在這兩篇小說中，母親都是缺席的，完美的慈
母形象是孩童經由想像或是回憶塑造出來的，這是相當有趣且值得探討之
處。琦君的〈媽媽離家時〉（1966）敘述小玫在母親離家照顧外婆的一個月中
對她十分思念，因為母親是個慈愛又能幹的完美者，「媽媽給我做的便當真是
精彩，每天換花樣。炒麵、餃子、燴飯、包子，每頓打開飯盒，都給我一個
意外的驚喜，……媽是時常發愁的，愁爸爸工作太辛苦，吃不好，休息不夠，
愁小妹生病，跌跤。……媽媽這種好脾氣哪兒有呢。〔註 76〕」而她們母女之
間的感情也極為融洽，「想起平時躺在媽媽身邊，母女倆有說不完的話，……
啊，依靠著媽媽，真叫人心裡感到平安幸福。」（211）父母的感情也很好：「媽
時常以溫柔的聲調對我說：『妳爸是位了不起的男子漢。』」（213）小玫希望
母親早點回家。這篇文章以淺白的童言童語建構出一則慈母神話，充滿天真
的情致，令人莞爾，只是文中那位完美的母親始終沒有出現，反而讓人覺得
這樣理想的女性似乎只存在（男人與小孩的）想像中，不是真實的個體。

　　林海音的〈週記本〉（1957）描寫林老師從學生丁薇薇的週記本裡得知
她有一個幸福的家庭，母親慈祥和藹，照料家人無微不至，「星期二是我的
九歲生日，使我最高興的事是媽媽買了許多禮物給我。……我們星期日便到
圓山動物園去旅行了。爸爸、媽媽，和我。媽媽做了三份野餐，她真好，知
道我愛吃蚵仔，便特別做了蚵仔炒蛋給我吃，爸爸愛吃饅頭夾火腿，她也做
了。……我的媽媽真好，我病了不肯吃藥，媽媽便說，我只有妳這一個女兒，
妳如果病死了我要多傷心，乖乖吃藥吧！我便說：那麼我吃藥，媽媽不許離
開我一步。媽媽說：我不，我不，我不，我一定不。她便在床邊陪了我兩天
兩夜，給我唱歌講故事。〔註 77〕」但是兩次母姐會上丁母都未出席，引起林
老師的好奇。雖然薇薇有充足的理由，但老師仍想親自拜訪未出席的家長。
經過實地探訪才知丁母早已拋夫棄子、離家出走，「這叫胡慧英的女人，當
然是薇薇的母親了，……她只是走了，一個結婚已經十年的倔強的女人，扔
下親生的女兒，一去就不回頭，只是如此而已。」（125），原來薇薇的週記
全是謊言，現實中的母親早已無蹤，幼小的她只能藉著書寫虛構一個慈母，
「一個伏案執筆的小女孩，她正以全力寫一部美麗的謊言，真是一個小小的

〔註 76〕琦君〈媽媽離家時〉《琦君小品》，台北：三民，1966.12，頁 210。
〔註 77〕林海音〈週記本〉《綠藻與鹹蛋》，台北：純文學，1980.12，頁 119～121。

了不起的女作家！她創造了一個快樂的王國——家庭，她是那國中幸福的小公主。」（126）林老師終於找到丁母，並將週記本給她看，她才恍然大悟，「我竟不知道一個小孩子是這樣的需要母親，需要一個完整的家庭！」（129）

這一篇小說和琦君〈媽媽離家時〉的風格、語言及敘事手法頗爲相似，都是運用孩童的口吻建構出理想的母親形象，文中那位不負責任的離家母親最後徹底悔悟，回歸家庭，加上此篇小說是以一個小學老師爲第一人稱寫出的，使得這樣的作品教化色彩十分濃厚〔註78〕。林海音後來將這篇小說改成廣播劇〈薇薇的週記〉，播出後大受歡迎〔註79〕，可見五、六○年代的台灣社會對於慈母及家庭的重視性。薇薇伏案編寫美麗謊言的身影不由得令人想起創造「慈母神話」的寫作者。自古至今，不論男女，有太多的作家致力於慈母的塑造，如周芬伶曾說：「理想的女性是男女作家合力創造出來的〔註80〕。」是不是這樣神格／理想／非人的完美女性形象在這世上根本是不存在的，才有那麼多人（如小玫、薇薇這樣的孩童，或心靈始終停留在依戀母親之孩童階段的成年人）不斷地在紙上追尋、創造、復活她？從這個角度來看，「慈母」或許只是出現在紙上的一個名稱，在現實中卻可能是一個缺席的空洞能指。

第四節　童年・故鄉・母女情

五○年代是懷鄉憶舊文學大行其道的時期，作家似乎要不斷地在紙上重現原鄉，才能讓自己在一個不安穩的、陌生的、對未來惶惶然的現實環境裡獲得片刻的慰藉。反共戰鬥的激昂情緒或是一時的（此類文學亦是），但有作家花了一生去寫懷鄉的文章，去追憶早已逝去的人事歲月，這說明了什麼？懷鄉憶舊到底是正視現實，還是逃避現實？「如果離鄉是一種肉體的流亡（physical exile），懷鄉則是屬於一種精神的回歸（mental return）〔註81〕」。

〔註78〕 林海音在〈好的開始——爲《綠藻與鹹蛋》重排而寫〉一文中提到她寫〈週記本〉等小說時，「我的孩子們都陸續進入小學讀書，和小學老師及小學教育多有接觸，不免在這方面多有感觸，就不由得以此來編故事了。……小學老師對於一個小孩子的人格形成是非常重要的，那樣說起來，這些小說倒像是教育小說了！」《綠藻與鹹蛋》，台北：純文學，1980.12，頁2～3。

〔註79〕 林海音〈週記中的謊言——我寫〈薇薇的週記〉的經過〉，收入林海音《寫在風中》，台北：純文學，1993.7，頁215～216。

〔註80〕 周芬伶《聖與魔——台灣戰後小說的心靈圖象（1945～2006）》，台北：INK，2007.3，頁221。

〔註81〕 陳芳明〈永恆的鄉愁——楊牧文學的花蓮情結〉《後殖民台灣——文學史論及

重讀琦君半世紀以來的作品（尤其是散文），發現她的懷鄉情懷不僅未曾因時光的流逝而減弱，反而與日倍增，其故鄉的場景永遠有慈母，自己永遠是女童，於是故鄉／慈母／童年成了她懷鄉文學的迴旋敘事基調。

　　不論是散文或小說，琦君和林海音在她們的母親書寫裡都喜歡逆回一個小女孩，重溫母女相依的溫暖情境，彷彿如此自己得以暫時回溯到故鄉那段無憂的稚樂時光。從心理的層面來看，或許她們依戀的不是母親本身，而是依戀當小女兒時那種有人呵護疼惜、不用面對現實世界、也不必承擔人生壓力的孩童階段。所有的童年書寫，都是回憶的重整，都是逝去的故事，那種「逝」不只是童年與成年、過去與現在的個人生命史的拉鋸，更因為政治造成台灣與大陸在地理空間上的隔絕，故鄉成了一生永遠回不去的斷裂。從這一角度來看，她們描寫出來的「故鄉」已經跳脫現實中某個固定的、狹義的、地理上的點，不再只是單純的北平或者溫州，而是「許多失去不可復得的地方與歲月〔註 82〕」，那是一個失去的樂園，裡面蘊藏著自己的童年、青春，以及再無法觸及的人事景象。文學的「故鄉」同時也代表作家所嚮往的生活意義的源頭，隨著時間的延伸，它更充滿似近實遠、既親且疏的浪漫想像魅力〔註 83〕。故鄉／慈母／童年既已與在台灣的現實生活疏離（alienation），作家唯有經由敘述寬慰自己，因為敘述本身就是一種重現故鄉的方式，如王德威所言：

> 原鄉主題不只述說時間流逝的故事而已，由過去找尋現在，就回憶敷衍現實，時序錯置（anachronism）成為照映今與昔、傳統與現代衝突間的必要手段。……敘述的本身即是一連串「鄉」之神話的移轉、置換及再生〔註 84〕。

只有透過書寫，作家才能將故鄉停格於心中，甚至，真正與它告別。

　　童年是每個人心中永遠的鄉愁，因為人一但進入社會化的成人世界之後，童年屬於本我（id）層次、尋求快樂的世界也逐漸遠去。林海音曾寫：「多

　　　其周邊》，台北：麥田，2002.4，頁 220。

〔註 82〕齊邦媛〈從灰濛凝重到恣肆揮灑——五十年來的台灣文學〉，《霧漸漸散的時候——台灣文學五十年》，台北：九歌，1998.10，頁 18。

〔註 83〕王德威〈原鄉神話的追逐者——沈從文、宋澤萊、莫言、李永平〉，《小說中國——晚清到當代的中文小說》，台北：麥田，1993.6，頁 250～251。

〔註 84〕王德威〈國族論述與鄉土修辭〉，收入周英雄、劉紀蕙編《書寫台灣——文學史、後殖民與後現代》，台北：麥田，2000.4，頁 73。

少年後，城南遊藝園改建成屠宰場，城南的繁華早已隨著首都的南遷而沒落了，偶然從那裡經過，便不勝今昔之感。這並非是眷戀昔日的熱鬧的生活，那時的社會習俗並不值一提，只是因為那些事情都是在童年經歷的。那是真正的歡樂，無憂無慮，不折不扣的歡樂〔註85〕。」齊邦媛在評她的《城南舊事》時說：「人生的段落切割得如此倉卒，更襯托出無憂無慮的童年歡樂的短暫可貴〔註86〕。」梅家玲亦指出：「所謂城南『舊』事，流露出的，無非是時移事往，童年難再的惆悵〔註87〕。」童年在許多作家筆下往往被建構成一個遠離成人社會的「烏托邦」（Utopia），讀者不難在作家追悼童年的回憶敘述中，看見了很深刻、很純真的一種依戀童年的情懷。陳玉玲引用蘭卡（Otto Rank, 1884～1939）的出生創傷理論，認為：「子宮是人最初的『家』，因此，『鄉愁』正如出生創傷，來自與母體的分離。伴隨『出生創傷』產生了回歸母體樂園的願望。凡『母親』、『大海』、『故鄉』都是『母體子宮』所投射的意象〔註88〕。」從這個理論回頭看琦君和林海音的懷鄉文學，似乎更能明白她們一貫的故鄉／慈母／童年交融互映的敘事動機。也基於這個體認，我們讀到了她們在母親書寫中很動人、在往後的女性小說裡越來越少見的、相知相惜的母女情誼。此外，從文學史的觀點視之，「正是在五四時期，母女情感，這個在傳統文化中被忽視的女性經歷和主題，在新興社會化的女性文學中得以首次再現。雖然母女情感的再現在五四新興主流話語中仍然受到一定忽視，但女性對母女情感在文化層面上的再現卻有了一個無法忽視的歷史開端〔註89〕。」因此，琦君等對於母女情誼的悉心描寫也可視為五四女性文學的一種延續。

〔註85〕 林海音《城南舊事》〈後記〉，台北：爾雅，1960.7，頁234。

〔註86〕 齊邦媛〈超越悲歡的童年〉，收入林海音《城南舊事》，台北：爾雅，1960.7，頁3。

〔註87〕 梅家玲〈女性小說的都市想像與文化記憶——林海音與凌叔華的北京故事〉，《性別，還是家國？：五〇與八、九〇年代台灣小說論》，台北：麥田，2004.9，頁131。

〔註88〕 蘭卡（Otto Rank, 1884-1939）的出生創傷理論解釋，人在分娩的過程中，受著恐懼和痛苦的震盪，出生創傷變成了所有心理因素的根源。陳玉玲在論述中舉席慕容依戀草原、冰心依戀大海的詩為例，認為「不論草原或大海都是母體和故鄉的隱喻」。Otto Rank. 1973. *The Trauma of Birth*. New York: Harper & Row. 轉引自陳玉玲《尋找歷史中缺席的女人——女性自傳的主體性研究》，頁55～56。

〔註89〕 王玲珍〈女性的鏡界：歷史，性別，和主體建構——兼論馬曉穎的《世界上最疼我的那個人去了》〉，《中外文學》第34卷第11期，2006.4，頁41。

　　琦君的〈琴心〉（1954）描寫小婉喪父之後，母親終日憂鬱，她不敢與母親提起父親，更不敢在家彈父親作的曲子。父親曾為母親子作曲，但尚未完成就過世，小婉的音樂老師梁為此續完，這曲子也間接促成了母親與梁的戀情。母親從陰霾走了出來，又有了朝氣，「我又注意到他們的目光接觸了，紅暈飛上了母親的雙頰，她羞澀地低下了頭，……我望著她的背影，烏黑的柔髮，梳成一個入時的髻子，愈發襯得肌膚潔白。黑絲絨肥瘦合度的夾衫，顯出身材的苗條，歲月何嘗帶走母親的青春呢？〔註90〕」，小婉十分開心，並祝福他們，「我藉著倒茶連忙溜回自己的房間裡，靜靜地坐著，沉思著，聽隔室的琴聲傳來和諧而甜蜜的調子，歡愉的淚珠不由得滴滴滾落下來。」（200）

　　在這篇小說中，小婉絲毫未因母親和梁的戀情而憤怒，反而因此深深感動且祝福他們，足見她內心裡對母親的關懷，以及母女之間深厚的情誼。〈長相憶〉（1954）裡當小美隱約感覺到父親與張老師似乎有曖昧的情愫時，她內心立刻湧現一股保護母親的力量，「妳（指張老師）要奪取的是我媽媽的愛啊！我是不能允許妳加我媽媽以痛苦的，……我愛媽，我不能眼看多年含辛茹苦的媽受一點委屈。〔註91〕」，在她的阻擾之下，張老師終於離開，家裡又恢復了平靜。兩篇小說的故事情節雖不同，但同是透過小兒女的感受去鋪陳對母親的關愛，表現溫馨的母女親情。琦君一歲喪父，四歲喪母，由伯父伯母扶養長大（他們倆便是琦君文章中的父親和母親）〔註92〕；由於（伯）父母是指腹為婚，個性天南地北，相處不甚融洽〔註93〕，父親後來帶回一位美麗的姨娘，傷透了母親的心，這些家庭的恩怨經常出現在琦君的文章中，《琴心》、《紅紗燈》、《永是有情人》等對於父親、母親、姨娘的三角關係有極細膩的描寫，尤其名篇〈髻〉中更可看出琦君對母親的心疼，以及母女之間相依互存的情感〔註94〕。她曾說：「我們母女之間，除了骨肉至愛之外，

〔註90〕 琦君〈琴心〉《琴心》，台北：爾雅，1980.12，頁199。
〔註91〕 琦君〈長相憶〉《琴心》，台北：爾雅，1980.12，頁212～213，224。
〔註92〕 琦君在《永是有情人》代序〈大媽媽敬祝您在天堂裡生日快樂〉一文中向讀者透露：「數十年來，我筆下的母親，其實是對我有天高地厚之愛的伯母。我一歲喪父，四歲喪母，生母於奄奄一息中把哥哥和我這兩個苦命的孤兒托付給伯母，是伯母含辛茹苦撫育我們兄妹長大的。」台北：九歌，1998.2，頁5。
〔註93〕 琦君在〈母親新婚時〉提到，父母是表姊弟，他們的婚姻是所謂的親上加親，非自由戀愛。母親比父親大一歲，又沒念過多少書，這些或多或少是飽讀詩書的父親後來在婚姻路上另結新歡、冷落妻子的原因。此文收入《三更有夢書當枕》，台北：爾雅，1975.7，頁41～44。
〔註94〕 琦君在〈髻〉中寫著：「我點起腳尖，從鏡子裡望著母親。她的臉容已不像在

更有一種患難中相依倍切的知己之感〔註95〕。」這種深切的母女情誼在上述兩篇小說中表露無遺。

　　琦君〈長相憶〉裡女兒極力維護母親的情節，在林海音《城南舊事》的〈蘭姨娘〉（1960）也可見到相似的描寫。在〈蘭姨娘〉裡，施家的姨太太蘭姨娘被趕出家門，躲到英子的家，在八歲小女孩英子的眼中，蘭姨娘是個俏麗活潑的女性，父親對她尤其好，不但收留她還挑布爲她做新衣服，相對的，母親變得沉默了，而且愁容滿面，「爸爸一直微笑的看著蘭姨娘，伸長了脖子，腳下還打著拍子。媽臉上一點笑容都沒有。……媽高高興興的爲我和弟弟、妹妹們挑選了一些衣料之後，爸忽然對我說：『英子，妳再挑一件給妳蘭姨娘，妳知道她喜歡什麼顏色的嗎？』……媽繃住臉，抓起那匹布的一端，大把的一攥，拳頭緊緊的，像要把誰攥死。手鬆開來，那團綢子也慢慢散開，滿是縐痕。〔註96〕」英子逐漸感到父親與蘭姨娘之間的曖昧關係，又看見挺著大肚子的母親終日在廚房忙碌，她不安了起來，「忽然，在噴雲吐霧裡，蘭姨娘的手，被爸一把捉住了，……爸的那付嘴臉，我打了一個冷戰，不知怎麼，立刻想到媽。……媽站在大爐灶前，頭上滿是汗，臉通紅，她的肚子太大了，向外挺著，挺得像要把肚子送給人！……在我的淚眼中，媽媽的形象模糊了，我終於『哇』的一聲哭了起來。」（176～177）爲了保護母親，英子天天監視著父親和蘭姨娘，「爸酒喝得多，眼睛都紅了，笑嘻嘻斜著眼看蘭姨娘。媽的臉色好難看，站起來去倒茶，我的心又冷又怕，好像和媽媽被丟在荒野裡。我整日守著蘭姨娘，不讓她有一點點機會跟爸單獨在一起。」（183）最後英子巧妙地撮合蘭姨娘與另一個躲在她家避風頭的德先叔，化解了母親的憂慮，「我從四眼狗講到哈哈鏡，媽聽我說得出了神，她懷中的瘦雞妹妹早就睡著了，她還在搖著。『都是妳一個人搞的鬼』媽好像責備我，可是她笑得那麼好看。」（188）最後蘭姨娘與德先叔一同離去，家裡才恢復昔日的平靜。

　　鄉下廚房裡忙來忙去時那麼豐潤亮麗了，她的眼睛停在鏡子裡，望著自己出神，不再是瞇縫眼兒的笑了。我手中捏著母親的頭髮，一綹綹地梳，可是我已懂得，一把小小黃楊木梳，再也理不清母親心中的愁緒。因爲在走廊的那一邊，不時飄來父親和姨娘琅琅的笑語聲。」《紅紗燈》，台北：三民，1969.11，頁36。

〔註95〕琦君〈媽媽的菜〉《煙愁》，台北：爾雅，1981.9，頁207～208。
〔註96〕林海音〈蘭姨娘〉《城南舊事》，台北：爾雅，1960.7，頁169，174～175。

　　比起琦君的〈長相憶〉，這篇小說的孩童用語、故事結構和整體氛圍更是
生動，尤其林海音藉著英子那雙孩童純真的眼去看成人社會的複雜虛偽，所
流露出來的喜怒哀樂是那樣直接而自然，令人感到一種素樸的真情，如齊邦
媛所說：「由於小孩子不詮釋，不批判，故事中的人物能以自然、真實的面貌
出現，扮演他們自己喜怒哀樂的一生〔註97〕。」林海音也在《城南舊事》的
〈後記〉寫著：「每個人的童年不都是這樣的愚騃而神聖嗎〔註98〕？」這樣的
敘寫方式也讓讀者從英子所處的那個溫暖的小世界看到了她背後另一個殘酷
而錯綜的大世界。英子的童真表現在母親身上最為感人，也因此，文本的敘
事觀點不只是從孩童的角度出發，還有女兒對母親這層關係；英子因為「有
雙專屬於女性的同情之眼，特別能見到在性別壓迫中的女性〔註99〕」。林海音
曾在《城南舊事》的扉頁寫著：「僅以此書獻給先母林黃愛珍女士——一位中
國的女兒，中國的妻子，中國的母親。」蘇偉貞認為林「銘記母親的一生時
則是迴向了自我〔註100〕」，她一語道出了林海音在這本書以女兒／孩童／女
性的角度去觀照母親／成人／女性的豐富情誼。林海音在寫這本書時已經年
屆四十且是四個孩子的母親，換言之，她經歷了女兒、妻子到母親的人生經
驗之後，回頭過來觀看（書寫）自己的母親，那個二十九歲便守寡的舊式婦
女，其筆端想必包含了更深的女性意識，以及更多對母親的關愛與疼惜，如
陳碧月所言：

> 女性從女兒、妻子到母親，是最能展現其「成長」的，尤其當她們
> 在面對或處理婚姻問題時，是最能反映其女性意識的覺醒程度的
> 〔註101〕。

女性與孩童的雙重視角（double perspective）確實讓我們對父權體制與成人世

〔註97〕 齊邦媛〈超越悲歡的童年〉，收入林海音《城南舊事》，台北：爾雅，1960.7，
　　　　 頁2。
〔註98〕 林海音《城南舊事》〈後記〉，頁238。
〔註99〕 應鳳凰、黃恩慈〈戰後臺灣文學風華——五○年代女作系列（11）：穿過林間
　　　　 的海音——林海音〉，《明道文藝》第358期，2006.1，頁58。
〔註100〕 蘇偉貞〈書寫生活的原型——林海音的「家的文學」光譜〉，收入李瑞騰、夏
　　　　 祖麗主編《一座文學的橋——林海音先生紀念文集》，台南：國立文化資產保
　　　　 存研究中心籌備處，2002.12，頁139。
〔註101〕 陳碧月〈林海音小說的女性自覺書寫〉，收入李瑞騰主編《霜後的燦爛——林
　　　　 海音及其同輩女作家學術研討會論文集》，台南：國立文化資產保存研究中心
　　　　 籌備處，2003.5，頁30。

界有更清晰的體會，琦君和林海音這種融合女性觀點與「擬兒童」書寫，在戰後初期是她們獨特且共同的文學策略〔註 102〕。甚至，林海音這種台灣／孩童／女性的多重邊緣性的視角，反而能夠超越中國／成人／男性的主流侷限〔註 103〕，呈現文學的另一種格調。

第五節　母性與女性之間的抉擇

中國傳統倫常觀裡有所謂「忠臣不事二主，貞女不事二夫〔註 104〕」，以及「餓死事極小，失節事極大〔註 105〕」的道德觀，強調女子嚴守節操的重要性遠勝過物質生活，甚至個人生命，班昭〈女誡〉亦載「夫有再娶之義，婦無二適之文」，此語表面上將守寡視爲一種貞潔的美德，事實上是把個人的情慾生命箝制在禮教的古訓裡。到底什麼才算是「失節」呢？寡婦再嫁算不算是一種失節？一座貞潔牌坊在一個女人的生命史裡究竟佔多少重量？林海音〈母親的秘密〉（1955）、〈再嫁〉（1955）、〈瓊君〉（1965）、琦君〈聖心〉（1958）、〈完整的愛〉，以及鍾梅音〈遲開的茉莉〉（1957）、畢璞〈春日芳華知幾許〉（1981）……，都是探討已爲人母的婦女在丈夫去世或者夫妻離異之後，是否可以再婚？從上述多篇作品來看，「已爲人母的寡婦（婦女）是否再嫁」應是戰後初期女作家們相當關注的女性議題之一，而這個議題到

〔註 102〕朱嘉雯〈推開一座牢固的城門——林海音及同時代女作家的五四傳承〉，收入李瑞騰主編《霜後的燦爛——林海音及其同輩女作家學術研討會論文集》，台南：國立文化資產保存研究中心籌備處，2003.5，頁 234。

〔註 103〕梅家玲〈女性小說的都市想像與文化記憶——林海音與凌叔華的北京故事〉，《性別，還是家國？：五〇與八、九〇年代台灣小說論》，台北：麥田，2004.9，頁 136。

〔註 104〕司馬光《家範・妻》曰：「妻者，齊也。一與之齊，終身不改，故忠臣不事二主，貞女不事二夫。」引自鍾年〈中國文史裡的寡婦〉，《國文天地》第 13 卷 12 期，1998.5，頁 11。

〔註 105〕北宋程頤《近思錄》卷六載：「或問：『孀婦于理，似不可取，如何？』伊川先生曰：『然！凡取，以配身也，若取失節者以配身，是己失節也。』又問：『人或居孀貧窮無托者，可再嫁否？』曰：『只是後世怕寒餓死，故有是說。然餓死事極小，失節事極大！』」程頤強調，婦女再嫁是失節，而男子娶寡婦，是娶失節的人，於是自己也是失節。此外，程頤認爲男女結爲夫婦時，應約定終身爲夫婦，如其中一人先死，另一人不可再娶再嫁。但是，出於儒家重子嗣的觀點，如果妻死無妾，男子是可以再娶以奉公姑、主内事、供祀禮的。參見陳東原《中國婦女生活史》，台北：台灣商務印書館，1937.5，頁 138～139，以及李楯《性與法》，河南：河南人民出版社，1993.4，頁 88～89。

八〇年代之後仍不斷地被女作家書寫著。在親情與愛情之間，女性該如何抉擇？林海音等作家見證過舊時代婦女受制於傳統倫理道德觀的痛苦，也接受過五四人本文化的洗禮，在新舊文化的衝擊與思索之下，她們如何呈現這一類型的小說呢？筆者將這一類型作品分爲以下三個區塊：

一、嚴守母性，放棄女性

這一區塊的母親在面對「母性」與「女性」之間的抉擇時，幾乎未經考慮便放棄「女性」這一私我的部分，完全站在子女的立場，嚴守「母性」。琦君〈完整的愛〉〔註 106〕（1980）描述十五歲的阿慧自幼父母離異，獨生女兒的她對母親十分依賴，當她知道母親和幼之叔之間似有曖昧的情愫時，心裡很不是滋味，「我把自己關在房裡，高聲地讀書或唱歌，我要媽聽出我的聲音是多麼寂寞而怨恨。可是媽並沒有注意及此。書房裡飄來她與幼之叔的笑語聲，妒忌忿恨幾乎使我狂喊起來。〔註 107〕」她希望母親永遠只愛她一個人，「我只覺得我心裡所要的愛不能被旁人分去，媽應該只屬於我一個人的。」（180）於是她開始不斷用言語刺傷幼之叔，並挑撥他們之間的感情。母親爲了給女兒一份完整的愛，決定拒絕幼之的追求，「有了妳，媽什麼都不再要了。相信我，媽絕不讓你受一點委屈。」（174）「只要是使妳不快樂的事，我絕不做。」（191）

成長中的孩子，能否接受單身母親的再婚？能否了解母親內心的孤寂？而終於找到感情寄託的母親又該如何對兒女解釋？明顯地，文中阿慧的母親在母性與女性之間選擇了前者，理由是她要給女兒一份「完整的愛」。然而到底什麼才是「完整的愛」呢？「完整」意謂自己全然的犧牲嗎？琦君的答案是肯定的。對此，司徒衛評：

> 琦君一面強調了愛的「完整」的意義，同時也無異說明了愛的「殘缺」的一面；彷彿說明愛情的最高意義，往往是爲保持愛的「完整」而犧牲。在這一篇裡，媽媽可說是在母愛的前面而捨棄自己的愛情與幸福，……她（指琦君）側重寫「母女情愛」與男女之愛的不能

〔註106〕 琦君〈完整的愛〉收入在 1980 年出版的《錢塘江畔》，但此文寫於五、六〇年代，非八〇年代。張瑞芬在〈琦君散文及五〇、六〇年代女性創作位置〉中提及：「1980 年，琦君的短篇小說集《錢塘江畔》事實上也收錄多篇五〇、六〇年代舊作。」《臺灣文學學報》第 6 期，2005.2，頁 127。
〔註107〕 琦君〈完整的愛〉《錢塘江畔》，台北：爾雅，1980.4，頁 172。

相容，強烈地塗抹了母愛偉大的色彩。……愛既無完美的時候，又須保持住「完整」，則愛中注定有缺憾，有苦痛。而這樣的「完整」是相對的，片面的，因之，其間的犧牲與受苦是難以說明其價值或意義的；所謂保持「完整」也就難說是否值得讚美了〔註108〕。

確實此文的「完整」太缺乏說服力，也太戲劇化，而且琦君太過強調母性與女性的對立，母女之情與男女之愛豈是如此不能相容？是作者的思想太過守舊嗎？

在給〈完整的愛〉較負面的評價之前，或許先閱讀幾則琦君散文的片段。她在〈母親那個時代〉寫著：「母親是個具備三從四德的舊式婦女，她自幼承受的母教就是勤勞、節儉和容忍。……我雖然覺得母親的容忍似乎太過了點，但我卻想不出理由來反駁她。因為我深深感到自己能享受完整的家庭之愛，就是由於母親偉大的容忍〔註109〕。」從這段話可知，琦君雖然不完全認同母親（舊式婦女）的德行，但她卻深深體認到，正因為母親的犧牲與容忍才讓她享受到了完整的愛；在這篇文章裡，琦君甚至還主張女性的社會地位無論如何提升，「相夫教子」的重任仍是不可免除的。此外，她在〈母親！母親！〉寫著：「在我的記憶裡，母親的笑影淚光對我如同神明的啟示，母親的訓誨對我有如暮鼓晨鐘。……母親當時縱然責備我，也是心平氣和的，她一句一句慢慢地說，從不譏諷我：『你這個死丫頭，看你將來怎麼得了。』從不曾由一件事牽連到另一件事，沒完沒了地唸經〔註110〕。」在當代小說中，看多了母女之間尖銳的衝突，重讀琦君這幾行文字，確實感到一股溫暖之情，如周芬伶所言：「重讀琦君的散文，更覺得在這紛亂的時代裡，她的聲音顯得特別溫暖與懇切〔註111〕。」正因為母親的寬容與慈悲給了琦君一份健全且完整的愛，她才深深體會，一個母親的私與無私，會直接影響子女成長的幸與不幸。

在這篇散文中琦君繼續寫著，某次她打翻了送到田裡給長工吃的炒芋頭，回家後不敢說也不承認，但母親當下並無責打她，第二天竟還是叫她送：

〔註108〕司徒衛〈琦君的「菁姐」〉，收入隱地編《琦君的世界》，台北：爾雅，1980.11，頁114～117。

〔註109〕琦君〈母親那個時代〉《紅紗燈》，台北：三民，1969.11，頁16～17。

〔註110〕琦君〈母親！母親！〉《三更有夢書當枕》，台北：爾雅，1975.7，頁113。

〔註111〕周芬伶〈千里懷人月在峰──與琦君越洋筆談〉，收入於琦君《青燈有味似兒時》，台北：九歌，1988.7，頁243。

「我心裡好難為情，也好感激母親。她並沒有罵我：『死東西，一個籃子都拿不穩。』她居然一樣的信任我，叫我再一次的試試自己的能力。從那以後，我做錯了事，就毫不隱瞞地告訴母親。」（114）母親的教育讓她學習到對人的寬恕，以及對自己能力的肯定，也正因為這股強韌的親情力量，建立了她人格裡的愛與信心，此與其悲憫的文風互為相映。一般人只見琦君文字上的溫婉典雅，卻未注意到這樣一個身逢戰亂、身心流離的女性之所以保持一顆柔韌的心靈，與其母溫而厲的教誨不無關係，那是一種溫情的支持。琦君一歲喪父，四歲喪母，十一歲又失去唯一的親哥哥，成年不久撫養她長大的父母（伯父、伯母）也相繼去世，親人離別之痛，加上戰亂、漂泊之苦，她的一生是充滿缺憾的，可是，她並沒有把文學當成自己內在悲憤和痛苦的發洩，反而是從這種缺憾的人生裡寫出了美的感悟與真善的精神〔註112〕，如果沒有一份柔韌的愛作為生命的底蘊，她如何能夠做到？有了這一層的閱讀和體認，再回頭看〈完整的愛〉，或許更能明瞭琦君為何將文中那份為了子女而犧牲自我愛情的母愛稱為「完整的愛」，並給此文較正面的評價。況且，琦君雖是一個新時代的女作家，但她總說：「我，是個新時代的舊女性。我的作品，當然夠不上被稱為『新女性文學』了〔註113〕。」

　　林海音〈母親的秘密〉（1955）以女兒為第一人稱的敘述筆法，寫二十八歲即守寡的母親獨力撫養兩個子女的過程，喪夫的她不但從未表現一副可憐的寡婦相，給孩子的也是一個完整而安全的生活，「我的母親，她彷彿是從一陣狂風中回來，風住了，拍拍身上的塵土。我們的生活，很快地，在她的節哀之下，恢復了正常。……她從未表現出一副可憐的寡婦相，她灌注於我們心頭的，是一個完整而安全的生活，沒有因失去其中的一環而顯得無法銜接。〔註114〕」韓叔是父親大學同學，也是母親中學的學長，因調職北平，常來看他們母子。即將考中學的女兒在某夜聽見母親的抽泣，以及拒絕韓叔的求婚。女兒的內心因此恐懼、厭惡、憂傷又憤怒，「無論如何，我還是不能原諒母親，好像她做了什麼壞事；好像她是一個丟棄小孩的罪人。……在黑暗中，我害怕地顫聲喊著：『媽！』聽到她在深睡中夢囈般地答應，才使我放心了。我怕

〔註112〕 章方松〈琦君的文學理念〉，《幼獅文藝》第 610 期，2004.10，頁 35。
〔註113〕 琦君〈「新女性」〉《媽媽銀行》，台北：九歌，1992.9，頁 180。
〔註114〕 林海音〈母親的秘密〉《冬青樹》，台北：游目族文化事業，2000.5，頁 115 ～116。

的是有一天夜半醒來，對面床上會不會失去了從沒有離開過我的人！」（119）母親卻一如往常寧靜過日子，好像從未發生過任何事。直到半年後聽見韓叔的婚訊，女兒才放下了心，「我們能夠在完整無缺的母愛中成長，是靠了母親曾經犧牲過一些什麼才得到的啊！如果有人說我們姊弟是孝順的兒女，我應當說，我們的孝，實由於母親的愛。」（120）

　　林海音的這篇小說和琦君的〈完整的愛〉有相似的情境，都是敘寫已為人母的女性為了給孩子一個完整和安全的成長環境而拒絕再婚。林海音的長篇小說《曉雲》（1959）中夏曉雲的寡母在顧及女兒的感受之下，也是毅然婉拒了相識多年的林教授。對於一個傳統的女人來說，失去丈夫就是失去依靠與認同（identity），總是不免有一種無家感（homelessness）〔註115〕。已為人母的婦女可以再婚嗎？她要如何面對和安置自己年幼的子女？在琦君和林海音的這兩篇小說裡，我們看到了女兒即將失去母親的那種既悲憤又恐懼的複雜心理，看到了身處其境的母親內心的掙扎與無奈，也看到了兩位作家重視傳統道德、家庭倫理的一面。嚴守母性、放棄女性有時是一個女人別無選擇的決定，如文中的兩位年輕的母親，她們幾乎未經考慮就拒絕對方的求婚，不在於她們多麼聖潔偉大，而在於無法放下養育子女的重任；母親的「犧牲」有時不完全是自願的，倫理道德、傳統文化以及風俗思想同時也一層層地迫使她「必須」犧牲。林海音這篇小說的題名「母親的秘密」也很耐人尋味：母親的秘密（捨棄愛情與青春）造就了子女、守住了家庭，這個不為人知的「秘密」我們可以說它象徵傳統女性的沉默／無聲／消音，但是，它何嘗不也代表母親對子女的一種深厚的、無法用言語訴說的愛？這篇小說多少亦有林海音母親的影子，林母二十九歲守寡，含辛茹苦地將子女撫養長大：「南柳巷也是我一生居住中佔有重要的地方，時間又長，從我在無父後的十年成長過程中，經過讀書、就業、結婚，都是從這裡出發，……我們有一個和諧的、相依為命的家庭，那是因為我們有一個賢良從不訴苦的母親〔註116〕。」這一點和小說中的母親頗相似。

〔註115〕孫康宜〈寡婦詩人的文學「聲音」〉，《古典與現代的女性闡釋》，台北：聯合文學，1998.4，頁87。
〔註116〕林海音〈我的京味兒回憶錄〉，《我的京味兒回憶錄》，台北：遊目族文化事業，2000.5，頁18。此文寫於1987年12月。

二、掙扎，覺悟，回歸母性

　　這一區塊的母親掙扎於母性與女性之間，經過幾番情關的試煉，終於覺悟母愛對子女的重要性，於是選擇回歸母性。琦君的〈沉淵〉（1958）可為代表。此文描述寡母呂玉英某天透過女兒小英的日記得知十幾歲的女兒正陷入戀情中，詢問之下才發現女兒愛上的宋彬老師竟是二十年前玩弄並拋棄自己的負心漢。玉英堅持反對女兒和宋彬交往，但向來乖順的女兒卻拒絕了，「母親的愛，天鵝絨般似的保圍著她，使她從出生以來，從不曾受過絲毫的驚駭或委屈。……可是這一次，她竟違拗了母親的意思，她覺得母親在漸漸不了解她了，一種對異性愛慕的情愫，竟隔絕了母女的心。〔註117〕」從此母女關係逐漸變得緊張，「母女倆各懷著沉重的心事，漫漫的長夜似乎隱隱中已在母女間劃下了一道淡淡的溝痕，她們感到空虛、惶惑，盡量地想互訴心曲，卻又覺得什麼話都是不說的好。」（187）玉英和宋彬因此重逢，宋彬竟想同時擁有這對母女：既暗中挑逗舊情人玉英，又私下對小英甜言蜜語。玉英雖然恨宋彬，卻又舊情復燃，「他（指宋彬）那一雙似渴望又似調侃的眼神，緊逼著她，她不能不想起二十年前使她痴心顛倒的那一對同樣的眼神，一股不可抗拒的力使她默默低下了頭，她的心裡已經在答應他，宋彬也已經感覺出來了。」（198）她禁不起宋的誘惑，一再陷入情慾的深淵，無法自拔，「她懷著飲鴆的心情，放縱自己走向罪惡之淵。……宋彬身上有一股男性神奇的魔力，他的擁抱，他的愛撫，他的附耳低喚，使她癱瘓，使她喪失了意志。和二十年前一樣，她只有把一切都重新奉獻給他，她但願那不可遏止的強烈的愛情火燄，立刻焚毀了他們，從此沉淪毀滅，她都是心甘情願的。」（201～202）。小英隱約察覺，對母親的反感逐日倍增，「宋彬似乎已經在喜歡她母親了！這個發現使她傷心透了，這不但傷了她的自尊，也傷了她對母親那份莊嚴神聖的愛。她開始懷疑她母親，懷疑她在有意離間她和宋彬的感情，她還在企圖奪取他的感情，她簡直要恨她母親了。」（203）為了宋彬她甚至要斷絕與母親的關係，「媽的態度真使我不愉快，也許這就是所謂中年人寂寞的情懷嗎？……如果媽也竟愛起他來的話，這不是笑話嗎？這又多麼使我傷心呢！我愛媽，我同情她的苦悶，可是她究竟是長輩，是上一代的人，她為什麼要使自己有這種不光明的感情存在呢？」（211）玉英在母性與女性之間苦苦掙

〔註117〕琦君〈沉淵〉《百合羹》，台北：開明，1958.9，頁183。

扎，亂了方寸，「無論如何，這種不正常的關係是不能再繼續下去了，為了她唯一的女兒，她必須斬斷情絲，和宋彬斷絕來往，她不能害自己更害女兒了。可是宋彬的影子牢牢貼在她心上，舊的，新的，一層層地，她是再也不能把它抹掉，扯去，她知道，就是她整個的心死去，忘卻宋彬也是不可能的了。」（207），她處在極度的痛苦之中，但最後告訴自己，必須認清宋彬拐騙她們母女倆的事實，拒絕他。她必須選擇母性，放棄女性，如此才能拯救自己，也拯救女兒，「她羞愧地把這種關係認為是『情慾』，對了，這是情慾在作祟，蒙蔽了她的心，……她必須覺醒了，她要喚起自己的靈魂，重新做一個母親，不但拯救自己，也要拯救女兒誤入歧途。」（208）在一次相會中，玉英在宋彬的調戲之下猛然想起了女兒，於是她「使出所有的力氣，捶著他的胸，又使勁地把他一推」（219），將宋彬推向瀑布導致他的死亡。玉英自首，內心卻無比輕鬆，「現在好了，再沒有人欺侮小英了。」（220）

琦君的這篇〈沉淵〉寫於五〇年代，篇幅相當長，是鮮少被提及但相當具有突破性的一篇小說。在琦君所有的母親書寫中，慈母通常被刻劃成無聲無性、犧牲奉獻的典型角色，是一個平面人物，缺乏性格與內心的深度剖析，然而此篇，琦君似乎有意跨越她慈母敘述的侷限，觸及母親的情慾世界與母女衝突。小說最後玉英雖然斷絕愛情，回歸母性，但中間數段情慾的描寫令人讀之驚心，突破琦君一貫的溫柔筆調，也將一個母親內心的聖與魔交戰的痛苦表述盡致，迥異於〈懇親會〉、〈岳母〉和〈完整的愛〉等較單一層面的慈母形象。關於母親的情慾書寫，六〇年代現代主義作家有不少的嘗試，例如歐陽子〈魔女〉（1967）、於梨華〈母與子〉（1966），七〇年代李昂〈西蓮〉（1973）、蕭麗紅《桂花巷》（1977）也有精湛的描寫，但比起這些作品，琦君這篇〈沉淵〉的情慾鋪陳毫不遜色，尤其文中的玉英在歷經了情慾的巨大波濤、聖魔之間的痛苦掙扎之後，平靜地回歸母性，琦君很成功地寫出一個歷劫歸來的母親角色。當然，文中的玉英經過幾度情慾試煉之後，「母性」戰勝「女性」這一結局是可以預期的，因它呼應了琦君一貫「古典的節制〔註118〕」的敘事風格。

這篇小說也寫母女之間的對立，但未到面對面的衝突，這種情感對峙的步步推展更加彰顯母女之間逐漸高漲的緊張關係，尤其寫女兒從敬愛、猜疑到痛恨母親的情緒起伏很是精采；琦君不直接寫母女的正面衝突，而安排母

〔註118〕楊牧於琦君《留予他年說夢痕》所寫的序文，台北：洪範，1980.10，頁7。

親從偷看女兒的日記中得知女兒對她的恨，內心的撞擊力也更大。母女衝突是許多女作家嘗試發揮過的文學主題，六○年代如瓊瑤《窗外》（1963）、七○年代童眞《離家的女孩》（1974）、叢甦〈百老匯上〉（1976）、畢璞〈獨腳戲〉（1978）、袁瓊瓊〈希元十六歲〉（1979）、八○年代平路〈繭〉（1983）、於梨華〈母女情〉（1989），乃至九○年代蘇偉貞《離開同方》（1990）、〈背影〉（1992）、平路〈婚期〉（1998）、鍾文音《女島紀行》（1998）等等，一路可見越來越尖銳的、愛恨交集的母女衝突。五○年代琦君的這篇〈沉淵〉可說是台灣戰後女性小說史裡，首篇觸及母親的情慾書寫和母女衝突的作品，開創意義相當大，且此文也是她所有小說裡唯一朝向人性更複雜的層面探索的作品，但是，在評論琦君關於母親書寫的眾多文章裡，它幾乎不曾被提及，論者似乎永遠將焦點放置在她慈母文學的成就上，而琦君除了這一篇之外，也未再出現其他探寫人性幽暗面的作品。就母親書寫這一領域來說，她選擇的是繼續建構她的慈母文學。這一點，除了琦君自身的傳統性格之外，也讓我們間接窺見五○年代台灣文壇的保守氛圍，包括讀者的接受度，以及市場的取向。

三、再婚，尋母性與女性的平衡點

這一區塊的母親嘗試突破傳統道德觀，在喪夫或離婚之後，選擇再婚，但以獲得子女的諒解與認同爲前提，若無法順利達成，也於再婚之後盡量彌補，以尋求一個母性與女性的平衡點爲目標。琦君的〈聖心〉（1958）敘述與丈夫離異的女子瓊獨自撫養一個患先天性心臟病的兒子亞男，但自從瓊和仲平相戀之後，亞男便想盡辦法捉弄、破壞他們。即使如此，瓊仍然決定和仲平結婚，婚後亞男更是變本加厲。好幾次，瓊幾乎失去耐心，「憤怒使我喪失了母性，喪失了理智，當時眞寧願他就此發心臟病死去，也不再有所顧念了。〔註119〕」但無論如何她還是無法放下母親的責任，「如果亞男不治的話，他過去那種大吵大鬧的聲音便將永遠撞擊著我的心，無異是我的疏忽和狠心殺了他。」（120）最後，在瓊與仲平的努力之下，亞男終於接受了他們。這一篇小說相當細膩地描繪出一個母親在母性與女性之間的痛苦掙扎，以及再婚之後面對孩子反抗的無奈，結局仍是圓滿溫馨的，如琦君一貫的風格，文中的母親最後也得到孩子的認同。

〔註119〕琦君〈聖心〉《百合羹》，台北：開明，1958.9，頁113。

　　林海音的〈再嫁〉（1955）以第一人稱描寫喪夫四年的「我」渴望再嫁的心情，「四年並不算長，……我並不是舊式的婦人，還固執於什麼守節的觀念，我實在是期待再嫁的日子，因爲我經驗了一個女人獨立撐起一家的生活是多麼艱辛、單薄，空虛和乏趣！〔註120〕」但多次放棄手邊的機會是爲了兩個年幼的孩子，因對方只愛她，無法愛她的孩子。「我不能強迫一個男人愛了我，也必得愛我和另一個男人生下的孩子，但事實上，我再嫁的目標卻非此不可。」（145）於是逐漸不再期待再嫁一事，「我對再嫁灰了心，深深地感到，要使兩者的愛並存是不可能的，妳總要犧牲一方面。」（145）然而期待已久的男子眞的出現了，他除了愛她也疼孩子，更重要的是，兩個孩子喜歡他，願意接受他，因此她決定「快樂地再嫁」（147）。

　　這篇小說仍是在「母性與女性之間的抉擇」這個議題上打轉，但文中的母親明言期待再婚，觀念似比傳統婦女又向前邁進了一步，而且她不固執於守節，具有更開放的人生態度和更鮮明的女性意識。可是這樣一個女子爲何遲遲沒有再婚呢？原因還是爲了年幼的子女。思想保守的寡婦在這個議題前大多是未經思考就選擇嚴守母性、棄絕女性，但一個思想先進的新時代寡婦呢？林海音的答案還是：選擇母性、放棄女性（除非有人願意接受她的孩子，孩子也願意接受他）。寡婦的再婚與否，完全以子女爲首要考量，不管她的思維前衛或守舊，這是林海音在母親書寫裡所要呈現的一個重要倫理觀。在這篇小說裡，林安排了一個光明的結局，小說中的寡婦如願找到了一個既癡情又有愛心的男子，她也完成了再嫁的心願。這樣的結尾固然有溫馨的一面，但就小說的整體結構而言似乎有些突兀，它讓一個氣氛較爲嚴肅、節奏緩慢的故事瞬間變成了一齣通俗浪漫喜劇，不免有些草率。

　　林海音的〈瓊君〉（1965）以倒敘的手法描寫十六歲的瓊君爲了報恩，嫁給大她三十歲的韓四叔，隔年生了兒子滿生之後，整個人更加成熟美麗，「瓊君再一次從對著紫檀桌的穿衣鏡中望見了自己的側影—— 一個線條勻稱胸部豐滿的少婦，正站在一個兩鬢斑白神態雖然瀟灑可是已經露出倦容的男人的背後。唉，他眞的老了嗎？〔註121〕」韓的前妻生的女兒滿珍與瓊君同年，是一個新女性。倉卒來台，六十一歲的韓四叔去世了，住在台中的瓊君生活越來越單調，對未來的人生茫然了起來。偶然中認識了小她兩歲的張

〔註120〕林海音〈再嫁〉《冬青樹》，台北：游目族文化事業，2000.5，頁144。
〔註121〕林海音〈瓊君〉《燭芯》，台北：愛眉文藝，1971.1，頁74。

嘉彬，進而相戀，滿生似乎察覺，於是漸與母親疏遠，且對張懷敵意，「滿生不單跟母親疏遠起來，明顯的他很對嘉彬也表示敵意。……滿生忽然的沉默和緊張，她起初以為他有病，但是她很快的發現，他是在對媽媽生氣。他有時候臉上顯出一種可怕的冷笑，有時候一個人躲在房裡對著爸爸的那張照片發呆。」（80～81）她決定再婚，勇敢追求自己的幸福，「瓊君不知哪來的一股勇氣，很坦白的說：『大小姐，我打算朝前走一步。』她到底不敢說『再嫁』兩個字。」（82）也獲得滿珍的諒解與同意，「妳的寶貴青春都為爸爸犧牲了，妳有充足的理由再嫁。」（82）但是兒子滿生卻無法接受母親即將再嫁的事實，只好安排他和滿珍夫婦同住在台北。三年與滿生分離的婚姻生活過得平靜又快樂，瓊君在一次患病準備動手術前，「不知怎麼竟苦念著三年不見的滿生，也許是因為開刀後不能再生育而聯想到與她血肉相連的另一個生命，……她想到滿生呱呱墜地時宏亮的哭聲；她想到冬夜火爐的鐵檔上烤尿布的情景；她想到第一次領滿生進學校；她想到一身喪服匍匐靈前的中學生；她想到再嫁前那張憤恨的面孔。那個從她身體分裂出來的肉體，就永遠和她沒有關係了嗎？她幾時才能得到孩子的諒解？」（83）即將動手術的她多麼渴望見兒子一面，因為她怕再無機會。在嘉彬的努力之下，滿生終於出現，「他們母子沒有談敘別後，因為那容易觸及當初不愉快的事情。這樣已經很夠了，他知體的微笑著站在床前，她多高興啊！」（84）瓊君放下心中的重壓，安心接受手術。

這篇故事的背景是在三○年代的大陸，女主角當時才十六歲，之後經過國共內戰，地理空間從大陸移到台灣，當年的少女也年過三十，人生接二連三地面臨喪夫、再婚、母子衝突以及即將動手術的層層關卡。這樣一個跨越時空且多重情節交錯的故事其實是可以發展為長篇小說的，尤其文中的母親決定再婚之後，面對情人與兒子時的那種內心的躊躇與惶慮，似乎可以鋪陳得更深刻。這篇小說可與琦君的〈聖心〉相互呼應，都是描寫母親再嫁之後引爆母子衝突的故事，此類型的故事一直到九○年代都有作家持續書寫，因為它既是現實社會中存在的事實，也是女作家在探討女性／婚姻／親子的面向時所關切的話題。

文中的瓊君從結婚到生子都是傀儡般受制於他人安排，她的人生不但沒有主體性，連自我的女性價值都是模糊的；瓊君其實是許多舊時代女性、或者跨到新時代但思想還停留在舊時期的女性的縮影。但是這樣的一個柔弱的女子在經歷人生不同階段的風波之後，竟也勇敢地說出：「我打算朝前走一

步」的話，打破了傳統女性面臨人生的困境時向來的沉默與宿命，勇敢地實踐她要的人生。在這個故事裡，林海音塑造了一個令人敬佩的女性角色，這個角色，我們尚不能說她具有強烈的女性意識，但她絕對是一個有女性自覺的人：

> 雖說大抵上在 1950 至 1970 年台灣女作家的小說，還停留在強調懷舊的階段，根本還無所謂的女性意識，但在林海音的小說中卻已顯出其女性自覺。林海音的小說在女性議題方面有特殊的表現，反映出對女性問題、婚姻生活的關注，……可說是開創了具有「性別符號」的女性文學〔註122〕。

文中的瓊君在跨出人生的一大步（決定再婚）之後，她最大的難題還是在親子關係這一環，兒子雖然不贊成母親再婚，但沒有改變她再婚的決定，這一點也突破了林海音在〈母親的秘密〉與〈再嫁〉裡較傾向母性的思考模式。但是，小說最後，再嫁的母親仍然無法放下兒子，希望得到兒子的諒解，母子能夠有冰釋的一天，林海音於是巧妙地在瓊君走向「女性」的同時再將她拉回「母性」的疆界，透過「母子和解」的結局讓女主角在母性與女性之間保持平衡。我們從小說的結尾依然可以感覺到，那個時代的作家在處理這樣的題材時，永遠不會忽略「母性」的存在。如果說，這篇小說讓我們看見瓊君從一個柔順的女子形象蛻變為自主的新時代女性，那麼林海音可謂是一位銜接世代的過渡時期的作家，如彭小妍所說：

> 林海音自己說她是屬於五四的一代，受到五四運動極深的影響，我卻認為她是一個銜接世代的過渡時期作家。在北平的懷舊和台灣經驗之間，在五四的熱情和八、九○年代的扮酷之間，在五、六○年代反共文學的「主流」和鄉土文學的孕育之間，在傳統女性的柔順形象和現代女性的叛逆之間，她在在扮演著橋樑的角色〔註123〕。

彭的析論確屬洞見，這些話語表述了林海音的文學特質及其在台灣女性小說史上的位置。

〔註122〕陳碧月〈林海音小說的女性自覺書寫〉，收入李瑞騰主編《霜後的燦爛——林海音及其同輩女作家學術研討會論文集》，台南：國立文化資產保存研究中心籌備處，2003.5，頁 31。

〔註123〕彭小妍〈一座文學的橋——銜接世代的林海音〉，收入李瑞騰、夏祖麗主編《一座文學的橋——林海音先生紀念文集》，台南：國立文化資產保存研究中心籌備處，2002.12，頁 159。

即使上述三個區塊的作品內容有所不同，但整體看來，琦君和林海音在這個議題的思考上仍是傾向母性的。要說她們無法擺脫傳統儒家的倫理觀而呈現一種「保守自限的世故妥協心態〔註 124〕」也好，要評她們的女性意識不夠強烈也罷〔註 125〕，筆者卻認為她們真正更要傳遞的是一個「責任」的思考——當時代跨入一個新的世紀，女性可以有更多、更自由的選擇時，什麼是她「別無選擇且不能完全拋開」的，那就是親情，她的孩子，她未竟的責任。五四運動標榜人本思想的覺醒，主張追求個性的解放，女性必須建立自己的主體性，這些思維一定都曾影響過這群新時代女作家，她們讓筆下大部分的母親們選擇母性、隱藏女性並不是因為她們毫無女性意識，而是更著眼在人的本分與責任這一點上的思考。此外，五、六〇年代的台灣社會風氣尚屬保守，女性主義思維也仍未風行，女作家自然不可能在這樣的議題上表現得太激進。

結　語

回顧五〇年代的台灣文學，那確實是一個官方政策主導文壇的時期，雖然十幾年來不乏多面向的作品出現，但反共懷鄉之作仍屬主流。以現在的眼光重新審視當年的反共文學，固然有許多是呼應政治口號的附庸品，但仍有不少作品經得起歷史的考驗，兼具文學與藝術價值，為時代留下真實的傷痕見證。可喜的是，渡海來台的大陸移民女作家拓展了女性書寫的領域，在懷念大陸故鄉與適應台灣新生活的交錯心境之下，寫下了許多悲欣交集的流離經驗。她們的性別思考承接五四新文化，對於女性在愛情／婚姻／家庭的處境多有超越傳統的敘述，這些作品與八、九〇年代另一批女作家相比，仍有不少獨到的見解。

本章論文著重在探討琦君與林海音小說中的母親形象，這仍是一個不脫女性在愛情／婚姻／家庭的瑣碎敘事的議題。瑣碎敘事值不值得寫呢？這樣屬於私領域（對照男性／歷史／國族的公領域）的作品有什麼文學價值？

〔註124〕張誦聖〈台灣女作家與當代主導文化〉，《文學場域的變遷》，台北：聯合文學，2001.6，頁 123。

〔註125〕如任一鳴：「如果說『五四』文學表達了對婦女悲苦命運的吶喊與抗爭，那麼，五十年代台灣女性文學則對不幸的女性命運灑下了一掬同情的眼淚，其所蘊含的傳統女性意識是非常明顯的。」《中國女性文學的現代衍進》，香港：青文書屋，1997.6，頁 211。

1955 年林海音第一本文集《冬青樹》刊行時，何凡在序文中言：「有人批評女人寫作範圍不出家庭，似較狹窄。……她們就是寫寫所謂『身邊瑣事』，亦不足爲病，因爲這正是偉大時代的基層生活的眞實反映，讀之令人有親切之感。〔註126〕」司徒衛也說：「如果過的是有意義的生活，在筆下即使是表現的『瑣事』，也還能反映眞實的人生，或透露出時代的精神〔註127〕。」生活瑣事是否能夠透露時代的精神尚且不論，但它反映眞實的生活就是其價值所在，尤其這群渡海來台的女作家們，書寫生活瑣事意味著她們逐漸脫離沉浸在懷鄉的感傷，接受台灣新生活的事實。

　　進一步說，這群大陸女作家的作品特色應是「瑣碎卻不閨怨」，以琦君和林海音的母親書寫來看，內容雖不脫婚戀家庭，但她們都不是以一種消極、絕望、憤恨的態度去寫，而是帶著一份悲憫之情（站在女性的立場）。隱地曾說：「我認爲一個女作家可以寫身邊瑣事，而且應從身邊瑣事寫起，再逐次擴大，去寫更多人的愛與恨、欣慰與痛處……，要一個生活在瑣事裡的女作家不寫身邊瑣事是不容易辦到的〔註128〕。」從身邊瑣事出發，再逐次擴大，結合對社會、政治與歷史的觀感，這就是大部分女作家的書寫策略，如彭小妍所說：「女作家筆下的婚姻和愛情，看似僅及『身邊瑣事』，實際上政治、歷史的暗潮卻是呼之欲出〔註129〕。」以本章論文來看，女作家以小窺大，「小」從追憶自己故鄉的母親爲起點，「大」寫舊時代的母親形象，批露新舊文化衝突之下女性的困境；寫母女之間深厚的情誼，作家從女兒的角色轉換爲母親的角色，隱喻根植台灣的生命力；寫母性與女性之間的抉擇，探討倫理道德與個人情慾衝突時女性可能面臨的種種處境。女作家以小窺大，有時反而能夠精準地呈現出一個社會的多元面貌。

〔註126〕夏承楹〈我的太太林海音〉（重光版序），《冬青樹》，台北：游目族文化事業，
　　　　2000.5
〔註127〕司徒衛〈林海音的「冬青樹」〉，《五十年代文學評論》，台北：成文，1979.7，
　　　　頁 187。
〔註128〕隱地〈讀「紅紗燈」〉，收入隱地編《琦君的世界》，台北：爾雅，1980.11，
　　　　頁 137。
〔註129〕彭小妍〈巧婦童心──承先啓後的林海音〉，收入李瑞騰、夏祖麗主編《一座
　　　　文學的橋──林海音先生紀念文集》，台南：國立文化資產保存研究中心籌備
　　　　處，2002.12，頁 115。

第三章　介於慈與惡之間：艾雯、畢璞、童眞小說的母親書寫

　　自古以來，母親的形象大多是被賦予正面意義的，換言之，母親始終被塑造成一個能者或勇者的形象。審視戰後初期女作家群的母親書寫，也多不離此宗旨，尤以琦君和林海音表現最突出。然而，隨著時代的變遷，社會與家庭的結構逐日變化的情況下，這種十分正面的母者形象，是否已經失去了某種眞實的性質（或許它本來就是某種虛構性）？一個作家如果一再地敘寫這種類型的母親是否也掉入了某種制式性的描述？以大陸遷台女作家而言，並不是每一位都是慈母書寫的擁護者，有不少的作家也開始質疑「慈母」的眞實性，再加上自身爲人母的經驗，於是開始思索、描繪另一種「不慈」的母親類型。

　　在台灣戰後女性小說史中，負面的母親描繪一般總認爲始於六〇年代現代主義，盛於八、九〇年代女性文學高漲的時期，卻少有人提及戰後初期大陸來台的女作家。周芬伶認爲，五〇、八〇、及世紀交替是戰後台灣女性小說的三個高峰期：「第一個高峰期以大陸來台的女作家爲主，如林海音、羅蘭、琦君、潘人木……，她們的小說以大陸的生活經驗爲主，然描寫的女性大多典雅、溫柔、純潔，與同時期男性小說的理想的女性形象相去不遠，……她們雖不能說是『聖女』，至少也是『善女子』。……六〇到七〇年代，受到現代主義與西方思潮的影響，女作家如陳若曦、歐陽子、施叔青、叢甦的小說，女性的個性與自我受到強調，加以心理學的運用，心理描寫側重陰暗面，……她們的面目各異，個性鮮明，已走出聖女與善女的局限，女性書寫

更進一步深化〔註1〕。」周的觀察與一般對五○到七○年代女性文學的論調無異，然而，在五○年代戰後初期的「典雅溫柔」與六、七○年代現代主義的「個性鮮明」之間，有一些介於兩大流派、文學風格兼具典雅與鮮明的女作家，她們的創作始於五○年代、成熟於六、七○年代如艾雯（1922～2009）、畢璞（1922～）和童眞（1928～），這幾位「過渡期」的女作家皆爲大陸遷台者，寫作技巧多採取寫實筆法，內容也不脫愛情／婚姻／家庭的瑣碎敘事，表面上似乎延續林海音等的文學格調，然仔細爬梳她們的文本，卻有相當大的差異。

首先，六○年代是一個以現代主義爲主流的文學場域，現代主義那種探索人性的深層慾望以及幽暗面的文學視角，不可能不影響當時的作家，以童眞等寫於六、七○年代的作品來看，或許在形式技巧上無法像歐陽子等熟練地運用、模仿西方文學（因爲文學的訓練不同），在反叛傳統和女性意識的開拓層面也不及歐等人（因爲倫理道德觀的內化較深），但是，她們的作品顯現了林海音和琦君未曾觸及的一個面向：在現代的社會，女性除了愛情與婚姻，還能追尋什麼？女性心靈最終的平靜與幸福是什麼？這個思考面向放置母親書寫這一區域，她們開始質疑傳統母德在現代社會的可行性、對母職文化重新思考、嘗試描繪不安於室和掌握強權的母親類型，並探索母子之間難以跨越的的代溝。她們站在理想女性（慈母）的背後，試圖建構另一種異於慈母但更貼近眞實人性的母親形象。雖然她們與現代主義作家走的文學路徑不同（一爲寫實，一爲象徵），但其反思精神卻未必輸現代主義作家，也勇於嘗試描繪魔女／惡母這一類的女性。只不過，她們通常僅僅讓「魔」在母親們的心中打轉，繼而壓抑、沉寂，未眞正讓「魔」突破藩籬，造成瘋狂或毀滅的局面，因此，她們筆下的母親雖然大喊獨立準備出走，但最後又回歸家庭；縱然對母職文化一再抨擊、唾棄，但最後仍然放棄遠大的理想走回廚房；掌握強權的母親即使一再掌控、刁難子女，但最後關頭仍然克制自己毀滅的一面。比較琦君等的慈母與歐陽子等的惡母，這群「不慈不惡，亦慈

〔註 1〕 周芬伶《聖與魔——台灣戰後小說的心靈圖象（1945-2006）》，台北：INK，2007.3，頁 220～222。周舉例如鹿橋《未央歌》的藺燕梅、潘人木《漣漪表妹》的白漣漪、林語堂《京華煙雲》的木蘭、王藍《藍與黑》的唐琪，以及林海音《城南舊事》的英子等等，都是天眞純潔的正面形象。而現代主義作家如陳若曦〈最後夜戲〉、歐陽子〈近黃昏時〉、〈花瓶〉等才更能寫出女性的心靈深度。

亦惡」的母者才更深刻地道出了現實社會裡一個母親內心的困境與無奈，而這一點，也是筆者認爲她們的母親書寫具有開創性且值得深究的地方。

　　本章論文針對艾雯（1922～2009）、畢璞（1922～）和童眞（1928～）出版於五○年代末到八○年代初的小說中的母親作爲探討對象，分別就「堅毅而充滿韌性的地母意象」、「強悍／強權／強勢的母者姿態」、「母職，女性的困境」以及「惡母的雛型」四部分來析論。

第一節　堅毅而充滿韌性的地母意象

　　有別於琦君和林海音小說中的慈母形象，童眞等著墨更多的是充滿韌性的堅毅之母，這些母親不再是以溫柔婉約的面貌出現，而是以一種大無畏的地母姿態呈現在讀者面前。同樣是站在正面的角度來敘寫母親，慈母與堅毅之母最大的差別在於，前者比較是一個陰柔的她者，後者相對地較具陽剛的性格，且自我意識也較強。這些堅毅的母者並非天生具有如此強韌的性格，故事一開始時她們甚至是涉世未深、天眞柔弱的女子，然而婚姻路上遭逢喪夫、婚變、或者離異之痛，加速了她們的成長，尤其是面對現實層面的經濟匱乏，以及撫養幼小孩子的重擔，這群尙年輕的母親們停止哀怨的聲音，縮短療傷的時間，堅強地扛起家計重任，展現女性剛強韌性的一面。

　　童眞的〈穿過荒野的女人〉（1960）可說是這類作品的代表。文中美麗的薇英在沒落家族的父兄盤算之下嫁入上海的新興大財主家庭，「父親哥哥都以爲憑她的娟麗去攀一門富親，該是挽回家運的唯一途徑。……他們不重視學問。有錢時，覺得錢是一切；沒錢時，也覺得錢是一切。〔註2〕」她結婚時是二十歲，婚姻取決於雙方長輩，她無權插手過問，完全任憑擺佈，「這裡是沒落的大家庭，那邊是新興的大財主；這裡恪守著舊的傳統，那邊卻在接受著新的文明。兩個截然不同的家庭，卻硬結成了親戚。她，一個無用的女子，勢將夾在這兩堵石壁之間。」（161）在這個婚姻裡她以夫爲天，「凡是他喜歡的，她都願學。使她也像一個新派的女子，配得上他；使她又像一個舊式的女人，能服侍他。」（165）如果丈夫疼愛她，以夫爲天也未嘗不好，她可以庸碌平淡過一生，可是丈夫對她一再的嘲諷和鄙夷讓她非常痛苦。丈夫的尖酸刻薄、婆婆的疾言厲色、空寂而陰暗的大屋子，薇英想著，這些就是她人

〔註2〕　童眞〈穿過荒野的女人〉《黑烟》，台北：明華書局，1960.8，頁160。

生的全部了嗎？直到女兒小薇的出世，才讓她感覺人生有了希望，「她的心情很快樂，這孩子帶給她以無窮的希望，好像自己幽黯的前途，突趨光明。」（167）丈夫和薇英的哥哥因錢起了爭執，他於是向她提出離婚，女兒歸她，「她就是這麼可憐，被人利用，被人擺佈，像一架鞦韆，任人推盪。如果自己真有一個堪資掩護的家，離了婚，也就算了，而這個家，哪容得她插足？……縱使她能忍受這種日子，但她怎能忍心讓她的女兒也去忍受這種日子？她自己的一生毀了也就算了，她可不能連帶毀了女兒！」（170）為了女兒，一向軟弱的她堅強了起來，「她站著，覺得自己站在一片荒野上，那裡，沒有一座屋，沒有一株樹，沒有一塊光滑的巨石，也沒有一處平坦的土地。滿地都是荊棘夾著亂石。她要歇一下，或者靠一下，都不可能。假使她要離開這片荒野，唯一的辦法就只有她自己挺身前進。……這多年來，她太軟弱了，只知道依從、忍受，像乞丐一樣，在人家的憐憫下討生活，躲在高牆的陰影下嘆息。她以為軟弱能夠贏得同情，但現在，她才知道要贏得人家的同情，除非自己先堅強起來。」（170～171）離了婚的她不容於娘家，但她不畏懼，挺身向前走，「大家都愣住了，好像看到一個紙紮的人竟走起路來。……她就這樣地走了出來——走出了一切親友之間。」（172）二十四歲的薇英報考師範，將女兒寄養在農家，忍著思念，開始讀書的日子，「軟弱的女人一堅強起來，是誰都會驚訝的，……以後的日子長著哪，她如不自食其力，無異是在走絕路！……她往前走，女兒哭得更響了。她不敢回頭。她現在是在荒野上行走，她不能畏縮，不能猶豫，她只有筆直走下去。……學校離女兒寄養的地方很遠，她幾個月都沒回去一次。她的想念越來越深，連上課有時都想到女兒。書頁上都是女兒的影子，課室裡滿是女兒的哭聲。」（172～173）三年的學校生涯如此漫長，她幾乎熬不過，「有時，她直以為這日子過不完，她將永遠跟女兒生活在兩個不同的地方；有時，她又會擔心女兒會不再愛她。這樣想時，她幾乎想放棄一切，回去抱女兒。」（174）最後終於完成學業，找到工作，與女兒相依自在地生活，直到女兒長大。

在童真的〈穿〉中，薇英的婚姻任人擺佈，父兄僅將她視為攀附豪門的工具，既未考量她內心的感受，也不以她的幸福為前提，而夫家之所以娶她進門也不過是因為她美麗的外表。一方為財，一方為色，使得這樁婚姻完全像一場交易，而她正是兩個親屬團體（夫家與娘家）之間的交易品，如西蒙·波娃（Simone de Beauvoir）在《第二性》（*Le Deuxieme Sexe*）所言：「女人是

附屬於父兄的家庭的，所以她由一邊的男人將她嫁給另一邊的男人。在原始社會裡，父系的親族把女子貨物一樣隨意外置，她常常是兩個團體的交易品之一〔註3〕。」再從一個社會的交換理論來看，克洛德・列維－斯特勞斯（Claude Levi-Strauss, 1908～1973）在《野性的思維》（*La Pensee Sauvage*）裡指出：「女人交換和食物交換都是保障和表現社會集體彼此結合的手段。……從文化角度看來她們都有這樣的共同特徵，即人有力量去控制和增值她們。……任何女人或任何食物都同樣適宜於達到生殖和生存的目的〔註4〕。」交換食物的目的是為了生存，一如交換女人的目的是為了生殖，雖然對象不同，但就交換理論的社會意義而言卻是相同的；將食物和女人並置而論，亦突顯了女性被物化（商品化）的一面。列維－斯特勞斯在《結構人類學》一書中，更明確地提出人類透過婚姻，將女性當成價值交換的對象，並藉由交換女性建立了親屬制度，穩固社會結構，而從事交換的則是男人：「構成婚姻基礎的相互契約，不是建立在男人與女人之間，而是男人與男人之間，以女人為媒介。女人僅僅提供了交換的主要場所〔註5〕。」在〈穿〉中，沒落的楊家不正盤算著透過婚姻、透過將女兒當成價值交換的對象，和上海大財主沈家建立起親屬關係嗎？薇英結這個婚的決定權不在她，離婚也是強制性的，這種在婚姻裡「呼之即來、揮之即去」的女性處境突顯了她的附屬性，對於自己的人生，她竟是一點掌控權（主體性）都沒有，如露西・伊瑞葛萊（Luce Irigaray）所言：

> 在我們的社會秩序之中，女人，乃是男人使用與交易的「產品」。女人的地位，即相當於市場上的貨品、商品。因此，女人既是供男人使用交易的對象，又如何能宣稱她們自己有權利要在整體的交易過程中發言或參與？……女人已遭性欲化的身體，專供男人使用、消費及流通，承擔著社會秩序的體制及其再生產的重責，然而女人在社會秩序之內卻永遠也無法升格為「主體」〔註6〕。

〔註3〕　西蒙・波娃（Simone de Beauvoir）著，楊美惠譯《第二性》（*Le Deuxieme Sexe*）（第二卷：處境），台北：志文，1992.9，頁 7～8。

〔註4〕　克洛德・列維－斯特勞斯（Claude Levi-Strauss）著，李幼燕譯《野性的思維》（*La Pensee Sauvage*），北京：中國人民大學，2006.1，頁 144，166。

〔註5〕　見茱麗葉・米切爾（Juliet Mitchell）〈父權制、親屬關係與作為交換的婦女〉（Patriarchy, Kinship, and Women as Exchange Objects），收入張京媛主編《當代女性主義文學批評》，北京：北京大學，1992.1，頁 433。

〔註6〕　露西・伊瑞葛萊（Luce Irigaray）著，李金梅譯，朱重儀校閱《此性非一》（*Ce*

尤其強制性的離婚，把單方面規範女性道德這種不符人道的情況合理化了，因為女性一但離婚（被離棄），傳統社會觀念並不責備男性的專橫，反而認定女性有了道德上的瑕疵，這對女性精神上的戕害相當大。

　　台灣戰後女性小說中寫女性因婚變而勇敢走出自己人生的作品相當多，四○年代張愛玲的〈傾城之戀〉與八○年代袁瓊瓊的〈自己的天空〉堪稱代表，不過，六○年代童真的這篇〈穿過荒野的女人〉不管在刻劃婚姻困境下的女性心理、走出婚變的勇氣，以及蛻變之後的新生活，都足以與上述兩篇並列，特別是小說中向來軟弱的薇英站在一片荒野上那副昂然決絕的姿態，以及自食其力的過程，並不輸白流蘇和靜敏〔註7〕。波娃曾說：「對大多數女人而言選擇愛情這條路還是最有吸引力，獨自承擔生活令女人苦惱。……人們不勸誘她去自力更生，只要順其自然她就可抵達極樂的天堂，當她察覺上了當，一切皆是海市蜃樓時，已經太晚了，在這場遭遇她已弄得筋疲力絕〔註8〕。」在婚姻裡筋疲力絕的薇英從一個柔弱的女子轉變成為一個自立堅毅的女性最大的原因在於她的母親身分，「母親」的使命讓她覺悟到人格獨立的重要性，她必須自力更生，以求經濟的穩定──「女性只要能擺脫女性必定是弱者的信念，就算她還不夠強，也會漸漸邁向堅強能幹〔註9〕」。也因為這樣的體悟，她才能在讀師範的三年期間忍受對女兒的思念，在完成學業之後一邊工作一邊扶養女兒而不以為苦，在拒絕有心人的追求時不感到遺憾，在看到女兒大學畢業時那樣喜悅激動……，這篇小說成功地塑造了一個堅毅母者的形象。

---

sexe quin'en est pas un），台北：桂冠，2005.2，頁 108～109。

〔註7〕　張愛玲〈傾城之戀〉裡離了婚的白流蘇因為領悟到「一個女人，再好些，得不到異性的愛，也就得不到同性的尊重。」（張愛玲《傾城之戀》，台北：皇冠，1994.11，頁 200）於是先當了范柳原的情婦，後因戰爭結為夫妻。而袁瓊瓊〈自己的天空〉裡的靜敏離婚之後，先開手工藝品店，再拉保險，最後成了另一個男人的情婦。白流蘇和靜敏在某種程度上仍然是依附男性的，尤其是靜敏這個角色，王德威評：「所謂『自己的天空』，就是從丈夫另有新歡的怨婦，到自己成為別人丈夫的『新歡』嗎？」（王德威〈感傷的嘲諷──評袁瓊瓊的《情愛風塵》〉，《閱讀當代小說──台灣‧大陸‧香港‧海外》台北：遠流，1991.9，頁 110～111）相較之下，童真〈穿過荒野的女人〉裡的楊薇英似乎更能表現出一個女性走出婚變、擺脫附庸於男性的果敢堅強。

〔註8〕　西蒙‧波娃（Simone de Beauvoir）著，楊翠屏譯《第二性》（Le Deuxieme Sexe）（第三卷：正當的主張與邁向解放），台北：志文，1992.9，頁38。

〔註9〕　珍‧貝克‧密勒（Jean Baker Miller）著，鄭至慧、劉毓秀、葉安安、顧效齡合譯《女性新心理學》（Toward A New Psychology of Women），台北：女書文化，1997.5，頁 44。

雖然在現實的社會裡，薇英這樣的例子也許不多，但小說中的她確實爲我們樹立了一種女性的典範。

從另一層面看，薇英的抱負可說是來自於逆境（離婚，且與夫家、娘家斷裂）的驅使，逆境往往迫使女人發現自我，走出一條未來的路，這過程固然艱辛，但比起那些服膺於女性意象、順服地成爲賢妻良母，卻自始至終不曾知道自己是何人的女性，穿過荒野的女人更顯其生命力。薇英渡海來台，不但沒有掛念故土、追悼故鄉，身處異地的她也沒有對未來產生茫然或恐懼的情緒，那是因爲在婚姻中她已經經歷過一次的流離了（從娘家到夫家），渡海來台，不過是再一次的流離，何以畏懼？面對一個陌生的海島環境，固然一切必須重新適應，但也意味著脫離了之前的（夫家與娘家）牢籠。范銘如評此作透過女性在所謂「家」的空間遷移過程，不僅對傳統父權經濟發出正面抨擊，也對女性與空間的關係提出新穎的觀點：

> 「家」對女性的意義是什麼？是庇護還是桎梏？被兩個陽具經濟單位交換的女性，她歸屬於哪一個空間？……正如蕭瓦特（Elaine Showalter）二十多年後在名稱雷同的〈荒野中的女性主義批評〉〔註 10〕中宣稱的女性主義者的處境，女性的確以荒野爲家，更沒有聖人可朝拜。……女主角在三個叫做「家」的空間中遷移的過程促使我們留心，女性的家往往不只一個。女性的主體性也常常隨著不同的空間文化而建構，不管是被迫或自主。換言之，家對女性總是暫時的、片段的，無能製造單一連貫性、本質性的過去，或鄉愁。〔註11〕

從娘家到夫家、大陸到台灣、柔弱的女子到堅毅的母者，〈穿〉除了讓我們思索「家」對女性的實質意義，也暗示著女性唯有走出柔弱、充滿堅韌，她才能建立自我的主體性，以及屬於自己的「家」。

畢璞的〈最美麗的媽媽〉（1968）藉著沒有父親、由母親扶養長大的兩個小女孩的生活對照來鋪陳堅毅之母的主題。洪玉英和林秀月同樣失去父親，洪的母親多金貌美，林母卻剛好相反。林秀月總是羨慕洪玉英，十分唾棄自己又窮又醜的母親，「她簡直不能忍受她媽媽坐在她教室裡面時的土相

〔註10〕伊蘭・修華特（Elaine Showalter）著，張小虹譯〈荒野中的女性主義批評〉，《中外文學》第 14 卷第 10 期，1986.3

〔註11〕范銘如〈台灣新故鄉——五〇年代女性小說〉，《眾裡尋她——台灣女性小說縱論》，台北：麥田，2002.3，頁 29～30。

與寒酸相。那時是冬天，每一個同學的媽媽都穿著厚厚的呢大衣，打扮得雍容華貴的；只有她媽媽穿著一件陳舊的黑毛衣和一條舊裙子，赤腳穿著膠拖鞋，冷得面青唇紫，直打哆嗦。〔註12〕」林數落母親的外貌，厲聲指責母親讓她丟盡臉，母親羞憤不堪，伸手摑了她，「好呀！我每天做牛做馬的去洗衣服、賣番薯、糊紙盒來養活你們，你居然嫌起我來了！……孩子，你覺得媽媽使你丟臉，我以後不去你學校就是了。」（5）林雖後悔頂撞母親，但她還是無法體會母親獨自扶養三個孩子的辛勞，仍然欽羨洪玉英有個美麗富有的母親。直到聯考成績出來，貧窮的林母竟答應讓女兒升學，「媽自己沒讀過書，不認得字，太痛苦了。我一定要給你多讀點書，使你將來不會像媽這樣捱苦。……從這個月起，我又多給一個人家洗衣服，每個月可以多拿一百五十塊錢。」（6）但有錢的洪母卻認為女子讀書無用，堅持不讓女兒升學，比較之下，林感到自己的母親最美麗。

　　這篇小說用詞簡潔，篇幅不大，卻寫活了一個外貌窮醜、內心堅毅的女性。文中林母一身土相，文盲，赤腳穿拖鞋，還會打小孩，充滿草根性格，既打破了溫柔婉約、輕聲細語的慈母形象，也走出了忍氣吞聲、委屈垂淚的傳統之母的面貌，獨樹一格。這樣一個與「美麗」絕緣的婦人，畢璞卻從她靠勞力獨自扶養三個小孩，以及重視子女的讀書（尤其是女兒）來呈現她的「美」，與貌美卻自私的洪母形成強烈的對比。如此強烈的對比當然突顯了畢璞的寫作意圖（母親的美德遠比美貌重要），但也多少落入二分法的敘述。值得注意的是，文中的女兒嫌棄、指責母親的片段，雖未進一步造成母女的尖銳衝突，但這樣的緊張關係是在琦君與林海音的母親書寫裡不曾出現的，可視為五〇年代「母女情誼」到九〇年代「母女衝突」的一個過度地帶。

　　畢璞的〈春日芳華知幾許〉（1981）敘述三十歲未婚的念渝、守寡的母親靖紫以及外婆三個不同世代的女人的故事。外婆早年喪夫，在那個傳統的年代，夫家指責她是白虎星、剋夫命，她「忍氣吞聲、茹苦含辛在大家庭鉤心鬥角的複雜環境中把唯一的女兒帶大〔註13〕」。靖紫大學一畢業就結婚，沒想到女婿「才不過二十九歲的人，得了肺癌，不到半年，就撇下靖紫母女去了。也真虧了靖紫，又像她母親當年那樣，獨立把女兒帶大。」（30）靖紫回想起丈夫剛去世時，「那是什麼日子啊？失去了一個心愛的人，接受了

〔註12〕畢璞〈最美麗的媽媽〉《秋夜宴》，台北：水牛圖書，1968.8，頁4。
〔註13〕畢璞〈春日芳華知幾許〉《清音》，台北：水芙蓉，1981.9，頁29。

一副生活的重擔；上有高堂，下有幼女，而自己也只是一個柔弱的少婦。……
她知道，母親爲了守節而守節的時代已經過去。年輕的她，有時也會爲了某
一位向她獻殷勤的男士動過心；可是當她一想到母親和女兒，她的熱情便又
冷卻。」（34～35）將愛情擱置一旁，靖紫還是選擇扛起照料母親、養育女
兒的責任，因爲對她而言，母親和女兒是無法放下的重擔，也是無法割捨的
愛。

　　在這篇小說裡，靖紫和母親同樣都早年守寡，並獨力將唯一的女兒養大，
這其實是隱喻性很深的一種敘事，雖然「寡母獨力扶養子女」的故事在許多
作家的筆下都出現過，然而這一篇的軸心卻不只是如此，它似乎藉著這樣反
覆迴旋、一代又一代的「寡母與獨生女」的命運隱喻著不管時代如何變遷，
世俗觀念如何更改，這種組合（母與女、或者女性與女性）終究才是最親緣、
最不離不棄的關係。甚至可以說，文中的母親們（外婆和母親靖紫）有無喪
夫根本不重要，女兒們（母親靖紫和念渝）選擇再婚或不婚也無所謂，因爲
無論身邊有沒有男人，無論自己有沒有婚姻，她們都得孤獨而勇敢地面對生
活，面對這個世界。

　　從另一個角度來看，這個故事多少也隱喻在父權社會的婚姻網絡裡，最
眞實的情感其實不在男與女（丈夫與妻子），而是女與女（母親與女兒）。尤
其小說結尾時母親靖紫在女兒念渝三十歲生日時母女倆一起朗讀 Nash 的詩
〈她的三十歲生日〉：「蜜蘭黛眼中的蜜蘭黛／……歲月對你是靜止的／一年
或者三十年／又何損於你的美麗？／……春日芳華知幾許？蜜蘭黛」（37～
38）更與此篇故事互文：蜜蘭黛眼中的蜜蘭黛，母親眼中的女兒，兩人都是
蜜蘭黛，母親是女兒的過去，女兒是母親的未來，母女倆在相互凝視中看到
了對方，也看到了自己，母女的生命是緊密相連，也是充滿詩性的。文中的
外婆在扶養女兒的過程中或許飽受夫家嘲弄，母親靖紫在扶養女兒的過程中
或許錯失了美好的愛情，但是她們都沒有一副哀怨的模樣，即使生命中的男
性缺席，三個不同世代的女性彼此扶持，她們依然可以過得堅強而樂觀。齊
邦媛曾稱許：「由大陸來台的女子，在渡海的途中已把閨怨掩埋在海濤中了。
生離死別的割捨之痛不是文學字句，而是這一代的親身經驗〔註14〕。」在〈春〉
中，裡面一個又一個（一代又一代）堅毅的母親角色就是作家走出閨怨書寫

〔註14〕齊邦媛〈閨怨之外——以實力論台灣女作家的小說〉，《千年之淚：當代台灣
　　　　小說論集》，台北：爾雅，1990.7，頁 110。

最有力的證明。

堅毅的母親令人肅然起敬，因為她們克服逆境，完成人生的重擔。但是，會不會有母親憑著一個堅毅的心克服逆境，竭盡所能達成既定的目標之後，卻發現自己「白忙一場」？童眞〈母親的理想屋〉（1974）便是如此。四十五歲的母親某天帶著十三歲的小女兒在山中小徑行走，告訴女兒她在山中買了一塊田地，打算蓋一棟美麗的洋房，讓四個逐漸成長、抱怨居處狹窄的孩子都有自己的房間。那是一個母親的理想。丈夫能力不足，亦無任何計畫，母親決定獨自完成，為了買地，她甚至將珍珠耳環賣了，然而一年年過去，因為經濟拮据，一直沒有將房子蓋起來。小女兒二十歲了，他們還是住在陋巷狹窄的屋子裡，只是偶而騎單車去看看那塊地，「父親在前面，我載著母親。路是那麼坦蕩，天是那麼亮藍，彷彿人生中所有的崎嶇、境坷都已遠去，悉心經營的幸福就在眼前。〔註15〕」大兒子留美之後在異鄉工作，二兒子到高雄工作也有宿舍，一年年過去，房子還是未動工，因為木材、鋼筋、紅磚和人工逐年上漲。最後，瑰麗的屋子終於蓋起來，但三個兒子早已各奔東西不住家裡，「屋子很亮，鳳凰木很翠，……我立在高樓上久久，我不敢追著去看母親的眼神，因為我，她的小女兒，也快要結婚離開家了。」（41）

小說的結局讀來令人微微感傷，母親的「理想屋」終於完成了，但兒女卻已成長，各奔東西。遲來的理想屋、兒女的星散，竟讓人覺得母親多年來的堅持和努力如夢一場！這篇小說也有童眞自己的感懷，現實生活的她也是四個孩子的母親，渡海來台之後，隨著丈夫的工作移居過花蓮光復、高雄橋頭、台中潭子及彰化溪州，足跡遍佈半個台灣，晚年回到台中潭子，定居在自己設計的房屋，兒女卻已成長星散，讓她深深體驗到一個年老母親落寞的心境〔註16〕。

〔註15〕童眞〈母親的理想屋〉《樓外樓：短篇小說下集》，台北：文史哲，2005.11，頁37。

〔註16〕童眞在〈我的創作之旅〉一文中提到：「六十六年四月，我們回到潭子，在自己設計的屋子裡定居下來，但我卻像我所寫的短篇小說〈母親的理想屋〉中的母親那樣，體驗著『華屋已成，兒女星散』的落寞。」《文訊》第28期，1987.2，頁222。她也曾在一次接受專訪時再度提及在小說〈母親的理想屋〉中，藉由買房子的想法，描寫到兒女星散的心境，都是自己若干的體悟與感懷。收入林麗如〈時代的顯影——專訪童眞女士〉，《文訊》第244期，2006.2，頁24。

第二節　強悍／強權／強勢的母者姿態

　　在上述幾則充滿堅毅性格的母親群象中，子女與母親的互動是和諧的，子女能夠體恤母親的艱辛，母親也能尊重子女的意見。但是在畢璞等這一類作品裡，有另一群母親固然也具有堅毅的地母性格，卻逐漸從這種強韌的內在力量演變成一股強勢的外在作風，這些母親在家中獨攬大權（經濟權或者養育權），凡事干涉，讓子女既愛又恨（既依賴又想擺脫）。這類強悍／強權／強勢的母親們不僅以其威權的姿態迫使家人屈服，也是一個個嘮叨的、令人生厭的管家婆，而通常她們的丈夫或死亡、或個性軟弱、或閒置在家不工作，男性（丈夫、兒子）在強悍之母的陰影之下不是缺席就是沉默。這種異於傳統家庭位置的女強男弱的性別結構頻頻出現在六、七〇年代的大陸遷台女作家的文本中，相當值得注意。

　　畢璞的〈母親‧兒子‧情人〉（1969）描寫二十出頭便守寡的唐太太含辛茹苦地將獨子桂生撫養長大，母子相依為命，感情融洽。桂生三十歲那年突然向母親說要結婚了，讓她一時不能接受，「我不知道自己當時的心情是高興，是悲哀，還是憤怒，……他要結婚，當然是一件大喜事。只是，我也體會到，兒子一結婚，一定會忘記了娘；桂生結婚，就等於把多年來我們相依為命的日子結束，這是我不能忍受的。〔註17〕」尤其桂生選擇的對象黃沅秋比他大四歲且離過婚，更讓母親暴跳如雷，「真想不到，一個一向千依百順的，一個我獨立辛辛苦苦地撫養了二十多年的兒子，竟然事先不徵求我的同意，就要和一個不三不四、見不得人的女人結婚。」（107）母親不僅不答應，甚至威脅兒子，「桂生，我警告你，假使你要跟這個離過婚的老女人結婚，我就不認你做兒子。要老婆還是要娘，隨便你選擇！」（109）向來唯母是從的桂生這次卻不聽從母親的話，使得母子關係一度緊張，甚至面臨決裂，「我真是不了解一個做母親的人的心理，……爸爸是軍人，在抗日末期就陣亡了，媽媽當時只不過二十一、二歲，卻含辛茹苦，守節撫孤，把我養大成人，給我接受完善的教育，憑良心說，媽媽真是足可以當選模範母親而無愧，只是，她對我的婚姻的看法為什麼這樣頑固呢？……媽，我和她都是成年人，我們懂得如何抉擇。我們的婚事已成定局，我徵求您的意見，只是為了尊重您，無論您如何反對也是沒有用的。」（110～114）後來經過唐太

〔註17〕畢璞〈母親‧兒子‧情人〉《綠萍姐姐》，台北：東方，1969.9，頁106。

太的大表妹暗中調和，唐太太終於接受黃，母子也從冷戰到冰釋。

　　小說中的唐太太自二十一、二歲便守寡撫育獨子長大，母子相依為命，母親是兒子最親近的人，兒子是母親生命的重心與寄託，這種母子之間獨有的共融情感，與勞倫斯（D. H. Lawrence）的《兒子與情人》（*Sons and Lovers*）中保羅與母親親密的母子關係有相當雷同之處（這篇小說的篇名與勞倫斯的書名也極相似）。文中的桂生到三十歲仍未與任何女子交往過，唯一讓他傾心的卻是年齡比他大的女子，這似乎也隱隱透露他潛意識裡的戀母情結〔註18〕。寡母一時無法接受獨子即將結婚的事實是可以理解的，因為她害怕失去幾十年來與她在情感上互依共存的另一個個體。不過在這篇小說裡唐太太反對兒子桂生的婚事卻不只是如此，她真正反對的是兒子的結婚對象是一個比他年長的女性。一個年長的女性即將成為兒子的妻子，這才真正地讓一個寡母感到自己的位置有被取代的可能，她怎能忍受這種雙重的情感失落？所以才會如此異常暴怒，之後又轉為柔聲勸誘，苦苦哀求，希望藉由自己為孩子犧牲的經歷與委屈的姿態，阻止兒子的決定。她這種悲情攻勢，對孩子而言是另一種強悍／強勢的掌控作為，如波娃所言：「母親另一種普遍的態度，對小孩同樣有害處。……她放棄一切娛樂，一切個人生活，擔當起犧牲者的角色；她以為從犧牲之中，可以取得阻止小孩獨立的權利。母親的這種委屈，很容易演變成殘酷的統治意志〔註19〕。」但桂生堅持己見，不顧母親的軟硬兼施，執意與一個離過婚又比他年長的女子結婚。

　　「男小女大」的婚戀情節也是這篇小說值得注意的一點，這種姊弟戀的敘述在童真的《寂寞街頭》（1969）也曾出現，畢璞的另一篇〈再見！秋水！〉（收入《再見！秋水！》，1970）亦有描述（男大學生暗戀中年的女鋼琴師），這類敘事相當具有性別顛覆性，作家們似乎企圖藉著這樣的組合跳脫傳統男大女小（或才子佳人）的婚戀刻板模式，為兩性的情愛空間開拓更寬廣的視野，更何況，此文中讓桂生愛慕的黃沅秋不但比他年長，甚至還離過婚，更透露了作者藉此跳脫傳統性別意識的窠臼之企圖。小說結尾之際，因為親人

〔註18〕佛洛伊德（Sigmund Freud）：「男人總在尋找一個能替代其母親形象的女人，因為這個形象從他最稚嫩的年代開始，早已統轄著他的心靈。」佛洛伊德（Sigmund Freud）著，林克明譯《性學三論、愛情心理學》（*Drei Abhandlungen zur Sexualtheorie*），台北：志文，1971.3，頁115。

〔註19〕西蒙・波娃（Simone de Beauvoir）著，楊美惠譯《第二性》（*Le Deuxieme Sexe*）（第二卷：處境），頁120。

的暗中協助，唐太太適時讓步，避開了一場母子之間可能引爆的劇烈衝突，母子和解，唐太太接受黃沅秋，喜劇大團圓，這樣的結局多少也透露了大陸遷台作家在寫作上的某種保守性格，雖然她們在性別敘述上有所突破，但在面對可以進一步去鋪陳人性的黑暗面（例如母性的毀滅性）的時刻，多是嘎然而止，不像現代主義的作家專注於性惡的挖掘，但這也呈現了六、七〇年代台灣小說的多面性。當然，閱讀此作不可忽略的還有它獨特的敘述方式，全文分三個部分，分別從母親唐太太、兒子桂生，以及情人黃沅秋三個不同的敘事主體出發，呈現了一種多聲部的複調形式，且透過這種相異觀點的小說話語，將彼此的衝突與矛盾還原出來，使自我和他者之間有了平等交流的機會，跳脫單一霸權話語的書寫模式，而這種強調「差異」（difference）和「他性」（alterity）的敘述語言正符合俄國巴赫丁（Mikhail Mikhailovich Bakhtin, 1985～1975）的「眾聲喧嘩」（raznorechie, heteroglossia）文學理論〔註20〕。

　　畢璞的〈溝的兩邊〉（1977）描述憶篁發現她的兒子望淞變了，他變得沉默寡言，對母親更是冷漠，以往那種無所不談、親暱的母子關係幾乎消失了，但他對父親和妹妹卻一如往昔。憶篁再也忍無可忍，「到底是爲了什麼？你打算從此跟我斷絕母子關係嗎？〔註21〕」母子終於敞開心胸對話，望淞因爲從小到大母親總是樣樣爲他安排妥當，包括退伍後的工作，他深深感到個人的自由和尊嚴受到損傷，才對母親如此不滿和冷漠，「自從上大學以後，你仍然把我當作不懂事的小孩子看待；你所謂對我的愛，其實只當我是一隻貓一隻狗。我在這個家庭裡，完全沒有地位，沒有自由。你根本忘記了我已經是一個大人。……我從小到大，你樣樣都爲我安排得妥妥善善的。如今我退伍回來，你又預先替我把工作找好，甚至連事先徵求我的同意都沒有，我還有什麼個人的自由與人性的尊嚴可言？」（201～202）憶篁無法接受兒子的論調，傷心欲絕，「你怎可以一下子就完全否定了我這個做母親的價值？」（201）母子爲此話題爭論不休，丈夫卻在一旁若無其事，憶篁不禁感慨，「望淞兩兄妹，從小到大，飲食起居固然是她管，他們在功課上有疑難，要錢繳學費，選擇課外書和電影，乃至上大學時的選系等等，全都由她一手包辦。而他們的爸爸，則跟他們始終保持著比較疏遠的關係──一個象徵性的家

〔註20〕　劉康《對話的喧聲──巴赫丁文化理論述評》（*Bakhtin's Dialogism and Cultural Theory*），台北：麥田，1995.5，頁9～39。
〔註21〕　畢璞〈溝的兩邊〉《黑水仙》，台北：水芙蓉，1977.3，頁199。

長，他的作用只是在成績單上蓋章而已。」（205）如今，比較疏遠的父子關係反而保持得好。憶篁身邊的親友都公認她是一個標準的、理想的母親，如今她感覺被兒子背棄了，她感到無比沉痛，「在她的一生中，她認為最得意的事情不是她所教的學生有幾個人在社會上出人頭地，也不是她所負責的班級升學率最高；而是她教養出一對合乎自己理想的子女。」（206）最後經過一番省思，憶篁確實也發現自己的母愛太令人窒息，「的確，他早已不是一個嬰兒了，而我還要管他的衣著、頭髮，管他的學業、交友，甚至思想。……愛的成分太濃，也會使人窒息的。」（209）她覺得自己是一個失敗的母親。

畢璞這篇〈溝的兩邊〉描述的是母子之間難以跨越的鴻溝，兒子的極度不滿和爆發的情緒，對照母親的強權管教、父親的漠不關心，深刻地描繪出現代社會的親子教育問題。同樣是七〇年代的作品，這篇小說令人想起蕭颯的〈我兒漢生〉（1978），望淞與漢生兩青年那副憤怒的神情，以及對母親的不屑，讀來令人心顫，更別說文中尖銳的母子衝突給人的感慨了〔註22〕。文中

〔註22〕 畢璞〈溝的兩邊〉（1977）與蕭颯〈我兒漢生〉（1978）同是七〇年代後期之作，彼此也有諸多相似點，然而在文壇上受到的矚目卻有如天壤之別。筆者比較兩者，試圖歸結幾個原因：一、〈我〉獲聯合報第四屆小說獎（1978），並曾改拍成電影（1986年由張毅導演，電影與原著同名），自然較為廣受注意。二、〈我〉採母親的第一人稱觀點，讓讀者在閱讀之際更感受到一個母親內心的焦慮與挫折，如張系國言：「選擇『母親』的觀點，是作者最大的成功處，這容許作者以娓娓道家常的筆法，敘述漢生的奮鬥和挫折。而『母親』的觀點，是典型中產階級的人生觀，因此自然產生反諷的效果。」（張系國〈少年漢生的煩惱──〈我兒漢生〉讀後〉，收入蕭颯《我兒漢生》，台北：九歌，1981.1，頁210。）兩篇小說的作者都把一個母親在教育兒子過程中所遇到的灰心與挫敗描述得淋漓盡致，但是，比起望淞那位強勢作風的母親，漢生的母親卻是一直努力地試圖理解、幫助、原諒兒子，但結果卻是造成母子關係的日漸疏遠，她這個角色似乎更普遍地呈現了現代社會中母親遇到的窘困，例如蕭颯在《我兒漢生》出版自序中便提及不少讀過此文的朋友告訴她：「你寫出了我們心裡的漢生。」（收入蕭颯《我兒漢生》，台北：九歌，頁11。）這篇作品引起的迴響與共鳴自然比較大。三、〈溝〉裡的望淞對母親的冷漠、憤怒的態度僅僅源自母親的過度強勢，抗議自己毫無自主權，然而〈我〉裡的漢生卻不僅如此，漢生不滿的除了父母管教、家庭倫理之外，還有校園、社會體制，以及整個國家民族，他一再批判、抱怨，但對未來卻又茫然無知、毫無計畫，總是將怒氣出在父母（尤其是母親）身上，而母親總是一再忍受和承擔。漢生忘了他之所以能夠如此高姿態的四處批判，其實是家庭與社會驕縱的結果，以龔鵬程的話來說，即是「人與歷史疏離的結果。」（龔鵬程〈文學與歷史的交會──論蕭颯的〈我兒漢生〉〉，《當代》第7期，1986.11）比起望淞，漢生這個角色的延展性更多，也更貼近現代青年的面臨的諸多問題。

的母親可說是一個「全方位」的能者，處處將子女的生活打理完善，子女幼小時或許這種單向式的教育方式還行得通，但子女有其獨立的思想與人格，如果母親在他成長之後仍將他視爲自己的延伸，視爲「另一個自我」（alter ego），而想把自己的思維投注在他身上，要他無條件接受，子女不僅會反叛，母子之間的關係也會因此受到影響。大衛・李維（David Levy）在《母親的過度保護》（*Maternal Overprotection*）一書中提到，有些母親以其「幼稚化、溺愛和過分保護」的方式傷害她們的孩子，且已經到了病態的程度，這是因爲了孩子之外，她們沒有其他的生活。進一步說，她們基本的女性活力例如對事業的野心、積極進取等等一但沒有發展（或發洩）的管道，便會將人生所有的焦點聚集在孩子身上，而產生了「母性的過度保護」的病態行爲〔註23〕。文中的母親憶篁不是一個全職主婦，她有自己的事業，但她仍以一種過分保護的姿態教養她的子女，仔細爬梳文本，眞正的原因乃在於她的丈夫在教育子女這個環節上始終是缺席的，正因如此，使得憶篁自認必須投入雙倍的心力於此，加上她的職業是教師，要求子女符合她的理想標準就更高了。

　　從另一個角度分析，當她努力地成爲一個全方位的母親時，她實際上是在扮演一個非常男性陽剛的角色：她主控孩子的起居生活、嚴格地管理這個家、安排子女的課業瑣事，甚至干涉他們的思想和工作——而她的丈夫只是一個象徵性的家長而已。精神分析女性主義者南西・邱多若（Nancy J. Chodorow）在她的母職論述中便強調撫育一職必須由父母共同承擔，如此不但母親和子女的緊密關係有所改善（子女較不會對母性的全能心生恐懼），男性也會因此對家中角色投以較多的情感，最重要的是，女性不再那麼把自我犧牲的特質強加在身上。而且，唯有男女共同分擔教養子女的責任，母性的代代複製，男女間的不平等，也才能因此破解〔註24〕。像文中這個作風強勢的母親在家中獨攬大權，左右子女的一舉一動，事實上，她的全能對子女是

〔註23〕　大衛・李維（David Levy）《母親的過度保護》（*Maternal Overprotection*, New York, 1943），轉引自貝蒂・傅瑞丹（Betty Friedan）著，李令儀譯《女性迷思》（*The Feminine Mystique*），台北：月旦，1995.9，頁299～300。

〔註24〕　參見南西・邱多若（Nancy J. Chodorow）著，張君玫譯《母職的再生產：心理分析與性別社會學》（*The Reproduction of Mothering: Psychoanalysis and the Sociology of Gender*），台北：群學，2003.10，頁277，陳惠娟、郭丁熒〈「母職」概念的內涵之探討——女性主義觀點〉，《教育研究集刊》41輯，1998.7，頁87～91，以及謝敏〈心理分析與女性主義：簡介夏多若〈母性的複製〉〉《女性人》第5期，1991.9，頁95。

一種傷害（即使出發點是愛與關懷），因為子女在過度的保護和管束之下，除了會對母親產生奴性的依賴，甚至可能造成他們「個性的泯滅」（personality absorption），使其偏離了自我發展。如果子女想要脫離這層保護，他必須以自己的能力開闢一片沒有母親參與的、獨立自主的疆域，文中的望淞做到了，他的勇於脫離強勢母親的陰影的舉動固然引發激烈的母子衝突，但他因此走向獨立，也讓母親有一個反省自我的空間。或許，如波娃所言：「即使在一個平靜、快樂、孩子被當作寶貝的家庭裡，小孩也不能代表母親視野的界限。……她雖塑造他、養育他、照顧他，她也只能創造一個環境，使小孩自己可以自求獨立，自求超越〔註25〕。」強勢的母親造成子女的奴性，相對的，自己也因此成為一個依賴子女的附庸者。

畢璞的〈母親的眼淚〉（1981）可說是一篇強悍之母的力作，文中的憶湄是一個能幹的女強人，白天上班，晚上忙家務，是全家的支柱，丈夫文笙卻整天閒置在家，「從來不曾上過班的文笙倒不覺得坐在家裡讓妻子養活有什麼丟臉。……他是個天生不喜歡勞碌的人。〔註26〕」夫妻關係漸漸變得疏淡，唯一的兒子翰良於是成為兩人爭奪的對象，「兩人過分照顧兒子的結果，使得兒子變成了一個毫無主見、不能自立、永遠長不大的青年。」（155～156）生活的重擔讓憶湄變得冷漠又寡情，且對丈夫埋怨不已，「她一想起文笙近年的無用就生氣。……才不過五十出頭，就已暮氣沉沉的像個老頭子，本來就已散漫的生活就更加散漫。反過來，憶湄的事業卻如日中天，處在巔峰狀態。……她是看在兒子份上才勉強維持目前的婚姻關係；否則的話，她一個人生活豈不是逍遙自在得多嗎？……要不是文笙無能，她又何必內外兼顧，事事躬親呢？」（157）在外地讀書的兒子與房東的女兒淑惠相戀，淑惠懷了孕，憶湄卻要她立刻墮胎，兒子苦苦哀求，「翰良低低地，用有力的聲音說著，到後來，他的聲音已變成了哭聲。」（160～161）最後她勉為其難地接受淑惠，並決定好好改造她，將她訓練成上流社會的淑女，「她這大半輩子，沒有辦法改造丈夫，也沒有塑造出一個理想的兒子。……我為什麼不想辦法來重新塑造這個單純的鄉下女孩？」（165）淑惠無法適應，倍感壓力，翰良卻無法解決妻子的困境，因為「從小到現在，大大小小的事都是母親決定的，

〔註25〕西蒙・波娃（Simone de Beauvoir）著，楊美惠譯《第二性》（Le Deuxieme Sexe）（第二卷：處境），頁133。

〔註26〕畢璞〈母親的眼淚〉《清音》，台北：水芙蓉，1981.9，頁155。

母親什麼都對，……她主觀而好強，從來不接受別人的意見。」（172）淑惠
生了兒子超群，憶湄更是費盡心思教養這個孫子，「當然，錢是她付的，她
有權這樣做。」（174）憶湄的強勢作風終於逼走了兒子和媳婦，堅強的她也
因此流下了眼淚，「憶湄突然有著『眾叛親離』之感，……她崩潰了，淚水
再也無法約束。」（186）

　　比起前述的〈溝的兩邊〉，畢璞這一篇〈母親的眼淚〉中憶湄強悍的威
權作風逾越度更廣了，因爲她不只掌握子女的撫育權，更握有這個家的經濟
大權。如果從一個突破傳統家庭性別角色的角度來看，文笙既然無一技之
長，能幹的憶湄又事業如日中天，實在無需計較丈夫無工作一事，然而從文
中多處憶湄對文笙的不屑和厭惡（到後來甚至是懷恨）的態度來看，令人不
得不重新審視「女強男弱」的社會定位究竟在哪裡？甚至，畢璞的另一篇〈冤
家〉（收入於《出岫雲》，1979）在處理這種「女強男弱」的議題表現得更加
尖銳，文中的妻子事業順遂，不但逐日蔑視丈夫，更極盡苛刻地辱罵、羞辱
丈夫，甚至幾度將他逼到離家出走，只因爲養家的人是她。難道「由於社會
的進步，女性露出了精明、能幹的一面，加上功利主義的思想，令一些自以
爲是『女強人』的女人變得剽悍、潑辣、跋扈，忘記了做女人，或做人應有
的尺寸〔註27〕」嗎？

　　女強男弱、女主外男主內的生存模式，確實有將女性從成規的家庭制度
中解脫出來的意義，女性因此可以不再限圍於家庭的私領域，而有進入公領
域發展自己才能的機會，換言之，這種生存模式顛覆了將「工作」界定爲「男
性化」（masculinity）的場域，將「家庭」視爲「女性化」（femininity）的具
象表徵的刻板性別結構〔註28〕。梅家玲也認爲這類具有多元性別思考的作品
所透露的不僅是女作家對於傳統家庭性別角色的多方思辨，也有打破父子相
繼式的線性思維，或者跳脫男主女從式的位階秩序的企圖〔註29〕。既然如
此，爲什麼小說中的女強人總是一副憤恨難平、委屈極至的模樣？男性（丈
夫、兒子）的個性軟弱不正好讓強悍的女性容易掌控嗎？文中的女強人內心
眞正不平的是什麼？她們不平的是自己的丈夫未符合社會價值體系裡男性

〔註27〕 賀安慰《台灣當代短篇小說的女性描寫》，台北：文史哲，1989.1，頁38～39。
〔註28〕 王淑英、賴幸媛〈台灣的托育困境與國家角色〉，收入劉毓秀主編《女性・國
　　　　家・照顧工作》，台北：女書文化，1997.9，頁131。
〔註29〕 梅家玲〈性別論述與戰後台灣小說發展〉，《性別，還是家國？：五〇與八、九
　　　　〇年代台灣小說論》，台北：麥田，2004.9，頁23。

／強者／主外的形象，而這種價值觀念是深植在整個父權文化的。如果可以的話，女強人不要內外兼顧、事事躬親，她們寧可選擇女性／弱者／主內的角色，因爲養家的重任本來就是男性的事，如李美枝所言：「一個女人雖然扮演了異於傳統女性的角色，並不必然表示她也具備了異於傳統的人格特質，因爲人格特質的形成歷經漫長而複雜的塑造過程〔註30〕。」因此，文中的女性雖擁有自己的事業，經濟獨立，但她們並沒有建立自己的主體性與人格，其對社會與家庭的價值觀仍停留在傳統「男強女弱，男主女從」的階段，加上「父權社會中，『男人養家，女人持家』的性別角色規範一直左右著兩性日常生活的互動關係〔註31〕」，所以她們如此埋怨人生、怒斥丈夫。

畢璞擅寫堅毅、強悍之母這一類的小說，不僅描寫出色，而且產量不少，這應和她渡海來台的經歷有關：

> 我永遠忘不了三十八年的初夏六月，我和我的丈夫帶著一個一歲半、一個不滿周歲的幼兒，從廣州渡海來到台灣。我們的第一個立足點是丈夫所服務一家民營報社於台北市成都路底的公共宿舍。那是一棟年代久遠的破舊日式二層木樓，我們分配到的是二樓靠近東北向的一間六疊房間。早期，一家四口還勉可容身：我們在那裡一住十五年，四口之家變成六口以後，其窘迫的情形就不言可喻了。……現在回想起來，來台早期的生活雖然艱苦，物資也十分欠缺，但卻很具挑戰性，讓我學到了堅強，充分發揮了個人的克難精神，一反過去嬌生慣養的大小姐作風，那豈不是另外一種收穫？〔註32〕

之後帶著四個幼兒的她，因爲丈夫服務的報社長期欠薪，再度外出找工作，開始內外兼顧的職業婦女的生活〔註33〕。生活的困苦，讓她必須扮演內外兼

〔註30〕 李美枝〈社會變遷中中國女性角色及性格的改變〉，收入《婦女在國家發展過程中的角色研討會論文集》，台北：國立台灣大學人口研究中心，1985，頁456。

〔註31〕 潘淑滿〈台灣母職圖像〉，《女學學誌：婦女與性別研究》第20期，2005.12，頁56。

〔註32〕 畢璞〈那一段危樓歲月〉，收入《老樹春深更著花》，台北：東大圖書，1993.3，頁194～195。

〔註33〕 安克強〈春風息息，春花爛漫，春樹繁茂——專訪畢璞女士〉，《文訊》第83期，1992.9，頁103。畢璞將當年「以一個三十歲而拖著四個幼兒的家庭主婦」去找工作的辛苦經歷寫成〈當年勇〉一文，收入《老樹春深更著花》，台北：東大圖書，1993.3，頁181～185。

顧的角色，小說中一個個堅毅、強悍之母多少亦是畢璞（乃至那個時期兼職的母親們）真實人生的寫照，而這一點，也讓我們窺見五、六○年代台灣的社會環境與經濟背景。〈溝〉中的母子關係頗耐人尋味，兒子翰良軟弱無主見的個性與其說是遺傳父親，不如說是長期處於強權之母的管教之下所形成（這種「強母弱子」的組合在文學裡經常出現，張愛玲〈金鎖記〉的曹七巧和姜長白便是一例）。

　　存活在現實社會中，人勢必要離開母親而進入以父親（父權文化）為主的「象徵秩序」（symbolic order），但似乎有些人未跨過「告別母親，走向父親」這個關卡，始終停留在「鏡像階段」（the mirror stage），繼續延宕母子一體的相融時光〔註34〕，尤其是生長在母親強勢而父親軟弱的子女，例如文中的翰良，一輩子依賴（戀）母親，相對地，母親也拒絕子女離開自己走向父親。但是翰良在戀母的同時也憎恨母親，因為母親的存在，使他只能停留在鏡像階段（the mirror phase），無法進入象徵秩序（symbolic order）：永遠只是「母親的兒子」，無法勝任社會結構中丈夫／父親／男人的角色。在儒家文化的社會脈絡裡，「母親的兒子」是相當多的，這除了與傳統「重男輕女」（兒子受到母親的重視與保護永遠比女兒多）的觀念有關之外，還有重要的一點是「孝」的約制力（母親以此約束兒子的程度永遠比女兒多）。雖然文中的翰良最後帶著妻小搬出來了（擺脫母親的威權），但是心理層面仍是弱子的他是否真的因此獨立了呢？從另一個角度思考，他在決定變得勇敢堅強的同時，也深刻地感到失落吧！因為那意味著與母親真正的分離〔註35〕。而文中的憶湄呢？行事作風如此強勢的她因為兒子的不告而別終於潰堤，這個結局令人省思──或許，作為一個母親，外表越是強悍，內心越是脆弱，也越是孤獨。

　　童真的長篇小說《寂寞街頭》（1969）也觸及堅毅與強權之母這個主題。

〔註34〕「鏡像階段」（the mirror stage）是由拉康（Jacques Lacan）提出，指的是父親尚未介入之前，母親與嬰兒之間親密的關係，在此階段，嬰兒認同（或連結）的唯一對對象是母親。之後父親介入，人才逐漸脫離母親，進入以父親（父權文化）為主的「象徵秩序」（symbolic order）。蔡秀枝〈克麗絲特娃對母子關係中「陰性」空間的看法〉，《中外文學》第21卷第9期，1993.2，頁35～38。

〔註35〕楊巧玲：「當小男孩被要求變得勇敢堅強而與母親分離的時候，也正是他深刻地經驗到失落的時候。」〈母親與兒子〉，《婦女與性別研究通訊》第63期，2002.6，頁17。文中的翰良雖然不是小男孩，但在強權之母的養育之下，筆者以為他的某些心理層面仍是停留在小男孩的階段。

二十三歲退伍回家的汪幼誠不想重考大學，打算找份工作生活，但母親完全不同意，「母親一腳踢開他的意志，把她的命令噹瑯瑯地擲到他的面前——不管怎樣，得繼續讀上去！〔註36〕」他因為書讀得不好，在母親的眼中逐漸失去份量。母親是一位知名的女律師，「她總是穿著重重的深色旗袍。大家都稱她為司徒律師，而且都公認她是最能維護正義、為當事人爭取權益的律師。……她憑著她的智慧、學識與口才，擊敗了許多男性，成為律師中的錚錚者。」（6）母親強制性地要幼誠考大學，造成他極度的困擾，「我一再對媽暗示，我不願再讀書了，但她還是硬逼著我再去考大學，好像每個人只有這麼一條路可走。」（11）司徒如雪是個堅毅的女性，三十六歲喪夫，十三年來獨自撫養三個孩子長大，如今大兒子台大電機系畢業，女兒讀北一女中，只有二兒子幼誠最令她失望，「她很明白自己是一個好強的女人，那強烈的自尊心支持她十二、三年歲月中的孤軍奮鬥。她想贏得別人的讚美：那女人真了不起！不僅用她的智慧開拓了事業，並且她家的孩子個個——個個？現在碰到幼誠那樣不上進的兒子，還能說個個都好嗎？」（35）她明顯偏愛大兒子，並一再數落二兒子，造成幼誠內心巨大的創傷，但他不敢和母親辯駁，因為「他永遠記得母親是寡婦，記得這十幾年的歲月中她要比別的母親辛勞許多。……父親剛死的那一兩個月裡，母親一個人坐在暗處，坐著坐著，就流下淚來，……他們三兄妹，大哥十二歲，他十歲，妹妹四歲，圍向她。」（52～53）幼誠瞞著家人去紡織廠當打包工，工作雖然辛苦但很充實。母親終於知道這件事，她羞憤交加，無法接受這個事實，因為她是紡織廠的法律顧問，大兒子是紡織廠的工程師，「『我就是受不了有個做工的兒子！』……司徒律師衝前兩步，啪啪地摑了他兩個耳光。……她衝出事務室，衝入客廳，衝向樓梯。樓梯變得又高又黑。十幾年來，她一直在獨自攀爬它。為什麼？為什麼她攀得比別人苦？為什麼不停下來歇一歇？……人生到底不是在打官司啊！……不勝利，她幾十年的寡居又為什麼呀？……她徒然倚在樓梯的扶手上，兩串熱淚爬過她的雙頰，無限的孤寂在剎那間圍住了她。」（128～129）母親甚至不許女兒和他同遊，認為幼誠的朋友與他一樣都是不上進的人，「憑你，哪能交到什麼像樣的朋友？……你是不是想把你妹妹一輩子坑在你手裡？你妹妹過年才十八歲。她不像你，她還要進大學，她還要留學，她要比我強！」（262～263）幼誠努力工作，準備考技工，然而在母親的眼裡，考上

〔註36〕童真《寂寞街頭》，台北：文史哲，2005.11，頁3。

技工仍不夠好，她要爲兒子找一個更好、更有前途的工作，幼誠無法一再承受母親加諸的壓力，終於決定離家。搬出去之後的他仍會在假日回來看家人，他渴望「母親能夠明瞭，不管他們母子之間有過多少誤會、多少衝突，他們依舊有著母子間的親情！」（402）可是母親依然對他視而不見，一貫冷漠。勤奮工作的幼誠和朋友合資開了一家鐵工廠，他期盼母親能在工廠開工時去看看，但母親考慮之後，還是拒絕了。

童眞的這部小說觸及了母親書寫這個領域的諸多議題，包括母子衝突、寡母如何教育子女、職業婦女的母職實踐等等，然而刻劃最成功的，無疑是塑造了司徒如雪這個堅毅又強悍的母親形象。司徒這個人物延續了童眞在〈穿過荒野的女人〉中楊薇英的堅毅特質，她們都是在丈夫缺席之後獨力撫育幼子成長的女性，但是她遇到的困境卻是更大的，因爲圍繞在她身邊的是三個年幼的孩子。一個中年的婦女養育三個子女成長，且憑著自己的智慧與學識成爲知名的律師，縱覽台灣女性小說的母親書寫，最能代表堅毅性格的地母角色者非司徒如雪莫屬。或許，讀法律的她深信，所謂「正義」就是一種不向命運低頭的精神；不與逆境妥協，堅持到底，人生才有勝利的希望，她以這樣的信念養大了三個孩子、打贏了無數的官司，博得眾人的讚揚與敬重。在職場上，她要維護正義，在家庭她也要如此，家庭裡她要的正義是：三個子女的成就都必須符合她的理想標準，兒子要功成名就，女兒要比她強。在這樣強悍的理念之下，她的大兒子與小女兒出類拔萃，她的事業如日中天，這更讓她執信唯有「強悍」才能取得人生的「正義」，因此當她的二兒子幼誠考不上大學去做工人、無法符合她的標準時，她輕易地相信只要發揮強悍的母權威力，就能夠將他「導向正途」，如波娃所說：「兒子活在世上的目的，好像就是爲了讓母親獲得那些她認爲有價值的東西。母親常常要求兒子的事業和她的理想吻合，而且必須成功〔註37〕。」

幼誠試圖與母親溝通，但她充耳不聞，相對於畢璞〈溝的兩邊〉（1977）與蕭颯〈我兒漢生〉（1978）母子衝突之後母親的自我省思，《寂寞街頭》裡的這對母子幾乎是衝突不起來，更別說母親給自己一個反思的空間，因爲文中的司徒如雪拒絕母子之間的任何溝通，甚至，禁止兒子有發言的機會，她要獨霸話語的主控權。小說中，當司徒如雪不斷地打斷兒子說話、不斷地以

〔註37〕西蒙・波娃（Simone de Beauvoir）著，楊美惠譯《第二性》（*Le Deuxieme Sexe*）
　　　　（第二卷：處境），頁 208～209。

命令式的語氣將話語灌輸到兒子的耳中，以及兒子在她面前怯於發言的窘狀，都揭示了她正是藉著對於「發言權」的絕對掌控，確定自我的主體身分，並以此對兒子行宰制之實。再加上她本身是律師，對於語言／辯論的敏銳性和掌握度又優於其他人，更利於將這種文化符號轉為已用，佔居主導位置。

　　針對司徒如雪在私領域內的母性專權，令人想起精神分析女性主義者桃樂思・丁乃斯坦（Dorothy Dinnerstein）於 1977 年出版的《美人魚與牛頭人身怪：性別分派與人類厄運》（*The Mermaid and Minotaur: Sexual Arrangement and Human Malaise*）中所提到的「寡頭母職」（monopoly of motherhood），桃樂思以美人魚喻神秘、黑暗的女性／母性自然力量，以牛頭人身喻貪婪、噬人的後代子嗣。她認為，由於母親專斷養育一職，容易在私領域中形成一股強烈的掌控力量，造成子女（尤其是男孩）潛意識裡對母親愛恨交織（ambivalent）的心理，甚至，男性長大之後，雖脫離了寡頭母職的控制，卻會反過來強加控制其他的女性：

> 在寡頭母職（monopoly of motherhood）的教養下，男性會視女性為神秘幽閉不可解的謎，如同來自深邃黑暗的海底王國的美人魚，擁有孕育萬物的神奇力量，使人（特別是男性）畏懼。……男性長大成人，脫離了寡頭母職的控制，便反過來壓制女性，排斥女性與他並駕齊驅，並利用女性來滿足他性交生子的慾望，如同一頭牛頭人身怪一般泯滅人性〔註38〕。

在《寂》中幼誠對母親那種既愛又恨、既憎又畏的情結處處可見。值得注意的是，童真等在書寫強悍之母這塊地帶時，只著重於男孩長大之後欲脫離母親的心理，以及對母親愛恨交織的情感，並沒有進一步去描寫在寡頭母職的養育之下長大的男性如何反過去壓迫其他的女性，這一點要到現代主義作家才得以發揮出來〔註39〕，而「恨母」也還不至到冷酷無情的地步，即使母親專權霸道，兒子的內心深處對她的感情仍然是愛，這一點除了母子之間無法割捨的親情之外，與那一輩女作家的倫理觀念亦有關係。

〔註38〕參見李金梅〈寡頭母職——牛頭人身怪的由來〉，《當代》第 62 期，1991.6，頁 98～100，以及張小虹〈西方論著如何顛覆母職？〉，《後現代／女人：權力、慾望與性別表演》，台北：時報文化，1993.5，頁 154～155。

〔註39〕例如施叔青〈回首・驀然〉（收入《完美的丈夫》，台北：洪範，1985.1）、〈最好她是尊觀音〉（收入《韭菜命的人》，台北：洪範，1988.10）

第三節　母職，女性的困境

一、家庭主婦的內圍性與母職文化的再思考

在探討母職（motherhood 或 mothering）文化或解讀相關文本之前，首先要釐清的是：什麼是「母性」？她是女人的天性嗎？在心理學與醫學的闡釋上，「母性驅力是雌性個體在某一特殊時間內所獨有的一種強烈的原始性動機。所謂特殊時間是指生育幼小的前後，……此種行為稱做『母性本能』（maternal instinct）。就一般動物言，由母性驅力引發表現的行為，諸如哺乳、舐拭幼小身體、保護幼小安全、幼小離開時啣回窩裡等均屬之。形成母性驅力的生理基礎頗為複雜，據一般了解，認為與腦垂腺所分泌的一種叫做激乳素（prolactin）有關。先是因為子宮內胎兒的存在，刺激了腦垂顯前端激乳素的分泌，因而激起乳腺（mammary gland）的分泌，刺激個體對幼小特別親近。若將已生育母鼠的激乳素消除，就會喪失此種母性驅力，甚至將所生幼小丟棄不顧。相反的，若給予一個從未交配過的雌鼠注射該種激乳素時，也會引起牠對幼小的興趣〔註40〕。」如此看來，母性確實是屬於天性。

懷孕、分娩與乳腺分泌等過程固然都是以生理的因素為基礎，但是，「女性的生殖能力與父母在教養子女時發揮的技能和創造力毫無關係〔註41〕」，而且「有實質的證據顯示，非親生母親、兒童和男人都可以像嬰兒的親生母親一樣照顧小娃兒，……女人之所以負擔了大部分的親職工作，甚至全部包辦，乃是出自於社會與文化的情境〔註42〕。」綜合以上論述，母性固然有其生物性（biological）的一面，但人類的育兒觀念乃屬文化性（cultural）。

在傳統的倫理觀念裡，君臣是一種主從的關係，一種尊卑的模式，同理，父子、夫妻也是；臣事君以忠，一如子事父以孝，妻事夫以順，這種具鮮明等差階級的倫理觀數千年來不間斷地被實踐，大從國家、社會，小至家庭，形成中國恆常的人倫定律，以及普世的人際價值觀。這一套以男性權力為中

〔註40〕　張春興《心理學》，台北：東華書局，1989.5，頁416。

〔註41〕　海瑞亞・勒那（Harriet Lerner）著，汪芸譯《與兒女共舞：母親的成長之路》（*The Mother Dance: How Children Change Your Life*），台北：天下遠見，2000.4，頁282。

〔註42〕　南西・邱多若（Nancy J. Chodorow）著，張君玫譯《母職的再生產：心理分析與性別社會學》（*The Reproduction of Mothering:Psychoanalysis and the Sociology of Gender*），台北：群學，2003.10，頁36～37。

心的父權體制表面上看來似乎能夠維持某種程度的和諧與穩定，但仔細探究，其實潛藏著相當大的歧異性，而最大的歧異對象，無疑是女性。女性因為其生理性別，使她一直（只能）扮演柔弱與次等的角色，無法擺脫父權的權威性、婚姻的迷思，以及妻職與母職的必然性，尤其是母職這一環。最耳熟能詳的說法是：女性因為具有生育的能力，因此應該生小孩，既然生下小孩，就必須擔負起養育的責任，這是女人的天職，這種對母職的詮釋很明顯地帶著本質論（essentialist）的色彩〔註43〕。甚至，女性的心理普遍也存在一種「母親情結」，認為自己如果沒有當過母親便不足以成為真正的女人，這種偏執的社會觀念其實是混淆女性的自我價值，將女性的價值單純地定位在母親的角色，抹消了她在其他方面的成長。李元貞曾質疑：「母親情結是女人因會生孩子而自然具有的心理嗎？有可能但也只是一小部分的可能，有更大的部分是來自社會文化的強調〔註44〕」，因此，母性固然是天性，但母職卻未必是女性的天職，它比較是屬於文化的產物。

艾雯的〈捐〉（1962）寫羅明在一場徐清韻女高音的獨唱會中內心湧起無限感慨──昔日的同學現在享有聲譽和名望，而她只是一個家庭主婦。「我在學校裡被譽為『東方之鶯』時，她的名字還沒有被人提過。可是看看現在，人家又是怎樣的成就、榮譽、聲譽，……而我，只是你們于家門裡微不足道的管家婆。」（81）她萬分感慨，忿忿不平，「為什麼女人一旦做了感情的俘虜就不能做事業的主人？為什麼女人就必須要犧牲？〔註45〕」羅明年輕時曾經有出國深造的機會，但結了婚，懷孕生子接踵而來，「『自由』兩字卻從此便抵押了」（83）。加上時局混亂，兩夫妻倉促來台，生活窘困，孩子又添一個，她離音樂的路越來越遠。徐的獨唱會激勵了她再回音樂之路，昔日賞識她的陸教授為她找了一個音樂教師的職位，讓她漸漸回到這條路來，「她告訴自己必須緊緊把握這個機會，也許是最後的機會。這是生活的泥淖中唯一可資拯救的梯階，如不再緊緊抓住，怕就只有永遠沉淪，做一個庸俗生活的奴隸了。」（87）但當羅明正一步步踏出生活泥淖的同時，她發現自己又懷孕了，她不願再犧牲，甚至因此與丈夫激烈爭執導致感情決裂。然而當她躺在醫院準備拿掉孩子時，她猶豫了，「她望望空洞潔白的四壁，忽然感到一陣恐懼，

〔註43〕蕭蘋、李佳燕〈母職的社會建構與解構〉，《婦女與性別研究通訊》第 63 期，2002.6，頁 10。
〔註44〕李元貞〈母親情結〉《女人的明天》，台北：健行文化，1991.2，頁 77～78。
〔註45〕艾雯〈捐〉《與君同在》，台北：復興書局，1962.7，頁 81。

彷彿自己正被放逐在沙漠中，瀕臨生死邊緣，四周卻無援無助。……她那被願望堵住的母愛，那世上最溫柔縝密的感情，一剎那像決了堤的激流般，從心中湧上來，……若不犧牲他，就得犧牲我自己——我的前途。」（87～88）掙扎之後她還是決定生下孩子，終止藝術生命和理想，回歸家庭。「也許做母親的總是幸福的，值得驕傲的。可是，這期間又有誰了解一個作母親的那心底神聖的痛苦和眼淚，那無限的犧牲、忍耐和抑制，創造了一個生命，卻遠離了整個世界。」（89）她想起這世上有多少女人都與她一樣，不覺悲從中來，「想想看，幾千年來做女人的多少雄心，多少壯志，多少天才和理想，就這樣默默地犧牲了，埋葬了，誰知道這犧牲，這捐獻，還將延續多少世紀，……在整個青春進行曲中，我只成了一個休止符號。但那是我沒有出息，我不想上進嗎？」（89）

　　艾雯的這篇小說相當尖銳地批判了母職對女性造成的侷限性，直指女性為家庭放棄理想、犧牲奉獻的行為是迫於無奈而非自願的。〈捐〉讓人想到孟瑤在《中央日報・婦女與家庭週刊》發表的一篇文章〈弱者，你的名字是女人！〉（1950.5.7），這篇文章道盡女性在為人妻母之後，掙扎於現實與理想之間的痛苦，結尾令人悚然：「我沒有看見家，我看見的只是粗壯無比的鎖鍊，無情地束縛了我的四肢和腦；我沒有看見孩子，我所看見的只是可怕的蛇蠍，貪佞地想吞掉我的一切。我想逃出去，我想逃出這個窒息的屋子，伸出頭去，呼吸一些自由新鮮的空氣〔註46〕。」孟瑤的剖白確實令人驚心，家不是一向提供人們感情的慰藉和支持嗎？但它內部生活的真實面竟是帶給女性壓力、挫折與窒息，甚至中斷人生的理想與計畫。傳統賦予女性的角色與她的自我往往是衝突的，尤其是母親角色，她被要求從此只能守著家、丈夫與孩子，以其守候（停滯）成就他人的開創（前進），而守候往往限制了一個人的行動力，以及心智的發展。甚至，許多會妨礙一個人發展的人格特質，例如自我犧牲、缺乏意志、柔弱膽怯等等，都因此被視為女性的天性。

〔註46〕孟瑤〈弱者，你的名字是女人！〉，《中央日報・婦女與家庭週刊》，1950.5.7，孟瑤這篇文章引起許多女性讀者的共鳴，同時期的作家鍾梅音寫了一篇〈女人不是鋼鐵鑄的〉呼應：「無論如何，女人也還是血肉做的，不是鋼鐵鑄的。……所以五月七日在『婦週』讀到孟瑤女士的〈弱者，你的名字是女人！〉後，深具同感，許多職業婦女在結婚之前，總要百轉千迴的考慮，倘若她不幸而被戀愛征服，同時又對事業不忍放棄，那麼這兩股繩索就會把她絞殺！兩者之間，她不得不擇其一而向之投降，這是孟瑤女士不禁要發生如此感嘆的原因。」鍾這篇文章收入《海濱隨筆》，台北：大華晚報社，1954.11

　　在〈捐〉中，當了七年主婦的羅明不願再爲家庭犧牲，所以在得知自己
又懷孕時毫不遲疑地決定墮胎，波娃曾提及：「女人時常被迫去忍受昂貴和痛
苦的墮胎，或者因爲必須負擔一個她不想要的孩子而毀掉她的職業生涯。假
如這種負擔是很沉重，那是因爲相反地，風俗習慣不允許女人隨她高興去生
小孩〔註 47〕。」女人沒有自由選擇當不當母親的權利，乃因爲整個父權文化
告訴她，既然她是女人，就得懷孕生子，就要犧牲奉獻。因此激進派女性主
義者許拉密斯・法爾史東（Shulamith Firestone）在 1970 年出版的《性的辯證》
（*The Dialectics of Sex*）中便強調，造成男女兩性不平等的物質基礎是兩性差
異中的生殖功能，換言之，生育能力是女性被壓迫的源頭，而以生育爲基礎
的家庭則是女性受壓迫的所在，因此，必須消除女性擔負人類生殖的生理和
心理責任，才能達到婦女的解放〔註 48〕。另一位同樣是激進女性主義者珍佛
納・艾倫（Jeffner Allen）在她的文章〈母職：女人的毀滅〉（Motherhood: The
Annihilations of Women）進一步提出，母職其實是父權社會壓迫女性的強制意
識型態機制，會使女性喪失主體性，造成女人的毀滅，所以主張徹底拒絕母
職。艾倫勸女性撤出、騰空母職，勿再專注於擁有小孩的權力，而應專注在
不要有小孩的權力〔註 49〕。視生育爲女性被奴役之本的論調，基本上是針對
「賢妻良母」的女性形象的一種反動，法雅史東等強調女人的身體並非丈夫
的私人財產，她應當有權決定自己的生育權，因爲女人存在的價值不是爲了
生育〔註 50〕。

〔註 47〕西蒙・波娃（Simone de Beauvoir）著，楊翠屏譯《第二性》（*Le Deuxieme Sexe*）
　　　　（第三卷：正當的主張與邁向解放），頁 110。
〔註 48〕參見俞彥娟〈女性主義對母親角色研究的影響〉，《女學學誌：婦女與性別研
　　　　究》第 20 期，2005.12，頁 6，以及藍佩嘉〈母職─消滅女人的制度〉，《當代》
　　　　第 62 期，1991.6，頁 84～85。法爾史東強力主張女性必須拒絕生殖，她認爲
　　　　人類社會中常被傳頌的、所謂十月懷胎的喜悅，不過是父權體制下的神話而
　　　　已。她甚至認爲，親生的母子（女）關係乃是諸多罪惡的淵藪，這其中又以
　　　　「佔有慾」一罪危害最大，因爲人與人之間的敵意與妒嫉都是從佔有慾衍生
　　　　而來。羅絲瑪莉・佟斯（Rosemarie Tong）著，刁小華譯《女性主義思潮》（*Feminist*
　　　　Thought: A Comprehensive Introduction），台北：時報文化，1996.11，頁 130。
〔註 49〕參見藍佩嘉〈母職──消滅女人的制度〉，頁 86～87，以及羅絲瑪莉・佟斯
　　　　（Rosemarie Tong）著，刁小華譯《女性主義思潮》（*Feminist Thought: A*
　　　　Comprehensive Introduction），頁 152。
〔註 50〕張小虹〈子宮戰場：女性與生育的政治文化意義〉，《後現代／女人：權力、
　　　　慾望與性別表演》，台北：時報文化，1993.5，頁 111～112。針對女性的生育
　　　　能力與權力，張在此文中更犀利指出：「『子宮』，一個被認爲最隱密、最個人

正是因為母職阻礙了女性追求理想，羅明才會決定墮胎，她實在不明白，當女性同男性一樣渴望實現理想並擁有自己的事業，到底有什麼不對？為什麼走入婚姻當了母親之後，一切變得那麼複雜困難？「當母愛被定義為生活的全部時，難道說，女人就應該拒絕世界和未來對她們敞開的大門嗎？還是說，這種對外在世界的拒斥『迫使』她們將母愛當成生活的全部呢〔註51〕？」珍・貝克・密勒（Jean Baker Miller）曾言：「衝突對女性而言，素來被貼以『禁忌』的封條。社會期望女性扮演典型的妥協者、配合者和撫慰者。然而，如果女性要開創屬於自己的未來，衝突絕對是必要的〔註52〕。」一連串的衝突在羅明的內心激盪著，她不願繼續再扮演一個婚姻裡的妥協與犧牲者。但是，儘管內心的衝突一再出現，她也堅決不再犧牲，在最後關頭，羅明還是妥協了，她無奈地放棄音樂理想、生下孩子，重返家庭。這篇小說寫於五、六〇年代，這樣的結局多少有宣揚母愛、鼓勵女性自我犧牲的意圖，與當時台灣的社會風氣不無關係。然而小說末段羅明發出的幾句不平之鳴，「已經把女性問題由個人層面轉移至更廣泛、根本的癥結——父權體制〔註53〕」，尤其那句「但那是我沒有出息，我不想上進嗎？」令人想起艾雯在散文〈門裡門外〉所寫：「我何嘗不想轟轟烈烈幹上一番事業？可是，環境限制了我！〔註54〕」小說與散文相互指涉，更突顯艾雯所處的那個保守時代女性追求理想時所遇的阻礙〔註55〕。此外，小說末段羅明寫信給友人抒

　　的女性生殖器官，卻是各種規範約束、權力鬥爭的公開戰場，從宗教政治、國家控制到個人自由、兩性平等，各式各樣的論述型式縱橫交錯地切割著女性的子宮。」頁108。

〔註51〕貝蒂・傅瑞丹（Betty Friedan）著，李令儀譯《女性迷思》（*The Feminine Mystique*），頁90～91。

〔註52〕珍・貝克・密勒（Jean Baker Miller）著，鄭至慧、劉毓秀、葉安安、顧效齡合譯《女性新心理學》（*Toward A New Psychology of Women*），台北：女書文化，1997.5，頁143。

〔註53〕范銘如〈「我」行我素——六〇年代台灣文學的「小」女聲〉，《眾裡尋她——台灣女性小說縱論》，台北：麥田，2002.3，頁55。

〔註54〕艾雯〈門裡門外〉，收入《青春篇》，台北：爾雅，1987.5，頁4。

〔註55〕艾雯曾言：「寫作不僅是獨抒性靈，表現一己的感情生活，更要從時代人民大眾豐富的生活中去提煉；不僅是刻劃個人的希望和理想，更要反映這時代人類對明日的希望和思想。」應鳳凰、鄭秀婷〈戰後臺灣文學風華——五〇年代女作家系列（4）：永遠青春的姑蘇姑娘——艾雯〉，《明道文藝》第348期，2005.3，頁41。她的作品具寫實精神，在很大程度上呈現了五、六〇年代女性／母親的真實處境。

發內心不平這一部分，也與艾雯的散文〈主婦與寫作〉相呼應；〈主〉是一篇書信體文章，作者藉著寫給好友的信，批判了父權文化對女性在婚姻裡的箝制，並且枯竭女性的精神層面：「當我們立志時，我們並沒有抱獨身主義，當我們第一次為愛情陶醉時，誰又曉得結婚後生活會那麼瑣碎麻煩！……真的，只要有了一個家，個把孩子，主婦的事彷彿永無了結。〔註56〕」同樣是第一人稱的書信告白，同樣是忿忿不平於女性婚後淪為「家」的囚犯，也同樣道盡為人母之後的精神困境，小說〈捐〉與散文〈主婦與寫作〉異曲同工，這些互文也揭示了艾雯在五、六○年代切身關注的女性議題。

畢璞的〈媽媽沒有哭〉（1969）也是在探討女性與母職生活的關係，文中的唐吟秋大學讀聲樂，結婚後整天關在狹窄的家，三個幼兒及繁瑣的家務讓她感嘆「才不過三十出頭，心境卻自覺蒼老得有如四五十歲的中年人。〔註57〕」當年讀音樂系大二的她嫁給大四哲學系的學長，不久懷了孕便休學去工作，但孩子生下之後她也失業了，只得待在家燒飯帶小孩，「廚房！該死的地方！你把我坑了多少年啊！自從恬恬出生以後，我那任播音員的工作也砸了，誰要一個帶著嬰兒的女職員呢？」（27）一年多之後她回學校參觀畢業演奏會，懊悔莫及，「我不是又羨慕又忌妒又後悔的一面聽一面流眼淚嗎？……而台下的我，是一身粗布衣裙，家裡還有一個埋頭在改卷子的丈夫和一個哇哇啼哭的嬰兒！」（27）沒有大學文憑的她找工作處處碰壁，生活已經十分窘困，更糟的是孩子接二連三的來，「學過兩年聲樂沒有什麼了不起，你實在一無是處，還是乖乖地做個家庭主婦吧！然後，咪咪，你又在不該來的時候來了。養一個恬恬已夠我們吃力，我們怎敢再要孩子？……咪咪，不瞞你說，我還曾經想過謀殺你，用一顆小小的藥丸，在你還沒有成形以前，不過，我並沒有成功。」（29）如今看見大學同學范茜文自義大利回國開獨唱會，她更是百感交集。雖然她一再朝人生的光明面來勉勵自己，仍無法抑止不斷流下的眼淚，「我不在乎天天吃豆腐青菜，不在乎低矮的瓦房，不在乎沒有一套見得人的衣服，也不在乎同學們個個出國、成名或者嫁給了富豪，……只要你們快樂，媽媽也就快樂了。你不知道，媽媽是為你們而活的啊？」（29～30）

比起艾雯〈捐〉裡的羅明，此文中唐吟秋的人生色調似乎更灰暗也更沉

〔註56〕艾雯〈主婦與寫作〉，收入《青春篇》，台北：爾雅，1987.5，頁220。
〔註57〕畢璞〈媽媽沒有哭〉《綠萍姐姐》，台北：東方，1969.9，頁21。

重了，羅明還會試著踏出庸俗生活一步，努力接續以往的藝術生命，而唐吟秋卻是陷入泥淖無法自拔了，也因如此，這篇小說才更突顯「家」的「牢籠」象徵，以及女性在家中實踐母職生活的內面性。皮爾森（Carol S. Pearson, 1944～）和波僕（Katherine Pope, 1939～）合著的《英美文學中的女英雄》（*The Female Hero in American and British Literature*）中，以「樊籠」比喻女性生存的空間：家，是傳統女性活動的舞台，也像一個無形的樊籠，限制她們的自由，使她們只能蟄居廚房及搖籃旁。在父系文化中，女性命定的角色是好女兒、賢妻良母，服從父親、丈夫的命令與社會的行爲規範。女性生存的空間侷限於父親、丈夫力量籠罩之下的「家庭」——這也象徵封鎖女性勇氣及成長的「樊籠」〔註58〕。樊籠裡的人失去的不只是追求自由的能力，還是一種向世界伸展的力量，而其內在心靈的空洞亦使她們無法建立與人、環境的親密關係，甚至可能演變成一種幾近多眠、失去鬥志與競爭力的存活狀態。以文中的母親爲例，照顧三個幼兒已是相當耗費心力的工作，再加上所處環境的閉塞狹隘、單調的人際互動，以及不斷重複的生活型態，這種不斷內縮的生命絕對不是外界的頌讚母愛可以補償的，李元貞言：「人類社會，一方面謳歌女性『母親』的角色，一方面又設立人爲的條件來限制『母親』的角色，同時對這種角色的『勞動者』，又不給予適當的社會經濟保障，只在母親節的時候，對母親的角色來幾句讚嘆，對普遍女性做母親一生的辛勞來說，實在很空虛又不合理〔註59〕。」對一個女性而言，母職耗盡的不只是體力，還有寶貴的青春與自我的生存價值。

　　波娃曾針對牢籠裡的母職生活提出女性受制於「內面」的生命型態：

> 丈夫既然是個生產工作者，他便超越了家庭的利益而看向社會的利益，他的前途因參加了社會事業而光明正大：他是「超越」（transpendence）的化身，女人則不幸被編派了傳宗接代和操持家務的任務——那就是說，她的功用是「內面」（immanence）的。……妻子除了維持生命而千篇一律地操作之外，別無他事。她單調地生兒育女，維持一家的日常瑣事，看顧門窗是否關緊等等。她不被允

〔註58〕Carol S. Pearson and Katherine Pope. 1981. *The Female Hero in American and British Literature.* New York: Bowker. 轉引自陳玉玲《尋找歷史中缺席的女人——女性自傳的主體性研究》，嘉義：南華管理學院，1998.5，頁97。

〔註59〕李元貞〈做一個新時代的母親〉《女人的明天》，台北：健行文化，1991.2，頁87。

許對未來或對外在的世界有直接的影響〔註60〕。

王列耀有和波娃相似的見解，直指中國傳統文化中的「尊母」，其實「是尊『母職』而非尊重母親的獨立人格與家庭地位。如此尊法，不過是要將女人緊鎖在家庭的小天地中，將巨大的社會、人生舞台拱讓給屬於父親的男人〔註61〕。」不過，波娃提及「超越」與「內閏」的生命對比有時候不完全對應在男性與女性（丈夫與妻子）上，以畢璞的這篇小說來看，那個大四就被愛情沖昏頭而結婚的哲學系男生古恒，退役之後忙著工作賺錢養家，「一個讀哲學的書呆子，除了當教書匠，還能當什麼呢？……吃了一整天的粉筆灰的教書匠每天拉長著臉回家。……天天去接一大堆作文簿子回來批改，……我真不忍心看他深夜還趴在桌子上埋頭彎背的可憐相。」（27～29）對他而言，「家」不也是一個「牢籠」嗎？比起妻子的「內閏」生活，他又「超越」到哪裡了？

反觀〈捐〉的徐清韻和〈媽媽沒有哭〉的范茜文，她們雖然是女性，卻都出國深造，成就自己的藝術事業，跳脫了父權文化固定女性角色的社會內容：女兒—妻子—母親，突破女性參與社會的限制〔註62〕，而體現所謂的「超越」。女性被限定在妻母角色，不能有自我的發展，是女性自古以來的整體命運，而且這個命運和個體性向的發展是背道而馳的；徐和范能夠站在舞台上演唱，是因為她們勇敢地拒絕被限定在傳統的女性命運裡。「當外在環境惡劣時，當我們意識到自己不快樂時，該仰賴的不是自己內在的覺醒與動力來做一些改變、來拯救自己嗎？……自我覺醒才是自救的第一步〔註63〕。」羅明和唐吟秋覺醒了嗎？她們真的有意識到自己在母職生活裡的內閏性且渴望超越嗎？還是根本沒有足夠的勇氣去改變既定的人生呢？她們對成就非凡的同學又羨又妒，可是卻沒有想過同學選擇出國深造的艱辛及付出的代價，她們看到的只是輝煌的表象。如果讓羅明和唐吟秋重新選擇，她們有勇氣去走那條「超越」的人生之路嗎？還是再一次地選擇庸俗但平穩的「內閏」生活？最重要的是，選擇「超越」的路真的會比「內閏」的生活快樂嗎？相

〔註60〕 西蒙·波娃（Simone de Beauvoir）著，楊美惠譯《第二性》（*Le Deuxieme Sexe*）（第二卷：處境），頁 11～12。

〔註61〕 王列耀〈台灣女性文學中的母性審視〉，收入廣東省社會科學院文學研究所選編《台灣香港澳門暨海外華文文學論文選》，福州：海峽文藝，1993.3，頁 195。

〔註62〕 禹燕《女性人類學》，北京：東方，1988.6，頁 48。

〔註63〕 蘇芊玲《不再模範的母親》，台北：女書文化，1996.5，頁 33。

對於現代主義作家對「家」（乃至整個儒家道德文化）的批判和鄙棄，身處同時代的大陸遷台女作家不是沒有質疑過它對女性的阻礙，但或許是內化的倫理觀（傳統母德）使女作家無法突破藩籬，讓筆下的母親們真正出走，或許她們更認為，困囿於家又沒有離家的勇氣，才是現實社會裡最真實的母親寫照，而她們要刻劃的就是這一點。

　　前兩篇小說多少都描寫到女性或為了理想或為了經濟而動了墮胎的念頭，但真正將「墮胎」這個議題鋪陳深刻且怵目驚心的無非是艾雯的〈犧牲者〉（1959）。此作以第一人稱「我」為視角，描述瘦弱伶仃的殘疾孩子小安住在一條狹隘污穢的小衖裡，時常受到同儕的欺負。在一次被同伴戲鬧中他暈厥過去，我打聽其住所之後將那孩子抱回家，「那孩子竟那樣輕，輕的彷彿只有那一套衣服的重量。〔註64〕」小安的母親出來向我道謝，她是「一個挺著大肚子，兩只濕漉漉的手，一張憔悴而貧血的臉，衣衫不整，滿臉油汗」（154）的女人。她告訴我小安的心臟病是先天的，那是她墮胎打壞的結果，「一個做母親的竟能下毒手把自己的孩子摧殘成這樣，這是什麼樣的心腸？我冷眼瞅著對面那個憔悴的女人，忽然對她產生了一種憎厭的感覺。」（156）那母親自怨自艾又無限悔愧地向我訴說，「別人一定認為墮胎是很不道德的事，會把做這種事的人看作罪人，其實要不是萬不得已，那一個作母親的又忍心下這樣的毒手？」（156）我才驚覺連肚子裡的胎兒她總共有十個孩子，「天！一連串整整十個孩子，想想看十個孩子從懷孕，出生，哺乳，以至撫育長大，這其間作母親的要飽受多少痛苦，要耗去多少時間，心血和精力！」（156～157）我一時語塞，只有沉默，「『別人還說我是子孫太太，說我福氣好，我說那是前世的冤孽。我這一輩子就埋葬在他們身上，別想再過一天安靜日子——』那個悲痛的母親忽然又放開尖銳的嗓子，大聲吆喝著。」（158）我走出那擁擠混亂的小屋，狹隘污穢的小衖，沿途想著那個殘疾的孩子小安，「如果說這是謀殺不遂，那麼那做母親的豈非便是謀殺的兇手？立刻，我腦中又呈現出那女人憔悴而不事修飾的身影，那尖削的臉，那瘦小的身肢和笨重臃腫的腹部，……是罪人，是冤孽，究竟誰是那無辜的犧牲者？」（158）

　　這是一篇讀來十分沉痛的小說，文中那位面容枯槁又可怖的母親幾乎完全顛覆了所有正面的母者形象，而她不時扯開嗓子開罵的姿態，更近乎一個瘋婦。在墮胎尚未合法、又不懂得節育的背景之下，文中的母親基於經濟上

〔註64〕艾雯〈犧牲者〉《一家春》，台北：正中書局，1959.12，頁154。

的考量暗自墮胎，這是一種不道德的行為嗎？「這種可憐而荒謬的多產，使母性也麻木了。倘若這便是道德，那麼這種道德真是從何說起〔註 65〕？」女性生存的目的是為了自我實踐，發展自我潛能，並非為了成為妻子與母親；如果女性極度崇信於妻母神話而將自己的一生侷限在私領域裡，最可悲也是最真實的下場就如文中的描述，艾雯這篇小說可說是徹底打破了妻母神話。此文當然也令人想起前述的法雅史東（Shulamith Firestone）和艾倫（Jeffner Allen）主張的女性拒絕生殖的論調，但是，女性具有生殖能力是生物性的事實，母親經驗也不完全是負面的，難道只有「拒絕生殖」才能將女性解放出來嗎？

　　同樣屬激進派女性主義者安竺·瑞奇（Adrienne Rich）於 1976 年所出版的《女人所生》（*Of Woman Born: Motherhood as Experience and Institution*）重新省思母職，瑞奇將母職的概念區分為兩個不同的層次：經驗（experience）和制度（institution），前者是為人母帶給女性的生命經驗，是創造力和喜悅的來源，後者是父權文化對於母親的建制，是瑞奇要批判的。她認為女性被奴役並不是因為具有生殖能力這一生物事實，而是在父權體制下，此一生物事實被整合入男性控制政治經濟權力的模式所導致的結果；父權文化要女人相信為人母是她們首要且唯一的使命，無私奉獻、養育子女是她們必須的責任，子女的過錯也歸罪在她們的身上，這些強制性的觀念使女性飽受壓力，因此，要摧毀的是母職的制度，而不是要女性拒絕生殖〔註 66〕。尤其在傳統保守的家庭分工和親子關係中，母親與孩子往往形成一封閉式的鏡像共生，這不僅扼殺了任何自由想像的空間，更讓經年累月的疲乏困頓將母親的生命活力消耗殆盡，成為一個「無我」（self-less）的犧牲品〔註 67〕。瑞奇直指：「制度化的母性要求女性具有母親的『本能』而不具有智慧，要求她們無私而不是自我實現，要求她們建立同他人的關係而不是創建自我。……沒有制度化形式的母性和異性戀關係，父權制度就無法繼續〔註 68〕。」為了進一步

〔註 65〕 西蒙·波娃（Simone de Beauvoir）著，楊美惠譯《第二性》（*Le Deuxieme Sexe*）（第二卷：處境），頁 82。

〔註 66〕 參見藍佩嘉〈母職——消滅女人的制度〉，《當代》第 62 期，1991.6，頁 87～88，以及陳惠娟、郭丁熒〈「母職」概念的內涵之探討——女性主義觀點〉，《教育研究集刊》41 輯，1998.7，頁 81～82。

〔註 67〕 張小虹〈叛離母職的詩人：安竺·瑞琪〉，《後現代／女人：權力、慾望與性別表演》，台北：時報文化，1993.5，頁 129。

〔註 68〕 劉岩編著《母親身分研究讀本》，武漢：武漢大學，2007.7，頁 23。

證明自己的論述，瑞奇亦試圖從人類學、心理學、文學、女性主義的視角，以及自己身為三個孩子的母親體驗，來展示母親角色的制度如何被建構、如何以各種形式存在，以及如何影響女性的母親經驗〔註69〕。如果母職制度不摧毀，「究竟誰是那無辜的犧牲者？」答案是母親。因此，唯有摧毀傳統母職制度，女性才能真正脫離家庭／婚姻的藩籬，從一個雙重標準的性別文化裡走出來。

　　和瑞奇的觀點相似的還有黛安・李查森（Diane Richardson），她在其著作《女人、母職與育兒》（*Women, Motherhood and Childbearing*）中指出，生養孩子提升了母親的視野，為女性帶來樂趣與活力，女性主義者不該主張女性擺脫母職，而是要設法改善女性擔任母職所面臨的諸種壓迫〔註70〕。自由主義女性主義者貝蒂・傅瑞丹（Betty Friedan）曾提出「經過選擇的母職」（chosen motherhood）的概念，認為女人從必須以「生孩子」來證明自己的女性價值（被迫當成生產工具、被迫成為母親），到可以決定要不要生孩子（擁有生育/子宮掌握權、擁有當不當母親的權力），既是她在自我成長的路上最艱辛的一段，也是最能見到其女性意識的多寡，所以經過選擇後的母職才是真正的解放〔註71〕。或許，當母職真的能夠被女性自由選擇時，社會上就不會再出現〈犧牲者〉那般多產憔悴且近乎瘋婦的母親了吧！再者，現代女性也應該努力建立一種將「生育」與「養育」分開的觀念，也就是不再將「養育」的概念定於生母一尊，而擴及到家族／社區／社會許多可以執行母職的群體，這種落實「社會母職」或「擴展母職」的觀念也是女性從母職中解放出來的另一途徑〔註72〕。

　　艾雯的〈風雨之夕〉（1966）也是值得探討的一篇，喬熒為了生活而寫作，卻常常因為寫不出文章而遷怒到妻兒身上。妻子梁萍在這個婚姻裡忍受了七、八年的困苦生活，生了三個孩子，但她終於體悟丈夫已無法再依靠，也不願再忍受侮辱，決定離婚，「梁萍由悲痛轉為憤恨，自尊心昂然的抬起

〔註69〕俞彥娟〈女性主義對母親角色研究的影響〉，《女學學誌：婦女與性別研究》第 20 期，2005.12，頁 9。

〔註70〕裘依・瑪姬西絲（Joy Magezis）著，何穎怡譯《女性研究自學讀本》（*Teach Yourself Women's Studies*），台北：女書文化，2000.3，頁 224～225。

〔註71〕貝蒂・傅瑞丹（Betty Friedan）著，李令儀譯《女性迷思》（*The Feminine Mystique*），頁 558。

〔註72〕唐文慧、游美惠〈社會母職：女性主義媽媽的願景〉，《婦女與性別研究通訊》第 63 期，2002.6，頁 14～15。

頭來，像管絃樂中高昂的小喇叭，壓倒了其他情感的，理智的弦音——她放下掩住臉的手，坐直腰桿，自己警告自己！『不，我不能再忍受這種侮辱，我已經受得夠了。沒有了愛，忍受就變成了一種屈辱，變了懦弱。我必須拿出勇氣和決心來結束這一切。〔註73〕』」可是就在一切都準備就緒時，她堅定的決心卻因孩子的眼淚而動搖，「像是用針在那麻木僵直的神經上刺了一下，梁萍驟然驚覺，她幾乎氣忘了在生命中最重要的——孩子。『孩子，啊這一來孩子怎麼辦？我不能離開他們，他們也不能沒有媽媽照顧。』……於是在孩子的眼淚中，母親堅冷如鋼的決心動搖了，癱瘓了——」（338）她陷入了兩難，最後還是選擇留在這個家。

　　這篇小說讀來似乎又是一則宣揚母愛犧牲奉獻的偉大之作，然而仔細爬梳，我們還是會丟出一些問題：受盡丈夫怒罵和羞辱的她，選擇留在家裡的原因除了三個年幼的孩子之外，還有什麼？一個捱窮受苦七八年毫無經濟能力的家庭主婦倘若離了婚，在社會上如何立足？走出家門之後她能夠去哪裡？她有離家出走的選擇和權利嗎？這些潛意識的不安恐怕才是她真正留下來的原因。此文也明顯地延續了「娜拉出走之後」的問題，沒有經濟能力的女性，她的困境是：永遠只能在原地打轉。

　　文中的梁萍不是沒有覺悟，當她發現自己的犧牲得不到應有的尊重時，她也明白隱忍不是美德而是懦弱，可是她的覺悟卻沒有讓她跨出一步，重新去建構自己的人生，癥結乃在「畏懼生存環境的改變」，尤其這個改變是以個人的力量去挑戰龐大且長久的性別文化，猶如螳螂擋車，又充滿壓力與危險，還是找一條相安無事的、大多數女人走的路吧！從這個角度來看，女性囚禁在婚姻裡不僅僅因為外在的體制所致，這種近乎奴性的依賴與自己對世界的開放度也有很大的關聯，如同波娃所言：「假使她們不得不吃苦的話，她們情願接受了吃慣了的苦，而不願冒險去吃新的苦頭，因為在家裡拼拼湊湊地勉強過日子，總比流浪在外頭強些。〔註74〕」如果梁萍有足夠的經濟能力，她不用害怕與孩子分離（因為她有養孩子的條件），也不用再忍受丈夫的嘲弄（他視她為一隻依賴的螞蟥）。貝蒂·傅瑞丹（Betty Friedan）曾言：

　　　當一種文化在女人面前築起一道又一道的障礙，阻止她們尋求獨立

〔註73〕艾雯〈風雨之夕〉《池蓮》，台北：正中書局，1966.5，頁337。
〔註74〕西蒙·波娃（Simone de Beauvoir）著，楊美惠譯《第二性》（*Le Deuxieme Sexe*）（第二卷：處境），頁230。

的自我；當一種文化在女人面前築起了法律、政治、社會、經濟和
教育的屏障，不讓女人接受自我的成熟性──甚至當這些屏障多半
倒塌了以後，女人要尋求家庭的庇護仍然容易得多，對女人來說，
靠她老公和小孩來過日子，要比在這世界上開創出屬於她自己的道
路，會容易得多。……如果一個女人所屬的文化的各種力量都告訴
她，她不必長大，不長大會更好，那麼，為什麼她還要自找麻煩去
扮演妻子和母親以外的角色呢〔註75〕？

站在一個女性主義的角度來看，梁萍的「忍受種種，繼續為家庭犧牲」算不
算一種拒絕自我成長的行為呢？或者，是為自己的軟弱找一個冠冕堂皇的藉
口？

二、職業婦女的兩難

　　既然家庭主婦被限圍在私領域裡與外在世界隔離，又毫無經濟能力，那
麼走入社會工作的職業婦女是否會更好呢？艾雯的〈考驗〉（1958）和童眞
的〈秋虹〉（1963）解答了這個問題。在〈考驗〉裡，若蘭是一個有兩個孩
子的職業婦女，每天下班立刻騎單車去接兩個孩子，「姊弟兩個分坐在車前
車後，她便擔負了兩個孩子，朝朝暮暮，奔馳在這條似無止境的路上。這是
回家去的路，『家』本該是象徵幸福，安全，溫暖。但它卻並不曾為她帶來
那種親切的感覺。家裡等著她的不是安慰，不是鼓勵，也不是歡洽的談笑，
心靈的偎依，而是繁瑣的家事，責任和義務，還有無盡的寂寞！〔註76〕」丈
夫患了肺病住在療養院已經兩年多，生活的重擔與精神壓力幾乎擊潰了若
蘭，加上丈夫病後性情躁急，夫妻常有口角，她漸漸感到這個婚姻成了一種
束縛，「形容自己的家是冰窖，若蘭覺得一點也不過分，……她感到肇新同
她的感情已不是一種心靈的契合，而成了一種束縛，一種負擔。」（32）好
友羅健的安慰鼓勵令她感動，但卻也讓她飽受流言，「她覺得這個社會待她
太苛刻無情了，為了一個久病的丈夫，她忍受著種種困苦，忍耐著無邊的寂
寞，勉力肩負起家的重擔，不但沒有同情，鼓勵，而僅僅因為從一個了解她
的朋友那裡獲得些許慰勉，反惹起物議。」（41）她決心離開丈夫，重新開

〔註75〕貝蒂・傅瑞丹（Betty Friedan）著，李令儀譯《女性迷思》（The Feminine
　　　　Mystique），頁307～308。
〔註76〕艾雯〈考驗〉《霧之谷》，台北：正中書局，1958.3，頁30。

展自己的人生，但最後仍然捨棄不下丈夫和孩子，回到家裡。

　　已婚婦女為什麼要外出工作？為了經濟獨立、個人尊嚴，以及拓展人際，可是，幾乎所有的職業婦女都是過著如同「超人」的生活，因為除了職場的工作，下班回到家，等待她的是另一個戰場；繁瑣家務與育兒工作，大部分都是女性在處理，每天累到筋疲力竭，而隔天又是同樣的生活模式。這種滾球般的生活彷彿是薛西弗斯（Sisyphus）的磨難：工作之後忙家務，家務之後忙工作，反覆再三，日以繼夜，永無止盡地重覆著——「無論女性有無工作都是全職的母親」〔註77〕。職業婦女從未感到征服了正面的「成就」，只覺得無休止地與反面的「失落」鬥爭，長時間下來，不僅她的身心健康受到損害，更阻礙她在職場上的發展。

　　文中的若蘭除了工作賺錢、處理家務及照顧兩個孩子，還要忍受久病丈夫的脾氣，連結交一個可以傾吐的好友都遭議論（因為是男性），比起家庭主婦的「內囿」，職業婦女只不過換了一個較大的牢籠。尤其是若蘭與羅健的友誼遭到議論這部分，更看出社會（整個父權文化）對已婚女性情感的監控，以及將母親定位為一個無聲無性（不能抱怨不能有情慾）的客體。不管是家庭主婦或是職業婦女，婚姻制度的設計從來就不是為了女人的利益；婚姻之於男人，是一個個加號的累積，對女人卻是一個減號再加上一個減號。時間、空間、工作、休閒、住處、人際關係、身體、尊嚴、情欲，在維持婚姻這項大帽子下，那一項是不必妥協的？可是絕大多數的女人以隱忍承受了一切〔註78〕。若蘭不正是如此嗎？她努力地維繫家的安穩，但對她而言，家卻是一種累贅，一份重擔，一個耗盡她所有精力的所在，如露西‧伊瑞葛萊（Luce Irigaray）所言：「家庭一逕都是女人受壓迫的最重要場所〔註79〕。」然而小說最後，若蘭卻仍拒絕了羅健的感情，回到丈夫的身邊。

　　女性經過婚外情的試煉，或者躊躇於事業與婚姻這兩個人生場域，最後仍然選擇回歸家庭，這樣的結局幾乎成了艾雯的母親書寫的一種既定的敘述模式，〈捐〉裡的羅明、〈風雨之夕〉的梁萍，以及〈考驗〉的若蘭……，艾雯的小說不是沒有批判色彩，但是千篇一律的「團圓」結局確實多少削弱了

〔註77〕潘淑滿〈台灣母職圖像〉，《女學學誌：婦女與性別研究》第 20 期，2005.12，頁 49。

〔註78〕蘇芊玲《不再模範的母親》，台北：女書文化，1996.5，頁 187。

〔註79〕露西‧伊瑞葛萊（Luce Irigaray）著，李金梅譯，朱重儀校閱《此性非一》（*Ce sexe quin'en est pas un*），頁 186。

其藝術價值，推究其因，固然與五、六○年代的社會風氣相關，與她的成長經歷多少或有關係〔註80〕。也許艾雯質疑，一個女性摧毀了原有的（不甚完美的）家、拋開了丈夫孩子，再去重建另一種生活，她的人生會因此更幸福嗎？她讓筆下的女主角回歸家庭，回答了這個疑問。

童眞〈秋虹〉（1963）裡的職業婦女秋虹積怨已久，爲何每天辛苦工作八小時回家後仍要忙於繁瑣的家務？而丈夫卻總是悠閒地坐在客廳，「當傍晚回家她忙著拿出替換的衣服，她忙著給兩個孩子洗澡，……他卻總是悠閒地坐在客廳聽收音機，並且拖著長音嚷著：『秋虹，窮急什麼，替我泡杯綠茶來！』看他那副什麼都不放在心上，把家當作茶館的樣子，她總會怒上心頭，恨不得把一杯滾燙的綠茶潑在他的身上！她眞的想尖起嗓門告訴他：她也做了八小時的工作，她也剛剛回來，她的腰和手臂都酸了，……他以爲她只是一部機器？……有時候，尤其當孩子咳嗽發熱的日子，她眞想把這工作辭掉了，……然而，當她想到如果有一天他果眞像有些丈夫那樣，以施主的態度把薪水交給她，好像她是他的僕人，他的奴隸，甚至是他的累贅，在她又怎麼受得了？〔註81〕」即使秋虹偶有應酬，回到家丈夫也理直氣壯地指責她未盡母職，長期的身心疲憊加上懷疑第三者介入，秋虹決定拋夫棄子，暫時離家，「忽然間，她覺得這工作對她非常重要，非常重要。如果沒有了它，她就會像有些鄉下女人一樣，連最後的一點自尊也無法保持了。……嘿，幸而她是一個職業婦女，還能養活自己！」（30）但最後在同事劉大姐的安排之下，夫妻言歸和好，秋虹也不離家了。

在一個男女平等的時代，爲什麼女性仍然這樣勞累？馬庫色（Herbert Marcuse, 1989～1979）的分析指出在講求男女平等的資本社會中，女性若要擁有和男性一樣的經濟、政治的地位，必須和男性一樣擁有攻擊性和競爭力。因此，女性必須工作才能獲得與男性平等的地位。但是，女性的生理特徵又必須負起生育的功能，如此所謂的平等並不意味著女性的自由，也不能使女

〔註80〕　劉叔慧：「出身於姑蘇的書香世家，艾雯在優裕的環境中成長，……在父喪之前，艾雯可說是養在深閨的天之驕女。然而抗日戰爭爆發，父親在江西任上去世，家庭的重擔便驟然落在一個柔荏少女的身上，母弱妹幼，艾雯揮別昔日幸福不知憂患的歲月，負起養家的責任，也眞正面對複雜的社會、冷酷的現實。」〈生活的藝術家——訪艾雯女士〉，《文訊》第101期，1994.3，頁96。成長過程經歷如此的人生轉變，以及之後的流離生活，都間接讓艾雯更感到「家」的重要，這想必也影響了她的創作。

〔註81〕　童眞〈秋虹〉《爬塔者》，台北：復興書局，1963.11，頁26。

性真正得到主體的地位。職業婦女受到了雙重的剝削：作為工人和主婦的剝削〔註82〕。表面上職業婦女擁有和男性平等的工作權，但最後演變成維持家庭和社會結構的勞動者，她所透支的體力和精神並不是金錢（薪資）能夠平衡過來的。她們可不可以也像丈夫一樣下班之後悠閒地坐在客廳喝茶聽音樂？可不可以不理會丈夫的指使與指責？可不可以放下所謂「道德上的壓力〔註83〕」不讓自己精疲力竭？在這篇小說中，秋虹的丈夫那副指責她未盡母職的嘴臉其實就是整個社會對一個職業婦女的態度：在外工作的女人就是棄她的丈夫和小孩於不顧。假使，她的小孩病了或是老公出了什麼問題，不管是什麼原因，整個社會甚至這個女人自己內心的聲音都會譴責她〔註84〕。這其實是一個迷思，目的是要讓女人放棄她們的抱負和野心，深信婚姻和母職就是一切的終點。心理學家戴安・埃倫薩福特（Diane Ehrensaft）在 1987 年出版的《共同養育：男人和女人分擔養育孩子的責任》（*Parenting Together: Men and Women Sharing the Care of Their Children*）便主張，唯有男女雙方共同承擔養育孩子的責任，才能避免越來越多外出工作的女性實際上在做兩份全職工作的現象〔註85〕。戴安的論述固然有其可行性，但放置在父權文化根深蒂固的現實社會中談何容易？

　　五四新文學有不少女作家都觸及了女性在婚姻與事業上的兩難，例如陳衡哲的〈洛綺絲的問題〉、凌叔華的〈綺霞〉、〈小劉〉等等，而大部分的結局都是女主角放棄愛情或者婚姻，選擇了事業。這類小說的出現當然與五四新女性的切身經驗有關，她們認為家庭，即使是反大家庭的小家庭，也依然是對女性靈魂的束縛，因為家務時間、妻母職責與女性要對社會做貢獻的決心是互相衝突的，同時庸俗的家庭生活也會使女性喪失精神的追求。她們的作品表現出新女性對重回舊式女性的附庸地位的恐懼〔註86〕。這個主題延伸到

〔註82〕馬庫色（Herbert Marcuse）著，蔡美麗譯〈社會主義和女性主義〉（Socialism and Feninism），《女性人》第 4 期，1990.9，頁 32。

〔註83〕波娃曾言：「我深信女人的不舒適和疾病大多數是心理因素引起的。由於像我提過那種道德上的壓力造成的緊張，她須承擔的所有任務，及在矛盾中的掙扎，女人不斷地感到疲憊不堪，幾乎到了精疲力竭的地步。」西蒙・波娃（Simone de Beauvoir）著，楊翠屏譯《第二性》（*Le Deuxieme Sexe*）（第三卷：正當的主張與邁向解放），頁 111～112。

〔註84〕貝蒂・傅瑞丹（Betty Friedan）著，李令儀譯《女性迷思》（*The Feminine Mystique*），頁 510。

〔註85〕劉岩編著《母親身分研究讀本》，武漢：武漢大學，2007.7，頁 288。

〔註86〕孟悅、戴錦華《浮出歷史地表：中國現代女性文學研究》，台北：時報文化，

五○年代以後的台灣女性小說上，童眞等也深刻地寫出女性夾於事業與婚姻（遠大的理想與繁瑣的家務）的矛盾與疲憊，這一點與林海音所代表的「兼具知識份子與賢妻良母的新女性」形象截然不同，卻更眞實地點出社會上越來越多的女性的困境。從這一層面看來，童眞等可說是更承襲五四新文學裡對女性在現實結構中的生存位置的嚴肅思考。女性在事業與婚姻的夾縫中生存確實是雙倍艱辛的，甚至在無法兼顧的情況之下，往往被迫二擇一〔註87〕。但是，五四女作家在面臨這個人生的十字路口時，通常選擇的是事業這一項，而童眞等卻是選擇回歸婚姻，繼續守著家庭與子女。換言之，童眞等雖然承襲五四新文學裡對女性的生存位置的嚴肅思考，但是，從一個「人追求自主性和獨立性」的觀點視之，她們卻又是遠不及五四女作家的，不過小說中那些已爲人母的女性們對事業的企圖心以及對理想的執念，比起琦君和林海音的小說中那群較安於家庭的傳統母親又朝前走了一大步。

從保守到激進，童眞等的作品可說是處於一個過渡階段，她們筆下的母親們踟躕於事業與婚姻，無法割捨的仍是家庭，母職似乎才是她們擺脫不掉、一生的事業。大陸遷台女作家寫職業婦女奔波於工作與家庭的除了艾雯的〈考驗〉與童眞的〈秋虹〉之外，鍾梅音的〈路〉（收入《遲開的茉莉》，1957）、王令嫻的〈球〉（收入《球》，1969）也有精采的敘述，由此，我們亦可從中窺見五、六○年代台灣職業婦女眞實生活的一面，以及社會文化對她們的要求。

三、卸下母職之後的空虛與焦慮

把一生「投資」在丈夫子女身上，而忽略了獨立自主及實現理想的母親們，等到子女成長離開，卸下母職之後，會不會有一場空的感覺？孩子不是父母親的私人財產，可是將一生投資在家庭的母親們往往無法接受子女長大必須離開的事實，尤其父系社會編派給女性的職責是「服務」，一種供應丈夫

1993.9，頁78。

〔註87〕羊憶蓉在〈女性知識分子成長歷程中的衝突〉一文中指出：「雖然時代改變，女性增加了扮演職業婦女的機會，但女性在家庭中的妻母角色，仍是最基本的職責所在，這是多數現代女性感受到角色衝突（role conflict）的主要來源。……絕大部分女性在遇到角色衝突的情況時，仍以妻母角色優先於職業角色。」中國論壇編輯委員會主編《女性知識份子與台灣發展》，台北：聯經，1989.6，頁59。

子女生活起居的需求的角色，當這個角色不需要再發揮其功能時，她們的內心會衍生出難以自我肯定、生活失去意義的焦慮。畢璞的〈慘綠和蒼白〉（1967）描寫一位母親在兩個兒子相繼出國讀書之後人生突然陷入一片空虛，世界彷彿剩下慘綠和蒼白兩種顏色，「一切都積滿了灰塵，一切都有著太多的慘綠和蒼白，這就是她的生活的全部。〔註88〕」丈夫有她的事業重心，而她卻終日耽溺於孩子成長過程的記憶裡，「他們還是兩個嬰孩，那彷彿就像昨天的事啊！只是，這兩個嬰孩明明已經長成兩個英挺的青年，二十幾年的歲月，過得比一場電影還要快，我能相信嗎？」（198）她沒有自我，生命除了照顧家庭之外，一無所有，「自從他們走了以後，這間原來很溫暖的屋子變成了陰冷死寂的墳墓，……全世界都像是一個古墓。」（199～201）

　　以慘綠、蒼白這些冷色調來形容一個人內心的空洞與虛無十分貼切，這篇小說篇幅短小，只聚焦在某個七月午後的場景，然而因為瀰漫於小說的清冷氛圍太凝重，讓人感覺文中的母親往後的人生都將籠罩在這種冷寂的世界。小說中這位中年婦女無所事事，對未來一片茫然，生命彷彿在卸下母職之後便停滯，而她不斷翻閱昔日照片的舉動，更洩露了內心的落寞和空虛，這舉動的意義與艾雯〈老人與牌〉（收入《弟弟的婚禮》，1968）裡那個年老母親終日摸弄著卅二張骨牌玩過五關是一樣的，「說她『最喜歡』玩牌！……她真的是喜歡嗎？……當有生命的都有自己的活躍的天地，跟她有著一大截距離時，她唯有退而抓住這卅二張沒有生命的骨牌來消磨她的餘生了〔註89〕。」不斷翻照片、玩骨牌，是否也意味著人生再度陷入所謂的「內圍」？如波娃所言：

> 當子女長大成人，丈夫功成名就，或至少已有些事業基礎時，妻子的手邊卻有一大把時間待排遣。刺繡之類的工作，便在這種情形下，被發明出來掩飾那可怕的閒散。繡花或打毛線也等於是一種活動，但這些都不是真正的工作製造出來的成品，也不一定是生活上的必需品，重要的倒在於這一活動的繁瑣雜碎和耗費時光。……這種沒有前途的活動，仍落回了空虛的「內圍性」裡〔註90〕。

這篇小說多少也反映了畢璞的真實人生，她在〈四十顆紅寶石〉寫著：「在他

〔註88〕畢璞〈慘綠和蒼白〉《寂寞黃昏後》，台北：商務印書館，1967.3，頁196。

〔註89〕艾雯〈老人與牌〉《弟弟的婚禮》，台北：立志，1968.12，頁137。

〔註90〕西蒙‧波娃（Simone de Beauvoir）著，楊美惠譯《第二性》（*Le Deuxieme Sexe*）（第二卷：處境）， 頁215～216。

們兄弟（指她的兒子）上了中學到大學畢業前的幾十年間，是我最快樂的時候，也是我們母子關係最良好的時候。……孩子長大成人，是父母的喜悅和安慰，但是也是父母的悲哀。我和兒子間的黃金時代，也隨著他們的長大而結束。孩子生得密，有一個好處，就是可以一起長大；可是也有一個壞處，他們也一起離開你。〔註91〕」畢璞卸下母職的些許感慨和情緒，藉著文中那位蒼白的母親傳遞了出來。

　　閱讀這樣的小說也不禁令人重新思考傳統母德（為家庭犧牲奉獻）的價值所在，李元貞曾說：「古代女性做個好母親，主要在完全的服務和犧牲，不講究母親的自我，只講究母親所給予的愛能滋養孩子就好了，而古代母親的回報，是當母親變老時能得到孩子的奉養與愛。然而現代的社會流動性大，家庭分裂的局面很厲害，一個做母親的女人，不得不改變對養育子女的價值和態度了，……現代母親必須要能擁有孩子以外自我的生活，不能再像古代母親，完全捨棄自我般地為孩子奉獻犧牲才行得通〔註92〕。」蘇芊玲說得更真切：「我和傳統母親比較不同的是，我堅持不讓母職吞噬了自我。……即使是在女兒很小的時候，我也一直有一個自己，上學、工作、看書、休閒、交朋友，參與活動等等。我相信，人最終必須有所交代的是自己的生命，我不願意將來如果對自己的人生有所不滿，再後悔，或把罪責歸咎於為孩子犧牲太多〔註93〕。」作為一個現代的母親，女性必須將這個角色當作人生的過程而非目標，且在實踐母職的同時擁有自我的成長空間（即使是家庭主婦），卸下母職之後才不至有空虛無用的茫然感。

　　畢璞的另一篇〈做了半日娜拉〉（1981）將這個主題詮釋得更佳。每天清早身邊的人忙著準備上班上學，但「對她而言，卻是一整天寂寞的開始。〔註94〕」四十八歲卸下母職的她終日閒荒，連出門也不知該往哪裡去，「自從兩個孩子都已長大，家務日趨簡化以後，她就成天把自己關在家裡，默默忍受著寂寞的啃噬。……去！去哪裡好呢？她決定出去了，但是又不知去哪裡好。」（64）二十多年來她守著婚姻，家庭就是她的全部，根本沒有所謂

〔註91〕畢璞〈四十顆紅寶石〉，收入封德屏《聯珠綴玉──十一位女作家的筆墨生涯》，台北：文訊雜誌社，1988.7，頁49～50。
〔註92〕李元貞〈蛻變中的母親〉《女人的明天》，台北：健行文化，1991.2，頁80。
〔註93〕蘇芊玲《我的母職實踐》，台北：女書文化，1998.9，頁39。
〔註94〕畢璞〈做了半日娜拉〉《清音》，台北：水芙蓉，1981.9，頁63。

的自我,「一晃眼,二十六年過去了。這二十年來我快樂嗎?她對著鏡子搖搖頭。鏡中人瘦削、蒼白、五官平凡、表情呆滯,一看就知道是一個沒有個性的、庸庸碌碌的家庭主婦。」(65)如今卸下母職,她決定從現在開始尋回自己,「子女已經長大,不再需要我,丈夫又有他的天地,我還整天守著一間空屋做什麼?……我是一個四十八歲的女子,現在,已經沒有人需要我,我要享受我的生命去了。」(65～66)走出家門她才發現自己很久沒有出門了,久到整個城市已換了一個新面貌。到了史博館和植物園,腦海裡都是昔日與家人同遊的歡樂畫面,她感到更失落了,「歷史博物館還是老樣子。她記得二十年前曾經和丈夫帶兩個孩子來過。……還是到植物園去吧!……陽光下的花朵很嬌豔,但是她卻無心欣賞,因為她想起了二十年前她並不是孤單地來。」(67～68)逛西門町和百貨公司也有些不自在,她努力讓自己快樂起來,「這時,她覺得自己彷彿就是那個為了尋求更理想的生命而離家出走的娜拉。對!我為什麼要永遠做黃臉婆!」(69)可是最後,她放棄看電影,決定回那個寂靜的家,「她是上午十點左右出門的,到現在才不過四個鐘頭,就感到沒有地方可去。可憐啊!你這個天生應該關在家裡的女人!還想效法娜拉的出走?……回到家裡,家中寂靜如舊,……倒在沙發上,她竟然得救似地嘆了一口氣。」(72～73)

這篇小說也在敘寫卸下母職之後的女性處境,文中的母親不甘守著空屋,決定從此拓展自己的人生,然而世界如此之大,她卻不知何去何從,長期蟄居在家庭狹小的空間,彷彿使她失去了向外伸展的力量,甚至與居住的城市(乃至整個世界)疏離了。走出家門,站在寬廣陌生的街道上,她那副不知所措的慌亂神態,顯現了一種曠場恐懼(agoraphobia)的焦慮心理〔註95〕,

〔註95〕吉爾伯特(Sandra Gilbert, 1936-)和古巴(Susan Gubar, 1944-)在《閣樓中的瘋女人》(The Madwoman in the Attic)中指出女性面對傳統架構下的女性空間時,往往有兩極反應:曠場恐懼(agoraphobia)和閉室恐懼(claustrophobia)。這兩種心理異常的表現,都屬於恐怖性神經症(phobicneurosis)的疾病。它們往往是因為孤獨無助,唯恐在周遭的環境喪失自我所引發的焦慮。Sandra Gilbert and Susan Gubar. 1979. The Madwoman in the Attic: The Woman Writer and the Nineteenth-Century Literary Imagination. New Haven: Yale UP. 轉引自陳玉玲《尋找歷史中缺席的女人——女性自傳的主體性研究》,頁98。張春興則指出,曠場恐懼症(agoraphobia)的患者常對空曠廣大的處所表現恐怖反應,每遇跨越廣場或橫過大街時,即生恐怖之感,因此,病情嚴重者會經年累月足不出戶。閉室恐懼症(claustrophobia)

雖然她一再地將自己比喻為離家出走的娜拉，但仔細爬梳文本，她走的路線與目的地（博物館、植物園）是以前與丈夫孩子同遊之處，所以這不過是一場重溫昔日記憶的懷舊之行，不是什麼拓展新生活的出走。甚至可以說，文中的母親根本沒有「離家」，因為她仍然在家人的記憶版圖上行走，沒有跨出舊有記憶的疆界。之後她幾乎是持著一種極不自在、近乎焦慮的心情穿梭在西門町與百貨公司，直到回家。在父權文化的社會中，女性往往將男性建構的價值體系內化為遵行的法則，視為理所當然的處世方針，所以在這條數千年來依循的路上，女性即使內心有所衝突也無從反抗。文中的母親二十六年來侷限在家庭，內心或有衝突、想反抗，卻不敢表達，如今終於有突破的機會，她卻失去了應付外界環境的能力與勇氣。

畢璞這篇小說出版於八〇年代初，可對照同時期袁瓊瓊〈自己的天空〉（1980）裡那個婚後也是以家庭為主，連出門都不會的靜敏。比較這兩篇小說，或許我們會問：是不是當「家」已無法再回去時，女人才會真正走出一片自己的天空？文中的母親不過才四十八歲，未來的日子如此漫長，如果她不拓展自己的生活，往後的日子如何度過？「從四十歲到六、七十歲這二、三十年的歲月，如果以消極的態度處之的話，不但生活乏味苦悶，而且嚴重起來會得心理症。但是，假如以積極的態度來生活的話，這二、三十年的歲月，便可以變成黃金歲月，……將壯年到老年這段歲月撥給自己，使自己的人生更豐富一點，將以前忙碌於家務的時間，現在用來發展自我〔註 96〕。」周芬伶則以感性的口吻說：「女人的老年生活也可以是美麗豐富的，五十歲讀一個博士學位，六十歲學畫，七十歲寫小說，許多來不及實現的夢想，在兒女成長離家之後，也許可以好好地點收了〔註 97〕。」這些或許都只是理想，然而學習安排卸下母職之後的生活，確實是每一個現代母親必須面對的人生課題。

患者經常對狹小、幽閉的處所表現恐怖反應，舉凡汽車、電梯、飛機、船艙甚至較小的房間內，都會引起此種反應，在狹小處所裡，患者常感到窒息、情緒緊張，因而外出旅行時常適應困難。《心理學》，台北：東華書局，1989.5，頁 538。

〔註96〕李元貞〈家庭主婦再出發的重要性〉《女人的明天》，頁 24。

〔註97〕周芬伶〈女人的一生〉，《女阿甘正傳》，台北：健行文化，1996.6，頁 46。

第四節　惡母的雛型

一、物化子女，滿足私慾

　　童眞等的母親書寫也觸及到惡母的敘述，但比起現代主義作家呈現的那種徹底的、具毀滅性的惡母形象，這幾位作家筆下的惡母只能說是「雛型」而已，因爲她們在擺脫傳統母職、開拓個體自由的同時，仍然不忘顧及家人的生活；在對子女施展不合理的暴虐行爲時，也總在悲劇造成之前（或之後）反思自我，撤回霸權的伸展。這群母親們離所謂的慈母當然已有一段距離，但也不是全然的惡母，筆者於此稱之爲「惡母的雛型」。此類母親慣將子女視爲私人財產而不顧其自主性，或將之當成在眾人面前炫燿的物品，或想利用女兒攀上富貴人家，竭盡所能施展母性的威權，只爲滿足自己的私慾和虛榮心，枉顧子女內心的眞實感受，甚至造成了母子／女之間無可挽回的情感斷裂。

　　童眞〈泥彈〉（1958）中的母親玉珊是一個出身名門、受過高等教育的女教師，丈夫是工程師，「從少女時代起，她就厭惡那些猴崽相的孩子。他們骯髒，粗野，頑劣，不懂禮貌，不想學好。後來，她結了婚，而且發覺自己也將有一個孩子時，她告訴自己：她的孩子一定不會是這種樣子——她也不准許他變成這種樣子。〔註98〕」兒子喬喬出生之後，一切符合她的標準，「客人來時，她總要像展覽物品般地，把孩子展覽一番。」（61～62）五歲之前兒子在母親的期待下成長，聽話的喬喬讓玉珊博得不少讚美，但上了幼稚園的喬喬喜歡玩土，一身污泥惹火了母親，「在那五色繽紛的菊花和月季花的前面，喬喬赤著足蹲在一淫泥水邊，他的兩手捏著爛泥巴。……他的身畔，一字兒排列著十來個搓得滾圓的泥彈，他張口笑著——笑得這麼得意。……她再也抑制不住，衝過去，就給喬喬兩下子耳光。……她走上一步，一下子把泥彈踩得稀爛。」（63～64）喬喬越大越有自己的想法和遊戲喜好，但母親不願去了解，只會整天絮聒和怒罵，母子關係從此越加疏離，「她時常在他的小書包裡發現泥彈、石子、樹葉以及飛蛾、金蟲、蟋蟀等。……再以後，她發覺她回家時，他常常不在家，他簡直不想親近她，故意迴避她。」（64）玉珊因爲無法掌控喬喬，氣急敗壞，「我眞不想做他的母親，他使我什麼地方都下不了

〔註98〕童眞〈泥彈〉《古香爐》，高雄：大業書店，1958.5，頁61。

台！」（68）她越對孩子施壓，孩子的反抗越大，長期的苛責打罵竟導致喬喬精神恍惚。這個母子的結直到經由玉珊姨媽的一番開導才逐漸化解，「別苛求於孩子。……他們自有他們的天地，我們無法看清楚，也不能走進去，因為我們是大人，年齡把我們摒棄了。這是祇許孩子們進去的王國，但是我們卻該在旁邊協助他。」（73）玉珊恍然大悟，「這是一個課題——母親們的課題，它看起來像是艱難，又像是容易。」（73）她因此重新學作一個願意眞正了解孩子而非總是苛求的母親，也改善了和喬喬的母子關係。

文中的母親玉珊是一個不折不扣的新女性，她受過高等教育，擔任教職，是一個有經濟能力且能夠將家庭與工作安置平衡的婦女。這樣優秀的現代女性也會是一個好母親嗎？好母親的定義又是什麼呢？玉珊渴望成為人人稱讚的好母親，但是這個「好」卻是藉由孩子的「完美形象」而來：嬰幼兒時期的喬喬必須活潑、白胖、靈活，像「健兒良藥」廣告上的孩子，學齡中的喬喬必須溫文有禮、成績優異，成為全班最傑出的學生，長大後的喬喬必須……，孩子不同階段的成長樣貌由母親任意型塑，他成了滿足她虛榮心的一項物品，而非一個獨立的生命個體。玉珊不曾養育（喬喬是由女傭照料長大）、親近過孩子，不明白孩子眞正的性格與情感的需求，她要的是一個符合標準的現成品，這樣她就能夠「成為一個引人注目的驕傲的母親」（62），亦是她所認定的「好母親」。現實社會中並沒有所謂完美的孩子，正如同沒有完美的母親（或妻子、丈夫、家庭），所有的「完美」都是被扭曲的假相，其背後往往是殘酷的。葛羅麗亞・史坦能（Gloria Steinem）言：「孩子不屬於父母。孩子是我們生命中的小小陌生訪客，帶來快樂也帶來義務。父母不能佔有兒女，只能幫助兒女發展自我。〔註99〕」文中的母親拒絕接受小孩原本的生命型態，而是依自己的想法強行塑造他，再將之當成炫耀品置於眾人面前，無視孩子的人格與自尊；子女越反抗，她越強制，一個權威的母親要求子女必須無限的服從。父母之於子女，應該是互惠相對的，而非掌控，玉珊對孩子的任意宰制，不僅破壞了彼此的親情，也違反自然之道。

小說中多處描寫玉珊狂打喬喬並憤怒地將他捏好的泥彈踩爛，顯現了一個母親自私、魔性的一面——她踩爛的不只是地上的泥彈，也踩碎了一個孩子的心，以及母子之間的親情。母親的蠻橫不僅造成孩子的恐懼心理，亦有

〔註99〕葛羅麗亞・史坦能（Gloria Steinem）著，羅勒譯《內在革命》（*Revolution from Within*），台北：正中，1992.8，頁45。

可能成為他生命的始原創傷（trauma），影響往後的人生。波娃曾說：「要把母子關係拘限在一個預先設想好的圖案中，是非常困難的。人不能像訓練狗一樣地，不聲不響地來訓練小孩，也不能用大人的言語來向他說理〔註100〕。」喬喬並沒有用言語來與母親反抗，但是他刻意迴避母親、沉默、拿刀片割書桌等等行徑，更隱藏一股欲爆的憤怒，之後他在生病中跳窗逃家，以及上課時精神恍惚，都讓人深感幼小的他幾乎被母親毀滅了——被母親那種具有毀滅性的完美主義所吞噬，如海瑞亞·勒那（Harriet Lerner）言：「完美主義，尤其是自己的完美主義，是每一個母親最大的敵人〔註101〕。」對喬喬這樣一個年幼的孩子而言，任何一個小小的冷落與虐待都舉足輕重。所幸玉珊及時回頭，極力修復斷裂的母子關係，小說結束在兩人玩泥彈的歡樂情境中，她也適時脫離了「惡母」的形象。

　　畢璞的〈歌星的媽媽〉（1970）描寫天生有一副好歌喉的小莉十八歲被挖掘到歌廳登台表演，她的母親高興萬分，「要是早知道唱歌也能賺大錢，就不讓小莉唸什麼高中了，白白花了兩年多的學費，多可惜！……她現在才不過十八歲，一個月就可以掙個一萬八千。我問你，那些大學畢業生，有幾個人比得上她？〔註102〕」母親一心只將小莉當成搖錢樹，盤算著拿女兒賺的錢滿足自己的私慾，「啊！要是她下個月能夠拿到一萬五千元的薪水，我們就可以搬到那些漂亮的公寓去住，我還要僱個鄉下女孩子來幫忙家務，對每天燒飯洗衣的工作，我真是厭倦透了。……我渴望多年的鑽戒大概也可以戴上手了吧！」（84～85）在她的觀念裡，視女兒為搖錢樹是理所當然的，因為她是母親，因為她為這個家辛苦了二十年，「我對貧窮的日子厭倦了，我討厭住破舊的小房子，我討厭穿舊衣服，我討厭量入為出的斤斤計較；結婚以後，我苦了二十年，現在，女兒長大了，可以賺大錢了，該是我們改善生活的日子到了吧！……女兒是我生的，我有權命令她、支配她。」（92）然而在一次觀賞女兒登台歌唱時，母親突然感到不安，「啊！貪婪的目光，緊緊地盯住小莉洋溢著青春活力的胴體。王太太忽然感到害怕起來。有著這種貪婪的目光的，又何止那幾個人？全場的男人，又何獨不然啊！小莉還是個純潔的少女，她

〔註100〕西蒙·波娃（Simone de Beauvoir）著，楊美惠譯《第二性》（*Le Deuxieme Sexe*）（第二卷：處境），頁121。

〔註101〕海瑞亞·勒那（Harriet Lerner）著，汪芸譯《與兒女共舞：母親的成長之路》（*The Mother Dance: How Children Change Your Life*），頁100。

〔註102〕畢璞〈歌星的媽媽〉《再見！秋水！》，台北：三民，1970.2，頁84，86。

這麼年輕，我就把她送到這種聲色場合裡，那豈不是送羊入虎口嗎？啊！我為什麼會那樣做？我是不是想錢想得昏了頭？」（90～91）在不安中，小莉早已下臺與那群有著貪婪目光的男人們離開了。

　　這篇小說沒有繼續發展出來的是小莉母女之間的衝突，故事在母親的後悔不安與小莉被簇擁著離開中結束，留下許多想像的空間。一般認為，母女是女性情誼的最初形式，因而具有反父權的潛力〔註 103〕，然而從此篇小說看來，母親把女兒當成賺錢的工具，以滿足自己的物慾和虛榮，這樣的母女關係算是一種女性情誼嗎？文中的母親不重視女兒的教育，「命令」女兒休學去當歌星，價值觀完全是利益取向；她的命令，她的自認有權支配子女人生的心態，似乎不單單是基於一種利益的虛榮，更是一種專制獨霸的作為。小莉和〈泥彈〉裡的喬喬一樣，都被母親「物化」（商品化）了，對這些母親而言，子女更大的意義在於展示或者謀利，如波娃所言：

> 撫育子女本身並不具備現成意義，撫育者必須對這個工作有興趣，
> 而不單單為了虛偽的利益。……他們（指孩子）不是玩物，不是滿
> 足父母的需要以及彌補父母的不順心的工具〔註 104〕。

年幼的喬喬還會對母親做出無言的抗議，而這篇小說中那個十八歲的小莉呢？她休學去當歌星除了因為會唱歌且不愛讀書之外，她如此聽任母令的真正原因在哪裡？精神分析女性主義者南西·邱多若（Nancy J. Chodorow）在她的母女關係理論中主張，母子／女之間最初的連結關係，對於一個人人格與自我的形成最為重要。小男孩由於閹割恐懼，使他逐漸認同父親角色（這也代表認同男性的權力與優勢），而在傾向於認同父親的同時，也與母親逐漸疏離，因為依戀、認同母親代表了背離男性特質，他必須去拒絕和貶低。但小女孩卻非如此，女孩因為和母親具有相同的性別，所以即使到了伊底帕斯時期（Oedipal stage），也不會像小男孩般與母親疏離對立，相反地，因為她的性別感與自我感（sense of gender and self）一直與母親相連，無形中便延長了前伊底帕斯時期的「共生式依戀」（symbiotic attachment）。母親更經常視女兒為自己的分身或延伸，傾向於阻止女兒去發展個別的自我，希望女兒處處聽任

〔註 103〕張娟芬〈女性與母職──一個嚴肅的女性思考〉，《當代》第 62 期，1991.6，
　　　　頁 95。

〔註 104〕西蒙·波娃（Simone de Beauvoir）著，楊美惠譯《第二性》（*Le Deuxieme Sexe*）
　　　　（第二卷：處境），頁 130。

於她、受制於她﹝註105﹞。從邱多若的論述看來，女兒與母親的關係相對而言是更為密切的，尤其個性較柔順的女兒，一生幾乎被掌控在母親的手中，聽任母親的支配也成了人生的指標，小說中的小莉與母親的關係不正是如此嗎？當然，這一則小說也間接透露了母愛不一定是天生的，母親對子女的態度，更大程度是取決於母親的家庭處境。小莉的母親雖然自私虛榮，但她最後仍是擔憂女兒的安危，在她幾度的懊悔與不安中，也不忍將她列為一個真正的惡母。

畢璞的〈獨腳戲〉（1978）描述容太太某天突然接到女兒念湘的電話，得知女兒竟私下與男友結婚，她十分氣憤，但她真正生氣的卻不是女兒私訂終身，而是女兒沒有攀上一門富貴親家，「假使鬼丫頭真的偷偷跟那個窮小子結了婚，那麼，她幻想中豪華的婚禮，她掛著主婚人紅條高坐台上的那份得意與豪情也跟著泡湯啦！而最重要的是，她想跟金台貿易公司的陳董事長攀親家的希望也落了空。……我理想中的乘龍快婿是陳董事長的兒子，或者是任何一個回國娶親的留學生。﹝註106﹞」女兒平庸的成長過程，很讓容太太不悅，「她一定是前生做了些什麼孽，所以，上天才賜給她一個這樣使她丟臉的女兒。沒有上過大學，到了二十七歲還不結婚。別人的兒女一個個都出國深造去，而她只是一個商行中的小職員，使得做媽媽的在人前抬不起頭來。」（26～27）相對地，女兒也對母親心懷恨意，透過電話，念湘吐露了多年來對母親的不滿，「媽，妳怎麼忽然關心我來呢？……假使，在十年前妳會這樣關心我，那麼，今天的我就不是這個樣子了。……我的好媽媽呀！妳不如承認了這個事實吧！妳從來不曾關心過別人，包括我和爸爸在內。妳只關心妳自己。」（28～29）她學生時代的荒唐行徑不但沒有讓母親花更多得時間關愛她，反而招致母親的責打與囚禁，她決定永遠離開家，離開母親。

這篇小說題名為〈獨角戲〉，到底誰才是在這個家演獨角戲的人？是那個只會玩樂搓麻將和打女兒的母親，還是那個懷恨母親十幾年最後選擇離家

﹝註105﹞ 參見南西‧邱多若（Nancy J. Chodorow）著，張君玫譯《母職的再生產：心理分析與性別社會學》（*The Reproduction of Mothering:Psychoanalysis and the Sociology of Gender*），頁 139，233，陳惠娟、郭丁熒〈「母職」概念的內涵之探討──女性主義觀點〉關於邱多若的母職論述部分，頁 89～90，以及林素英〈流放者之歌：試論母職理論與《客途秋恨》中之母女關係〉中論邱多若的母女關係理論部分，《中外文學》第 28 卷第 5 期，1999.10，頁 50～52。

﹝註106﹞ 畢璞〈獨腳戲〉《溪頭月》，台中：學人文化，1978.9，頁 24～26。

出走的女兒？文中念湘的母親和〈明星的媽媽〉裡小莉的母親一樣，一心想
從女兒身上獲利，畢璞這兩篇小說出現在七〇年代，或可視為當時社會的某
個縮影。容太太整天在外玩樂，既未關心過女兒，也不曾去正視女兒逃學、
偷錢、抽煙喝酒、留級的背後隱藏的反叛意識，彼此活在自己的世界裡，雖
然是母女關係，但其實與陌生人無異。如果不干涉對方，在這個家庭裡這樣
背對背兀自演著獨角戲，並非不可，然而重點在於，不具「母親實質意義」
的容太太，卻常常理直氣壯地以一個「母親的身分」教訓、責打、囚禁女兒，
甚至處心積慮地想靠女兒攀上富貴親家。正是因為如此，才讓念湘決定以離
家出走的方式反擊母親，並且與窮男友私定終身，來嘲諷、甚至割裂與母親
的關係。然而，形體的出走不代表十幾年來內心對母親的怨恨從此消散，念
湘在電話裡大膽地宣洩了恨母的情緒，她的無情尖銳竟是二十七年來對母
親唯一且最真實的情感。而電話另一端的容太太呢？「容太太握著電話筒
的手在發抖。雖然她已極力壓制，但是令她內疚而難堪的往事卻還是毫不
容情地一幕一幕的湧現腦際。」（29）容太太最後放聲大哭且昏眩在女兒的
床上──或許真的要等到女兒遠走高飛，她才決定要「做一個母親」吧！

二、不安於室

　　除了上述物化子女、滿足私慾的母親之外，童真在七〇年代完成的長篇
小說《離家的女孩》〔註 107〕也大大地顛覆了母親的正面形象，勾勒出一個
不安於室的惡母樣貌。小說是以女兒莫之茵的角度來敘述，之茵生長在一個
四姊妹的平凡家庭，排行第二，母親琢如「是個爽朗的女性，她從不隱藏她
對這麼多女兒的嫌煩。〔註 108〕」為四個孩子犧牲多年青春，她深感不值，
頻頻對丈夫抱怨，於是在最小的孩子稍大時，三十五歲的母親開始找工作，
因為她再也無法忍受這種經濟拮据的生活。母親在台北找到了一個保險公司
業務員的工作，她決定帶兩個女兒北上，另兩個留給丈夫帶。「在那些年裡，
媽正像綠筍變成了竹，越竄越高。她做了業務部的主任。她的薪水已經遠超
過爸的。她也僱了女傭。但她雖然早已『衣錦』，卻從不『還鄉』。在我讀高
一的那一年，她還買下了一戶三房兩廳的高級公寓；那年，大姊又考上了台

〔註107〕此書原以〈白色祭壇〉為名在報上連載，但是當年出版社考量〈白色祭壇〉
　　　　的名字過冷，所以出版時書名取為《離家的女孩》。林麗如〈時代的顯影──
　　　　專訪童真女士〉，《文訊》第 244 期，2006.2，頁 26。
〔註108〕童真《離家的女孩》，台北：文史哲，2005.11，頁 6。

灣大學，媽的成就如此燦熠，而仍留原職的爸便益發覺得寒酸、委屈。」（19）
母親帶著兩個女兒漸漸有獨立門戶的傾向，甚至提醒丈夫，「這些年來，我
跟你，不論在金錢上、職責上，都分得一清二楚，誰也沒佔誰的便宜！」（21）
母親告別老家岡鎮一晃眼就十年，之茵也從一個未滿十歲的小女孩到現在十
八歲，「母親的離去促使我過早地成熟，……十年前，每個新年，母親總爲
我們四姊妹穿上一套全身的新衣裙。細呢的，仿毛的，或者是印花嗶嘰的，
式樣縱然簡單，卻都是她親自縫製，而她自己，一連好幾年，總是穿著那件
橘黃色的梭維呢旗袍。可是近幾年，我再去台北過年，看到母親穿的都是織
金嵌銀，繡花鏤空的旗袍，……四十五、六歲的母親，頭上沒有一絲白髮，
臉上絕少皺紋。她在事業上的成就，使青春緊攀住她不放，而追隨在這樣一
個風姿綽約的中年婦人的身畔的，卻是一位穿著半新不舊的西裝，兩鬢斑白
的父親。」（34～35）父親決定提早退休，帶兩個女兒搬到台北，一家人團
聚，然而如此經濟重擔便落在母親的肩上，她自然忿忿不平，「好啦，這六
口之家，由我一個人辦公來維持，由我一個人做事來侍候，難道我是三頭六
倍的巨無霸？」（75）從此夫妻更常爭吵了。偶然中，之茵發現母親與西藥
房老闆馮頌西有曖昧關係，「隔著玻璃，我看到媽站在那兒，於是，我又看
到馮伯伯也站在她旁邊。媽笑盈盈地喝著茶，然後親手把自己喝過的那杯茶
遞給他。」（109）她無法接受這個事實，加上父親因遲遲在台北找不到工作，
母親三番兩次數落他，之茵對母親更反感了。父親在意外車禍中喪命，之茵
更將母親視爲眞正肇禍者，「我沒法原諒母親。……我怵惕於我們母女間感
情的稀薄。童年的記憶像浪濤那樣湧來。在岡鎮的那些年中，我渴想母親，
就像熱天裡渴想一杯冰水。小小的心靈裡，把母親的形象一再地加以美化：
她是最美的、最綠的樹、最白的雲。而如今，在我看來，她卻是一塊既冷又
硬的花崗石。」（213）父親死後，母親和馮頌西的互動更頻繁，之茵再也忍
受不住，終於與母親爆發激烈衝突，並決定離開台北的家。

　　小說中的母親琢如在當了十多年的家庭主婦之後，決定跨出封閉的家庭
／小鎮場域，到大城市去開拓另一段人生。她的離鄉北上，原是爲了改善家
中經濟，且帶著兩個女兒，從這一點看來，仍不失爲一個正面的母親。北上
之後，她的才幹與機緣造就了輝煌的事業，整整十年，她衣錦不還鄉，不是
因爲嫌棄故鄉岡鎮，而是因爲她「回不去了」——回不去瑣碎單調的家庭生
活、貧窮擁擠的生存空間，以及寂靜荒僻的小鎮鄉下。雖然也曾質疑爲子女
犧牲多年是否值得，但琢如卻不是一個計畫逃家的母親，只是離家之後她無

意間接觸到一個寬廣的、更適合伸展自我性格的城市生活，她才決定永遠離開岡鎮那個家。離開岡鎮那個以丈夫為本位的家，在台北重建一個以她為主的家。她獨立門戶，撫養兩個女兒，自覺並沒有拋夫棄子，然而她的丈夫卻不接受這樣的事實，他仍然站在傳統的角度要求妻子回岡鎮，或者他帶著另外兩個女兒搬到台北，他還是要過傳統男主外女主內的家庭生活。

　　孟悅提及：「家庭，乃至家族，從它出現的一刻起，便是以男性為標誌、為本位、為組織因素的。家的秩序是嚴格的男性秩序，子承父位，子承父業，子承父志等一系列形容父子相繼關係的字眼，體現的都是這一家庭秩序的男性之間的同性聯盟統治原則〔註109〕。」在這篇小說裡，雖沒有具體的「父子相繼」的情節（因為都是女兒），但是，與父親同住在岡鎮，即小說的敘述者之茵，卻也是站在與父親同樣的位置，要求甚至苛責離家的母親，希望母親回到從前扮演家庭主婦的角色，如此，之茵與父親這對父女體現的其實也就是孟悅所謂的「男性秩序」。不管是回岡鎮或是丈夫退休帶著兩個女兒搬到台北，琢如都得再度地扮演傳統妻母的角色，尤其後者她還得扛起養家的重擔，她怎麼能夠認同呢？她已經為了這個家奉獻了十多年，她怎麼能在事業有成時重回牢籠呢？於是掌握經濟權力的她開始數落從岡鎮搬來台北同住的丈夫，甚至有了婚外情。波娃曾言：

> 阿德勒（Adler）認為，女子的不忠實往往是一種報復的方式。這種說法雖然太過武斷，但女人的出牆紅杏，往往情人的誘惑成分少，反抗丈夫的成分多，這是無庸置疑的。……一個怨恨丈夫的妻子，找一個情人當知音，來見證她的苦惱，同時拿他來侮辱丈夫。……他們之間不是權利義務的關係，……他仍舊是遠離妻子的「另一個人」。同樣道理，當他們相會時，妻子離開了她平日的「我」，發現新的和豐富的生活，她覺得她是「另一個人」〔註110〕。

琢如之所以有外遇不只是因為她正處盛年，風姿綽約，也不只是為了報復、侮辱丈夫，在更大的程度上是為了跳脫「岡鎮家／莫長勛的妻子／四個女兒的母親」這個既定的倫理框架，她想藉著婚外情成為「另一個人」，一個在感情上自由的女人。孟悅強調：「父系社會對女性的所有規定幾乎無不源於家庭

〔註109〕孟悅、戴錦華《浮出歷史地表：中國現代女性文學研究》，台北：時報文化，1993.9，頁6。

〔註110〕西蒙・波娃（Simone de Beauvoir）著，楊美惠譯《第二性》（Le Deuxieme Sexe）（第二卷：處境），頁164～167。

秩序的建立、維持、鞏固之需，包括對女性貞操品德、舉手投足之作派的規定等等。……家庭幾乎是專為女性而設的特殊強制系統，它具有顯而易見的性別針對性和性別專制意味〔註111〕。」如此，琢如的離家、出軌應是潛意識裡對父系社會加諸於女性規定的一項反擊吧！

　　然而，女兒是不能容忍一個離家、出軌的母親，加上父親的意外死亡，之茵恨透了母親，母女關係因此決裂。李元貞針對現代母女關係曾說：

> 現代的母女關係該如何呢？就孩子小的時候來說，一個傳統的母親的確比一個雙職母親對孩子的照顧周到，也自然比一個離婚而忙碌的母親能給孩子需要的安全感。等到孩子大了，越來越獨立成人以後，她們可能會覺得自由而忙碌的母親較不給她們麻煩了，較能尊重她們的自由成長和獨立生活的需要。然而一個女人如何可能先做傳統的母親再做自由的女人呢？女人一旦做了傳統的母親而為子女犧牲十幾年後，在社會上如何可能使自己經濟獨立而人格自由呢？當一個女人要做自由人時，也常不能去做傳統的母親，那是相互矛盾的！因此女人做母親，不論是母女關係或母子關係，在現代轉型的社會裡，都得重新思考新的母親角色之問題〔註112〕。

之茵要的是一個傳統的母親，但這個角色卻是琢如拒絕的（她已經扮演過十幾年），現在的她要當一個自由的女人，一個與傳統母親／母德／母職背道而馳的女人，而這才是她們母女之間真正的衝突點。這部小說取名為《離家的女孩》，著眼點還是在女兒，如果從一個母親書寫的視角言之，更改為《離家的母親》或更貼切。女性的一生都受制於家庭，為人母之後更是如此，「家」既然是屬於私領域的空間，「母親書寫」可說是某種程度的「私領域公開化」。但是，「慈母神話」不僅沒有將女性在家庭這一私領域的真實處境顯現出來，反而是壓制了，這種情況到了七〇年代才逐漸改變。從這個角度回頭審視此部小說，琢如這個離家、出軌的「惡母」反而抒放和伸展了女性某些不平且壓抑的情緒。

結　語

　　縱覽台灣戰後女性小說的母親書寫，艾雯、畢璞、童真的作品無疑具有

〔註111〕孟悅、戴錦華《浮出歷史地表：中國現代女性文學研究》，頁7。
〔註112〕李元貞〈一位現代母親的憂傷〉《女人的明天》，頁93～94。

開創性的地位。首先，她們有不少的作品是描寫家庭主婦困囿於母職狹隘的生活，或者為了母職放棄理想的追求，這類小說的基調幾乎都屬悲情，文中的母親個個是內心不平的犧牲者，這種母親書寫到了八、九〇年代明顯減少了，這自然與女性意識的普遍提升有關，但這個原型人物並無消失，朱天心〈袋鼠族物語〉（收入《想我眷村的兄弟們》，1992）裡面那個了無生趣的年輕媽媽（那隻母袋鼠）不就是延續了艾雯等這一主題的母親書寫嗎？只是朱天心摒棄了悲情的主調，改用一種較詼諧的反諷筆法來描繪，但表現女性困囿於母職生活這一點是未曾改變的。

其次，關於堅毅／強悍的母親描述，從五、六〇年代畢璞等展開之後，八、九〇年代仍不間斷地出現於文壇：蕭颯《霞飛之家》（1981）的桂美、《返鄉箚記》（1987）的碧春、《單身薏惠》（1993）的薏惠、陳若曦〈素月的除夕〉（收入《貴州女人》，1989）的素月，以及鍾文音《女島紀行》（1998）裡那個讓女兒又畏又愛且稱之為「我的天可汗」的母親……，都是堅毅／強悍之母這一主題的延續書寫。不同的是，八、九〇年代的女作家以更大的篇幅來鋪陳這個主題（大多屬長篇小說），呈現這類母親的更多面向，但在表現堅韌的地母性格與強悍的母者姿態這些點上，與畢璞等是一致的。

再者，童真等筆下的惡母雛型以及母女衝突，到了八、九〇年代更有精湛的敘寫與發展，平路、蘇偉貞、蕭颯、袁瓊瓊，乃至更年輕一代的女作家如成英姝、郝譽翔以及陳雪等〔註113〕，均有出色的作品問世。因此，艾雯、畢璞、童真的母親書寫，不僅具有承先（琦君、林海音等）啟後（蘇偉貞等）的位置，小說中那群「不慈不惡，亦慈亦惡」的母親們更是反映了作家所處的那個時代女性的真實處境。

〔註113〕例如成英姝〈我的幸福生活就要開始〉、〈公主徹夜未眠〉（均收入《公主徹夜未眠》，台北：聯合文學，1994）、〈惡鄰〉（收入《好女孩不做》，台北：聯合文學，1998），郝譽翔〈萎縮的夜〉（收入《洗》，台北：聯合文學，1998），以及陳雪〈尋找天使遺失的翅膀〉（收入《惡女書》，台北：INK，2005）

第四章 情慾‧毀滅‧流離：歐陽子、陳若曦、於梨華、孟絲小說的母親書寫

　　論及台灣文學史上的現代主義，一般將之定位在六〇年代﹝註1﹞，然而在五〇年代以反共文學爲主流的時期，現代主義已經出現，呂正惠言：「1953年，紀弦創辦《現代詩》雙月刊，三年以後（1956年），紀弦宣告成立『現代派』，這兩個日期可以視爲台灣現代主義時期的起點。……總結的說，以現代主義爲主導的台灣文學時期，大約是從五〇年代中期到七〇年代中期，差不多有二十年的時間﹝註2﹞。」五〇年代除了紀弦創辦《現代詩》，1956年夏濟安與吳魯芹也以介紹中西文學論著、翻譯及創作爲宗旨創辦《文學雜誌》，因此現代主義在台灣文學史上並不能狹隘地定位在六〇年代，況且，被

﹝註1﹞　「一般的論述，提到這時期（指現代主義）的台灣文學時，首先都會把它與五〇年代的官方文藝、反共文學劃清界限，視之爲戰後台灣『純文學』或嚴肅的、獨立的文藝創作的眞正起點。而後，再以一九七一年的保釣運動作爲區隔這兩個十年的文學思潮的分水嶺，以六〇年代的現代主義運動，七〇年代的鄉土文學論戰，標示兩個十年的思想及創作的主導方向。」施淑〈現代的鄉土——六、七〇年代的台灣文學〉，收入楊澤編《從四〇年代到九〇年代——兩岸三邊華文小說研討會論文集》，台北：時報文化，1994.11，頁253。

﹝註2﹞　呂正惠〈現代主義在台灣——從文藝社會學的角度來考察〉，《戰後台灣文學經驗》，台北：新地文學，1995.7，頁3～4。許俊雅在〈光復後台灣小說的階段性變化〉一文中也提及：「當我們說六〇年代是現代主義時期，事實上五〇年代中文壇是反共文學與現代主義的文學平行發展。」《台灣文學論——從現代到當代》，台北：南天書局，1997.10，頁211。

歸入七○年代鄉土文學作家如王禎和、黃春明等，不但在寫作上運用現代主義的技巧，其作品亦曾刊登於《現代文學》雜誌上〔註3〕，齊邦媛認為：「用『六○年代』限制現代主義文學即將它狹化了。現代文學對於形式、技巧的關注，尤其是象徵層面的經營與寫實面的平衡的期許在台灣五十年的傑出作品中都是可見的成功因素，並未受到時代變遷的太大牽制〔註4〕。」可見現代主義的文學影響力是遠遠超過六○年代的。

　　現代主義雖在五○年代便已出現，但它真正在台灣奠定文學根基卻要到六○年代白先勇等的推展；這群年輕作家致力於西方文學創作技巧的運用與發展，在六、七○年代寫出了不少相當具有藝術水準的作品〔註5〕，由此現代主義才真正形成一股文學潮流，而這群年輕作家的出現，也代表了學院派勢力的崛起〔註6〕，以及菁英式的美學觀念〔註7〕。他們對反共懷鄉那種政治化且過度渲染感傷情緒的敘事文學頗不以為然，1960年白先勇等創辦《現代文學》時，在創刊詞中便清晰地表達了他們的主張：「我們不想在『想當年』的癱瘓心理下過日子。我們得承認落後，在新文學的界道上，我們雖不致一片空白，

〔註3〕　「就是現在被定位於鄉土、社會批判的宋澤萊、李昂，也曾現代主義過，而且表現不惡。甚至自稱對現代主義免疫的陳映真，一致被肯定為鄉土文學傑出代表的王禎和，貫串他們作品的風格化取向，恐怕也與現代主義精神脫離不了關係。」施淑〈現代的鄉土──六、七○年代的台灣文學〉，頁254。

〔註4〕　齊邦媛〈從灰濛凝重到恣肆揮灑──五十年來的台灣文學〉，《霧漸漸散的時候──台灣文學五十年》，台北：九歌，1998.10，頁25。

〔註5〕　現代主義作家的藝術成就，如楊照所說：「不管七○年代以降的鄉土文學如何痛批現代文學，一直到今天，現代文學的作品還是廣泛地被奉為學習台灣文學必讀的經典。《台北人》、《家變》、余光中、瘂弦、洛夫的詩等等作品，已經根深蒂固地被視為是『我們的』文學，而且在時代異變之後讀這些作品，仍然被認為是有利、有益於文學習作的。」〈神話的文學‧文學的神話──論五○、六○年代的台灣文學〉，《文學、社會與歷史想像：戰後文學史散論》，台北：聯合文學，1995.10，頁113～114。齊邦媛也提及：「白先勇、歐陽子、王文興等人在《現代文學》刊載的小說確實為中國現代文學創立了清新的藝術形式和風格。因為他們的努力，六○年代的中國小說展開了寬闊的天地。」〈江河匯集成海的六○年代小說〉，《霧漸漸散的時候──台灣文學五十年》，頁59。

〔註6〕　范銘如〈台灣現代主義女性小說〉，《眾裡尋她──台灣女性小說縱論》，台北：麥田，2002.3，頁82。范認為，「《現代文學》雜誌的成功，影響了台灣戰後文壇上學院與非學院文學的不成文的分裂。」

〔註7〕　張誦聖〈現代主義與台灣現代派小說〉，《文學場域的變遷》，台北：聯合文學，2001.6，頁8～9。張認為，「這種菁英式的美學觀念主要在於對抗現代中產社會的庸俗功利傾向」，而此菁英主義的傾向也是七○年代鄉土文學派攻擊他們的一個焦點。

但至少是荒涼的。……我們感於舊有的藝術形式和風格不足以表現我們作爲現代人的藝術情感。所以，我們決定試驗、摸索和創造新的藝術形式和風格。我們尊重傳統，但我們不必模倣傳統或激烈的廢除傳統。不過爲了需要，我們可能做一些『破壞的建設工作』（constructive destruction）〔註8〕。」這些話明顯的對反共懷鄉文學的不屑與不滿，基於對文學前途的關切，他們要創造新的藝術形式。

六〇年代也是留學生文學盛行的時期，彼時此類文學的主調多是灰黯、徬徨，乃至幻滅的，內容不外乎描寫青年男女初到異國的艱辛寂寞和定居之後在婚戀與事業上面臨的新困境。這群留學生作家也是深受西方文學的薰陶，熟悉運用象徵等創作技巧，在敘寫留學生夾在兩種不同文化的悲喜劇時，「尤側重人性陰暗，複雜的一面〔註9〕」，這一點和現代主義是相同的，因此，現代主義文學與留學生文學的區分並非那麼絕對，從一個較大的層面來看，應屬同一文學流派〔註10〕，如趙淑俠所言：「文學的脈流像河流，主流之外有支流。如果說『現代派文學』是六〇年代的主流，『留學生文藝』就要算一脈強勁的支流〔註11〕。」由此，本章提及「現代主義」或「現代派」作家，不僅指歐陽子、陳若曦，也包括於梨華、孟絲、叢甦等。

本章旨在探討現代派女性小說的母親形象，進入文本之前，先就現代主義文學中女性敘述的特點作一簡述，選取的作家以陳若曦（1938～）、歐陽子（1939～）、於梨華（1931～）和孟絲（1936～）發表於六、七〇年代的小說爲主。此外，李昂（1952～）、吉錚（1937～1968）和叢甦（1939～）於六、七〇年代發表的少數作品，以及陳若曦和於梨華寫於八、九〇年代的幾篇相關議題之作，也會在論述中一併討論。論文分「重現母親的情慾之聲」、「惡母，人性的幽暗探索」、「流離的母群」三部分來析論。

〔註8〕　《現代文學》第 1 期，1960.3，頁 2。

〔註9〕　齊邦媛〈江河匯集成海的六〇年代小說〉，《霧漸漸散的時候——台灣文學五十年》，頁 66。

〔註10〕例如被視爲現代主義作家的白先勇，雖然其《台北人》屬現代主義經典，但是他的〈芝加哥之死〉、〈謫仙記〉、〈謫仙怨〉等作品又是留學生文學的佳作。伍寶珠在分析台灣六、七〇年代的女性小說時也將聶華苓、於梨華、叢甦、歐陽子、陳若曦等人一同歸類爲「受西方現代派影響的現代女作家」，其側重描寫心理的寫作風格明顯異於上一代（指大陸遷台女作家），「形成一個現代派的女性文學潮流」。《從反思到反叛——八、九零年代台灣女性主義小說探究》，台北：大安，2001.9，頁 5。

〔註11〕趙淑俠〈從留學生文藝談海外的知識份子〉，《文訊》第 13 期，1984.8，頁 149。

第一節　現代主義女性文學的拓荒精神

　　六〇到七〇年代受到西方思潮的影響，現代派女作家如陳若曦、歐陽子、施叔青、叢甦等的小說，強調刻劃女性的自我個性，加以心理學的運用，側重描寫人性的陰暗面，以及情慾的深層探索〔註 12〕。她們不僅藉由創作開始挖掘人性被壓抑的黑暗意識，也觸及傳統倫理道德的問題，寫出不少深具前衛精神的作品，拓寬了台灣戰後女性書寫的視野，但相對地也引來不少的爭議，周芬伶便說：「這些受到頗多爭議的小說，說明女作家在道德困境中很難轉身〔註 13〕。」這個時期的女性敘述還有一個特點，便是挑戰五〇年代那種結合古典抒情傳統與女性特質的文學正統。歐陽子曾說夏濟安對她最大的啓發是使她揚棄早年心儀的冰心、張秀亞的「抒情」風格，轉而崇奉客觀寫實的小說技巧；李昂曾說她有意挑選一個陽剛的筆名來顯示她立志作一個嚴肅的作家，這些例子明顯地傳遞出現代主義女作家極力抗拒傳統「女性特質」的形象。她們在文學的創作上，希望與瑣碎、閨秀、婉約等刻板的女性文學風格劃清界線〔註 14〕。

　　對於瑣碎婉約的女性文學，季季曾言：「我永遠反對女作家不爭氣地隨便寫些身邊瑣事。把爲丈夫做菜的心得或女兒近況、貓狗起居等等作忠實報導的，只能算是一種家庭日記（或曰家庭文學吧！）實在不應該拿出來發表給讀者看。那意味著作者本身創作態度的不夠嚴肅，同時也是對讀者的低估和侮辱。我覺得我們渴望看到的，是能深入時代裡，探討生活於這時代的人們的感覺和希望的作品。報導文學固然有其歷史性的意義，然而，專報家庭瑣事個人近況的『文學』是沒有必要存在的〔註 15〕。」這番話自然是針對反共懷鄉時期的女性文學。大陸遷台女作家的作品是否不夠深入時代、現代

〔註12〕現代主義對女作家的衝擊確實甚爲巨大，然而現代主義文學的叛逆性不只影響女性書寫，男作家也不例外，七等生的〈我愛黑眼珠〉(1967)、王文興的《家變》(1973)都是明顯的例子，其中《家變》要顛覆的除了倫理道德之外，還有既定的語言文字秩序。六、七〇年代現代主義女作家固然有惡母、魔女的文學人物出現，男作家亦在紙上塑造了惡父、逆子的形象。

〔註13〕周芬伶《聖與魔——台灣戰後小說的心靈圖象（1945～2006）》，台北：INK，2007.3，頁 222。

〔註14〕張誦聖〈台灣女作家與當代主導文化〉，《文學場域的變遷》，台北：聯合文學，2001.6，頁 128～129。

〔註15〕季季〈女作家閒話〉，《幼獅文藝》，1965.1，轉引自隱地〈讀「紅紗燈」〉，收入隱地編《琦君的世界》，台北：爾雅，1980.11，頁 135。

主義女作家是否又真的能夠完全跳脫家庭瑣事的書寫範圍，其實都是有待商榷的，然而，就女作家的母親書寫這一區塊，現代派女作家確實是另闢蹊徑的；她們勇於深入母親的情慾世界，重現女性更沉潛的聲音，並透過惡母的鋪陳敘述，挖掘人性複雜且幽微的層面，同時對於身處異鄉的母親內心情境也有深入的著墨，這些都是林海音那個時代的女作家鮮少觸及的。

　　現代派女作家在文學創作上的前衛姿態，除了本身的教育環境之外，還有一個因素是不可忽略的，便是台灣婦女運動的時代背景。呂秀蓮（1944～）在七○年代留美返台，提出了「新女性主義」，並主張「先做人，再做男人或女人」之後，揭開了當代台灣婦女解放運動的序幕〔註16〕。呂在撰文裡批判父權社會中男尊女卑的性別歧視觀念、成立專線協助受虐婦女、積極奔走並設立「拓荒者出版社」以建構和宣揚性別平等論述等等，在社會風氣上屬保守的七○年代，被許多人視為是挑戰傳統、偏激、叛逆和危險的性解放主張者〔註17〕。但是，此階段她的努力不但沒有白費，還深遠地影響了八○年代之後的台灣婦女運動〔註18〕。從社會史的角度而言，婦女運動所帶來的衝擊，廣及政治、法律、教育、文化乃至社會意識各層面，尤其是性別關係的面向。現代派女作家在性別的議題上突破傳統、尋求女性的主體位置，和呂秀蓮提倡的「新女性主義」有某種程度的契合，而現代主義女性書寫在當時受到的道德抨擊與爭議，不也和呂所遭遇的排斥與污名一樣？一為文學領域的女性敘述，一為現實社會的女權運動，在六、七○年代，她們同樣扮演著「拓荒者」的角色。

第二節　重現母親的情慾之聲

　　在許多文學作品裡，母親大多是站在一個被描述（被觀看）的角度，她

〔註16〕呂秀蓮在《新女性主義》第六章〈新女性的內涵〉中提到「先做人，再做男人或女人」是其首要的中心思想，她言：「所謂『先做人』，意即每個男人或女人，都應『具備』其所以為人的基本條件，諸如權利和義務，尊嚴與能力。……所謂『再做男人或女人』，意即具備了做人的基本條件後，再記起自己的性別，再扮演好自己的角色。」台北：前衛，1990.5，頁155～156。此書初版於1974.6，台北：幼獅。

〔註17〕王雅各《台灣婦女解放運動史》，台北：巨流圖書，1999.10，頁23～24。

〔註18〕例如八○年代的婦女新知，以及九○年代的晚晴協會，都在不同程度上受呂秀蓮「新女性主義」的影響。

的聲音往往是壓抑的，這裡的壓抑並非指小說中的母親沉默不語，而是指文本中的她不管是溫柔慈愛，或者尖酸苛刻，都是透過「他者」的眼光去描繪的，但那個被塑造出來的母親內心真正的感受為何？她們真實的聲音又是什麼？她們是否有足夠的空間自我呈現（self-representation），或是處於被呈現（represented）的地位？「女性身分與角色，無論在歷史敘述或文學敘述裡，往往被安置在從屬的或邊緣的地位。要在這種文化情境裡尋找屬於女性的聲音，可以說極其困難。女性聲音不僅難以發抒，女性形象也必須透過男性論述才能呈現出來〔註19〕。」邱貴芬則說：「解除母親被消音的狀態即是以母親的角度書寫母親的角色〔註20〕。」從母親的角度敘寫母親的真實感受在戰後初期大陸遷台女作家的作品裡已多處可見，不管是描寫為人母者介於女性與母性之間的掙扎，或者探討女性侷限於母職生活的困境等等，林海音、艾雯、童真等都有精采的作品問世。但是，要從母親的角度去書寫母親的情慾／性愛這個主題，恐怕要到六○年代現代主義時期才出現，琦君的〈沉淵〉（1958）雖也觸及這個主題，但仍不夠深刻，在現代主義作家中，歐陽子、孟絲和於梨華等才以更大膽的筆調拓展了這個領域。

一、擺脫無聲無慾的傳統母親形象

歐陽子的〈魔女〉（1967）描述，在倩如心中，母親始終完美，「是一切美德的化身。過去，她從沒做過一件錯事。她永遠是對的。……媽的性格是內斂的。她很文靜，不愛動。〔註21〕」但母親卻在父親去世未滿週年決定再婚，讓倩如無法接受這個事實，「媽媽的再婚，破壞了倩如心中對媽媽一向保持的完美印象。倩如不能原諒媽媽如此使她失望。」（166）然而，更讓她難以接受的，「是媽媽和他（指再婚對象趙剛）在一起時的那種唯恐使他不悅，幾乎可說是諂媚的態度。」（167）於是倩如有意無意地湊合自己的朋友美玲與趙剛，「她的目的，是要向自己，並向媽媽，證明她是對的，媽媽是錯的。她要證明自己對趙剛的看法正確，藉以懲罰媽媽使她失望。」（169）。為了挽回趙剛，母親終於對倩如說出二十年來的真心話，「我要你知道，我

〔註19〕陳芳明〈挑戰大敘述──後戒嚴時期的女性文學與國家認同〉，《後殖民台灣──文學史論及其周邊》，台北：麥田，2002.4，頁133。
〔註20〕邱貴芬〈「失聲畫眉」──探討台灣女性小說壓抑的母親論述〉，《台灣文藝》新生版第5期，1994.10，頁36。
〔註21〕歐陽子〈魔女〉《秋葉》，台北：爾雅，1980.9，頁166。

不是你想像中那完美高超的媽媽。我騙了你爸爸一輩子。我騙了所有的朋友和鄰居。……你該張開眼睛，好好看一看你這完美媽媽的眞正面目。」（177）倩如一開始對母親感到憐憫，然後陌生，隨著母親滔滔不絕地訴說自己那些不爲人知的情慾經歷，倩如「唯一的希望，便是趕快擺脫這個可憐，蒼老，中了邪了，不可挽救的女人。」（180）最後當母親說出趙剛可能才是倩如的親生父親時，「逃命似的，倩如逃開這跪在地上的女怪物，逃出這熟悉的家門。」（181）

　　歐陽子這篇〈魔女〉寫於六○年代，由於故事偏重於探索人性的幽暗層面，以及情慾、母女衝突、婚外情等等議題，曾在文壇上引起不少爭議，評價兩極〔註22〕。面對自己的作品頻受正反兩面的批評，歐陽子在〈關於我自己〉一文中披露了個人的創作歷程，並藉此作全面性的省思：「多數人寫小說題材，常是先想出一個人物，然後圍繞著這一人物，構造情節故事。我卻有點不同，我總是首先想到一種處境，或困境，繼而推想，一個具有某種性格的人，在陷入這樣的困境時，會起怎樣的心理反應？會採怎樣的實際行動？而這個主角最後採取的某種行動，或顯露的某種表現，一定和他對於該困境所起的心理反應，有直接而必然的關聯〔註23〕。」從這個角度回頭看〈魔女〉，歐確實將一個母親陷入婚姻／情慾／道德的多重困境中的心理變化描繪得淋漓盡致。

　　小說從女兒倩如得知母親決定再婚的極度震驚中開始，倩如之所以感到震驚，乃因爲二十年來母親實在是太完美了，這樣的母親怎麼可能「再婚」？

〔註22〕不只是〈魔女〉，歐陽子大部分的作品都具爭議性。對此，白先勇持肯定的態度，認爲歐的小說不但在寫作技巧上符合古典主義的藝術形式，其題材的選擇也大多能夠充分地表露人物精微的心理層面（詳見《秋葉》序）。齊邦媛也認爲歐在創作上的觀察角度和表現技巧都深受西洋作品與理論的影響，最明顯的是遵守西洋古典的三一律，對時間、地點和行動都力加約束，所以在寫作上，她對藝術效果十分重視，參見〈江河匯集成海的六○年代小說〉，《霧漸漸散的時候——台灣文學五十年》，頁61～62，以及〈閨怨之外——以實力論台灣女作家的小說〉，《千年之淚：當代台灣小說論集》，頁116～117。而尉天驄（〈對現代主義的玫察——慢幕掩飾不了污垢，兼評歐陽子的「秋葉」〉，《現代文學的考察》，台北：遠景1976）、何欣（〈歐陽子的主題與人物〉，收入歐陽子，《歐陽子集》，台北：前衛，1993）等則從道德層面嚴厲指斥歐作缺乏社會關懷，專以描寫一些思想空泛的情愛故事爲主。
〔註23〕此文收入歐陽子《移植的櫻花》，台北：爾雅，1978.4，轉引自林淑貞〈困境與掙扎——歐陽子短篇小說析論〉，《台灣人文》第2號，1998.7，頁88～89。

倩如細膩描述完美母親的這個部分與林海音〈週記本〉（1957）裡丁薇薇在週記本捏造一個好母親形象的情節相當雷同，每個女兒的心中都有一個理想的母親，那是一個深植在女兒觀念裡的一個文化符號，不管現實中母親缺席與否、好壞如何，女兒總是執信自己的母親一定是符合文化標準的，她以此來期待、塑造、合理化她的母親；女兒「理想化」母親通常是不自覺的，因為這是一種潛移默化的社會心理〔註 24〕。女兒看待母親的方式既深受社會文化影響，又影響自我的認同，因此，母女關係並非單純的一個母親與一個女兒的「人際關係」，而是由社會性、歷史性以及傳統母職文化等共同因素累積而成〔註 25〕。然而在〈魔女〉裡，歐陽子要傳遞的是，這個符合文化形象、達到傳統對女性規範之標準的母親其實是不存在的，所有的完美表徵很可能不過是一個父權的想像，如林丹婭所言：「那個任勞任怨的、用無盡的犧牲與付出換取賢妻良母的稱號，來建立一個庇護弱者心靈、拯救罪惡靈魂的美好世界的『母親』角色本身，不能不說仍隱含著父權文化傳統對女性規範的審美因素〔註 26〕。」倩如對母親決定再婚的轉變十分困惑，也難以接受母親與趙剛在一起時那副諂媚的態度，其實母親並無轉變，那才是她真實的一面，只是倩如不曾看過。

　　倩如把母親再婚的原因歸咎於趙剛的花言巧語，絕對與母親本身無關，因為母親年過四十，這樣一個中年女性／寡婦／慈母怎可能與情慾世界扯上關係呢？倩如其實是持一種傳統文化的貞操觀來嚴審母親，而這種「片面的貞操觀就是用來壓抑女性性本能的一種典型方式〔註 27〕」，倩如透過好友引誘趙剛來懲罰母親，更確切的說，她是要剝奪母親的情慾，因為她不允許母親是個有慾望、不貞的女人。正因為女兒用這樣殘忍的方式來懲罰、報復母

〔註24〕 曾瑞真〈幼年的母女關係與母職模式〉，《應用心理研究》第 7 期，2000.9，頁 34～35。

〔註25〕 劉惠琴〈母女關係的社會建構〉，《應用心理研究》第 6 期，2000.6，頁 97～98。劉在論述中提及，女兒對母親種種強求（demands）的存在，「只因在她們的社會化過程中，她們一再期待著『模範母親』的形象，模範母親的形象也就是能愛她們的『慈愛母親』，與能令她們認同的『學習母親』。一旦發現真實的形象偏離此理想形象，就會心生怨恨，導致母女關係間的緊張。」頁 115。倩如對母親心生怨恨，最重要的因素便是母親偏離了她二十年來的理想形象。

〔註26〕 林丹婭《當代中國女性文學史論》，廈門：廈門大學，2003.3，頁 172。

〔註27〕 禹燕《女性人類學》，北京：東方，1988.6，頁 74。

親，母親決定在女兒面前撕下那張符合文化形象的慈母假面，表露出有情慾、婚外情以及私利的真實的自己，那是她對女兒，乃至對父權社會以道德箝制女性／母親的一項反擊。小說中，倩如母親的情慾告白，顛覆了無聲無慾的傳統母親的形象，破解所謂的家庭浪漫劇〔註28〕，歐要藉此傳達「母親不是中性的標識，母親是女性，也不免一切女性慾望的昇華或墮落〔註29〕」的一面。海瑞亞・勒那（Harriet Lerner）曾說：「改善母女關係的最佳辦法，就是解決自己與母親的關係──鼓勵母親講出她的經歷與過往〔註30〕。」然而，當母親娓娓訴說她真實的經歷時，倩如完全拒絕接受事實，因為說話者不再是心目中的母親，而是一個陌生的女人（甚至是女怪物）。王列耀認為現代主義女作家「充分渲染、解析母親的內心世界，隱密世界，破除經過修飾、歪曲而流傳久遠的『聖母性』。……以異常的勇氣觀察並強化地表現母親作為常人的七情六慾，私心雜念。以文學的方式告白母親作為女人的本質〔註31〕。」將母親描繪成一個情慾者，自然是要還原她作為女人的本質，但除此之外呢？

　　法國女性主義者露西・伊瑞葛萊（Luce Irigaray）說：「除非女人開始慾求（自己），開始說話（表達自己，和自己說話），女人就成為男人〔註32〕。」母親的自我陳述，讓她從「女人」的位置走向「（男）人」，因為操控說話權力者往往都不是女性，尤其是母親。伊瑞葛萊甚至認為，整個西方文明的基礎乃建立在「殺母」上，透過謀殺母親──把母親從權力中心驅除、使母親的話語無法表達、母親的慾望受到壓制，來維持男性秩序〔註33〕。從一個歷

〔註28〕 范銘如在評歐陽子的作品時，認為「她對家庭這個私有空間的反覆運用，以及對家庭成員，尤其是女性，衝突矛盾的心理著墨，使現代主義的懷疑滲入中國文化的核心單位，破解家庭浪漫劇的論述。」〈台灣現代主義女性小說〉，《眾裡尋她──台灣女性小說縱論》，台北：麥田，2002.3，頁 92。

〔註29〕 王德威〈作母親，也要作女人〉，《小說中國──晚清到當代的中文小說》，台北：麥田，1993.6，頁 323。

〔註30〕 海瑞亞・勒那（Harriet Lerner）著，汪芸譯《與兒女共舞：母親的成長之路》（*The Mother Dance: How Children Change Your Life*），台北：天下遠見，2000.4，頁 216。

〔註31〕 王列耀〈台灣女性文學中的母性審視〉，收入廣東省社會科學院文學研究所選編《台灣香港澳門暨海外華文文學論文選》，福州：海峽文藝，1993.3，頁 195～196。

〔註32〕 露西・伊瑞葛萊（Luce Irigaray）著，李金梅譯，朱重儀校閱《此性非一》（*Ce sexe quin'en est pas un*），台北：桂冠，2005.2，頁 251。

〔註33〕 劉岩編著《母親身分研究讀本》，武漢：武漢大學，2007.7，頁 3。

史的角度來看，孟悅提及：

> 在古代社會中，整個語義系統幾乎是被男性的話語權力所操縱著，例如《釋名》：「天子之妃曰后，后，後也，言在後不敢以副言也；諸侯之妃曰夫人，夫，扶也，扶助其君也；卿之妃曰內子，在閨門之內治家；大夫之妃曰命婦，婦，服也，服家事也，大夫受命於朝，婦受命於家也；士庶人曰妻，夫賤不足以尊稱，故齊等言也。」這裡，規定詞義、發布話語、作為主體和第一性標尺的仍是男性。對「后」、「夫人」、「內子」、「命婦」及「妻」等等這些專用於女性的字眼作何解釋，顯然不由女性自身，而是根據她們所後、所扶、所齊的男性而定。《釋名》那個說話主體的思想方式和出發點，本身就意味了一種男性專制。《釋名》如此，其他符號系統也是如此。男性創造了女性的詞、字，創造了女性的價值、女性形象和行為規範，因之也便創造了有關女性的一切陳述〔註34〕。

相對於男性擁有較大的發言權，女性的話語處境常常呈現一種沉默，被迫的沉默，強制女性噤聲的實質意義即是要剝奪她們表述自我的權利，如果女性執意突破、反抗沉默的形象，很容易受到社會排斥或者隔離〔註35〕。

〈魔女〉中的母親在對女兒陳述自己的情慾經驗時那種出奇平靜的語氣和淡漠空茫的神情，很有疏離的感覺，白先勇在探討歐陽子的小說語言時曾提及：「她很少藉諸比喻、象徵等修辭上易於討好的技巧，來修飾她的文字。即使描寫激情（passion）的時候，她也是運用低調的語言，直接的、冷靜的分析。她這種白描的文字，達到了古典的嚴樸，使她的小說充滿了一種冷靜

〔註34〕 孟悅、戴錦華《浮出歷史地表：中國現代女性文學研究》，台北：時報文化，1993.9，頁 14～15。

〔註35〕 例如美國黑人女作家貝兒‧扈克絲（bell hooks）在她的《回嘴》（*Talking Back*）裡提到，在美國南方的黑人社區，成年女性只要一置身在男性的空間裡，便立刻噤聲不語，保持沉默。但貝兒的個性喜歡有話就說，凡事表達，每每她一回嘴，換來的經常是責罵與耳光，長大之後，父母甚至揚言要將她送去療養院，因為在人們的心目中，只有瘋了的女人才會這麼喋喋不休。參見蘇芊玲《不再模範的母親》，台北：女書文化，1996.5，頁 269。貝兒‧扈克絲（bell hooks）的回嘴反抗正如心理學家珍‧貝克‧密勒（Jean Baker Miller）所言：「在我們的社會裡，女性直接反抗，會導致經濟拮据、被社會排斥，和心理隔離，甚至被診斷成人格分裂。」珍‧貝克‧密勒（Jean Baker Miller）著，鄭至慧、劉毓秀、葉安安、顧效齡合譯《女性新心理學》（*Toward A New Psychology of Women*），台北：女書文化，1997.5，頁 21。

理智的光輝〔註36〕。」將白先勇的評語放在小說中情慾告白這一段來看，確實令人感到文字上的古典嚴樸以及冷靜理智，但除此，母親異常平靜（相對於倩如的躁動不安）的自語畫面，也間接製造了一股詭異的、鬼魅般的敘事氛圍。小說題名「魔女」值得深究，根據吉爾伯特（Sandra M. Gilbert）與古芭（Susan Gubar）的《閣樓中的瘋婦》（*The Madwoman in the Attic: The Woman Writer and the Nineteenth-Century Literary Imagination*）一書所分析，女性小說中所塑造的「瘋婦」（Madwomen）和「魔女」（Monster）形象，不僅象徵女性在父權體系中尋求自我認同的挫敗，同時也是來自於一種無可言喻的女性破碎經驗的投影，其中「魔女」更是代表拒絕臣服體系之下、拒絕失去自我、有故事要說的女人〔註37〕。倩如的母親不正符合這樣的「魔女」意義嗎？

　　倩如母親在自剖中提到自己唸大學時對趙剛一見鍾情，甚至在往後的二十年來變本加厲，對於這樣的描寫，高全之認為是「歐陽子刻意強調這股原始狂野力量的強度〔註38〕」，除此之外，這股隱藏內心的狂野原慾力量也與她「內斂，文靜，不愛動」的外表形成強烈的對比，突顯了人性的複雜面，如歐陽子所說：「文學貴在表現人的複雜性與多面性，道德判斷是相當困難的〔註39〕。」更何況，小說中的母親真的「不道德」嗎？在婚姻裡，她可是扮演了二十多年的「賢妻良母」，只有在家人看不見（或說不干擾家人）的時候，她才暫時跳脫這個社會結構的位置，放任自己，呈現另一個真實的自我，如果我們承認人性的複雜面，那麼將「不道德」加諸在一個扮演了二十年「賢妻良母」的女性身上是正確的嗎？西蒙・波娃（Simone de Beauvoir）說：「女人注定要被稱為不道德，因為對她而言，道德就是要她具備超人的條件：舊約聖經裡的『女德』、『賢妻』、『良母』等等。若讓她自由自在地思想、作夢、睡覺、渴望、呼吸，她便反叛了男性的理想〔註40〕。」如果〈魔

〔註36〕白先勇《《秋葉》序》，歐陽子《秋葉》，台北：爾雅，1980.9，頁2。
〔註37〕Sandra M. Gilbert and Susan Gubar. 1979. *The Madwoman in the Attic:: The Woman Writer and the Nineteenth-Century Literary Imagination*. New Haven: Yale UP. 轉引自郝譽翔〈沒有光的所在──論袁瓊瓊和蘇偉貞小說中的「張腔」〉，《情慾世紀末：當代台灣女性小說論》，台北：聯合文學，2002.4，頁47。
〔註38〕高全之〈由幾個形構學觀點論歐陽子〉，《從張愛玲到林懷民》，台北：三民，1998.2，頁62。
〔註39〕夏祖麗《握筆的人》，台北：純文學，1977，頁191。
〔註40〕西蒙・波娃（Simone de Beauvoir）著，楊美惠譯《第二性》（*Le Deuxieme Sexe*）

女）的母親不道德，那麼八〇年代朱天心〈新黨十九日〉（收入《我記得》，1989）裡那個等到丈夫子女上班上學之後跑到號子裡玩股票、上街參加示威遊行，傍晚再回家燒飯煮菜伺候家人的母親，是不是也不道德？

倩如一開始因爲無法接受母親所陳述的事實，只好將母親當成是瘋子「憐憫」，隨著母親滔滔不絕的剖白，倩如繼而感到「厭惡」、「陌生」，然後最後決定「擺脫」。從「憐憫」到「擺脫」，似乎也讓我們窺見世俗對一個有聲有慾的母親所持的普遍態度。此外，倩如對母親的幻滅，也充滿了反諷色彩，白先勇在分析歐的小說時說：「譏諷法（irony）可以說是歐陽子小說中最基要的表現技巧。她慣用的方法是首先利用單一觀點法，使小說中的主要人物心中，產生自以爲是的種種幻覺，而在故事進展到高潮時，出奇不意，無情的、冷酷的，把那些慘澹經營起來的幻覺一一擊碎，而使她的小說突然增加了深度及複雜性〔註41〕。」在〈魔女〉中，歐要譏諷的不只是倩如對母親二十年來的「慈母幻相」，她眞正要諷刺的恐怕是「賢妻良母」這個道德框架吧！歐陽子小說的這些獨特視角與寫作手法受到西方文學的影響自然與她的所學有關，但是，她的小說最具開創之處（或說在文學史上的意義）卻不在這個層面，而在她勇於挑戰傳統道德觀並嘗試著破壞倫常秩序（這一點是琦君等在小說中努力維繫的），此舉引來正反兩極的評價是必然的，其作品也標誌了與琦君等背道而馳的文學世代的來臨。

二、兒子眼中的情慾母親

歐陽子的〈魔女〉打破了無聲無慾的傳統母親形象，將母親從一個近乎神格的境界拉回人的位置，但是，整篇小說並無在「情慾」的細節上加以鋪陳；著眼於母親的情慾世界且施展其描繪功力者，當屬孟絲與於梨華。孟絲的〈唐人街的故事〉（1970）和於梨華的〈母與子〉（1966）都在這個主題上有所發揮，巧合的是，在這兩篇小說裡，母親不爲人知的情慾經驗都是透過兒子的眼中推展開來，因此這一類型的作品，多少還碰觸到了戀母情結的議題。孟絲〈唐人街的故事〉（1970）描寫從大陸逃到港九、整天蝸居在難民營的鄭秀娟爲了生存，透過介紹嫁給了五十七歲住在紐約唐人街的陳興發做塡房，那年她才二十三歲，「陳興發比想像中凌屬實際，算盤珠撥得精，把她當

（第二卷：處境），台北：志文，1992.9，頁 68。

〔註41〕白先勇《《秋葉》序》，頁 2。

作用錢換來的女人吧？夜裡多半不饒她，為了子嗣，說得好聽。〔註42〕」兩
年後她生了兒子阿旺。陳死後，秀娟苦撐所有的店務，她決定僱人來幫忙，
於是認識了小韓，一個二十九歲的青年壯漢。「小韓是個大高個兒，身體長
得結梱，若在古代必是做御林軍的好材料，琵琶腰，車軸身。滿臉絡腮鬍仔
細刮過，仍透著青咧咧的短鬍渣。緊站在她面前，混身盡是濃烈地男人味。」
（7）秀娟開始悄悄打扮自己，「把當年帶來的旗袍剪短，腰部縮緊。破例去
武桑街角那家美髮廳把頭髮做了，耳上戴了耳環。……她不過三十一歲。」
（8～9）兩人逐漸陷入戀情，「鄭秀娟平時乏血色的臉變得紅艷艷地，從玻
璃櫥的反光鏡上自己都看得出。……她繼續不斷放肆地笑著，兩粒珊瑚耳環
顫萎萎地抖個不停，和薄綢裹住的起伏胸部，組和成一股誘人的浪。」（9）
兒子阿旺卻因此變了一個人，他對小韓深懷敵意，對母親愛理不理，「悒悒
地，總是獨自一個人。……當小韓和她親近的時候，他會毫無來由地嚎啕嘶
喊，那氣勢就像要拼個你死我活才肯罷休。」（10～11）某夜阿旺目睹母親
和小韓同床，八歲的他「臉徒地變成慘灰，眼前的景象在他腦袋裡不知蛻變
成何種可怕的意義，他全然停止哭泣，眼球膨脹成碩大黑孔。……尖屬的童
音像刀削那樣劃過來。『不要臉！你們睡在一起！』」（12）阿旺在一次意外
跌倒受了點傷，之後竟成了類似癱瘓無法行走，看遍中西醫，仍無法痊癒，
最後心理醫生分析「旺兒的腿部局部癱瘓，是一種自我保障（self-defense
mechanism）的心理在作祟。佛洛伊德的戀母情結（Oedipus complex）的學
說在這兒又有了例證。……那是一種抗議，一種自我保障，一種爭取你全付
注意和母愛的方法。」（15～16）隨著秀娟和小韓的戀情上升，阿旺「一天
天地萎靡凋零著」（17）。秀娟雖也感到歉疚、罪惡，但仍然夜夜與小韓廝纏
在一起。直到有一天再也忍無可忍，「『不要臉！殺，殺死你。』旺兒的剪刀
刺在小韓的下腹上，而後清脆地落到地面。」（20）小韓離開，秀娟為了兒
子也結束了這段感情。

　　從大陸逃到港九，再從港九飛到紐約唐人街，鄭秀娟渴求的不過是一個
溫飽的安居之地，然而她選擇的卻是用自己青春的肉體去換取：嫁給一個大
她三十四歲的陌生男人當填房，為他生子嗣。鄭秀娟以性來換取食物，陳興
發用錢買一個年輕女子來滿足性慾，使得這場婚姻看來像是一樁變相的賣
淫。除了被當成性對象之外，她還兼負生殖的責任，至於情慾，那根本是與

〔註42〕孟絲〈唐人街的故事〉《吳淞夜渡》，台北：三民，1970.11，頁3～4。

她不相關的事，西蒙‧波娃（Simone de Beauvoir）說：「女子的生殖作用往往和性愛的滿足不相干，因此，婚姻雖說是給予女人的愛情生活，以倫理上的地位，事實上卻爲的是壓抑她的情慾〔註 43〕。」鄭秀娟初見小韓時，內心湧起了一股「抓住實實在在的年輕男人」的欲念，這並不僅僅是迷惑於小韓的男性魅力，在更大程度上是爲了彌補自己早夭的愛情、壓抑的情慾，以及在這個婚姻裡不快活的人生。陳興發的死、小韓的出現讓她決定重新開展「女性」的生活：她不再做性與生殖的工具，要當一個擁有愛情和慾望的女人。她的刻意打扮和公然引誘透露了她在這場情慾追逐的主動性，也在極短的時間眞的讓她「抓住實實在在的年輕男人」。然而小說進行至此，鄭秀娟完全忽略了兒子的存在。

阿旺是鄭秀娟在被陳興發當成洩欲和生產工具的那段不堪婚姻裡生下來的孩子，他的具體存在似乎提醒著鄭無法眞正脫離這段婚姻的事實（即使陳興發已死），因此，「忽略兒子的存在」就某種意義而言乃指鄭不但對這個孩子沒什麼親情，潛意識裡甚至已將他遺忘——她是多麼想拋開「母性」的束縛、重新開始自己的人生。文中八歲的小男孩阿旺激烈瘋狂的神態舉止令人讀來心驚，失去父親的他原需更多的母愛，當他發現現實中的母親竟有自己的利益時，對年幼的他是多麼大的衝擊，艾莉絲‧白林特（Alice Balint）在〈對母親的愛以及母愛〉（Love for the Mother and the Mother Love）中說：「理想的母親沒有自己的利益，……孩子的利益就是母親的利益，一般認爲，要衡量一個母親的好或壞，端視她是否眞心覺得孩子的利益就是她的利益〔註 44〕。」她也認爲，人對母親的愛的本質在於完全不受現實原則所左右。孩童一開始並不知道，母親居然可以擁有與自己無關的利益，因此，當他發現這個事實時，會覺得難以理解。阿旺的鬱鬱寡歡、嚎啕嘶喊除了是不安於母愛被剝奪的表現之外，他更無法置信的是母親怎麼可以有「情人」？小說的高潮在於阿旺目睹自己的母親和小韓同床的畫面，他的瞬間靜默、繼而尖厲吼叫，都顯示了這一切已經超出了他所能承受的範圍。

鄭秀娟雖對兒子有歉疚，但並無因此終止與小韓的關係，也不跟兒子解

〔註 43〕 西蒙‧波娃（Simone de Beauvoir）著，楊美惠譯《第二性》（*Le Deuxieme Sexe*）（第二卷：處境），p19

〔註 44〕 南西‧邱多若（Nancy J. Chodorow）著，張君玫譯《母職的再生產：心理分析與性別社會學》（*The Reproduction of Mothering: Psychoanalysis and the Sociology of Gender*），台北：群學，2003.10，頁 97，100。

釋，仍然以個人的情慾爲生命重心，這是這篇小說最值得深究之處：耽溺於
情慾的母親，或許正盤算著用一種慢性的方式傷害、除掉他的孩子，海瑞亞・
勒那（Harriet Lerner）曾言：

> 由於伴隨著（母親）這個角色而來的不切實際的期望、無窮的責任、
> 目前孩子要求的一切和過去累積的一切，母親的矛盾是可以想像
> 的。……大多數母親並未體會到自己能體驗的所有感受，因爲我們
> 的文化把直覺與情感當作禁忌，強力地加以壓抑、否認。同時，一
> 種情緒會蓋住另一種情緒。體會到愛的時候，我們不會感覺到恨，
> 甚至覺得自己不可能恨別人〔註45〕。

一個母親通常不敢承認對子女也有負面的情緒（例如厭惡、憎恨），但它是確
實存在的，並且會不自覺地流露出來。從另一方面來看，這樣著重於母親情
慾而漠視親子關係的文本，與琦君、林海音的作品實在有相當大的差異，此
亦讓我們清楚看見兩個不同世代的女作家在母子／情慾／道德的議題上的拉
鋸與取捨。

　　至於阿旺的無法行走，當然是心理因素所導致，如精神分析家安娜・佛
洛伊德（Anna Freud, 1895～1982）所強調：「小孩和母親的關係，是他後來
所有關係的模式。母親的缺席會導致小孩從情緒的依附，退化到身體的依附
再退到原始的攻擊和情緒易怒，以及喪失對膀胱和排便的控制力〔註46〕。」
他的腿部癱瘓是一種因爲情感（母愛）的匱乏所導致的身體退化。倒是小說
突然跑出一個心理醫生將阿旺的狀況歸因於佛洛伊德的「戀母情結」，並將
理論大量穿插在故事中這一部分似有不妥，不僅破壞了小說的完整性，也讓
人有畫蛇添足之感。作者假「心理醫生」對小說中的人物進行心理剖析這樣
的情節也出現在於梨華（〈月兒彎彎照九州〉，1993）和叢甦（〈百老匯上〉，
1976）的作品裡，這種新穎的書寫模式在之前大陸遷台女作家群裡不曾出現
過，八、九○年代的女作家也幾乎未採取此種筆調，它的獨特性似乎也突顯
了現代派作家的「學院」背景——在小說中假心理醫生分析故事人物種種的
內心情狀，是不是也藉此賣弄（或炫耀）作者的心理學知識呢？阿旺最後忍

〔註45〕　海瑞亞・勒那（Harriet Lerner）著，汪芸譯《與兒女共舞：母親的成長之路》
　　　　（*The Mother Dance: How Children Change Your Life*），頁274。
〔註46〕　珍妮特・謝爾絲（Janet Sayers）著，劉慧卿譯《母性精神分析——女性精神分
　　　　析大師的生命故事》（*Mother of Psychoanalysis: Helene Deutsch, Karen Horney,
　　　　Anna Freud, Melanie Klein*），台北：心靈工坊，2001.10，p265

無可忍對小韓採取猛烈的攻擊──他既然無法接受一個有情慾的母親，只好用如此激烈的方式斬斷母親的情慾。母親最後與情人分開了，但她是否從此改頭換面成爲一個無聲無慾的慈母了呢？「日影已消失，暑期班的孩子們正是放學的時候，旺兒就快要回來，她得有張笑臉對他才是！」（20）母親的這張笑臉竟讓人有種深深的無奈。

　　歐陽子的〈魔女〉和孟絲的〈唐人街的故事〉都生動地描繪了母親情慾流動的一面，不過仔細讀來，她們在滿足自身情慾的同時，也仍未完全忽視家庭或子女。然而於梨華的〈母與子〉（1966）卻非如此，這篇小說極盡能事地敘寫一個陷於情慾深淵而無法自拔的母親，以及兒子對她徹骨的恨。比起前述兩篇，此作更扣緊「情慾」這個主題，敘寫風格也更大膽。小說以倒敘法進行，讀成大的芝青茂回憶十年前父親肝癌臨死前的日子，「濃妝的母親姍姍地由外面回來，走過他身旁，像一陣帶著香氣的風捲過去，連眼睫毛都不顫一下。靜夜裡，爸爸瘦長的、在紙窗上來往晃動的身影等待著遲遲不歸的母親，還有半夜裡，母親尖刻的笑，父親抑壓了憤怒的勸聲。〔註47〕」（197）青茂九歲時父親生病，父母便從此不同房。在某次與母親梅英搭火車北上的途中，青茂見到母親與一位姓郭的裝甲兵的調情，「從那塊玻璃窗上卻可以看到他母親那張眉飛色舞的臉，他很久沒有看見他母親如此開心地笑過了。……窗上遮陽光的紙簾子已拉下來，他母親頭靠著窗架，手裡夾著煙，側著臉，一雙眼睛似笑非笑的瞟著那人，那個人開著兩片厚嘴唇，也回盯著她。」（202～203）十二歲的他雖不甚懂這樣的畫面代表什麼，但心裡是憤怒的。之後他跟蹤濃妝豔抹的母親，親眼目睹了他們的偷情，「從那條剛剛被推開的門縫裡望進去，正好望得見半個床，看到他母親和那個姓郭的臉，及他們纏在一起的光著的上半身。」（208）父親死的那年，母親才二十九歲，一個月之後，她就搬去和姓郭的男人同居，青茂和弟弟則寄養在父親的朋友吳姓夫婦家。透過旁人的轉述，青茂得知郭姓男子不時毒打母親，但她仍賴纏著他，「天下犯賤的女人有的是，但是像她這樣低賤的，我還是第一次看見。……世界上還有人比她更下賤的沒有？」（230）青茂因此更恨母親，恨她害死父親，恨她無恥，「他一輩子，一輩子也不會原諒她的！」（231）離開郭之後她又嫁給丈夫的表弟鑑寶，小她十歲。梅英老來想靠兒子青茂，頻頻找吳姓夫婦，並一再爲自己年輕時的放蕩找理由，「吳大姐，伯尼死的

〔註47〕於梨華〈母與子〉《雪地上的星星》，台北：皇冠，1966.4，頁197。

時候，我才廿九，難道爲他們兄弟，我就要守一輩子的寡？我不像妳，沒有男人的日子，我過不來。」（241）她忍不住跑到成大看兒子，「還沒走到他宿舍，卻見到他從電機工程館的教室出來。雖然靠十年不見，人長得高大挺直，小時的樣子還在。……這就是她的骨肉，他體內流著自己的血，臉上長著自己的嘴鼻，身上是她自己的皮毛！這就是曾經被她所愛憐，撫養過十年的兒子！……梅英呆立著，任眼淚沖掉臉上的粉，頰上的胭脂，只有在看見這個被悲痛磨得未成年已蒼老的兒子時，才刻骨地看到自己的輕賤啊！」（244～245）青茂始終沒有原諒母親，當他準備出國留學前得知鑑寶去世後她又和一個姓仇的男人同居，決定將母親在心中連根拔起，「好了，現在我眞可以無掛無牽的走了，沒有愛，沒有恨，沒有留戀，也沒有不捨，我可以從心裡把她連根拔掉，丟出去。」（280）在基隆港準備上船的那天，母親卻意外出現了，還因追趕不願見她的兒子而被車活活撞死，「車輪下是他的母親，仰面躺著，那牽出個無數的笑的嘴角，牽著兩行血。……當青茂移近時，看到了她許多白髮。怎麼一瞬之間，她竟已是個老婦了呢？……他遲緩地跪下來，遲疑地提起她那隻沒有戴戒指的手，遲難地低呼：『媽！』」（283）

　　於梨華這篇小說篇幅相當長，時序跨越整整十年，青茂從小男孩到大學畢業，母親梅英從一個艷麗的少婦變成蒼老的中年婦人，整篇故事著眼的是親情之間的愛恨與取捨，這也是於梨華最擅長的地方，她在另一篇〈母女情〉（收入《相見歡》，1989）將情感互動的對象換成母女，戲劇張力更大，之後的〈踏碎了的九重葛〉（1991）和〈月兒彎彎照九州〉（1993）敘述的也是母子／女之間難以解開的情結與衝突，故事更精湛，筆調也更臻成熟﹝註48﹞。從六○到九○年代，在這些環繞著親情主題的作品裡，於梨華很成功地繪出了一個個母親內心深處的多重情境：私慾、愧疚、冷漠、自責，以及痛苦。她曾在〈寄小安娜〉一文中寫：「一個年輕的母親有她自己的生活、自己的興趣、自己的雄心。一個年輕的母親固然愛她的孩子，可是也愛，也許更愛她自己年輕的、不受孩子約束的生活﹝註49﹞。」她將小女兒放在台灣父母家中，自己飛回美國，「我自己是一個自私、最不肯放棄自己的生活

────────────

﹝註48﹞　余光中在於梨華的《會場現形記》的〈序〉中說：「於梨華是當代中國最負盛名也是最容易引起爭辯的小說家之一。她旅美將近二十年，一直創作不輟，且能亦臻成熟，這是旅居海外的大多數中國作家辦不到的。」於梨華《會場現形記》，台北：皇冠，1989.2，頁13。

﹝註49﹞　於梨華〈寄小安娜〉《雪地上的星星》，台北：皇冠，1966.4，頁22。

及事業的母親。……當妳（指女兒）剝奪了我全部的時間時，我會覺得妳是一個無法擺脫的累贅，而當我責罰妳之後我又會被悔恨咬嚙，因而對妳加意溺愛〔註50〕。」或許是因為有那麼深刻的女性與母性之間的掙扎體驗，於梨華能夠寫出多篇撼動人心的關於母親的小說。

比起〈魔女〉中倩如的母親與〈唐人街的故事〉裡的鄭秀娟，〈母與子〉中的梅英那副整天耽溺於情慾的模樣幾乎已經遠離正常人性，可說是低賤了。她不是不愛丈夫，也並非不愛三個孩子，未滿三十歲的她不甘的是終日守著久病的丈夫、天天過著充滿死亡氣息的生活，她更畏懼的是丈夫死後要帶著三個孩子當一輩子的寡婦。原本就不安於室的她在某次搭火車的途中與郭姓裝甲兵認識，進而私通，既不顧丈夫孩子的顏面，也不理會鄰居的嘲弄，因為這是她在長期的壓抑與恐懼之下為自己尋找到的一個宣洩情慾的出口。如果說父權社會普遍地先讓女人內化了賢妻良母的期待，再讓女人不斷以此自限，那麼，梅英這個角色是寧可低賤解放到底也不願沾上「賢妻良母」的邊（她連在丈夫子女面前扮演一下這個角色都不願意）。在現代主義的小說裡，她是最最徹底摒棄賢妻良母（而無任何歉疚）、選擇縱慾享樂的母親角色。另一方面來看，她的私通、越軌、耽溺於情慾的作為也是某種對抗自己（美麗卻）不幸的人生所採取的態度，然而故事中的她並不因此而快活，她仍然感到生命空虛，還得飽受同居者或再婚人的羞辱。這樣一個讓眾人唾棄、甚至被子女大罵無恥的女人內心真正在乎的是什麼？是她曾經全心全意疼愛的大兒子青茂。她一直想挽回這份親情，回到以往母子相融的歡樂時光，但是對青茂而言，母親在他心靈造成的巨大創傷卻是再也無法彌補，尤其從小，「他就像神一樣的愛著他母親」（201），所以十二歲的他親眼目睹母親與陌生男子的私通畫面時，那幾乎崩毀了他向來崇敬與愛戀母親的內心世界。

精神分析家梅蘭妮・克萊恩（Melanie Klein, 1882～1960）提及，母親是人類產生客體關係（object relation）的第一個對象，母親被視為可愛或可恨，都影響且構成一個人心智生命的本質。她強調小孩首次內化和認同的不是如佛洛伊德所宣稱的是父親，而是母親〔註51〕。正因為青茂對母親的愛那樣純

〔註50〕同上註，頁22。
〔註51〕珍妮特・謝爾絲（Janet Sayers）著，劉慧卿譯《母性精神分析——女性精神分析大師的生命故事》（*Mother of Psychoanalysis: Helene Deutsch, Karen Horney, Anna Freud, Melanie Klein*），頁 307，328。

粹（母親被他視爲生命中最初的可愛的對象），對她的恨才會如此深刻。但是，母親壓抑許久的情感以及對現實人生的怨氣，青茂也能夠體會嗎？這個從小最受母親疼愛的兒子期盼的是一個終日守著久病的父親、爲三個孩子犧牲奉獻的母親，所以當他發現母親不但不合乎他的期盼而且出軌時，他詛咒：「我巴不得她被汽車撞死！……她不該這樣不要臉。」（215）從青茂羞憤交加的言語中可看出，他是以一種倫理道德的尺度來審視母親，符合標準的才是「可愛」的，不符標準的便是「可恨」，十二歲的他不明白眞實的人性是無法如此截然二分的。從可愛完整到可恨殘缺，青茂對母親情感的瞬間落差不僅僅造成他的痛苦，也影響了他往後的人生，最明顯的是他成長之後對女性的態度：「說實在，我心裡恨一切女人，不信任一切女人。誰與我結了婚不會有幸福的。」（271）這種心態源自他對母親那份愛恨交集卻一再壓制的情感，時間一久，很容易讓一個人變成具有攻擊性（毀滅性），而沒有安全感也令他始終無法與人建立親密關係，如克萊恩所言：「當一個人無法表達對母親的情感而痛苦萬分時，他很可能會陷入一種精神分裂的毀滅狀態中〔註52〕。」

　　小説最後梅英意外死亡，青茂搭船離開故鄉，這樣的結局具有多重意涵。對梅英而言，死亡結束了她荒唐不堪的人生；對青茂來說，母親的死在某種程度上化解了他長期對她的恨，而且惟有如此，他才能眞正重新開展自己的人生。母親生命的終點成了兒子另一段人生的起點，從一個象徵的層面來看，他們或許因此而達到了「母子之間理想連結」（idealistic union between mother and son）的狀態了吧！〔註53〕〈母與子〉在 1972 年曾拍成電影，改名爲「母親三十歲」（宋存壽導演，嘉禾公司出品），從影片名稱看來，著眼的應該也是母親的情慾這個議題。現代主義作家開拓了母親書寫中「情慾」的層面，擴展了這一文學領域的視野，如王列耀所言：「多樣化的母親類型與母性內蘊，大大擴充了母親譜系，主要原因爲現實生活的發展與作家內在

〔註52〕同上註，頁 367。
〔註53〕精神分析家海倫娜‧朵伊契（Helene Deutsch, 1884～1982）描述一種母子認同的特殊形式，兒子與母親合作，藉著尋獲一種非性、禁慾的理想型態，解決了他們之間的伊底帕斯情結。在羅馬天主教家族中可找到這個形式，他們的夢想是兒子可以藉著當一個牧師而成爲聖人，一種有關「母子之間理想連結」（idealistic union between mother and son）的幻想，母親偶像化其子，以尋求實現自我。同上註，頁 142。朵伊契提到的「母子之間理想連結」指的是現實生活的某種母子認同的特殊形式，但是，就母子之間的永恆聯繫這一點來看，梅英的死確實讓他們母子達到精神世界的某種永恆聯繫。

世界的變化〔註54〕。」閱讀這一部分的作品，固然為小說中的母親們終於擺脫無聲無慾的傳統束縛感到欣喜，但是，她們如何讓子女也欣然接受一個有聲有慾的母親，甚至，在接受的同時仍能保有母子／女之間相融歡樂的情感？這恐怕是更實際的問題吧！

第三節　惡母，人性的幽暗探索

　　既然現代主義女作家側重人性幽暗面與複雜性的探索，她們如何呈現所謂的「惡母」？什麼樣的母親是「惡母」？有情慾、離家出走、會責打子女，或是有外遇者皆屬惡母嗎？到目前為止，筆者所探討的母親書寫，不管是大陸遷台女作家或是現代主義的作品，文中的母親即使再強悍、再虛榮、情慾生活再荒唐，內心深處仍有一個角落是顧念著子女的，這些母親們在生活的夾縫中固然流露出不慈不仁的一面，但過程中或懂得適度節制、或竭盡所能於事後補償，皆尚未到全面失控而毀滅子女，因此嚴格論之，這些母親們都不是真正的「惡」。真正的惡母是刻意任其魔性（人性的陰暗面）四溢橫流卻毫不節制，而且伸展的對象正是自己的子女，直到徹底毀滅他們的人生為止。女性之所以成為惡母，其實是與整個社會結構與性別文化息息相關，而不單單是個人的問題；變成恐怖的惡母，毀掉子女的一生，自己也更逃脫不了黑暗人生的牢籠。在這一類的小說裡，子女是犧牲者，母親也是。現代主義作家在這一部分有突出的表現，例如歐陽子、陳若曦、李昂、叢甦和孟絲都有精采的作品問世。這類小說讀來令人驚心，出現在六、七〇年代想必是引來許多的爭議，撇開倫理道德的層面，這個時期的惡母敘述才真正落實了現代主義對人性複雜面的嚴肅探討，也影響了八、九〇年代另一批女作家的母親書寫。

一、毀滅性的掌控與獨霸子女

　　歐陽子〈那長頭髮的女孩〉（1962）將一個全面掌控、獨霸兒子人生的寡母心態描述得唯妙唯肖，這篇小說寫於六〇年代初期，題目與內容都一再修改，可見歐陽子對此作的嚴謹與重視〔註55〕。小說一開始便描述寡母敦治趁

〔註54〕王列耀〈台灣女性文學中的母性審視〉，收入廣東省社會科學院文學研究所選編《台灣香港澳門暨海外華文文學論文選》，福州：海峽文藝，1993.3，頁195。
〔註55〕這篇小說「原以〈蛻變〉為題刊於《現代文學》第12期，1962；曾改題為〈那

獨子敏申不在時進入他的房間搜尋、翻閱其信件，「右邊的抽屜是上鎖的，她很想知道裡頭鎖著些什麼東西。……事實上，她能辨認出敏申每一個朋友的字跡。〔註56〕」兒子在客廳練提琴，她也來到客廳，「佯裝看報，實際上卻窺伺敏申的動靜。」（89）敦治年輕時因為曾被丈夫背叛過，所以「她把她的一顆心完完整整地給了敏申，她唯一的孩子。在這不安定的世界裡，她覺得只有這個孩子是永恆的，永遠在她身邊，真正屬於她。」（91）丈夫癌症死後她的世界更只剩下敏申。母子感情相融，但是兒子會長大，她會老，尤其她發現敏申似乎喜歡上一個名叫皚雲的長髮女孩時，她更在意自己年華的流逝，「老，這真是個可怕的字眼。如果敏申伴她一起老，她絕不怕老；但敏申是年青的，皚雲也是年青的。……這無恥的女孩，一心想搶走我的兒子。」（91）為了與皚雲相較，敦治努力保養留住青春，甚至也試著把頭髮放下，「儘管如此，她依舊在鏡子裡找到自己額上、頰上的皺紋。頭上的白髮也是隱藏不住的。她對鏡子蹙蹙眉。突然，她鬆開髮髻，拿起髮刷，用力把頭髮梳開，長長地披在肩上。於是鏡中赫然出現一個怪物。」（92～93）由於害怕失去兒子，她不斷探問敏申是否感到她已衰老、有無厭倦她，讓他不勝其煩，「『沒老，媽，妳還沒老。』……『媽沒變。』敏申說，頭依舊低著。……敦治用溫柔的眼光，望向她的兒子。敏申有寬闊的肩膀和方形的臉。鬍子已經長齊，但還是嫩嫩的，是二十歲少年的鬍子。」（94～95）敦治不但對兒子的生活作息瞭若指掌，佔有慾亦大，皚雲的出現讓敦治有了警戒，因此更加嚴屬管束他的一切，「『別這樣，媽，我求妳，別這樣管我。』敏申把頭埋進兩手之中，顯得異常苦惱。」（96～97）敦治軟硬兼施，即使看見兒子如此痛苦也要緊緊抓住他，因為「她要收回自己付出去那樣多的感情」（97）。她要永遠宰制兒子的人生，將他「穩穩地操在自己手裡」（100）。

　　同樣是出現在六○年代，歐陽子的這篇小說與畢璞的〈母親・兒子・情人〉（1969）有不少相似的情節，聚焦都放置在寡母得知獨子有了愛戀對象之後，瞬間湧起的複雜情緒，以及之後採取的行動，然而歐陽子讓文中母親潛藏的黑暗之心彰顯出來，全面地操控、甚至毀滅了兒子的一生，和畢璞的喜劇結局完全相異。此文也令人聯想到張愛玲的〈金鎖記〉（1943），瘋狂的曹七巧與陰沉的敦治幾乎屬同類型的人物。文中的敦治之所以將整個重心放

長頭髮的女孩〉：1970年全部改寫，易題〈覺醒〉。參見歐陽子《秋葉》，台北：爾雅，1980.9，頁87。
〔註56〕歐陽子〈那長頭髮的女孩〉《那長頭髮的女孩》，台北：大林，1984.7，頁88～89。

在敏申身上，不只是因為寡母獨子的組合，最關鍵之處乃在於她年輕時曾被丈夫「背叛」過，這樣的創傷經歷讓她在潛意識裡渴望找一個永遠「忠誠」於自己的（男）人來作為彌補，兒子敏申便是唯一且最佳的對象。敏申確實也帶給母親許多歡樂的時光，撫慰她曾經受創的心靈，「敏申一直跟她睡到小學畢業。……那時日子過得多麼美好。」（92）但是兒子總有長大的一天，除了母親，他生命中還會出現其他的女性，敦治當然無法接受這個事實，那會讓她感覺再一次地被（男）人「背叛」。

在正面的意義上，「拒棄」是母性的基本功能，即釋放長大了的青年，特別是男性〔註57〕，但對敦治而言，長大了的兒子不但不能將之放手，反而更要緊緊抓住。西蒙‧波娃（Simone de Beauvoir）曾說：「母親覺得她從分娩這件事中，便取得了不可褫奪的權利；她不必等候兒子來感激她的恩惠，便把他當成自己的人兒，自己的私產；她生育了一個有血有肉的存在，她要擅取這個存在〔註58〕。」敦治就是要永遠擅取兒子這個私產，她要設法延續與兒子「共生」的時光：

> 「共生」是一個生物學名詞。簡單來說，它指的是兩個生物體彼此有如一體般共同生活的過程。對人類來說，當胎兒在子宮中，由母體的血液維繫他的生命，……在母親和孩子間，最初是存在著一種生物的一體性，一種奇妙又複雜的過程。但這關係在切斷臍帶、讓孩子以一獨立的人類降生在這世上的那一刻起，便告結束了〔註59〕。

生理上的「共生」關係結束之後，並不代表心理上也結束，它之後演變成由母親的愛取代了子宮的保護，母子之間仍然保持著某種神秘的一體性，而這通常也在孩子長大、心智成熟後便切斷。然而有一種「共生」關係是異常的，那就是母親病態地要和子女共生一輩子，母親要子女以她的方式、希望、夢想活著，並且完全地順從，敦治要的便是這種「共生」關係，尤其她是寡母，她覺得自己更有這個權利。從一個普遍的社會文化範型來看，「父親必須『養

〔註57〕埃利希‧諾伊曼（Erich Neumann）著，李以洪譯《大母神——原型分析》（*The Great Mother:An Analysis of the Archetype*），北京：東方，1998.9，頁65。

〔註58〕西蒙‧波娃（Simone de Beauvoir）著，楊美惠譯《第二性》（*Le Deuxieme Sexe*）（第二卷：處境），頁208。

〔註59〕貝蒂‧傅瑞丹（Betty Friedan）著，李令儀譯《女性迷思》（*The Feminine Mystique*），台北：月旦，1995.9，頁420～421。

家』，而母親必須『持家』。當父母沒有充分扮演這樣的角色時，經常會引起子女的怨懟或輕視。相對地，子女也必須扮演文化所規範的『感恩圖報』以及『順從』的角色〔註60〕。」寡母在養育子女的過程中既要養家又要持家，所以她要求子女的「感恩圖報」與「順從」也是雙倍的。

　　然而二十歲的敏申有自己的隱私和生活，不可能凡事順從母親，在小說中他將書房的抽屜上鎖，開口要求母親別處處管束他，都是渴望獨立、甚至期盼與母親做某種程度的割離，因為對他而言，「生活中就是『太多母親了』」（too much of mother）。在這種情況中，兒子會覺得母親無所不在，難以承受，因此，對她產生又愛又怕，覺得她充滿了誘惑，卻也冷酷無常〔註61〕。」敦治逐漸意識到敏申對她保持距離，小說進行至此，「惡母」的魔爪才開始伸展。首先她在外觀上極力保持年輕，甚至模仿曈雲將長髮披在肩上，還不時探問兒子是否厭惡了她——她對他投以的完全是情人的目光和語氣，而非母親，這些異常的行為如貝蒂・傅瑞丹（Betty Friedan）所言：「一個以子維生的女人，通常她的女性特質一直在誘惑著她的兒子，她讓兒子完全地依賴自己使得他無法成熟的學習去愛一個女人，也常常使他不能像大人般地去應付他自己的生活〔註62〕。」甚至可以說，敦治這些行為也間接引導了兒子的亂倫與嬰兒時期的依賴。海倫娜・朵伊契（Helene Deutsch, 1884～1982）認為，母親之所以畏懼與子女分離，是因為害怕失去自我，這種情形很類似人在嬰兒時期害怕與母親分開，這點會導致母親設法讓子女完完全全認同自己〔註63〕。然而母親越是如此，兒子越感到恐怖，越想逃離，他痛苦地感到若再不逃出母親的巨大陰影，他可能會被吞噬、被毀滅，如卡倫・荷妮（Karen Hormey, 1885～1952）所說：「男人也認為性像母親一樣，可以賜予生命，也可以奪走生命，因此，潛藏在男性對父親的害怕之下的，是更深層的對母親的害怕〔註64〕。」

〔註60〕　劉惠琴〈母女關係的社會建構〉，《應用心理研究》第6期，2000.6，頁102。

〔註61〕　南西・邱多若（Nancy J. Chodorow）著，張君玫譯《母職的再生產：心理分析與性別社會學》（*The Reproduction of Mothering:Psychoanalysis and the Sociology of Gender*），頁237。

〔註62〕　貝蒂・傅瑞丹（Betty Friedan）著，李令儀譯《女性迷思》（*The Feminine Mystique*），頁399。

〔註63〕　珍妮特・謝爾絲（Janet Sayers）著，劉慧卿譯《母性精神分析——女性精神分析大師的生命故事》（*Mother of Psychoanalysis: Helene Deutsch, Karen Horney, Anna Freud, Melanie Klein*），頁72。

〔註64〕　同上註，頁173～177。

　　小說中，敦治不允許兒子離棄她，她要「回收」她多年付出的感情──母親不再聖潔無私、犧牲奉獻，母愛也不再是無條件的愛，歐陽子再次顛覆了傳統文化裡的慈母形象。甚至，當一個母親揚言要「回收」她付出的感情時，這實際上包含了對子女的恨與掠奪，如王列耀言：「母性不完全等於完美無暇的母愛，甚至包含著冷酷的恨。母性中自有無私無怨的奉獻，但其中也包含無盡的索取甚至冷酷的掠奪〔註 65〕。」如果敏申真的要離棄她，她很可能會露出毀滅性的一面，亦即母性中最黑暗、充滿殺機（但是卻與善良美好並存）的一面。埃斯特・哈丁（Harding, M. E. 1881~1971）追溯神話故事，提出了月母神（The Moon Mother）兼具正負兩種特性的說法。一方面她是萬物的孕育者，另一方面她又是萬物的破壞者，這與月亮有陰晴圓缺的週期特性正好吻合〔註 66〕。哈丁提到月母神兼具正負兩種特性這一點是很值得注意的：母神之所以「偉大」，不是因為她慈愛犧牲的正面，而是她同時擁有毀滅邪惡的負面，她既主宰生也掌握死，這樣具有雙重特質的母神才是真實而完整的，也才「偉大」。

　　埃利希・諾伊曼（Erich Neumann）在《大母神──原型分析》（*The Great Mother:An Analysis of the Archetype*）一書中認為，女性的負面因素不完全來自於對男性的焦慮或對抗，而是一種全人類的、男人和女人相同的原始經驗。他說：

> 在一切人群、時代和國家的神話和童話故事中（甚至在我們自己夜晚的惡夢中），困擾著我們的巫婆和吸血鬼、食屍鬼和幽靈都是同樣可怕的。代表原型女性的黑白宇宙之卵，其黑暗的一半產生了種種恐怖的形象，這些形象表現了生命和人類心理黑暗的、深不可測的方面。正如世界、生命、自然和靈魂被經驗為有生殖力的、賦予營養、防護和溫暖的女性一樣，它們的對立面也在女性意象中被感知；死亡和毀滅，危險與困難，飢餓和無防備，在黑暗恐怖母神面前表現為無助〔註67〕。

〔註65〕　王列耀〈台灣女性文學中的母性審視〉，頁 196。

〔註66〕　Harding, M. E. （1976）. *Woman's Mysteries: Ancient and Modern.* New York: Harper & Row. 轉引自李仕芬〈當代臺灣女作家小說中的母子關係〉，《師大學報：人文與社會科學類》第 43 卷第 1 期，1998.4，頁 51。

〔註67〕　埃利希・諾伊曼（Erich Neumann）著，李以洪譯《大母神──原型分析》（*The*

諾伊曼提到的原型女性的黑白面，與哈丁所說的月母神具雙重特質是雷同的，他甚至認為，恐怖母神之所以令人敬佩，乃因為她把「生與新生以一種深刻的方式，永遠與死亡和毀滅聯繫在一起」（155）。裘依‧瑪姬西絲（Joy Magezis）也言及：「女神不只是個慈愛的母親，作為生命的控制者，她也控制了死亡〔註68〕。」從以上的論述我們回頭看敦治這個角色，她並非天生是個「惡母」，在養育兒子的過程中她也有非常「慈母」的一面，只是在某種情境，或說在理智無法壓制的狀況之下，她讓潛抑的魔／惡之母性顯露了出來。從這個角度來看，歐陽子確實在人性的探勘上下了功夫，特別是女／母性的複雜（幽暗）面，白先勇評：「人心惟危，歐陽子是人心的原始森林中勇敢的探索者，她毫不留情，毫不姑息，把人類心理——尤其是感情心理，抽絲剝繭，一一剖析〔註69〕。」確實是對歐作的一項中肯見解。這篇小說還有一點值得注意，便是那個長頭髮的女孩曉雲在故事裡幾乎是缺席的，敏申最後也並無與她陷入戀情，從頭到尾這個長頭髮的女孩不過是敦治的一個假想敵。僅僅是一個想像的年輕女孩就能讓敦治如此仇恨焦慮，如果兒子真的談戀愛了呢？這個「惡母」的毀滅性將有多大？這或許是歐陽子留給讀者的想像空間吧！

陳若曦的〈喬琪〉（1961）也屬惡母書寫的佳構。小說描述大學畢業的喬琪正準備赴美留學，「媽咪說她每天要親自來打掃這個房間，讓一切保持原狀，直到我歸來。〔註70〕」母親對女兒的遠行極為不捨，溫柔美麗的她再三叮嚀女兒生活的細節，「安琪，你不會忘記每天吃維他命吧。……安琪，你不要忘記每天給媽咪寫信呀。」（104）喬琪的父母十五年前離婚，母親雖再婚但所有的心思都放在她身上，「媽咪除了我不關心任何人，……離過婚的媽咪

Great Mother:An Analysis of the Archetype），北京：東方，1998.9，頁149。

〔註68〕 裘依‧瑪姬西絲（Joy Magezis）著，何穎怡譯《女性研究自學讀本》（*Teach Yourself Women's Studies*），台北：女書文化，2000.3，關於母神／女神的歷史，「在早期社會裡，女神崇拜處處可見，人類歷史有很長一段時間，多數地方人民都崇拜偉大的母神（Great Mother Goddess），這可說是人類的歷史秘密之一。根據出土資料，女神崇拜可遠溯至兩萬五千年前，……儘管在不同的文化裡，母神有不同的名字與形象，但她都是賜予生命之人。……女神崇拜持續了很長一段時間，直到父神（God the Father）信仰興起，才慢慢衰微。」頁35～37。

〔註69〕 白先勇《《秋葉》序》，頁5。

〔註70〕 陳若曦〈喬琪〉《陳若曦自選集》，台北：聯經，1976.5，頁101。

認為愛情不是婚姻的保障，再結婚全為了錢。」（108）喬琪出國前夕，母親無意間得知她赴美前會先到東京與前夫見面，不僅嚴厲阻止，也一反平日慈愛的模樣，「她驚慌地喊起來，投到我懷裡，猛力摟抱我。你不能呀，安琪！她大聲疾呼，焦急惶恐地瞧定我的臉，……啊，我恐懼了好幾年了，我同他鬥爭已經許多年了，多不公平呀！」（112）喬琪告知母親僅與父親見一面，十五年只見這一面，母親立刻露出凶惡恐怖的臉孔，甚至以性命威脅，令喬琪萬分驚懼，「她憤怒地叫起來，狠力把我推開。我跌坐在床上，驚懼地瞧著她。媽咪，她從來不像這樣呀！她捏緊著拳頭，似乎準備撲上來火併，臉上的肌肉扭曲起來，嘴角歪向一邊，眼眶熾烈的、怨恨的火焰，既凶狠又惡毒，……『安琪，你這沒良心的孩子，……聽著，我絕不放棄，我寧肯，呵，我寧肯殺了你，也不願讓他搶去！』」（112～113）母親怒吼之後，轉而低聲哀求，然後歇斯底里地哭喊起來，百般折磨女兒，直到她向母親發誓不見父親才罷手。經過此事，喬琪思索，「媽咪愛我嗎？我懷疑，她只想完完全全佔有我罷了，從佔有中她獲得了對父親的勝利。」（115）

〈喬琪〉是陳若曦早期少數具有濃厚的存在主義色彩的作品之一，她出身台大外文系，深受西方文學的薰陶，大學時期和白先勇等人合組現代文學社，創辦《現代文學》雜誌，並積極發表作品。但是，閱覽她這個階段的小說，會發現她與其他現代主義作家有一個本質上的不同，「她的同儕如白先勇、王文興、歐陽子等人，作品大多以存在主義的厭世、消極、疏離、冷漠為基調，文字扭曲乖張，文風晦澀窒礙，專注於挖掘人類內在抽象心靈，而非外在客觀的社會現實。可是陳若曦卻恰恰相反，除了早期兩、三篇作品染有存在主義的色彩之外，很快的，她的筆尖就聚焦於社會現實面〔註71〕。」最明顯的就是陳發表於 1961 年的〈最後夜戲〉，它以一個沒落的歌仔戲班為藍本，刻劃小人物在現實壓迫下的殘酷掙扎，幾乎可說是鄉土文學的先聲，此作與之後的洪醒夫的〈散戲〉在主題與風格上皆相近。夏志清也直言，陳若曦刊載在《現代文學》上的幾篇小說，展現較多的是對社會中下層人民的同情與關注，「《現代文學》標榜『現代』，陳秀美不論題材、寫作技巧，一點也不『現代』，倒同五四、三〇年代的傳統拉得上關係。〔註72〕」六〇年代陳

〔註71〕郝譽翔〈筆，是她的劍——閱讀陳若曦〉，《幼獅文藝》第 550 期，1999.10，
頁 49。
〔註72〕夏志清〈陳若曦的小說〉，收入陳若曦《陳若曦自選集》，台北：聯經，1976.5，

若曦的文學以現代主義爲起步，但偏向寫實面的創作態度，連她自己都不否
認〔註73〕。這時期她的小說，與母親書寫這個主題相關的爲〈喬琪〉和〈最
後夜戲〉，前者著重在描繪一個中年母親內心的多重情境與複雜面，與歐陽子
在〈那長頭髮的女孩〉裡所呈現的母親相近，頗具現代主義風格；後者著重
在敘寫一個唱歌仔戲的女藝人如何在貧困的生活裡養育她的孩子，寫實色彩
濃厚。這兩篇同樣發表在 1961 年的小說固然風格迥異，然而若從一個「扮演
好母親」的切入點來解讀與比較，它們又有某些相似點。

　　〈喬琪〉裡的母親平日溫柔慈愛，即使再婚，對女兒的起居照料仍是無
微不至，讓喬琪既感動又溫暖，然而在一次爲了與父親見面而引起的母女衝
突中，喬琪才發現母親對她無微不至的關心並非建基在自然流露的母性情感
上，她的慈愛不過是想攏絡女兒的心，將她當成與父親鬥爭的戰利品〔註74〕。
當母親驚覺即將失去這個「戰利品」時，便露出凶狠的一面，甚至將之毀滅
去除掉也在所不惜。陳若曦在文中將喬琪母親的惡／魔性的一面描繪逼眞，
其失去理智的那張狠毒面貌比起歐陽子〈那長頭髮的女孩〉裡的敦治，眞是
有過之而無不及。喬琪母親的「母愛」建立在利益上，是有條件性的愛，這
樣的惡母書寫也顛覆了佛洛姆（Erich Fromm, 1900～1980）對母愛的詮釋，他
在其著《愛的藝術》（The Art of Loving）中肯定母愛具有無條件的本質，他寫：
「母親的愛是無條件的。所有我需做的只是——是她的孩子。母親的愛是至
福，是安詳，無須去贏取，無須去獲得〔註75〕。」他認爲母愛會無條件地爲

頁 8～9。

〔註73〕陳若曦曾在一次專訪時，提及自己大學時期的作品，例如〈欽之舅舅〉、〈巴
　　　里的旅程〉、〈最後夜戲〉、〈婦人桃花〉等等，是「她個人現代與寫實交錯的
　　　寫作時期」，這些作品大多發表在《文學雜誌》和《現代文學》裡，描寫中下
　　　階層社會受迫害的小人物。之後不管是寫文革、移民等議題的作品，她都更
　　　傾向捨棄虛構、走向寫實的文學態度，她說：「寫小說之於我，好比一種淨化
　　　過程，把自己經歷的、想說的話都寫了出來，讓自己不致有崩潰的機會。」
　　　林麗如〈以行動證明對理想的始終如一——專訪陳若曦女士〉，《文訊》第 209
　　　期，2003.3，頁 68～70。

〔註74〕〈喬琪〉雖有母女衝突的片段描述，但著重的仍是母親陰暗性格的層面，陳
　　　若曦最精采的母女衝突之作品，當屬〈媽媽的原罪〉（收入《完美丈夫的秘密》
　　　台北：九歌，2000.5）。

〔註75〕佛洛姆（Erich Fromm 1900～1980）著，孟祥森譯《愛的藝術》（The Art of
　　　Loving），台北：志文，1969.9，佛洛姆在書中還以鮮明的對比指出，「父愛
　　　是有條件的愛」，這種有條件的愛爲孩子提供了引導和教訓，如果孩子不服

孩子付出一切並提供情緒的安全感。小說裡的惡母也令人想起張愛玲對「母愛」的犀利見解：

> 母愛這大題目，像一切大題目一樣，上面做了太多的濫調文章。普通一般提倡母愛的都是做兒子而不做母親的男人，而女人，如果也標榜母愛的話，那是她自己明白她本身是不足重的，男人只尊敬她這一點，所以不得不加以誇張，渾身是母親了。其實有些感情是，如果時時把它戲劇化，就光剩下戲劇了；母愛尤其是〔註 76〕。

因此，倘若認為女性天生自然的會愛小孩，會照顧小孩，這種論點便是非歷史的（a-historical），非社會的（a-social），所謂「母愛」不過是一種文化的濡化結果〔註 77〕。再從另一個角度來看，喬琪的母親平日的溫柔慈愛不過是在「演戲」，假面之後、戲台之下的她其實與在女兒面前的她判若兩人，這與〈最後夜戲〉（1961）有某種相似處。

〈最〉中當金喜仔粉墨登場時，她心裡牽念著的是後台等著吃奶的孩子阿寶，可是到了後台，她不但吸毒，面對哭喊的阿寶也心生厭倦，甚至決定將孩子送人；戲台上她牽念孩子與戲台下她厭倦孩子的心理對照，正好符合「（扮演）慈母」與「（真實）惡母」的兩副情境，這與〈喬琪〉的母親相當類似。陳若曦擅長運用這種寫作技巧，將「戲前戲後」與「慈母惡母」巧妙地作連結，突顯母性的雙重特質，她在九○年代的另一篇〈演戲〉（收入《王左的悲哀》，1995）同樣運用這種敘事模式來描寫一個離了婚但仍與前夫、女兒同住的母親的內心情境。小說中的麗儀和丈夫已離婚五年，但為了顧及年幼的女兒莉莉，三人仍住在同一屋簷下。離婚後的丈夫約會不斷，麗儀卻相反，她為了女兒天天忍氣吞聲地與丈夫扮演恩愛夫妻，「這樣在女兒跟前扮演恩愛夫妻，何時得了呢？演戲總有落幕的一天，她不知道怎麼為自己這場戲拉幕〔註 78〕。」女兒總有知道真相的一天，到時「女兒是感激母親為她犧牲呢？還是埋怨被父母欺騙了？」（56）即使有男子邀約，她心裡歡欣卻又顧慮女兒，「約會從天而降，一時怎麼和女兒解說呢？」（58）她是多麼渴望這場戲趕緊落幕，能夠走下戲台，開展真實的人生。女兒十歲時，麗儀終於決定

從，就有可能失去父愛，而母愛則是無條件地為子女付出。頁 56～60。

〔註 76〕張愛玲〈談跳舞〉，《流言》，台北：皇冠，1991.9，頁 193～194。

〔註 77〕王淑英、賴幸媛〈台灣的托育困境與國家角色〉，收入劉毓秀主編《女性・國家・照顧工作》，台北：女書文化，1997.9，頁 132。

〔註 78〕陳若曦〈演戲〉《王左的悲哀》，台北：遠流，1995.1，頁 55。

告訴女兒事實，「『呀！』莉莉點頭同意，『你們不再吵架了，離婚是好。』女兒簡單的邏輯和欣慰的口吻，大出麗儀的意料，也令她感慨之至。」（60）三十八歲的她鬆了一口氣，「她獲得心靈的自由，今後不必演戲了。」（61）這篇小說題名「演戲」，更突顯了「在子女面前演一齣慈母戲」的隱藏意涵，從六○到九○年代，陳若曦的寫作歷程雖明顯地從存在主義的象徵轉向寫實主義的直舖，但若從〈喬琪〉、〈最後夜戲〉到〈演戲〉看來，她對女／母性的關注，卻是相當一致的。

二、蠶食與鯨吞女兒的青春

在現代主義作家的惡母書寫中，有另一個聚焦是放在母親與女兒的關係；這一類的「惡母」通常把自己婚姻的不幸與憤懣發洩在女兒身上，或拆散女兒的戀情，或搶奪女兒的情人，或無情嘲弄女兒……，她們利用母權，竭盡所能地施展其變態的心理，直到女兒的世界徹底崩潰，這其中隱藏最深的無非是對女兒青春年華的嫉妒。

孟絲〈燕兒的媽媽〉（1969）敘述南珊為大學落榜的女兒燕兒找家教，經由鄰居介紹，她認識了吉鷗，「南珊只望了他那麼一眼，便對這年輕人有種奇異的喜悅。也不知是他那微帶憨氣但卻特別高的單薄身架，還是他那股落拓的沾著點農村樸實的氣質，令她毫不猶豫地便接納了他。〔註79〕」南珊答應請他當女兒的家教，並以食宿交換學費，「浮在吉鷗臉上那層靦腆的神色更濃，南珊對他那種異樣的喜悅也更深。」（27）南珊年輕時適逢戰亂，十七歲逃亡的她為了生存與未來，嫁給大她二十歲的尹鵬當姨太太，儘管衣食無虞，卻總是被尹老太太鄙夷唾棄，青春也一年年在婚姻的空虛中消逝，「在尹鵬的心裡她是搓在手裡的一朵蓮，一件飾物，一樣無足輕重的小玩意兒。」（33）當她無意間發現十八歲的燕兒與二十三歲的吉鷗相戀時，她以誘騙少女為由，將吉鷗趕出家門，硬是拆散兩人的戀情，「燕兒，媽媽是為你好！你還在和媽媽生氣嗎？」（36）在母親眼裡，燕兒向來是個乖巧柔順的女孩，「這一次燕兒竟背著她和吉鷗好起來，南珊除了有種被背叛被欺騙的忿悶外，還有一種濃重而強烈的嫉妒。那也許不屬於普通的母女之間。然而南珊確是嫉妒得發狂。」（38）為了撫平女兒的情緒，她不斷訴說自己可憐的身世，希望因此得到燕兒的諒解，「『你不要太逼我了，媽媽！』……自

〔註79〕孟絲〈燕兒的媽媽〉《白亭巷》，台北：仙人掌，1969.11，頁26。

燕兒能理解人事的時候，她便重重複複地向她敘說，敘說那些貧窮的日子，
戰亂的慘酷，及自己深受的種種不幸。燕兒總以無盡的忍耐接納媽媽的嘮
叨。」（38～39）南珊留吉鷗當家教多少因為他長得酷似自己年輕時的某個
戀人，「好多年過去了。這件事偶然仍會沒什麼來由地跳入記憶中樞，清晰
詳細地複述一次，尤其當尹鵬不在家的時候。⋯⋯吉鷗的神采有那麼多與那
人相似之處。」（54）正因如此她無法接受女兒和吉鷗的戀情，再加上「吉
鷗看她永遠以一種尊重年長婦人的目光，而凝望燕兒時卻滲合了迷亂、欣
慕、和深穆無涯的神秘。必然是那絲痛悼永恆失落的青春，令她妒嫉，沒法
忍受吉鷗和燕兒交互的眼光。」（54）所以她寧可看女兒陷入痛苦，也不成
全他們。

　　同樣是寫於六〇年代，孟絲的這篇小說與文藝通俗作家瓊瑤的《窗外》
（1963）在情節上有相當雷同之處，兩篇小說都著力在描述母親竭盡所能（卻
也輕而易舉）地拆散十八歲女兒的初戀，理由都是「媽媽是為了妳好」；兩
篇小說也在母女衝突的鋪陳上有精采的敘述，只不過，《窗外》裡江雁容的
母親反對女兒談情的理由純粹是因為師生戀，〈燕兒的媽媽〉裡的南珊反對
女兒戀愛的原因卻是比「師生戀」複雜多了。

　　南珊的美貌固然讓她在戰亂中攀得一個安身之處，但是在這個沒有名份
的婚姻裡她飽受奚落，與大她二十歲的丈夫也幾乎毫無愛情可言，她的青春
在生兒育女的平乏日子裡逐漸流逝，眼看美貌姿色就這麼枉然了，直到吉鷗
的出現。吉鷗喚起了她年輕時期與某個戀人的記憶，也喚起了她未盛開便枯
萎的少女情懷，這種種私密的因素其實才是南珊決定請吉鷗當孩子家教且答
應讓他住進家裡的主因。也因為如此，當她發現女兒與吉鷗相戀的事實，她
內心湧起的情緒便不只是一個母親的震驚，而是一個（中年）女人對另一個
（年輕）女孩的嫉妒與恨意。小說進行至此，南珊才開始伸展其「惡母」的
魔爪——對她春青正盛的十八歲女兒。表面上她假保護女兒的說辭，以一個
母親／長輩／倫理道德的角度厲聲指責兩個年輕人的「師生戀」，實際上卻是
在宣洩自己不幸的身世、悼惜失落的青春，以及對女兒的報復。尤其，在她
蠻橫地犧牲女兒的戀情來發洩自身的忿懣之際，表面上卻對女兒一再地柔情
安撫與悲情勸導，更顯現出一個母親陰險幽暗、乃至恐怖的一面，貝蒂・傅
瑞丹（Betty Friedan）曾言：

　　　　她的母性行為正是為了尋求情感上的補償，彌補生活加諸於她的自

> 我的打擊。……總括來說，她一切都在替他們著想，有時是強硬而
> 任意的，但更多的時候是溫柔、好言相勸且有點迂迴的。……最常
> 出現是間接的方式，用某種方法讓孩子感覺到媽媽的傷痛，並讓他
> 們千方百計地彌補這個創傷〔註80〕。

這樣的「母性行為」令人難以忍受，但是文中的燕兒因為從小就學會忍耐接
受母親無盡的嘮叨與幽怨身世的敘述，以致成長之後被母親拆散戀情時即使
不滿也不敢抗議，這一點與《窗外》中江雁容與母親正面衝突的情節大不相
同，但也因此，更增添了燕兒的悲劇色彩。

　　燕兒那一副在母親面前隱忍順服的模樣很符合所謂「母親的偉大女兒」
的形象，偉大女兒的「代價就是和自己真實的感覺疏離。取而代之的，是她
依賴對母親和他人欣賞的態度來獲得自尊，而這種欣賞的態度，她自己的內
在其實是十分瞧不起的〔註81〕。」燕兒並非不想反抗，而是長期忍耐順從（母
親）的日子讓她失去了用言語和行動來爭取自我命運的能力。燕兒越是柔
順，南珊越無視其主體性（越能讓她任意施展惡母的一面），在她眼裡，這
樣的女兒不過是自己宣洩情緒的一個對象，她要左右女兒的愛情更是輕而易
舉。值得注意的是，在這篇小說中，南珊對丈夫的討好順從和對女兒的跋扈
蠻橫形成了一個強烈的對比，這是一個微妙的地方，如蘇芊玲所言：

> 不管在家庭內外，當女人遭遇時，往往以非常個人的方式因應，或
> 退縮、或妥協，儘管把理由說得冠冕堂皇，女人真正懼怕的還是與
> 男性之間的親密關係發生動搖，因此她們從不願挑戰男性的權力，
> 也不敢輕易與男性發生衝突，而將所有的慾望、矛盾、不滿移轉到
> 週遭比自己弱勢或一樣弱勢的人身上，譬如自己的母親、子女、或
> 其他女人。從這個角度而言，女人的不誠實待己以及懦弱恰與男性
> 文化形成了共謀的關係〔註82〕。

南珊將自己對丈夫的隱忍不滿移轉到女兒身上，這自然又是一個壓迫弱勢者
的惡性循環，南珊非但未因此而快活，反而還毀滅了女兒的人生，多年之後，

〔註80〕　貝蒂‧傅瑞丹（Betty Friedan）著，李令儀譯《女性迷思》（*The Feminine Mystique*），
頁290。

〔註81〕　珍妮特‧謝爾絲（Janet Sayers）著，劉慧卿譯《母性精神分析——女性精神分
析大師的生命故事》（*Mother of Psychoanalysis: Helene Deutsch, Karen Horney,
Anna Freud, Melanie Klein*），頁131。

〔註82〕　蘇芊玲《我的母職實踐》，台北：女書文化，1998.9，頁237。

一向順從的燕兒是否會變成另一個「小南珊」？（就像張愛玲〈金鎖記〉裡的姜長安成長之後變成了另一個「小七巧」）這倒是此篇小說可以繼續延伸的地方。

在孟絲〈燕兒的媽媽〉裡，母親即使再妒恨女兒，頂多也只是（暗地裡）拆散女兒的戀情，但這類小說到了李昂的筆下，母親伸展出的「魔性」之爪可沒這麼簡單；李昂〈西蓮〉中的母親不僅僅一次又一次地拆散女兒的戀情，甚至，把女兒的丈夫也當成自己的「丈夫」。〈西蓮〉（1973）的時代背景放在日據時期，「早在久遠的四、五十年前，陳家就一直是鹿城居民最好的閒談資料，而陳西蓮的母親，無疑是引起紛爭最多的一位。〔註 83〕」陳西蓮的母親自幼聰敏，很得一位遠房有錢的表姑的喜愛，也因她的資助，完成女高學業，「再加上頗有幾分姿色，不久，她作了陳家的媳婦」（9）。婚後丈夫繼續到日本讀書，卻與當地女子同居，陳西蓮的母親赴日本證實之後，「提出離婚的要求，在短期間和丈夫談妥一切條件，甚至分好了一份她該得的家產，……那時距她產下陳西蓮也只不過二、三個月的工夫。」（10）離婚後她守著女兒在那棟從夫家爭奪而來的大房子裡安靜度日，誦經念佛，數十年如一日，「許多人更開始相信，一個會信佛的女人，也作不出什麼壞事，雖然那時陳西蓮的母親正值三十幾歲。」（11）當年資助陳母的遠房表姑成了她唯一的知交，透過這位表姑的口中親朋得知，「在產下陳西蓮之後，作母親的已有如此終了一生的打算，所以為女兒取名西蓮，取西天極樂界裡不衰不死佛陀的座上蓮花的意思。」（11）陳西蓮高女畢業後，即將與指腹為婚的堂哥結婚，母親卻以拒絕再與陳家有任何關係為由，強力阻斷了這段姻緣，「陳西蓮的婚事受到挫折，她劇烈的和母親爭吵，誰也想不到那個蒼白的國小女教員，會當著母親摔毀一套珍貴的清朝瓷器。」（12）之後陳西蓮與同校的男老師相戀，也受到母親嚴厲的禁足，「陳西蓮不再是一個負責認真的老師，同時她可怕的蒼老消瘦下去，……而年屆四五十的陳西蓮母親，竟好似越來越年輕。」（13）鹿城的人們開始猜疑，到底是什麼「可使得一個臨近五十歲守活寡的女人如此的光彩？」（14）陳母不久生病，多位名醫看診都不見起色，直到改由一名年輕的醫生，她的病才好轉。病癒後，年輕醫生仍出入陳家，「有時候，甚至是極深的夜裡。好事的人幾經探查的結果，發現了母親和這男子的姦情。這一段

〔註 83〕李昂〈西蓮〉《殺夫》，台北：聯經，1983.11，頁 9。

不正當戀情的結果是女兒嫁給了這年輕醫生。」（14）婚後陳西蓮與丈夫小孩搬來與母親同住，此時已為人母的她「顯現了對財富激烈的要求，……陳西蓮接管起家中的經濟大權，她開始獨立了。」（14）鹿城的人們仍喜愛在閒談中提及陳西蓮母女，他們都說，陳母「的確為她的女兒取對了名字，在現世因果的相報裡，那西天佛座上的蓮花，始終盡了最大的力量替作母親的解決了許多的困難。」（15）

李昂的〈西蓮〉寫於七○年代，這篇小說是她一系列的「鹿城故事」之一。持平而論，這些「鹿城故事」的場景雖然放置在鹿港，但是，裡面的每篇小說都與「鹿港」無關：鹿港的風土民情、歷史變遷等等，李昂著重的仍是女性的（愛慾）議題，與她現代主義時期的文學關注並無太大差異。她的小說從一開始就沒有離開慾望／性／權力彼此互涉的主軸，而且側重於人物內心的刻劃，這自然與她深受現代主義文學的啓蒙有很大的關係〔註84〕。李昂發表於七○年代的「鹿城故事」的動機雖然是想從一個拘泥於存在主義與心理分析的小說書寫模式跳脫出來，跨越到寫實的層面，但她並非以一個「鄉土文學家」的身分去寫她的故鄉鹿港〔註85〕，因此，如果將她的作品與黃春明、宋澤萊等以描寫中下階層的市井小民為重心的小說相較，從而批評她的鹿城故事「是無法為鹿城從輝煌演變到敗落這段時期作任何的見證〔註86〕」，並認為李昂「以所謂知識人高高在上的姿態，帶著幾分硬是塗抹上的都市文明的驕傲，描寫純樸的鄉土〔註87〕」，這樣的評論不僅有欠公允，也忽略了李昂這

〔註84〕 李昂在接受邱貴芬的訪談時說：「我一直強調我受到現代主義潮流的影響，裡面當然包括佛洛依德的心理分析，他把性放在那麼重要的位子裡，這在我的成長過程當中，絕對有很大的影響。」邱貴芬《「（不）同國女人」聒噪：訪談當代台灣女作家》，台北：元尊文化，1998.3，頁 100。

〔註85〕 李昂在〈寫在書前〉一文中提及，自己興起寫鹿港故事乃因為厭倦了心理分析與存在主義的小說形式與內容，想為自己的文學創作找新的出路。她說：「那時尚未曾聽聞有關『鄉土文學』，我也只是按一個作家必然發展的路線，回來寫自己的家鄉，毫無標榜意思也不是跟隨潮流。……當初寫『鹿城故事』，鄉土文學尚未成為潮流，等它成為一個盛大的文學潮流時，又因著身在國外，無從參與。」此文收入《殺夫》。

〔註86〕 陳映湘〈初論李昂〉，引自彭瑞金〈現代主義下的鹿城故事〉，《書評書目》第54 期，1977.10，頁 33。

〔註87〕 彭瑞金〈現代主義下的鹿城故事〉，頁32。彭在文中舉〈西蓮〉為例，認為陳西蓮母女這未受鹿港風土浸漬的人物竟也能成為鹿城故事的主人，實在是一缺失。他覺得李昂一系列的鹿城故事「只應被列為街坊巷弄茶餘飯後的閒話，不應冠上鹿城的標記。」頁33。

一系列小說中所要傳遞的（女性）意旨〔註88〕。

〈西蓮〉探討的除了母女之間的衝突與緊張關係之外，描寫更爲突出（也更令人顫慄）的乃是寡母透過對性／慾望／經濟權的絕對掌握，徹底毀滅了她的女兒。小說一開始採取的是「訴說舊聞」的敘事方式，增添些許故事的眞實性與神秘性，篇幅相當短，但情節很多，跨越的時空距離也很大，小說場景放在鹿港別有深意，李昂說：「我的小說發生在鹿港，那裡有特有的長條街屋，前面是小小的店面，後頭往往是緊靠著小溪什麼的。長長的街屋中，往往只靠一個個小小的天井來採光，……這樣的建築格局，在其中描繪那種走不出去的女人，陷在陰暗的、小小的空間裡〔註89〕。」陳西蓮的母親自從離婚之後，與女兒相依生活，日子平淡安靜，陳母多年來寂然的內心首度被掀動乃因爲女兒高女畢業，準備要與指腹爲婚的堂哥結婚──女兒即將結婚，擁有美好的人生，而她卻得繼續且永遠守著這間空蕩蕩的大屋子（人生已無翻身的機會），於是她施展了母親的權力，阻止這段姻緣，並把理由歸咎於上一代的恩怨，蒼白柔弱的陳西蓮因此與母親劇烈爭吵。也是因爲這次母女之間的劇烈爭吵，陳母意識到女兒似有擺脫她以求獨立的意圖，促使她從此更全面地掌控女兒的人生。

從小說的脈絡讀來，離婚、金錢、房子都是陳母一手爭取而來的，這樣一個「全盤通吃〔註90〕」的角色，豈有讓女兒「自由」的餘地？作爲母親的她亦明白，要掌握女兒的唯一方法便是控制她的性與愛情，甚至還能利用這一點來滿足自己的愛慾，如南西・邱多若（Nancy J. Chodorow）所說：

〔註88〕 例如蔡英俊言：「如果說李昂眞的有心處理傳統社會中婦女所扮演的角色地位，那麼，一系列短篇的『鹿城故事』才是李昂的代表作品。」他並認爲小說中陳西蓮等人的掙扎與哀傷，都「隱含著深沉的人性的律動」。〈女作家的兩種典型及其困境──試論李昂與廖輝英的小說〉，《文星》第 110 期，1987.8，頁 98～99。

〔註89〕 游惠貞採訪〈月光下我記得──李昂、林正盛、楊貴媚的三角習題〉，《聯合文學》第 245 期，2005.3，頁 52。李昂的這篇〈西蓮〉曾拍成電影，導演爲林正盛，改名爲〈月光下我記得〉，並將鹿港的背景更改爲台東，此點讓李昂頗不贊同。

〔註90〕 李昂：「〈西蓮〉這篇小說裡很清楚地表明，母親在她可以掌控全局的時候，顯然她贏得一切。一直到女兒長大，可以拿走主控權的時候，情況才改變。……我這個母親是個『全盤通吃』的角色，她可以年紀輕輕就跑去日本離婚，還留下錢和孩子，最後還有她的生活，這些在儒家傳統裡都是少見的。」游惠貞採訪〈月光下我記得──李昂、林正盛、楊貴媚的三角習題〉，頁 53。

> 當女兒開始在心智上將自己與母親區分開來，並在身體上也試圖和母
> 親分開時，這些母親卻開始呈現出一種「過度共生的」(hypersymbiotic)
> 狀態。……她們現在開始把心神專注在女兒身上，自戀地將女兒當作
> 自己生理與心理上的延伸，把自己的身體感覺歸因到她們身上。母親
> 控制了女兒的性，而利用女兒來滿足自己的自我愛慾〔註91〕。

西蓮一次又一次藉著愛情逃脫母親，母親也一次又一次地拆散她的戀情，這
似乎是母女關係中最為陰暗之處：不管女兒再怎麼努力逃離，只要這個「惡
母」還存活世上，女兒的命運便註定牢牢被囚禁在母親的手上。從另一個角
度視之，文中的陳母要掌控的也不只是女兒的愛情或自由，她要主宰的甚至
是女兒的「生與死」。文中的陳西蓮到後來迅速可佈地衰老下去，而母親整個
人卻「浮出一種奇特的柔媚和愛嬌，形成豐艷的異漾青春」(13)，這樣顛倒
自然、違反倫理親情的母女關係是之前的女性作家不曾描繪的，因為這其中
似乎已經沒有任何的愛，只剩恨與欲〔註92〕。

　　然而李昂要描述的人性陰暗面卻不止如此，她最擅長鋪陳的「性與權力」
這一區塊也此文最高潮之處：陳母和一位年輕醫生發生關係，最後是將女兒
嫁給了他，甚至到後來三人同住一屋簷下。中年的寡母與年輕的男醫生發生
關係，最簡單的解釋是寡母以此「滿足性慾」，但是，陳母想要藉著與一個年
輕男子的性愛關係尋回自己的青春恐怕才是她內在真正的慾望，這種行為與
她一再地拆散女兒戀情一樣，雜揉了對青春／愛慾的嫉妒與渴求，西蒙‧波
娃（Simone de Beauvoir）提及：

> 有些熱情而專橫的母親，把女兒當成自己的再生，她想以她的豐富
> 經驗來重新過一次青春的生活，她以為如此便可以彌補她逝去的日
> 子。……她通過對女兒的關切來取代女兒的生活，有的母親甚至把
> 女兒的追求者帶到自己的床上去〔註93〕。

〔註91〕南西‧邱多若（Nancy J. Chodorow）著，張君玫譯《母職的再生產：心理分析
　　　　與性別社會學》(The Reproduction of Mothering:Psychoanalysis and the Sociology
　　　　of Gender)，頁 127。
〔註92〕王德威：「作母親，也要作女人。六○年代以來，越來越多作家注意到『母』
　　　　性與『女』性兩者間微妙的張力。而此一張力往往表現在母親對性角色的尷
　　　　尬立場上。……連繫母女親情的，不只限於冰心早年歌頌的愛，也有恨，更
　　　　有欲。」〈作母親，也要作女人〉，《小說中國──晚清到當代的中文小說》，
　　　　台北：麥田，1993.6，頁 323。筆者認為李昂這篇小說中聯繫母女親情的似乎
　　　　只有恨與欲。
〔註93〕西蒙‧波娃（Simone de Beauvoir）著，楊美惠譯《第二性》(Le Deuxieme Sexe)

文中陳母將女兒嫁給與她發生關係的男人，這其中有種十分黑暗的、惡毒的，甚至可說是亂倫的東西〔註94〕；母親把自己一生的不幸透過「性」丟給另一個（女）人，小說進行到此，性與權力的互涉關係才彰顯出來。陳母的髒與罪，最後是女兒西蓮（西天佛座上的蓮花）來承受、解決以及贖罪。

一個母親年輕時因為被丈夫背叛而後極力阻斷女兒的婚戀，甚至因此毀滅女兒人生這樣的作品，早在李昂這篇小說發表之前便出現過，瓊瑤的〈三朵花〉（收入《六個夢》，1966）便是一例，只不過，李昂筆下的「惡母」是更無情陰暗，也更殘酷。〈三朵花〉裡那三個青春正盛的女兒最後的結局分別是自殺、發瘋和出走，而〈西蓮〉裡的女兒結婚生子，好端端的「活」了下來；比起瓊瑤小說裡的那「三朵花」，李昂筆下的這朵「蓮」到底是幸還是不幸？婚後為人母的陳西蓮開始激烈地要求財富，且掌握經濟大權，這一點頗值得注意，西蓮的一生之所以受制於母親，很大的因素在於母親掌握了經濟權，如果現今她也能緊握家中的經濟權，是否也能控制身邊的親人（尤其是母親）呢？女性與經濟層面的思考一向也是李昂所關注的議題〔註95〕。

叢甦的〈百老匯上〉（1976）也值得一提。四十歲未婚失業的華人金敏獨居在百老匯上的一棟灰舊的大樓裡，在某次與心理醫生的會診中，她透露了自己有一個對家人充滿恨意的母親，「我媽媽恨生孩子，恨做女人，我從小就聽她說做女人是多麼受委屈的事，……我媽媽並不需要任何人的愛，她個性強，很獨立，她並不需要我或者我父親，我們只是她的累贅，……有一次她過生日，我採了一些野花，編了一個小花圈，要掛在她脖子上，她一把扯了下來，花瓣散了一地，……她從來沒有愛過我！我恨她！〔註96〕」母親不准她交男朋友，但卻又常常嘲諷年過三十還未出嫁的她，「她說我是個『大失敗』……你怎麼做都不會討她好的。」（26）如今金敏已經四十歲，沒錢、沒

（第二卷：處境），頁 212。

〔註94〕李昂：「母女兩人之間的彼此競爭、彼此照顧，相互依賴卻又相互仇視，這種母女關係的矛盾可以說是永恆的題材，但是我的小說裡面有個很黑暗的部分，就是母親把和自己發生關係的男人弄去給女兒當丈夫，這中間有個非常陰暗的，可以說是亂倫的東西這裡頭。」游惠貞採訪〈月光下我記得——李昂、林正盛、楊貴媚的三角習題〉，頁51。

〔註95〕邱貴芬便認為，「李昂創作還有一個相當不同的地方，就是暴露性別關係裡潛藏的經濟因素。有關女性與經濟層面的思考是李昂創作的一大特色，這在台灣女性創作裡並不多見。」《「（不）同國女人」聒噪：訪談當代台灣女作家》，頁94。

〔註96〕叢甦〈百老匯上〉《想飛》，台北：聯經，1977.7，頁 24～25。

玩過、沒朋友，覺得自己真的是母親說的「大失敗」。某夜在電梯裡她被一個波多里哥男人強暴，因受驚過度，金敏將自己關在公寓整整十天，然而在心理醫生的面前，她除了道出恨母的情結之外，什麼都沒說。波多里哥男人三番兩次打電話騷擾她，她不但不更換電話號碼，竟還穿起透明睡衣，抹上香水，黑暗中等待電話響起。

　　叢甦的這篇小說與於梨華的〈月兒彎彎照九州〉（1993）雖然發表的時間相隔近二十年，卻有幾乎相同的情節出現，首先小說都是從一個華人女病患與一個外國女心理醫生的診所場景拉開序幕，然後女病患娓娓道出自己從小得不到母愛、恨母的情緒，兩篇小說的母親也都是個性獨立、視家庭為累贅的女性，雖然影響女兒的人生發展不一樣，但導致結果都是異常的。如此雷同的兩篇小說出自兩位現代主義女作家的手中，除了巧合，也令人不禁感嘆，她們可選擇的文學題材與生活圈子著實有些狹窄！這篇小說與上述孟絲和李昂的作品一樣都是在處理「惡母」與「母女衝突」的議題，只不過小說中的那位「惡母」始終沒有出現，她的惡行惡言都是透過女兒的口中陳述出來的，這一點與上述兩篇完全不同，它著眼的比較是「脫離惡母之後女兒的人格發展」這一部分。

　　文中的母親是一個拒絕當女人／母親的女性，但她仍然走上結婚生子這條路，並將內心對家庭／妻母角色的厭惡和不屑發洩在丈夫和女兒身上。金敏的母親「是她那一輩裡的少數的受過教育的女人之一，她老說要是沒有我和父親，也許她老早就成了大業，出了大名。」（25）她不同於上述那些寡居或者離婚的母親們將自己婚姻的不幸移轉給子女，文中這位受過教育的母親最大的「惡」在於，她不甘於接受「對自己人生做出錯誤的決定」（即結婚生子）這個事實，又沒有回頭的餘地，於是她將這種內心的悔恨與痛苦全部發洩在女兒的身上。西蒙・波娃（Simone de Beauvoir）有段話說：

> 女兒年齡越大，母親的埋怨越深；她一年一年地衰老，女兒卻一年一年地發育成人，像一朵盛開的花，母親認為女兒的前程是從她身上盜取過去的。……年輕女子不像老輩的女人已注定要終身從事反覆不休的家務，她有許多還未被限定的可能性，這種機會也使得母親妒羨和懷恨。母親想盡辦法去減少或取消這些機會：她把女兒關在家裡，監視她，壓制她〔註97〕。

〔註97〕西蒙・波娃（Simone de Beauvoir）著，楊美惠譯《第二性》（Le Deuxieme Sexe）（第二卷：處境），頁 128。

在叢甦的這篇小說中，母親妒羨或懷恨女兒並不是因為她的美貌等等外在因素，而是女兒年輕，有一大段未開發的前程以及「許多還未被限定的可能性」，而她的人生卻已經無法重新來過了，這是她如此妒恨女兒（一個年輕的女子）的主因。母親異常的心態演變成不斷在精神上對女兒施虐，直到女兒的心理也異常，甚至瀕臨崩潰。最明顯的是金敏的母親既不准她交男友，又要她結婚，且嘲諷她是個「大失敗」──母親將女兒置於掌中隨意戲弄、任意糟蹋，直到後來金敏自認「也許我真是個『大失敗』。」（28）季季說：「叢甦的文字一貫是緊湊有力的，最擅長描寫人的焦灼、苦悶與慾望的傾軋〔註98〕。」閱讀此作，確實令人感到一種無出路的苦悶與灰暗。

　　金敏因為從小缺乏母愛，自然對母親有怨言，但影響最大的乃是種種的母女衝突造成她日後的人格扭曲，精神分析家卡倫‧荷妮（Karen Hormey, 1885～1952）認為：

> 精神官能症的原因是由於父母的苛待或者缺乏母性的溫暖（並非如佛洛伊德所說是性本能的潛抑），尤其是後者所導致的對他人產生敵意和對愛的渴求，這些都是逐漸造成一個人自我實現潛能（self-realizing potential）的缺損，使其充滿挫折、憤怒和威脅，進而產生所謂的「性格防衛」（character defences），例如：不停地更換伴侶、情感的疏離、禁慾主義及女同性戀等等都是〔註99〕。

金敏在黑暗中穿上性感睡衣，抹上香水，等待波多里哥男人在半夜打電話「騷擾」她，這種病態的行為是否也是另一種形式的「愛的渴求」？在成長的過程中，她是多麼渴求母愛，卻又因此遭受難以彌補的創傷、失望與憤恨──「在所有的親子關係當中，母女關係擁有最豐富的潛力，最能達到感情親近的狀態。同時，這種關係也最容易引起失望和憤怒〔註100〕。」這篇小說有一個值得深究的是，在心理醫生面前，為何金敏要隱瞞被強暴的事實，反而滔滔不絕地訴說自己恨母的情緒？「她感覺到醫生並沒有幫她些什麼忙，只是聽她發了一些牢騷，引得她說了一些她一生裡從來不敢說的話，也發洩了一

〔註98〕季季〈關於「六十五年短篇小說選」〉，《書評書目》第49期，1977.5，頁125。

〔註99〕珍妮特‧謝爾絲（Janet Sayers）著，劉慧卿譯《母性精神分析──女性精神分析大師的生命故事》（*Mother of Psychoanalysis: Helene Deutsch, Karen Horney, Anna Freud, Melanie Klein*），頁184～188，193。

〔註100〕海瑞亞‧勒那（Harriet Lerner）著，汪芸譯《與兒女共舞：母親的成長之路》（*The Mother Dance: How Children Change Your Life*），頁212。

些她一生裡從來不敢發洩的情感。」（29～30）對金敏來說，獨自在異鄉被黑人強暴固然令她身心受創，痛苦萬分，但在她四十年的人生裡，更痛苦的卻是「長期被母親用言語強暴」這件事，因此她在心理醫生面前宣洩的完全是與母親相關的情結，至於其他都是次要了。

閱讀現代主義小說家的「惡母」系列，尤其是「蠶食與鯨吞女兒的青春」這一部分，總會令人無端驚悚，甚至會問：一個不快樂的母親爲何非得以毀滅女兒的方式作爲發洩的管道？女兒何罪之有？劉惠琴言：「對母親們自己而言，看見女兒們的困境，亦會勾起自己被迫堵在牆內的委屈與怨恨，母女之間共同面對她們身爲女性的困境。……母親們應有自覺，做個不一樣的母親，做個具改革父權社會價值的『革命性母親』（revolutionary mothering），要能鼓勵女兒們的抗拒，將抗拒轉化成生命力量的實踐，而不陷入傳統的母女情結的糾結中〔註101〕。」但是，自六〇年代以來，「革命性母親」在文學裡幾乎是絕跡的，一路所見的多是「陷入傳統的母女情結的糾結」的母女關係，這種情形一直到陳若曦〈玫瑰和菖蒲〉（收入《王左的悲哀》，1995）這篇小說的出現，才終於讓我們看到一個婚姻不幸福的母親不再將內心的憤恨不平加諸在女兒身上，甚至因爲母親自己勇敢走出婚變的陰霾，放下對丈夫的仇恨，給了女兒一個光明的人生啓示。

第四節　流離的母群

六、七〇年代留學異鄉的作家寫出來的小說大多充斥著失根、徬徨的情緒，這當然與他們的異鄉經驗有關，但即使在台灣，這種流離失所的感懷也是存在。被喻爲「無根一代的代言人」於梨華在《又見棕櫚、又見棕櫚》裡描寫的牟天磊就是典型的一個宛如浮萍般飄蕩四方的無根人，即使如此他尚且存活著，白先勇〈芝加哥之死〉筆下的吳漢魂在無家可歸之下選擇的是帶著苦讀完成的學位結束了自己無根的生命，叢甦〈半個微笑〉中的林萍也在根無著落的情況下自我結束生命，張系國的〈香蕉船〉與〈藍色多瑙河〉依舊以「死亡」作爲遊子漂泊的終點站〔註102〕。無根、漂泊是那個時代留學生

〔註101〕劉惠琴〈母女關係的社會建構〉，《應用心理研究》第 6 期，2000.6，頁 100。
〔註102〕劉秀美〈略論留外華人小說中主題意識之轉變〉，《文訊》第 172 期，2000.2，頁 37。

的確切心境，然而女留學生結婚生子，有家庭有子女之後呢？是不是人生從此安穩了？從吉錚、於梨華等發表於六、七○年代的母親書寫裡，我們看見的仍然是一個個不快活的、無力的、沒有人生方向的母親。這種情況當然與她們身處異鄉有極大的關係，因為長時間失去母土的飄零感使她們即使在另一個國度自組家庭，仍然有無根、流離之憾，但除此之外呢？這些母親們衣食無虞，家庭尚稱美滿，從世俗的眼光看來，她們是一無所缺，然而她們卻同時感到一無所有，甚至兒女成長之後，更有一種不知何處是家的蒼涼，這是此時期的母親書寫的另一個面向，值得細細探討。

一、安穩，仍是不快活的邊緣人

　　吉錚〈會哭的樹〉（1965）以第一人稱的筆法寫一個留美畢業後走入婚姻成為全職主婦的女性的種種心境。在寫給友人的信裡，她回憶，「到必唸的書唸完了，手裡捧著一頂黑色的方帽子，心裡會突地一空；何去何從？大公司裡小職員，小公寓裡的長期住客？結婚似乎比唸書更必然而且自然，不結婚做什麼呢？不結婚既不邏輯，也不安全。〔註 103〕」婚後七年，她將自己埋在家庭裡，「我已不僅為人妻，而且為人母，惶恐之外，持家理財是必修科，……一個普通的 Homemaker 是廚司、洗衣婦、褓姆、護士、司機、女秘書、女管帳的總合，忙碌不可免，而忙碌是可耐的，不可耐的是你信中所說：『那一室的寂寞』。」（5）這種單調乏味的生活日復一日，年復一年，生命中還有什麼是令人歡樂的呢？「自己的孩子大概是一個人所能擁有的最珍貴的寶藏了，而世間任何珍貴的東西都要求代價，做母親，尤其做一個問心無愧的好母親就是付出自己，你的時間，你的精神，你的勞力，你的嗜好，甚至你的思想。」（5～6）她也感嘆與朋友相聚的話題如今只繞在孩子丈夫金錢之類，所謂的文學藝術繪畫音樂等等似乎遠遠離去了，「出了洋，留了學，仍然跑不出一個這樣狹窄的生活圈子。……怨誰呢？……怨丈夫是不公平的，怨孩子是不人性的，丈夫是紮實可靠的好丈夫，孩子是聰明可愛的好孩子，家是衣食無憂的好家，多少人羨慕的理想家庭，那麼，說什麼？」（7）她比喻自己婚前如浮木，此時如一棵生根的樹，孤立單調，只默默存在，會成長，也會哭。

〔註103〕吉錚〈會哭的樹〉《孤雲》，台北：水牛圖書，1985.12，頁 4。

　　吉錚是六○年代與於梨華、孟絲並列為最傑出的旅美作家之一，這篇小說採第一人稱，以「我」作為出發點，小說裡的種種情境是吉錚剪裁自己生活裡的悲喜付諸文字，名符其實的「極真」小說，因此，可將〈會〉視為吉錚之部分傳記〔註104〕。於梨華稱讚此文，認為吉錚把女留學生如何屈服在現實生活中的悲哀與無奈整個傳達了出來，她說：「從這篇文章，聯想到 Virginia Woolf 所說的一句：「only honest people are the artists.」……〈會哭的樹〉就好在這個『真』字〔註105〕。」這個「真」講得更明白點，便是「把夢頂在頭上的大學生，到把夢捧在手中的留學生，到把夢踩在腳下的家庭主婦的女性心理刻劃得絲絲入扣〔註106〕。」同樣是描寫家庭主婦困囿於瑣碎家務和狹小環境，這篇小說與大陸遷台女作家艾雯、畢璞（論文第三章）最大的差異在於，文中的母親無從怨尤：丈夫、孩子、經濟，以及自己的留學夢，沒有一樣是欠缺的，她的生活一切都令人滿足，但生命卻是那樣無力、不快活。六○年代的留學風氣雖然興盛，但是真正能夠出國者並不多，尤其是女性，而且也非所有留學者都能順利畢業〔註107〕。小說中的女子（其實是吉錚本人）順利地完成留學夢，在台灣的她想必是同輩裡的佼佼者〔註108〕，亦是父母眼中的掌上明珠，可是畢業之後呢？她想到的不是回國貢獻所學，也不是在美謀職，竟只是「結婚」！這樣的「安全選擇」意味著什麼？算不算是一種逃避現實呢？如果一個女子千辛萬苦出洋留學完成學業，最後仍然回到「女性迷思」（the feminine mystique）的生活〔註109〕，那麼，「留學」對女人而言真正的意義究竟是什麼？

〔註104〕闕瀅芬〈極真——吉錚〈會哭的樹〉〉，《中國語文》第 556 期，2003.10，頁85～86，88。

〔註105〕於梨華〈一信代序〉，收入吉錚《孤雲》，台北：水牛圖書，1985.12，頁2。

〔註106〕蔡雅薰〈台灣留學文學到移民文學的發展與近況〉，《文訊》第 172 期，2000.2，頁32。

〔註107〕闕瀅芬〈從於梨華、吉錚論「留學生文藝」之多元發展〉，《東方人文學誌》第 2 卷第 3 期，2003.9，頁248。

〔註108〕吉錚當年考取台大外文系，唸了一年之後就出國留學，申請獲准進入美國貝勒大學（Baylor University Waco, Texas）修讀英國文學，三年後以優異的成績畢業。參見闕瀅芬〈極真——吉錚〈會哭的樹〉〉，頁86。

〔註109〕「在女性迷思的說法裡，對一個女人來說，幻想著開創前程或對未來滿懷夢想都是沒有出路的。她唯一可以實現的夢想就是當孩子們的媽，或是當她老公的太太。」貝蒂‧傅瑞丹（Betty Friedan）著，李令儀譯《女性迷思》（*The Feminine Mystique*），頁97。

　　細讀這篇小說，也會令人感慨女子從單身進入婚姻的人生轉變怎會如此巨大？或許這個問題應該說：從男女到夫婦，爲何女性必須要有如此巨大的轉變？孟悅從文化的角度析言：

> 「夫婦」是父系社會規定的性別角色，而不是生理意義上的兩性指稱，這便是「夫婦」與「男女」的重大不同。這對性別角色反覆強調的是女性的屈從，例如，「婦人，伏於人者也。」（《禮記·大戴》）、「婦，服也。」（《儀禮·喪服傳》）、「女子者，言如男子之教而表其義理者，故謂婦人。」（《論語》）若夫婦並提，則必規定道：「夫者扶也，以道扶接。婦者服也，以禮屈服。」（《白虎通》）。由男女而夫婦意味著父系社會的性別角色侵噬了個人的自然生存的過程，或者說意味著個人從自然的生存狀態進入父系社會秩序化、一統化的角色結構並囚禁於角色中的過程。而且，由「男」到「夫」，是男性自身的完滿：成爲「夫」意即獲得某種對他人的權利和社會的信任——一家之主，而由「女」變「婦」，則是自身的喪失〔註110〕。

尤其當了母親之後，家務更繁瑣，自我的空間更少了，露西·伊瑞葛萊（Luce Irigaray）曾言：「母親對於既存社會秩序的（再）生產可說不可或缺（特別因爲母親具有再生產子嗣以及勞動力的功能：透過母職、育兒、一般性的家務操持等）。母親的責任便在於維持社會秩序，毫不介入，不使之發生變遷〔註111〕。」露西強調，作爲母親，女人始終是停留在（再）生產的那一方；所謂「停留在（再）生產的那一方」，也就是吉錚形容自己變成的「生根的樹」。然而，這似乎並非吉錚個人的問題，那個時代的女留學生幾乎在完成學業後都是選擇結婚生子、當家庭主婦這條路，例如於梨華在〈別艾城〉中便提及婚後「我的生活程序包括一日做三頓飯，給孩子們穿衣脫衣，帶他們去公園透氣，陪他們遊戲，伴他們午睡，爲他們勸架，替他們擦淚，送他們上床然後是洗碗、掃地，以及做一切從前做小姐時交給下女做的粗事！如果這就是留學、喝洋水、做洋夢所換來的事實，那麼我何必跑得這麼遠，飛得這麼高，到一個人家並不把妳當一回事的國家裡，做一個在台灣可以做得更

〔註110〕孟悅、戴錦華《浮出歷史地表：中國現代女性文學研究》，頁10～11。
〔註111〕露西·伊瑞萬萊（Luce Irigaray）著，李金梅譯，朱重儀校閱《此性非一》（*Ce sexe quin'en est pas un*），台北：桂冠，2005.2，頁238。

舒服的家庭主婦呢！難道生活就是這般忙碌卻又毫無意義的嗎？……我不是不快樂，而是一種比不快樂更難解釋的空洞〔註112〕。」這群台灣女性菁英份子雖然出國接受西方教育，在西方社會生活多年，可是傳統中國文化裡的性別導向思維仍然將她們一步步定位在妻母職的位置上，尤其是女留學生婚後在家帶小孩，似乎與西方女性的母職觀念也大不相同：

> 對大多數西方國家的女性而言，母性政策隱含的性別意識與相關配
> 套措施，才是左右女性母職實踐策略選擇的主因。相較之下，台灣
> 女性卻忽略母職實踐過程中「國家」與「社會」的集體責任，習慣
> 性地將母職視為女人個人的責任〔註113〕。

相對於西方婦女在育兒這一層面較能運用社會設施（例如托兒所等等），吉錚等在西方社會生活，卻仍實踐著傳統中國文化裡個人化的母職生活，這多少也令人窺見異鄉人無法真正融入當地文化生活的一面。

於梨華〈有一個春天〉（1964）描寫獨自在美國讀書的青年陸瑜到譚伯園醫師家應徵中文家教，因而認識了譚太太韻梅，她是個沉默且近乎冷漠的中年婦人，「女主人抱著剛醒的大白貓，站在閃亮的長窗前看我（指陸瑜），我回頭，看到黑色的椅背，深綠的杯子，肥胖的大貓，女主人瘦削的肩，蒼白，曾經美麗過的臉，她淡漠得幾近冷酷的神情。〔註114〕」醫生丈夫事業忙碌，兒子女兒有他們的社交生活，韻梅總是獨自在偌大的豪宅裡，內心無限孤寂。「她的家，沒有她孩子們浮躁的笑聲叫聲，她丈夫聒噪連串的談話，總是令我覺得窒息，尤其是客廳，永遠負著嚴冬的沉重與冷漠，春天難以進來。」（224）陸瑜雖然認為韻梅那份沉靜的氣質也有另一種美，但他不明白她為何如此冷漠，「譚太太，妳應該常常笑笑，妳有這樣一個美滿的家庭。」（225）在一次偶然的閒談中，韻梅透露了她的內心世界，「他們都不是我的孩子，他們是美國人，而我是中國人！……我完全是孤獨的，我的丈夫有他的事業，……我的兒女有他們的花花世界，……我有時寂寞得想把牆壁抓破，把窗簾撕爛，想把這些漂亮而不會說話的家具敲得粉碎，想把車子開到海裡去！」（227）倆人逐漸產生戀情，她四十三歲，他二十七歲。他們決定

〔註112〕於梨華〈別艾城〉《雪地上的星星》，台北：皇冠，1966.4，頁50～51。
〔註113〕潘淑滿〈台灣母職圖像〉，《女學學誌：婦女與性別研究》第20期，2005.12，頁78。
〔註114〕於梨華〈有一個春天〉《也是秋天》，台北：皇冠，1970.10，頁207。

同赴紐約狂歡一星期，在陸瑜眼中，「她需要子女的愛，丈夫的情慾，母親的憐惜，與朋友的慰藉，這些需要都被拒絕之後，她把自己封錮起來。」（237～238）在紐約的最後一晚，陸瑜向她求婚，她答應，並決定與丈夫離婚。回家後才知兒子費利出車禍成殘廢，此意外喚醒了她為人母的責任，「恐怖的，傷痛的，羞愧的，感動的淚，從她那雙疲倦，緊張而又痛苦的眼睛裡流出來。」（250）她甚至認為兒子出事是上蒼對她的責罰，「這一生我都不能原諒我自己了。……世界上除了母親，誰會照顧一個殘廢者呢？」（257）她決定停止與陸瑜的戀情，「我有一個終生再也看不見春天的兒子，我將為他犧牲其他一切。」（258）

於梨華此篇小說與畢璞的〈再見！秋水！〉（收入《再見！秋水！》，1970）類似，都以描述年輕的男家教對中年女主人心生戀情為主線（但畢璞的小說僅止於對女主人的暗戀，於梨華則進一步鋪陳這段婚外情）；兩則故事中也都出現了穿著鮮豔、充滿青春叛逆性格的女兒，與沉靜／沉默的母親恰成對比；兩篇小說最後的結局都是男家教辭職離去，終止這段戀曲。「家教與主人譜出戀曲」的故事似乎很受女作家的青睞，林海音的《曉雲》（1959）、瓊瑤的《月朦朧鳥朦朧》（1977）都屬此類，只不過林海音和瓊瑤敘寫的是年輕女家教與中年已婚的男主人的組合，畢璞和於梨華則大大顛覆了這種「男大女小」的傳統婚戀性別模式，尤其是於梨華此作，韻梅比陸瑜年長十六歲（這已經不是「姊弟戀」，而近乎「母子戀」了），更突顯作者強烈的反叛傳統的意圖（這一點是所有現代主義作家的共同點）。

文中的韻梅物質生活富裕，醫生丈夫疼惜她，有兒有女，比起吉錚〈會哭的樹〉裡的母親，她更是衣食無虞，一無所缺了，然而小說中她卻是如此孤寂、怨懟以及不快樂。她陰霾的人生色調最主要的原因乃在於她的國族意識太強烈，或者說她太緬懷於祖國的記憶，以致即使在美國生活二十多年，結婚生子，步入中年，內心仍然延續著年輕時那種浪跡天涯的孤獨與懷鄉的落寞，小說中她一再強調：「我是中國人！生在中國，長在中國，忘不了中國的中國女人。」（227）如此根深蒂固的祖國意識甚至將她與子女都隔離了，長時間下來，她不僅僅與家人在倫理層面產生巨大的差距，與整個西方文化更有著格格不入的疏離感。然而，中國是回不去了，因為在美國生活二十多年，她早已是故國的異鄉人，如陳芳明所言：「對於僑居的土地而言，他永遠是一個陌生的異鄉人；而對於他所思念的故土來說，他又何嘗不是一個疏

離的外鄉人。這兩塊土地在他的生命歷程中，都是異質的存在〔註 115〕。」作為一個異質的存在，這是韻梅最大的痛苦。這篇小說雖然不是在描寫留學生的故事，然而韻梅顯現出來的孤寂與疏離，卻與六、七○年代所有留學生的心境是一樣的，甚至，這種邊緣人的情境也成了於梨華的寫作基調，她六、七○年代幾乎所有作品都充斥著這種憂悒的、流離失所的氛圍，不管筆下的主角是男是女，青年或者中年，貧困或者富裕，只要他是「中國人」，一輩子都無法真正快活。韻梅真正的孤獨在此，這或許也是部份於梨華的人生寫照吧！

　　為了排解生命的孤寂與痛苦，韻梅藉著玩樂來填補，在情感枯竭的邊緣，她也嘗試婚外情，例如與陸瑜。相隔十六歲雖或有產生戀情的可能性，但是韻梅與陸瑜發生關係，進而同赴紐約狂歡，其實並非為了追尋愛情，而是渴望透過與他人的親密接觸來彌補內心長期的孤寂，或者，暫時逃避目前的生活，陸瑜的年輕率真多少也讓中年的韻梅有重拾青春的感覺吧！（這一點與歐陽子〈近黃昏時〉（1965）裡那個四十幾歲的母親麗芬類似。痛失兒子之後的麗芬開始不停地與年輕的男孩交往，渴望從他們的身上留住青春，以及捕捉死去的兒子的影子。）小說的結局令人驚訝，兒子出車禍，母親心生愧疚結束婚外情，於梨華似乎要以「戲劇性的道德教訓來『懲罰』失職的母親〔註 116〕」。其實，即使小說沒有安排那場車禍，韻梅還是不可能真正拋夫棄子，因為她是那麼強調自己是「中國人」，怎麼可能跳脫中國傳統文化的倫理道德呢？值得注意的是，韻梅這個妻母角色平常在家是被丈夫子女忽略的，丈夫的生活重心在事業，子女的生活趣味在外面，對他們而言，「母親」永遠與家事／家居／家庭連結在一起，至於真正的「她」內心想著什麼一點也不重要，只有在家中出事的時候，丈夫子女才發現「母親」的重要性。小說中兒子出車禍時，丈夫和女兒一副驚慌失措、焦急著找老婆／媽媽的模樣令人莞爾。於梨華的另一部長篇小說《變》（台北：大林，1970）也與〈有一個春天〉有類似的情節故事和雷同的結局，這多少也透露出留學生作家即使在寫作過程中深受西方文學的薰陶和訓練，但其文本的內在意蘊似乎永遠與中國傳統的道德文化脫離不了關係。

〔註 115〕陳芳明〈永恆的鄉愁──楊牧文學的花蓮情結〉《後殖民台灣──文學史論及其周邊》，台北：麥田，2002.4，頁 220。陳的這段文字雖是用於剖析詩人楊牧，筆者以為此篇小說中韻梅的處境亦是如此。

〔註 116〕范銘如〈來來來，去去去──六、七○年代海外女性小說〉，《眾裡尋她──台灣女性小說縱論》，台北：麥田，2002.3，頁 138。

二、何處是年老母親的家

　　現代主義作家在詮釋一個個無根、流離的文學母親時，除了上述所及的那些內心孤寂、與西方社會格格不入的中年女性之外，表現更為深刻者則是探討年老母親無家可安身的飄泊情境。孟絲、陳若曦、於梨華在這一部分都有精采的作品出現。孟絲〈生日宴〉（1967）這個故事開始在笑青準備迎接五十歲生日宴的某個秋天黃昏裡，「五十歲的年紀！笑青有一種極端寂寞的感覺。〔註117〕」在此生日宴上，她回憶年輕以來的諸多往事，悲欣交集，「許多事，還是遺忘了的好。」（154）年輕時因惡性貧血讓她格外蒼老、憔悴，瀕臨死亡邊緣時，耽憂三十多歲的丈夫立新與年幼的兒子寧兒無人照顧，於是懇求唯一的妹妹笑紋代替她，「『趁我沒死以前，你們結婚吧。』……立新終於握住笑紋的手。把笑青無名指上的戒指取下來，套在笑紋修長的手指上。」（160）但她沒死，惡疾竟然逐漸痊癒，她又活轉了起來，日子於是在冷戰與痛苦中度過，「她沒有忘記，笑紋嫁給立新，完全是遵照她的請求。她的惱怒，唯有暗藏心底而已。……她覺得兩個一度最親近的人，都背叛了她。」（160，162）她把滿腔的憤恨發洩在摔碎家具與責罵孩子中，日復一日，年復一年，直到丈夫死亡。兒子長大後赴美讀書，成家立業，最大的願望便是接母親同住；笑青終於飛去美國，在異鄉機場上看到多年不見的兒子，「她感到一種依靠，一種辛酸。」（166）兒子身旁則是美國化的媳婦曉雯，「曉雯比她虛構中的媳婦，要幹練、精明而且冷漠得多。」（167）幾天下來，因為語言、飲食、生活習慣等種種因素，讓笑青深感與一切格格不入，「做點什麼好呢？曉雯把一切都收拾得這麼妥當。冰箱裡塞滿了各種食物。她倒了一杯冰牛奶，喝了一口，涼得難受。翻了一會兒畫報，密麻的英文字，總是隔了一層。……寧兒的家裡，大約曉雯才是真正的女主人。笑青的出現，竟有多餘的感覺。」（170～171）然而這些都不重要，笑青真正在意的是她與兒子一直無暇好好獨處，「他太忙碌。而曉雯又那樣時時離不開他。」（174）寧兒從小就依賴、孝順她，母子感情相融，尤其丈夫死的那幾年，母子兩人更有相依為命的感覺，「在與家人不和的歲月中，笑青和寧兒永遠保持最親密的關係。而今，她竟有種不再被需要，不再受重視的感覺。」（175）兩夫妻為了笑青同住一事起爭執，曉雯甚至因此離家出走，「『去問問，那一家是和母親同住的？一點自由都沒

〔註117〕孟絲〈生日宴〉《生日宴》，台北：大林，1980.10，頁153。

有。』『不要講了！別忘了我們是中國人。』『中國人怎麼樣？這裡是美國。……你的母親最重要。我走，我離開，總可以吧？』」（177）笑青明白自己妨礙了兒媳的日常生活，她「忽然覺得，這兒不是適於她的土地。」（179）即使萬般不捨，為了兒子，她決定離開。

　　孟絲這篇小說篇幅相當長，以文中的母親笑青五十歲的生日為切入點，穿插、倒敘婚姻裡不為人知的辛酸，以及與兒媳之間的摩擦與不快。生日宴上歡喜熱鬧，笑青腦海裡湧現的記憶卻充滿感傷，今昔對比，悲欣相映，更讓人感嘆人生的虛實交錯。於梨華稱讚此作，認為它「無懈可擊」，「尤其是笑青在美國的那個階段沒有一點虛筆的把老人的悲哀全部表達出來了〔註118〕」。嚴格來說，這篇小說分兩個部分，前半段著重在「三人婚姻」，後半段的重點則放在母子關係，而兩部分的情節推展都與笑青的「母親」身分相關。笑青罹患惡性貧血，在意識到自己存活時間有限之際，她做出了一個「偉大」卻荒謬的決定：將妹妹許配給自己的丈夫，此舉最大的目的無非是：年幼的兒子有人照顧。但是，這個「偉大」的決定不但讓她失去了丈夫的愛，也破壞了與笑紋深厚的姊妹情誼；立新和笑紋成了夫妻之後，對笑青不僅毫無歉疚，反而覺得她可悲可憐，甚至決定共同忘記她。這是一種極大的反諷，也就是說，一個女人／母親犧牲無私到那樣的地步，別人不但不會尊敬她，反而認為她愚不可及——笑青認為丈夫和妹妹背叛了她，然而不正是她製造了讓他們「背叛」的機會嗎？笑青若病死也就罷了，她之後竟然痊癒活了下來，而丈夫和妹妹也沒有因此終止婚姻關係，三個人便在同一個屋簷下過著「一夫二妻」的生活。對笑青而言，這絕對是痛不欲生的日子，然而家中多年的冷戰與明爭暗鬥對笑紋和立新來說，也是一種精神折磨，更何況這場荒誕的婚姻組合還造成日後兩姊妹的孩子們彼此的敵意，影響深遠，恐怕不是笑青當時在做「偉大」的決定時所能想到的。兩姊妹之間的仇視與嫉恨直到丈夫死後才逐漸平緩，「自立新死後，她們間的關係變得親密了。」（154）笑紋忙著為姊姊安排這場熱鬧的五十歲生日宴，之前姊姊住在美國

〔註118〕於梨華在此書〈序〉中提及自己對〈生日宴〉的喜愛，小說中片段的倒述以及現代過去的揉合也是她自己愛用的寫作手法，「文中的笑青活過了三個時代：失去丈夫的愛，失去經濟的依賴而終於失去兒子對她的需要。……三個階段都在她五十大壽的生日宴上一一從她眼前幌過。不混淆、不突然，過去與現在之間的連接處也天衣無縫。不論是技巧、主題、及人物上，這篇文章都很成功。」此序收入孟絲《生日宴》，台北：大林，1980.10，頁1～2。

兒媳家時也不忘寄禮物給她,這種種細心的作為除了顯現兩姊妹原本深厚的
情感之外,或有彌補姊姊在這場「三人婚姻」中受到的傷害,尤其笑紋自己
當了母親之後,應也逐漸明白姊姊當年為何要做那個「偉大」的決定,因而
體會姊姊內心的痛苦。

在笑青的心底,這個充滿傷心記憶的「家」已不再是安身之處,即使丈
夫已死,兩姊妹冰釋。她將後半輩的希望寄託在唯一的兒子身上,在她傳統
的家庭觀念裡,從父從夫從子是女性應遵守的存活原則,(否則她怎能忍受幾
十年「一夫二妻」的婚姻生活?)笑青的三從觀念如樊琪所言:

> 「婦人,從人者也,幼從父兄,嫁從夫,夫死從子。」(《禮記·郊
> 特牲》)這種「三從」觀念徹底剝奪了女子的獨立人格和人生權利,
> 後來長期流行的「夫有再娶之義,婦無二適之文」這樣明顯的不平
> 等觀念,以及「母以子貴,妻以夫榮」這樣徹底的奴性意識,都是
> 從「三從」觀念中發展來的〔註119〕。

這確實是一種依附男性、缺乏自我獨立人格的奴性意識,她滿心歡喜飛到美
國找兒子,無非是從此定居,過著三代同堂的日子,如此她「一生中多少悲
苦、殘缺,都將在這時獲得補償。」(179)傳統中國文化觀念教育她與兒媳
子孫同住一屋,這便是年老者最大的幸福。所謂「養兒防老」不正是如此嗎?
這種想法讓她在美國的公園裡看見坐在石椅上的老人時,「為他們感到至深的
悲哀,……做為一個東方人,她引為驕傲,她相信自己不會加入他們的行列。」
(175)胡幼慧言:

> 在文化層面,「與子女同住」、「獨住」、「住養老院」這些語言本身已
> 經是為象徵符號,凸顯了在此文化下建構的意義。「與子女同住」凸
> 顯了有福氣、子女孝順,「獨住」(包括和配偶同住)表徵了缺乏家
> 庭溫暖、孤苦伶仃、精神空虛,住養老院更是一種沒有家人的人或
> 被家人遺棄的人所進入的「救濟院」〔註120〕。

這是一般中國年老者傳統的家庭觀念。三代同堂(甚至四代同堂)的生活模
式放置在古代或者農業社會的時空背景下或許有其和諧、幸福的一面,但是
若要將這種家庭生活視為美德、強套在追求個體發展的現代人生活之中,恐
怕會產生許多問題:

〔註119〕樊琪、嚴明《中國女性文學的傳統》,台北:洪葉文化,1999.6,頁 13～14。
〔註120〕胡幼慧《三代同堂——迷思與陷阱》,台北:巨流圖書,1995.2,頁 39。

　　既然我們認為人是這樣複雜，家庭更是各種問題多多、難向外人
啓口，怎麼可能會在這樣的認知底下，碰到了不同時代背景、不
同生活方式、不同個性的三代人口住在同一屋簷底下時，建立出
一個簡單的「老人慈祥、子女問安、孫兒承歡膝下」的畫面？是
否一旦進入一個正式的、公共的「三代同堂」這樣的語言體系，
許多「私下的」、「平俗的」語言認知體系就無法跨越或突破思考
框架〔註121〕？

更何況，笑青還是置身在西方國家，她卻仍一心渴望過著傳統中國的家庭生
活，她的無法認清事實，最後造成的是家人的痛苦：兒子夾在母親與妻小中
間是痛苦，媳婦的不自由與壓抑也是痛苦，曉雯在忍無可忍的情況下只好選
擇離家出走：

　　在一般有「子」的家庭中，傳統母―子―媳的三角關係，仍以「母」
　　重「媳」輕。……而在「孝」和「輩份主從」的中國規範下，也
　　自然會以「孝順母親」為優先，媳婦往往成為婆媳衝突下的犧牲
　　者〔註122〕。

笑青最後的依靠落了空，明白兒子的「家」不再是久留之處，她強忍淚水收
拾行李的背影令人不忍。

　　既然在美國是「客」，她只好再回到台灣原來的「家」，和妹妹繼續生活
在同一屋簷下。笑青從台灣到美國，從丈夫的家到兒子的家，她的「尋家」
之路引人感慨，「或許是身處父權體制下母親或女性的悲哀吧――無論到了何
地，她始終感覺像『客』，始終感覺像個『被流放的人』（an exile）〔註123〕。」
小說在眾人舉杯慶賀的喜悅聲中結束，笑青在生日宴上似乎也感到終於回到
屬於自己的「家」了，可是，如果當年丈夫沒有死呢？笑青要將自己的晚年
安置在何方？繼續忍氣吞聲地過著「一夫二妻」的生活嗎？如果真如此，那
麼到底何處才是這位年老母親的「家」？

　　孟絲的〈生日宴〉寫於六○年代，可說是台灣女性小說中最早探討「何處
是年老母親的家」這個議題的作品，小說藉著笑青這位女性角色，將一個年

〔註121〕同上註，頁51。
〔註122〕同上註，頁70～71。
〔註123〕林素英〈流放者之歌：試論母職理論與《客途秋恨》中之母女關係〉，《中外
　　　　文學》第28卷第5期，1999.10，頁58。

老母親流離失所的蒼涼心境描繪生動，堪稱佳作。或許也因爲本身長期客居異鄉的原因，現代主義女作家如陳若曦、於梨華在處理這個主題時也都有相當不錯的作品出現，不過，這兩位作家敘寫此類小說都已經是八、九〇年代的事了，如此更突顯孟絲此作的原創性。

陳若曦的〈清水嬸回家〉（收入《清水嬸回家》，1989）裡七十歲的清水嬸不定時在兩個兒子的家（台北和南港）輪流住，然而台北的喧囂與獨守空屋的苦悶令她不適，住南港也在生活習慣和語言上與美國化的兒媳格格不入。住在兒子家，感覺很陌生，她一心想回集集老家，但又不敢和兒子們說，清水嬸逐漸變得沒有食慾，整天精神不振，最後得了憂鬱症。陳若曦另一篇〈媽媽寂寞〉（收入《女兒的家》，1999）寫守寡十八年的姚月好滿懷期待地從香港赴美去投靠兒子，打算從此定居在兒子的家，到了美國來機場接她的是一位華人老伯，他竟是月好的兒子登廣告爲母親找的「先友後婚」的人。月好聯絡不到兒子，又沒錢回香港，她感慨自己竟然被兒子賣了！「兒子和媳婦不歡迎，她沒指望去那兒養老了；香港的廉租屋又退掉了，面子難堪還在其次，回去壓根兒就沒地方落腳。……自己又退回十八年前，一切都要自力更生，從頭來起了。〔註124〕」比起孟絲的〈生日宴〉，陳若曦的這兩篇小說將「女性最終的依靠是什麼？／女人的家何在？」這個主題表現得更尖銳了，尤其是〈媽媽寂寞〉這一篇，陳在此書的自序〈女人依靠什麼〉一文中強調，中年時她頓然覺悟，工作、學歷、愛情、婚姻都不是一個女人最終的依靠，「女人眞正能依靠的就是自己。依靠自己的覺悟和堅持；依靠包容、愛心和耐心；尤其要自食其力。思想覺悟並非一蹴而就，仍有賴自身的摸索和社會教育，而同儕的攙扶更不可或缺〔註125〕。」陳若曦多年流離海外各地，如此一番話可說是深刻的人生體悟。從六〇到九〇年代，陳的文學隨著不同階段的生命歷程呈現不同的風貌，但是，「若把她的小說剝離掉文革、移民等特定時空的議題之時，我們發現，女性才始終是陳若曦眞正關注的焦點〔註126〕。」簡瑛瑛也持相同論點：「由現代文學時期對鄉土的關懷，到政治小說時期對無產階級之認同，再回到台灣母土對女人之省思，陳若曦不同

〔註124〕陳若曦〈媽媽寂寞〉《女兒的家》，台北：探索文化，1999.2，頁 10。
〔註125〕陳若曦〈女人依靠什麼〉（自序），收入《女兒的家》，台北：探索文化，1999.2
〔註126〕郝譽翔〈筆，是她的劍——閱讀陳若曦〉，《幼獅文藝》第 550 期，1999.10，
　　　　頁 51。

階段的創作發展對筆者而言看似迂迴緩慢，卻是和女性肉身之體驗相輔相成〔註127〕。」這確實是對陳若曦數十年文學創作的精闢剖析。

於梨華的〈踏碎了的九重葛〉（1991）也是在處理年老母親的歸宿這個議題。故事中的吳老太太有兩個兒子兩個女兒，丈夫死後無人願意和她住，寡居的老母親平日生活固然寂寞，卻也自在，「他們不在，她寂寞，他們在，她更寂寞。〔註128〕」四個子女私底下盤算著將母親住的老家賣掉，送她進養老院，卻沒有事先徵求她的同意，「誰說我要賣房子？……養老院我願去住住試試，房子是絕不賣的。」（65～66）甚至公然追問母親是否立了遺囑，「『妳立了遺囑沒有，媽？……妳不要誤會嘛，我無非想知道妳百年之後，妳把這幢房子留給了誰。』吳老太上身巍然不動，只把一雙眼睛在她四個子女身上慢悠悠地看了一巡。……他們目光裡顯露出來的混合著貪婪、企盼與不耐煩的表情令她一下子像被人抽掉了骨骼似的萎縮在座上。」（68）於梨華曾說：「〈踏碎了的九重葛〉是在探望了寄居在台灣弟弟家的母親後有感而發的，年歲漸長，對老年人心境的寂寞比以往能領悟得多，因此也更感惶悚〔註129〕。」與孟絲、陳若曦相較，於梨華這篇小說中的年老母親面對的是更殘酷的事實，卻也是現今社會越來越多的眞實案例。

結　語

歸結現代主義女作家在母親書寫這一塊區域上最大的突破，無疑是開拓了「相對於慈母」這一部分：相對於慈母的完美形象，母親作為一個眞實的（女）人，她是有情慾私利、會嫉恨也會出走的個體，而非只是單一化的道德虛相。這些顛覆以往傳統正面母親形象的作品並不是要將她「污名化」，也不是作家刻意標新立異，其目的在於重新詮釋「母親」這個文學角色，或者說，將她「人性化」。站在文學的立場而言，歐陽子等筆下的惡母／慾母應與

〔註127〕簡瑛瑛〈處處是女兒家〉（序），收入《女兒的家》。另外，詹悟在評論陳若曦九〇年代的小說時也說：「近年她（指陳若曦）從政治問題，放眼家庭問題，認為婚姻已不是女人的飯票和出路，她思考現代女人是否仍以『忍耐』面對婚姻問題，作為人生的避風港？抑或勇於尋求自身的解放，也勇於追求理想？」詹悟〈陳若曦的《女兒的家》眞好〉，《明道文藝》第301期，2001.4，頁126。

〔註128〕於梨華〈踏碎了的九重葛〉《屏風後的女人》，台北：九歌，1998.3，頁47。

〔註129〕於梨華〈把各種女性介紹給讀者〉（後記），收入《屏風後的女人》，台北：九歌，1998.3，頁247。

琦君等刻劃的慈母／善母列於同等的位置，如此才能彰顯「母親角色的完整性」。周芬伶說：「『聖境』與『魔道』為現代小說的兩大主題，追求聖境的作家與追求魔道的作家，一樣重要，……聖境與魔道互為補充，更顯文學意涵之深邃〔註130〕。」同樣的，慈母書寫與惡母書寫也應互為補充，才更顯女性文學史的豐富。

　　現代主義作家在拓展母親多面向的努力，也明顯影響七〇年代末期之後閨秀時期的女作家，例如情慾母親的描寫在蕭颯〈水月緣〉（收入《日光夜景》，1977）以及袁瓊瓊〈滄桑〉（收入《滄桑》，1985）都有延伸性的發展。寡母獨子的糾葛情結到了蘇偉貞〈長亭〉（收入《人間有夢》，1983）、蕭颯〈小駱先生的一天〉（收入《死了一個國中女生之後》，1984）有更精彩的描述。而將自己婚姻的不幸移轉加害在女兒身上的惡母就更多了，平路〈繭〉（收入《玉米田之死》，1983）、〈婚期〉（收入《百齡箋》，1998）、蘇偉貞〈背影〉（收入《熱的絕滅》，1992）等等都屬此類，只不過此時期的女兒不再像燕兒、西蓮、金敏受制於惡母，她們選擇的是站起來反擊母親，與惡母針鋒相對。至於無根流離的母群這一部分，與八、九〇年代那群無故失蹤、遠走高飛的母親們同樣是在「家」這個議題上的再思索。現代主義女作家的母親書寫，在文學史上兼具開創與啟迪的意義。

〔註130〕周芬伶《聖與魔——台灣戰後小說的心靈圖象（1945-2006）》，台北：INK，
　　　　2007.3，頁 25。

第五章 瘋癲，或者逃亡：袁瓊瓊、蕭颯、蘇偉貞小說的母親書寫

　　八○年代以後，台灣政經社會鉅變迭生，女性主義及性別論述等思潮紛紛傳入文壇，間接拓展女性書寫的多元視野。此外，七○年代末到八○年代初經由兩大報系（《聯合報》與《中國時報》）所舉辦的文學獎而崛起的新秀作家又幾乎均為女性〔註1〕，諸多外緣因素促使女性文學於七、八○年代之交逐漸在文壇佔一席之地。這些女作家一方面累積了之前的文學經驗與成果，另一方面透過自己對社會現象的敏銳觀察，寫出了許多女性在轉型的現實環境裡面臨的困境與挑戰：或踟躕於傳統道德與開放觀念之間，或質疑家庭／婚姻對現代女性的必要性，或考慮未婚生子、不婚以及婚外情的婚戀模式等等。七○年代末崛起的這批女作家大多出生在五○年代，成長於傳統家庭，其作品經常出現跨越兩代不同生活模式的自身經歷，也對傳統女性的宿命位置作出反省與批評，作家通常選擇以「母親與女兒」的互動關係來處理這種兩代的對照。於此，我們回頭審視大陸遷台的女性文學，林海音、琦君不也是生長在新舊兩種不同的時代，也透過文學對舊時代女性的認命態度作過一番剖析嗎？而且她們也是選擇以母女關係來處理這種人生對照。只不過，林海音等是以一種較悲憫和同情的角度去敘寫舊時代的母親、感受她們

〔註1〕　自1970年代晚期開始，台灣逐漸出現了一批引人注目的年輕女作家，例如蕭颯、廖輝英、蘇偉貞、蕭麗紅、鄭寶娟、蔣曉雲、朱天文、朱天心、袁瓊瓊和鍾曉陽等等，她們大部分是透過文學獎進入文壇，作品經常出現在報紙副刊以及暢銷書的排行榜上。其中幾位持續創作至今，質與量俱豐，是台灣當代重要的女性作家。

的痛苦，而蕭颯等卻是採取一種冷眼與嘲弄的姿態去批判傳統社會的母親。不同的寫作態度形成了五〇年代「母女情誼」與八〇年代「母女衝突」兩個鮮明的文學區塊，然而它們並非完全對立，乃為一體兩面，因為，不論作家對傳統母親的情感是憐憫或批判，立足點都是親情。

王德威曾提及，「在傳統父權社會逐漸解體的過程中，有關母親的敘述及『神話』如何相應消長？在女性運動日益茁壯的今日，『母性』及『女性』意識如何定義相互的領域〔註 2〕？」這確實是在探討八、九〇年代的母親書寫時所需思考的幾個問題意識。大體而言，這個時期的母親書寫可說延續了大陸遷台女作家未完成的部分，尤其是離家出走、瘋母這些類型，其實是五、六〇年代那群徘徊在出走與回家、擺盪於瘋狂與正常之間的文學母親的進一步描繪。而子女對母親的愛恨情結，以及母親複雜的慾望心理之探索，多少也承襲了現代主義。

本章針對袁瓊瓊（1950～）、蕭颯（1953～）和蘇偉貞（1954～）出版於七〇年代末到九〇年代末之小說中的母親作為探討對象，並針對「閨秀文學」在文壇上的現象作一初步解析。論文分別就「瘋母敘事的文化意涵」、「離家出走，或者離奇失蹤的母親」以及「愛恨交集的母女／子關係」三部分來析論。

第一節　閨秀文學的現象

台灣女性小說的創作在七〇年代中葉至八〇年代初期達到從未有的高峰，當時被稱為「閨秀文學」所引起的騷動，至今仍是文壇人士在談論台灣女性小說時所津津樂道的〔註 3〕。閨秀文學現象之所以讓人津津樂道，除了

〔註 2〕　王德威〈作母親，也要作女人〉，《小說中國——晚清到當代的中文小說》，台北：麥田，1993.6，頁 319。

〔註 3〕　邱貴芬〈台灣（女性）小說史學方法初探〉，《中外文學》第 27 卷第 9 期，1999.2，頁 5。邱在論述中言當年的「閨秀文學現象」產生了不少至今仍耳熟能詳的作品，例如蕭麗紅《桂花巷》（1977）、《千江有水千江月》（1981）、袁瓊瓊《自己的天空》（1981）、蘇偉貞《紅顏已老》（1981），同時的朱天文、朱天心已享有文名，而李昂、平路正各自經營與「閨秀文學」大不相同的創作風格。針對「閨秀文學現象」，呂正惠認為，所謂的「閨秀文學」就是女作家以女讀者為訴求對象，所寫出來的作品，這種「軟綿綿」的閨秀文學之盛行顯示了文壇走向「輕量級」的局面。〈閨秀文學的社會問題〉，《小說與社會》，台北：聯經，1988.5，頁 135～151。

這些女作家囊括了當時文學創作（特別是兩大報系）的獎項、新書高居暢銷排行榜之外，她們還開始走向電視劇及電影劇本的編寫，可說幾乎佔領了台灣文化生產舞台的中心位置。女性書寫向來被視爲瑣碎、婉約、無關大歷史的次等文學，八○年代台灣文壇的閨秀文學現象，似乎爲長久以來被邊緣化的女性文學爭了一口氣。不過，這群擅長描繪都市男女的愛情與婚姻的女作家在走紅的同時亦面臨了文評界的考驗：她們的作品有所謂的藝術價值嗎？她們與一般寫通俗文藝小說賺稿費的作家（例如瓊瑤）有什麼不同？八○年代雖然有不少女性主義思潮陸續引進台灣，但她們的作品眞有所謂的女性意識嗎？還有，這類通俗文藝小說的暢銷與轟動是否意味著台灣的文學品味走下坡了呢？齊邦媛曾說：「現在文壇上，任何女作家被稱爲『閨秀作家』時，就等於被釘死在一個狹窄的籠子裡了。因爲她的主題瑣碎，風格『委婉』；如果有什麼見解的話，也是無足輕重的。因爲她對政治、社會、醜惡的人生大概是無知的〔註4〕。」閨秀文學的價值眞的如此無足輕重嗎？

龔鵬程認爲八○年代女性文學獨霸文壇的背後因素乃在於「文學人口的結構變遷」：「目前文學科系中幾乎全是女性天下，她們寫作、她們買文學書刊、她們趕去聽演講、她們努力地崇拜偶像；等到畢業以後，很自然地，她們又進入出版、雜誌社去主持風騷，推動文學。女作家、女編輯之多，在文學界恐怕比在其他行業中更甚〔註5〕。」龔推論這種作家、讀者與出版者幾乎都是女性的局面，自然造成當今女性文學的盛景。蔡英俊贊同並承襲龔鵬程的說法，也認爲女作家的大量出現不過是反映了「文學人口的結構變遷」，絕非她們的作品具有女性意識或藝術價值，他直言：「我相信現階段國內文壇出現女作家當令的現象，絕對不是女權運動所衍生的『女性主義』的結果。」尤其不少的女性文學與商品消費是同步的，所以這些作品是否能夠呈現、傳達人性經驗是有待質疑的，他亦舉李昂和廖輝英的小說爲例，來佐證自己的論點〔註6〕。此外，尉天驄也針對閨秀文學的現象提出思考，「這到底是台

〔註4〕 齊邦媛〈閨怨之外——以實力論台灣女作家的小說〉，《千年之淚：當代台灣小說論集》，台北：爾雅，1990.7，頁 109。

〔註5〕 龔鵬程〈文學人口的結構變遷〉，《我們都是稻草人》，台北：久大文化，1987.4，頁 193。

〔註6〕 蔡英俊〈女作家的兩種典型及其困境——試論李昂與廖輝英的小說〉，《文星》第 110 期，1987.8，頁 96～101。蔡認爲李昂和廖輝英未在小說中發揮女性主義的精神這一點，與鍾玲的看法有極大的差異；鍾玲言：「台灣很多女性小說家都處理不少女性主義的主題，尤以廖輝英及李昂比較激進。」〈女性主義與

灣的社會的結構改變到可以提供更多的空間讓女性參與藝術活動，還是一個活躍起來的商品社會擴大了女性的玩物主義？〔註7〕」他認為七、八○年代的女性文學難以擺脫商業取向，其中的藝術價值是令人懷疑的，尤其是這群女作家取法張愛玲，寫出來的作品無形中顯現了某種自我封閉的侷限，實在無法「顯示出對人生、對這世界種種不平的奮鬥意志和力量〔註8〕」。

　　張誦聖則一開始便注意到這群從文學獎比賽嶄露頭角的女作家和主流文學體制的緊密關係，她分析：「這（指閨秀女作家）和現代文學作家出身於學院，而鄉土文學作家深具政治顛覆性的較為自主的情況大不相同。與報社的結盟對這批新生代作家的美學取向和專業視野產生了重大的意義，即使當新生代作家積極吸取現代文學的成熟寫作技巧以及鄉土文學的寫作題材時，她們作品的基本旨趣很明顯地卻偏離了現代文學的智性取向（intellectualism），也偏離了鄉土文學標榜的社會主義政治實踐，在一群自承受到張愛玲影響的年輕女作家中，一種耽溺的『唯情主義』風格特別值得我們注意〔註9〕。」張將閨秀文學的美學取向與現代文學、鄉土文學作一個清楚的區隔，並強調她們的「唯情主義」是轉向傳統中國、充滿懷舊的，與八○年代逐漸開放的社會風氣和國際女性主義運動的衝擊毫無關係。她在另一篇文章裏更直言這群女作家的文化懷鄉、軟性（抒情性）文學在某種程度上其實是呼應了五○年代的女性文學，「八○年代作家『隔代』沿襲了更多四九年後早期奠立的主流文學生態的餘緒〔註10〕。」而此亦是與鄉土文學的某種對峙。

　　　　台灣女性作家小說〉，收入邵玉銘、張寶琴、瘂弦主編《四十年來中國文學》，台北：聯合文學，1995.6，頁 194。

〔註7〕尉天驄〈台灣婦女文學的困境〉，《文星》第 110 期，1987.8，頁 93。

〔註8〕同上註，頁 95。

〔註9〕張誦聖〈袁瓊瓊與八○年代台灣女作家的「張愛玲熱」〉，《文學場域的變遷》，台北：聯合文學，2001.6，頁 57。

〔註10〕張誦聖〈台灣女作家與當代主導文化〉，《文學場域的變遷》，頁 116～117。針對閨秀女作家群師法張愛玲這一點，張誦聖言：「八○年代初台灣的都市化商業效應中產生了一種「文化懷鄉」的潮流，其中不只是『鄉土』符號變成本土消費的對象，張愛玲筆下的都市男女，戰前上海的舊中國，也成了一個具有高度吸引力的流行文化符號。這種符號對甫登場主流文壇的戰後嬰兒潮——特別是外省第二代作家——有著另外一種重要意涵：將對自我認同的建構，投射到一個舊中國的幻影中，不啻是對鄉土文學後文化氛圍的一種抗議。」閨秀女作家師法張愛玲是否是對台灣鄉土文學的一種抗議其實是有待商榷的，但她們持一份「文化懷鄉」的心情去模仿張愛玲卻是很有可能的。

以上評論者分別從不同的角度剖析閨秀文學的現象，整體而言，他們認為閨秀文學的藝術價值是不高的（就作品的題材、內容來說）。其次，小說雖出自女作家之手，但與「女性意識」並無關連。再者，她們的作品之所以暢銷，與主流文化體制（或說主流政治勢力）或者文學商品化息息相關，而未必憑作家本身的實力。尤其是最後一點，連邱貴芬都言：「多數台灣女性小說與主流媒體的良好關係，在解嚴前不免有自覺或不自覺附庸主流政治勢力之嫌，而在解嚴後因台灣大眾傳播的日益資本主義化市場傾向，其藝術真誠性容易受到質疑〔註11〕。」

持平而論，龔鵬程等對閨秀文學的批評是不無道理的，雖然這群女作家在九〇年代之後陸續擴展自己的文學視野，但七〇年代末到八〇年代中她們的作品確實是圍繞在家庭／婚姻／愛情的議題上打轉，未脫「閨閣」的範疇，而這群女作家或多或少附庸主流文化體制也是不爭的事實。不過，這些似乎都只是「暫時」的現象，一個被視為閨秀文學的女作家，在往後是否能夠持續寫作、作品是始終環繞在「閨閣」的層面（例如蔣曉雲、廖輝英、鍾曉陽），還是逐漸鍛鍊出更成熟的敘事技巧以及更嚴肅的人生議題（例如袁瓊瓊、蘇偉貞、朱天文、朱天心），才更為重要。

第二節　瘋母敘事的文化意涵

「瘋女人」在女性小說中看起來是父權社會的受難者，但它的意義似乎並沒有這麼單純。根據桑德里・吉爾伯特（Sandra M. Gilbert）與蘇珊・古巴（Susan Gubar）的《閣樓中的瘋婦》（*The Madwoman in the Attic:The Woman Writer and the Nineteenth-Century Literary Imagination*）一書中，瘋女人（Madwomen）代表的是拒絕父權為她們預備的從屬角色，換言之，它意味女性話語的二重性，一方面不跟傳統女性角色妥協，一方面表達了女作家的焦慮與憤怒〔註12〕。當女性拒絕進入父系文化中的生存位置、拒絕扮演社會性

〔註11〕邱貴芬〈台灣（女性）小說史學方法初探〉，《中外文學》第 27 卷第 9 期，1999.2，頁 12。

〔註12〕Sandra M. Gilbert and Susan Gubar. 1979. *The Madwoman in the Attic:: The Woman Writer and the Nineteenth-Century Literary Imagination*. New Haven: Yale UP. 轉引自周芬伶《聖與魔──台灣戰後小說的心靈圖象（1945-2006）》，台北：INK，2007.3，頁 226。以及托里・莫以（Toril Moi）著，陳潔詩譯《性別／文本政治：女性主義文學理論》（*Sexual/Textual politics: Feminist Literary*

別角色時，除了逃離、死亡，就是發瘋。在女性文學「瘋母敘事」這一區塊裏，除了歇斯底里的類型之外，還有另一種外表看來與正常人無異，但骨子裡卻是一個審慎、機智、陰沉且冷靜的瘋子，相較之下是更值得探討的。回溯八〇年代之前女性小說的母親書寫，並非沒有瘋母角色的出現，以大陸移民女作家的作品而言，林海音〈燭〉（1965）裏的韓老太太就是一個瘋母，只是作家安排她在故事裏默默的發瘋、安靜的死亡，並沒有像袁瓊瓊等進一步去敘寫一個母親瘋癲之後種種不堪的情境；艾雯、畢璞筆下那群終日困獸般限囿在家庭的母親們也是可能發瘋的女性，但作家都適度地移轉了筆調，讓故事裏的母親們朝向光明面前進。至於擅長挖掘人性幽暗面的現代主義女作家，她們的惡母書寫，其實也已觸及到瘋母敘事這一層面，但是距離袁瓊瓊等更驚悚也更冷眼的描繪，似乎還差了一大步。

一、陰沉、冷靜的瘋子

　　袁瓊瓊的〈媽媽〉（1983）一開始便點出讀小學的程遠與媽媽相依生活，媽媽對他萬分寵愛。小說以程遠這位小男孩「我」為敘述視角，「我不喜歡上學，……老是想回去陪媽媽。我在學校裏老是在擔心她會不會突然死了。她總是在睡覺，我覺得那很可怕，一動也不動。……我也擔心爸爸會來像上次那樣抓她的頭髮，我真的很擔心。〔註 13〕」程母心情時好時壞，甚至有些喜怒無常，即使如此，「我們的生活蠻幸福的，也不太需要爸爸。」（121）某天程母突發奇想，「她要我從陽台的欄杆上走過去。」（122），程遠原以為容易，但站上欄杆才發現不對，「我叫：『媽媽。』媽媽應：『嗯。』她把兩手抱在胸前看我，我覺得她離我很遠很遠。」（123）他害怕了起來，但母親卻堅持要他繼續走，不准他下來，「我尖叫起來，拼命拉著她，媽媽的手用力一扯，我整個人歪下來，騎在欄杆上了。……我抱著欄杆哭，手上有點腥腥的鐵銹味。我這時不太敢看媽媽，雖然明知她在旁邊。」（124）程遠的哭聲引起鄰居的注意，「他們在叫：『太太，不可以！』……媽媽只是抱著兩手看我，我不敢看她，而且又覺得我一定又做錯了事。……對面樓上的人喊下去：『那女人瘋了。』」（124）面對鄰居的指責，「媽媽說：『咦，奇怪，這是我自己的兒子，關你什麼事！』」（125）程母甚至要嚇壞了的兒子在眾人面前大聲承認自己毫

Theory），台北：駱駝，1995.6，頁 54～55。
〔註13〕袁瓊瓊〈媽媽〉《兩個人的事》，台北：洪範，1983.7，頁 117～118。

無畏懼，「我一直跟自己說：媽媽最愛我，媽媽最愛我。我也不知道爲什麼：在媽媽的懷裏，覺得很害怕。」（126）

〈媽媽〉這篇小說寫於八○年代初，由於全文是透過小男孩的口吻敘述，因此語言簡潔單純，乍讀之下與林海音〈週記本〉（1957）、琦君〈媽媽離家時〉（1966）並無多大差異，都是透過小學生的童言童語鋪陳對母親深厚的愛。然而讀完之後，卻讓人完全顛覆了之前的看法，這是袁瓊瓊最擅長之處，也是她與前輩作家在瑣碎敘事這個層面上的歧異點。小說中程遠的母親一頭長髮，是一個年輕且有點懶散（整天都在睡覺）的家庭主婦，與丈夫離異，對兒子寵愛異常。程母的嗜睡以及父親三不五時跑回來打罵母親的行爲都令程遠擔憂恐懼，在他的心中，母親是單純的弱者，需要保護——需要他這個兒子的陪伴與保護，這些心態從程遠在學校時一心掛念著媽媽，以及生活中不希望父親的參與可以看出。小說的轉折始於媽媽要兒子走陽台欄杆這一情節，兒子不疑有他，天眞以爲這不過是個簡單的遊戲，但程遠在這個遊戲裏卻隱隱約約感受到了母親的另一面——不是「單純的弱者」的一面。不管在這個遊戲裏他如何無助地求救於母親，母親卻宛如陌生人般隔著距離冷漠且沉默地觀看他，此時的媽媽不再是那個需要他陪伴與保護的弱者——那麼她是什麼呢？程遠不敢想（他也無從猜測），在他幼小的心靈裏，只直覺地以爲自己做錯事才會受到母親這般的懲罰——「孩子是別無選擇的，只能忍受母親報復性的沉默，由於不明白母親的虛矯與權力飢渴，只得一再自責〔註 14〕。」即使鄰居出面指責干涉、程遠嚇得嚎啕溺尿，程母依然抱著兩手站在原地，彷彿眼前一切都與她無關，這個畫面的確令人無端悚然，而整件事從發生到結束也不過短短幾分鐘，郝譽翔言：「袁瓊瓊善用明快俐落的語言，直搗人性陰暗的深處，益發顯示出她的冷酷〔註 15〕。」夾雜在鄰居喧嘩與兒子哭聲之間無動於衷的她，顯現的不僅是冷酷，亦是潛在瘋狂（人性陰暗的深處）的一面，之後她甚至要嚇壞了的兒子在眾人面前大聲坦承無懼於走欄杆且因此稱讚兒子，更顯其異常、荒謬的一面——一個瘋母能夠掌握、操控和發洩的除了毫無抵擋能力的孩子之外，還有什麼呢？

〔註14〕 萬羅麗亞・史坦能（Gloria Steinem）著，羅勒譯《內在革命》（*Revolution from Within*），台北：正中，1992.8，頁 81。

〔註15〕 郝譽翔〈荒涼虛無的故事高手——閱讀袁瓊瓊〉，《幼獅文藝》第 563 期，2000.11，頁 59。

張誦聖在剖析袁瓊瓊的小說（針對《自己的天空》和《春水船》）時認為，她的愛情故事刻劃八○年代台北中產階級的世界觀（Weltanschauung），基本上描述的是一再地將愛情與不切實際的幻想（fantasy）劃上等號，以挪揄的語調傳達出所謂的「浪漫愛情」不過是社會所建構出來的迷思，在八○年代的現實社會裡，根本不可能存在；她這種「反浪漫」（anti-romantic）的愛情觀（或說解構愛情神話）與張愛玲十分相近，而此點也使她不同於其他的女作家〔註16〕。如果說袁瓊瓊的愛情書寫隱含著她解構浪漫愛情的企圖，同樣的，她的母親書寫也隱含著她解構「慈母神話」的意圖──在八○年代的現實社會裡，根本不可能有「慈母」的存在，它不過是社會所建構出來的迷思。然而這樣說並非指袁瓊瓊是一個多麼前衛激進、拒絕妻母角色／婚姻／家庭的女性，相反的，不管在早期的作品如《紅塵心事》〔註17〕（1981）和《隨意》〔註18〕（1983）散文集裏，或是在九○年代接受專訪時透露的思想〔註19〕，她都不是一個拒絕妻母角色／婚姻／家庭的女性，而且正因為她

〔註16〕 張誦聖〈袁瓊瓊與八○年代台灣女作家的「張愛玲熱」〉，《文學場域的變遷》，台北：聯合文學，2001.6，頁74～75。

〔註17〕 袁瓊瓊母職觀在〈傷心誌〉（寫於1977年）一文中可見：「自己的孩子應當自己照顧，孩子還沒長大前的女人是無權去做職業婦女的，一生裡只有一個童年，孩子的童年裡有『多少』母親，那全看你了。」《紅塵心事》，台北：爾雅，1981.2，頁110。她似乎是很傾向傳統母親這類角色的認同。

〔註18〕 例如〈談小孩〉（寫於1977年）中言：「小孩從出生到會說會走，經歷過的母親想起來沒有不怕的。半夜裡爬起來餵奶，天天洗不完的尿布，……有時候徹夜的哭，弄不清原因，只有抱著不住的走，可是再養了，明知道是一樣的苦日子等著，還是愛。」在〈寧為舊女性〉（寫於1980年）寫：「我是極珍奇的舊式女子。……似我這般心甘情願窩在家裏，視管教先生孩子為神聖天職，而且一向決定：只要丈夫有一口氣在，決計不自己掙飯吃的女性，到目前為止，我知道的，僅我本人一名。」這些文字都顯現出袁瓊瓊傳統妻母觀的一面。兩篇文章居收入《隨意》，台北：洪範，1983.2，頁90，99。

〔註19〕 袁瓊瓊在1990年接受簡瑛瑛的專訪時透露，女性沒有什麼新、舊之分，「所謂的新女性不過是掛了一個殼子而已，根抵都差不多。……如果要說新、舊女性有差別的話，頂多是更寬容一些，更想得開一些。」她認為講究開放的新女性，其實並不適合（台灣的）女性，而對於結婚生子一事，她說：「我覺得女人不結婚、不生子就不能完成自身，男人可能也是。」袁瓊瓊在接受專訪時已與管管離婚（原因是她想當一個對自己誠實、負責的人，而非只做一個丈夫喜歡的模樣的女人），但她似乎不因此否定女人結婚生子這個過程，換言之，筆者認為她不是一個拒絕妻母角色／婚姻／家庭的女性。此訪談收入簡瑛瑛〈性／女性／新女性：袁瓊瓊訪談錄〉，《中外文學》第18卷第10期，1990.3。

曾經全力投入妻母角色與婚姻生活，她更明白女性以理智的喪失與暴力來做為一種反抗（resistance）是不無可能的——對伴侶如此，對自己的孩子亦是。一個再怎麼慈愛溫柔、寵愛孩子（例如程母）的母親也會有失控的時候，這才是真正的人性。從這個角度來看，袁瓊瓊很銳利也很成功地寫出了某些不符社會常理規範但確實存在的人性層面，加上她描寫的故事指涉的乃為當代的社會狀況，因此也「具有更強烈、迫切的社會學意涵〔註20〕」。

蘇偉貞〈長亭〉（1983）是探討瘋母敘事不可忽略的一部作品，雖然它的時空背景是放置在國民政府遷台前後，而非八○年代的台灣社會。十八歲的若疏與軍人袁爾球在戰亂中倉促結婚，但隔幾天爾球便隨部隊離去，只留下廣州老家的地址。若疏認為兩人既然已是夫妻，她決定告別娘家，獨自從貴陽去投靠廣州的夫家。袁父討了五個太太，爾球的母親本是二房，之後扶了大，加上袁父長年不在家，家裡全由她做主。若疏千里迢迢來到袁家，見了袁母，「規規矩矩叫了聲：『娘』，老太太聽口音不對，不由地皺眉。背過面跟人說：『臉皮真厚，自己一個人就敢投靠來了，有沒有點規矩？』〔註21〕」袁家外強中乾，一屋子的人都在鉤心鬥角，彼此窺探；若疏在袁家除了伺候袁母，也學會了沉默。「爾球陸續寄了幾封信，不敢單獨寄給她，總是附筆在家書中，請父母代為照顧。」（131）袁母對此頗不悅，「給別房兄弟知道會不說話嗎？這麼大了，還要父母幫著養媳婦。」（131）她因此對若疏更加不滿。「老太太就這個兒子，著實也寵得很。爾球聽慣了母親哭訴，無非是些『姨太太命苦』，要他孝順、爭氣的話，唯一省麻煩的方法就是照母親的意思去做。」（131）戰爭結束，爾球終於回家，袁母管束夫妻兩人更嚴厲了，「爾球下了決心，離開這個家。他隨著部隊要到台灣。」（135）袁母「心裡盤算只要有爾球，就抓得住老太爺，去台灣度假也好。」（135）於是也跟著若疏坐船到台灣。到了屏東，夫妻終於相聚，「他們之間，又隔著老太太，人是少了，目標卻更明顯，老太太幾乎不留任何時間給他們敘舊。」（136）若疏一天天消瘦，「才二十一歲，眼神像五十歲，寬敞的眉心裝了太多怨。」（137）比起以前在廣州大宅，來到台灣寄人籬下的袁母更加猛烈地攻擊若疏，「娶媳婦就要娶個大屁股的，那才好生孩子啊！若疏細皮淨肉，一副孤寡像，你瞎了眼娶回來做什麼？明天就給我休了！」（140）她盤算為兒子另

〔註20〕張誦聖〈袁瓊瓊與八○年代台灣女作家的「張愛玲熱」〉，《文學場域的變遷》，頁78。

〔註21〕蘇偉貞〈長亭〉《人間有夢》，台北：現代關係，1983.9，頁130。

娶，又將兒子的錢用盡，在若疏眼中，袁母「愈老愈精，完全不像人，更像個精靈，隨時出現，永遠擺脫不掉。」(141)晚上袁母總喚爾球過去幫她捶背，深夜也不讓他回房，若疏「太明白他們之間的病症了，老太太犯了吸血病，不吸乾他們，怎麼罷休。」(142)然而對於母親這一切，爾球只是順從聽任，不敢有任何意見。袁母種種異常且瘋狂的行徑都是針對若疏一人，因為「她厭恨若疏是個正房，完全擁有爾球，她自己為什麼沒這般幸運？」(145)為了逼走若疏、要爾球娶二房，她甚至割腕自殺、絕食，鬧到爾球痛苦不堪，「工作和家庭都垮了」(147)，若疏也離開。為了盡孝道，爾球更加屈就母親，母親也相對地更囂張跋扈。袁母終於為爾球娶二房余小姐，未料最後反而被余虐待致死，「老太太斷氣時，身邊沒有一個親人送終。」(167)

蘇偉貞這篇小說篇幅相當長，時序從戰前跨越到戰後，地理空間從中國貴陽到廣州到台灣屏東，故事不複雜，出現的人物雖多但主要只有三人：袁母、爾球和若疏，尤其是寫活了袁母這個苛刻陰狠的母親角色。若疏在文中代表的是秉持傳統觀念的溫順女子，這一點從她堅持離開貴陽娘家（即使父親老淚縱橫地求她留下）千里迢迢地去投靠陌生的廣州夫家（即使丈夫不見蹤影，甚至生死未卜）可得知，甚至可以說，她太過堅持傳統的性格是她日後被袁母欺負的主因之一。袁母一開始便對若疏不滿意，除了對其「獨自前來」的魯莽行為深感不悅之外，兒子的遲遲未歸，也讓袁母視若疏為累贅。袁母本是姨太太（雖然後來扶了正），這種身分讓她潛意識裡對所謂的「正室」懷有妒忌，這是她厭惡若疏的另一個（也許更大程度的）原因。至於逼走若疏的理由──沒有生育一事，倒只是藉口罷了，她就是要將「正室」鬥垮（要眼見若疏失寵），讓兒子娶二房，藉此平衡她一生（做為姨太太）的屈辱。

至於爾球這個角色，從一開始就是軟弱的形象，這從他寫信回家的舉動（只敢寫給母親不敢寫給妻子）即可窺見。職業上爾球是一個軍人，聽任政府命令，對國家盡忠，家庭裡他是一個獨子，聽任長輩命令，對父母盡孝，然而，這樣一個「忠孝兩全」的男子在生活上（特別是婚姻）的表現卻是毫無自我、不分是非地順從母令，甚至要妻子也得如此，這其實具有很大的反諷，作者似乎有意藉此重思「孝道」這個傳統道德的文化意涵，甚至思考：為了實踐「孝道」，一個母親可能因此伸展她的陰暗面，一個兒子（尤其是獨子）可能因此喪失他的自我。胡幼慧提及：

「孝」(filial piety)之為人倫之首，使得男尊女卑體系的女性，得

以經由家庭的角色變遷進昇其地位，成爲令人尊敬的長輩——母親，而其所受到的下一代的對待關係，和父親一般同樣在「孝」的範圍之內〔註22〕。

李楯在《性與法》從實際的法律說明古代母親的權力：「被古代中國法律所確認的這種對子女的絕對管教懲戒權，既爲父掌握，也爲母掌握——特別是寡母掌握〔註23〕。」小說的場景不是在古代，袁母也非寡母，然而一個母親藉由「孝」來掌控兒子的人生卻是自古至今未曾改變。文中的爾球爲了對母親盡孝，凡事屈膝唯諾，馴服隱忍，甚至到最後精神恍惚，他的痛苦固然令人憐憫，然而從另一個角度來看，他又是另一個加害者，因爲他在承受這種親情的壓力時，同時將之加諸在若疏的身上。甚至，爾球的順從隱忍也間接造成了母親的變本加厲，更瘋狂的母親再回頭過來吞噬兒子，形成一道道難以解開的「人間枷鎖」，如孫隆基所言：

> 一個人如果與另一人有親情，明知對自己不利的事，也會爲了對方而去做。這個人與人之間的常態在文學中形成「人間枷鎖」（human bondage）的母題。中國人則把下一代對上一代的「回報」，當作是一種社會規範性的，因而是缺乏存在主義深度的「應該」。在處理下一代無法抗拒上一代而遭致終身幸福被破壞的文學主題時，也特多表現爲弱者的淚水，而缺乏一個強大的自我必須作出存在式的決定之悲愴（patjos）〔註24〕

「忠孝兩全」的爾球在文中呈現的正是一個缺乏強大自我的「弱者」形象。瘋狂的袁母雖然一再將矛頭指向媳婦，但最後崩潰的卻是兒子，若疏反而因爲離開而找到自己的出路。小說最後爾球不但失去妻子，也賠上了自己的人格意志，如孫隆基言：「從人格之『個體化』（individuation）角度看問題，集體、娘胎、與墳墓似乎有一個共同點——那就是把『個人』吞噬〔註25〕。」難道這就是克盡孝道的人子必須付出的代價嗎？蘇偉貞或藉此故事反思這個問題。

這篇小說值得注意的是，袁母的瘋狂行徑是到台灣之後才展開的，當她還在廣州老宅時，因爲家中人數眾多，丈夫也在，她對若疏還不至苛刻，然

〔註22〕胡幼慧《三代同堂——迷思與陷阱》，台北：巨流圖書，1995.2，頁66。
〔註23〕李楯《性與法》，河南：河南人民出版社，1993.4，頁64。
〔註24〕孫隆基〈人道主義還是媽道主義？〉，《女性人》第2期，1989.7，頁38。
〔註25〕同上註，頁35。

而到了台灣，一個全然陌生、簡陋的環境（她原本以為是來度假的），引發她的極度恐慌與不安全感，導致她緊緊抓住兒子不放，並將所有的情緒朝向媳婦宣洩，一次比一次尖銳、失控與瘋狂，而她之所以能夠任意摧殘兒媳人生的唯一理由在於：她是母親。盛英提及：「當女人為母，但卻把『母愛』逆變為『母權』，對其兒女實施各式統治、征服、壓迫、壓抑、禁忌的時候，『神話母親』會即刻因其喪失本性而倒塌。這裡的『母權』既是父權中心文化的幫兇和合謀，更是母性的一種自我逆變〔註26〕。」袁母所代表的這個「母權」（父權文化的另一面）在小說中張牙舞爪的模樣令人恐懼，但除此之外，它也讓我們思考：只要這個「母權」（傳統文化的權力）還存在，子女不管遷移何方（爾球若疏已設法從大陸遷移到台灣），它依然有所影響，甚至伸展的力量更強大。相對於爾球的哭泣與束手無策，若疏從沉默忍耐、逆來順受的傳統性格，到後來的堅決離開，讓人見到她成長的一面，以及作者藉此揭露的女性意識。袁母這種苛刻的瘋母形象在蘇偉貞的作品裡層出不窮，九○年代獲中國時報第一屆時報文學百萬小說評審團推薦獎的長篇小說《沉默之島》（1994）裡袓的母親便是和袁母屬同一類型的人物。

與蘇偉貞的〈長亭〉（1983）可以並置討論的，無疑是蕭颯〈小駱先生的一天〉（1981）。首先，這兩篇小說都寫於八○年代初期。其次，小說中的男主角都是獨子，唯母是從，並要求妻子扮演傳統媳婦的隱忍角色。再者，文中兩位母親都是竭盡所能羞辱媳婦、為難兒子，幾乎到了瘋狂的地步。筆者將兩篇並置探討，重點在於蕭颯這篇小說的時空背景雖是放在八○年代的台北都會，文中的兒子媳婦都是上班族，業務應酬不斷，現代感十足，與〈長亭〉戰亂背景、守舊的家庭氛圍極不相同，但是這兩部作品卻出現了許多對話，這是相當值得探討的地方。蕭颯的〈小駱先生的一天〉（1981）描述小駱從早上八點到晚上十點的生活點滴，小駱是獨子，婚後與父母同住，某天清晨醒來時發現自己睡過頭，「媽呢？也不叫我，趕不上打卡了。〔註27〕」正打算出門時，父親告訴他母親正為了媳婦未煮早飯一事生氣著，「她好歹也是你媽媽，就不能順著她點兒？」（68）小駱面對這情形完全不知所措，只能唉聲嘆氣，如同在工作上面對無法解決的問題，也總是「唉！」（70）小駱的工作是

〔註26〕 盛英《中國女性文學新探》，山東：中國文聯，1999.9，頁312。
〔註27〕 蕭颯〈小駱先生的一天〉《死了一個國中女生之後》，台北：洪範，1984.4，頁67。

父親退休後引介進去的，因爲他「從來沒有認眞想過畢了業眞要幹哪一行。」（74）然而透過關係有了一份工作，小駱又不時怨嘆自己學非所用，妒羨昔日有所成就的同學。中午父親突然來電，「你！現在馬上給我回來。……你媽都快死了，你還要上班？」（80）小駱迅速回家，發現母親正「氣喘吁吁倚在沙發裡抹眼淚。」（82）一問之下才知又是對媳婦雅芝的不滿，她哭嚷著教訓兒子，「我說你啊！也要拿出點男人的樣子來，人家楊家兒子台大畢業，老婆不好照樣揍。……哼！每天飯不燒，地不掃，就上個班，回來還嚷累。又不是什麼千金小姐……哼！碗也不洗一個，公公婆婆衣服也從來不見洗一件……。」（83）小駱沉默地聽母親教訓，然後回辦公室，又因業務出錯被老闆罵了一頓，「小駱先生覺得自己窩囊透了。」（85）太太雅芝接著打電話告訴他如果再不搬出去就準備離婚，「讓她（小駱母親）獨霸著她的寶貝兒子好了！」（87）小駱依然保持沉默，不知如何應付這混亂的家庭鬧劇。晚上回到家，「才進門，就知道屋裡氣氛不對，老駱太太紅著眼擤鼻涕，老駱先生也是眼鼻通紅，任誰都看得出，剛才哭鬧過一場了。兩個人眼巴巴，就是兒子回來好生氣給他瞧瞧。」（97）母親的憤怒仍然是針對媳婦，發了一頓牢騷，見兒子沒什麼反應，竟瘋狂地要進媳婦房裡找她大鬧，「要不是小駱先生門口攔著，他們可能眞要打起來了。」（99）小駱在房裡與雅芝協議，決定搬出去，然而他多麼難以對母親啓口，「小駱先生現在簡直害怕和他母親說話，自從雅芝進門，她便像失去了理性。」（100）但最後還是得說出來，母親聽了之後「長嚎一聲，人整個跳了起來，卻又立刻跌回沙發裡，小駱先生知道，這是他母親慣有的生氣。」（100）父親在一旁老淚縱橫，「你不孝！你不孝！好！……我們父子就這樣完了。」（101）小駱再也忍無可忍，打開大門跑了出去，「外頭夜風凄冷，黑黝黝一片，可是小駱先生不覺得冷，走著走著，他突發奇想，覺得自己應該是屬於流浪的一群，永遠，永遠做個吉普賽人，浪跡天涯，不要家，不要那有家的煩惱……。」（101～102）

蕭颯這篇小說用語明快，詼諧自然，許多地方讀來令人莞爾，又有無限的感慨。對照蘇偉貞的〈長亭〉，時空場景完全不同了，然而小駱與爾球這兩位獨子對母親隱忍、順從、無措與無奈的模樣卻如出一轍，老駱太太和袁老太太擅用「母權」掌控兒子、苛待媳婦的瘋狂行徑也幾乎沒有差異，尤其這一篇處理的是小駱「一天」的生活，更讓人有喘不過氣的感覺，如李仕芬評：

「短短一天，壓縮了母愛的所有凌遲〔註28〕。」兩篇小說也關鍵地提到「孝」這個字，讓男主角啞口無言，彷彿是人生最大的難題。小駱先生總是唉聲嘆氣，工作上牢騷連連，家庭裡不是聽從母親就是妻子，當兩相衝突時卻又不知如何處理，呈現一個「失敗者」的形象，這種無法對人生進行更深刻反省的男人，相對的也成為導致其他女性不幸的外在因素〔註29〕，小駱之於雅芝如此，〈長亭〉裡爾球之於若疏亦是。小駱所處的是台灣八○年代的台北都會，外圍環境與爾球大不相同，然而他在母權的陰影之下表現出來微弱的人格意志、承受的壓力與痛苦，以及加諸妻子的不幸，都與爾球不相上下。

　　至於老駱太太，雖然處於八○年代的現代社會，但只要一個「孝」字便可回到古代，以人倫道德為由，恣意伸展她瘋狂的行徑。換言之，只要母權／孝道這些「傳統文化的權力」仍然存在，這兩篇小說中的瘋母、弱子的人物便永遠不會消失，這一類的故事永遠完不了。比起蘇偉貞的〈長亭〉，這篇故事還有兩點值得注意，一是文中的小駱不僅馴服母令，他對父母的依賴性（生活起居、工作）與爾球不同，小駱的這種依賴心理，無形中不但限制了他人生的發展，也讓母親對他伸出的「羽翼」更大、對媳婦的排斥更深，如孫隆基言：

> 中國人傳統觀念是養一個人是將來為我所用，與「人之發展」背道而馳。它要求一個人的終點站就是回到他的起點站，人生的整個樹幹都變成枯枝。今日傳統的孝道或已式微，但繼起的「媽媽主義」（Momism）則仍猖獗得很〔註30〕。

另一點與〈長亭〉不同的是媳婦這個角色，雖然小說最末兩個媳婦都離開婆家，但若疏是沉默隱忍到極點才離開，與雅芝敢於對抗的形象完全不同，兩者的個性、所處的社會背景、年代固然也是因素，但最重要的是雅芝是職業婦女，有經濟能力，因此在婚姻的場域裡能掌握的權力也比若疏大，無需扮演逆來順受的傳統媳婦角色。

〔註28〕李仕芬〈當代臺灣女作家小說中的母子關係〉，《師大學報：人文與社會科學類》第43卷第1期，1998.4，頁56。

〔註29〕張系國〈序〉，收入蕭颯《死了一個國中女生之後》，頁3。張認為蕭颯這本小說中幾乎所有的男主角都是如此，例如〈啊！那永遠不平的〉、〈小駱先生的一天〉、〈死了一個國中女生之後〉等皆是。

〔註30〕孫隆基〈「母胎化」之精神現象學——現代中國小說中的一些男性樣相〉，《女性人》第5期，1991.9，頁123。

　　袁瓊瓊的〈迴〉（1985）描寫四歲的小男孩拓安某天在陽台嬉戲，發現樓下正在搬家，搬來的是一位年輕的、白白的叔叔，拓安直嚷要媽媽來看，「向下看，白白的叔叔出來了，……他臉上沒笑，很正經的，只是抬頭看著。然而拓安覺得他不是在看自己，他是在看拓安的媽媽。拓安覺得媽媽猛地把他摟緊了些，有些壓得他腿疼。〔註31〕」拓安的媽媽素雲當年與情人阿發分手之後，懷著身孕嫁給現在的丈夫保衡，平靜的日子過了三年多，拓安三歲，阿發卻突然出現，驚擾了素雲的生活，尤其發現拓安是他的骨肉時，更是整天糾纏、威脅素雲，「她有些怕回家，阿發老打電話來，他簡直都不管保衡在不在，她怕死了。……素雲想：我得搬家，得搬個他找不到的地方去。」（197～199）她於是要求丈夫搬家，保衡以為妻子隨便說說，不以為意，未料她「簡直像發瘋，素雲在地上，撕自己身上衣服，嘴裡還邊哭邊嚷：『我恨，我恨……』」（193）保衡只好決定搬家，沒想到不久阿發竟也搬到同一棟公寓的樓下。阿發搬來樓下那天，素雲決定抱著拓安從四樓陽台跳樓自殺，「拓安覺得媽媽身子顫動著，不知道要幹什麼，他有點怕，但是出於對母親的信心，他於是緊緊的抱住母親，……接著他感到的是一種奇怪的力量用勁在把他跟母親往下拖，呼呼的聲音好響，……整個地面像要跟自己相撞似地飛上來，……拓安和媽媽下降到卡車的車頂上，然後彈跳起來，在空中的時候，拓安暈了過去，他知道的只是：媽媽放開他了。」（191～192）死亡的這天，與四年前素雲懷著拓安離開阿發同樣是在一個冬末春初的下午。

　　這篇小說初讀時會讓人有些時序錯亂之感，因為整個故事大量運用了倒敘與穿插的筆法，描述素雲如何從正常到喪失理智。仔細爬梳，結構看似紊亂卻完整有序，尤其四年前後（素雲懷拓安與攜拓安跳樓）的故事場景都放置在一個冬末春初的下午，令人有一種既似巧合又如命定的感慨。張誦聖言袁瓊瓊「對細節的選擇非常精確，對話——尤其是小孩子的——自然而出色〔註32〕。」這確實是洞見，袁有不少小說都出現小孩子（例如〈媽媽〉、〈儀式〉、〈小人兒〉、〈迴〉等等），且藉由小孩子的懵懂天真對照成人的世故與自私，〈迴〉這一篇即是如此。三歲的拓安口齒伶俐，凡事學得快，父親保衡極疼他，或許因為如此，素雲更不能讓保衡知道拓安的真實身世，其面對

〔註31〕　袁瓊瓊〈迴〉《滄桑》，台北：洪範，1985.2，頁190～191。
〔註32〕　張誦聖〈袁瓊瓊與八○年代台灣女作家的「張愛玲熱」〉，《文學場域的變遷》，台北：聯合文學，2001.6，頁72。

阿發威脅時的恐懼也更深。拓安一直到墜樓死亡的那一刻都不知道自己被母親當成復仇的工具，他到生命結束時都還相信母親、緊緊抱著她，此點反襯出整篇小說真正的悲劇人物其實是這個小男孩，而非素雲。然而，一個母親憑什麼將自己無法解決的私人恩怨禍及孩子身上，且輕易斬斷他的生命？

　　素雲選擇自殺最關鍵的一點，是她無法處理她所面對的一切——迴避不了又無能解決，一個女人（尤其是毫無社交人際關係的家庭主婦）最可能做出的事便是死亡。透過死亡，她從此擺脫了人生最大的難題，但是，擺脫阿發似乎還不夠，她還要藉此對他做出更絕決也更瘋狂的抗議，於是她抱著拓安（阿發的骨肉）共赴黃泉，此時的素雲已是一個喪失理智、陰沉的瘋子。四年前素雲與阿發相戀懷孕，因女大男小婚事受阻，匆促轉嫁他人，好不容易生活逐漸安穩，阿發竟鬼魅般出現，素雲即使搬家也躲避不開，「從題目〈迴〉上，已暗寓有『迴避』之意，素雲一直在逃，而阿發偏偏有『偏執』的心理，硬要苦纏素雲，於是，全文展現的即是一追一躲的情節了〔註33〕。」他成了她的夢魘，揮之不去，因此「迴」之題目除了「迴避」之外，若詮釋為素雲人生中迴旋反覆的夢魘或更貼切；當這個迴旋反覆的夢魘一再襲擊她、讓她感到軟弱無助到極點時，很難不走上摧毀自己的路。再者，前段提及，這篇小說初讀時會讓人有些時序錯亂之感，此乃因為整個故事運用了大量的倒敘與穿插的筆法，這種企圖混淆讀者專注力的敘事模式與迴旋反覆的夢魘、喪失理智的瘋母似乎也具有某種共通性：失序、渾沌、脫離常軌，直到死亡真正發生了，一切才終止。四年前素雲懷著拓安離開阿發時正值冬末春初，四年後素雲抱著拓安「離開」阿發時也正處冬末春初，小說從開始到結束，完成了素雲歷經母親角色的始末迴旋，也完成了拓安從生到死的迴旋。

　　〈迴〉中最令人驚心的當然是素雲攜子跳樓的情節，文中的母親選擇這種極端的、瘋狂的解決之道除了上述對舊情人的抗議與報復之外，它值得再深入探索的背後因素是什麼？這篇小說出版在八○年代中期，這是必須注意的一點；八○年代不是一個社會逐漸多元開放、女性書寫風起雲湧、女性意識日益抬頭、性別論述陸續引進台灣的時期嗎？八○年代不是一個女性逐漸走向擁有「自己的天空」的時期嗎？怎麼還會有女性被逼到瘋狂邊緣乃至攜子自殺的事件出現呢？這種玉石俱焚的死亡書寫無疑是作家藉以控訴父權

〔註33〕鍾鳳美〈讓缺憾從人性中躍昇——縱談袁瓊瓊小說《滄桑》〉，《文藝月刊》第 205 期，1986.7，頁 38。

傳統對於女性角色的定位與女性自我的壓抑所可能導致的境地，因此，我們可以從這個角度思索，八〇年代當社會上有一批女性朝向「新女性」的路上前進時，有另一批（或許人數更多）女性仍然過著以婚姻為人生唯一目標（父權傳統對於女性角色的定位）、沒有任何社交人際、遇到自己無法解決的問題時採取獨自或攜子死亡（自我壓抑的結果）的「舊女性」生活，而且，這類「舊女性」一直到台灣解嚴之後的九〇年代仍然存在，朱天心〈袋鼠族物語〉（1990）不是還在寫社會上攜子自殺這個主題的故事嗎？不管外在世界如何運轉，「舊女性」永遠活在自己的格局裡，「而且，還在繼續中……。〔註34〕」，這便是歷史的真相。袁瓊瓊的題目「迴」字，或許多少也暗喻「舊女性」這類人在台灣社會上（無論政治解嚴與否、女性意識如何高漲）反覆迴旋、永無止盡的存在吧！

袁瓊瓊的〈家劫〉（1985）開始於一個雨天的深夜，在報社任職的徐立泉送同事方潔回家，方潔下車時誤拿了徐立泉的牛皮紙袋，由於徐的紙袋裡有九萬多會錢，他焦急不已，然而，方潔隔天請病假，數天後竟傳來死訊。徐心有不甘，親自登門想拿回他的錢，因此遇見了方潔的跛腳妹妹方純、白痴哥哥方強，以及方母，「方潔的母親看上去五十上下，人瘦瘦小小，穿著長褲和背心，頭髮已然灰白。〔註35〕」對於方潔的死，「臉上沒什麼特別的悲傷神色。」（147）方純向警方自首，坦陳殺死姊姊是出於妒恨母親的偏心，而方潔的驗屍報告顯示她懷了兩三個月的身孕，這一切都讓徐立泉「覺得有點什麼不太對，也說不出來。」（159）之後他到方家幾次，才發現方家姊妹原來是養女，「方太太笑道：『方潔不是我們的，方潔方純都是抱來的。』」（161）而方純的腿原本是好的，十四歲才因壓傷變跛子，「老太太沒說是什麼事故壓傷的。但是一邊上旁聽的方強發了話：『我！』他高高興興的擺著腦袋：『我壓的呀！我！』」（161）徐恍然想到，方強雖智力不足，但體能和需求與一般

〔註34〕 朱天心〈袋鼠族物語〉《想我眷村的兄弟們》，台北：麥田，1992.5，頁196。
　　　　朱天心在小說中寫著：「那個數年前帶著三歲兒子在六張犁公墓燒汽油自焚的女子，死時還又似反悔的以身體護遮其兒子……，那些在帶過子女在兒童樂園玩過，而後在圓山橋上佇立良久，最後跳下基隆河的母子母女們……，那些自南到北，一年總會發生好幾次的，母親幫小孩穿上最好的外出服，而後一起躺在床上睡覺再開瓦斯的……，那個掐死了半歲大的兒子，而後自己嚇得躲在床底直至次日才被人發現的十八歲小母親……，沒錯！都是她們幹的！袋鼠族女子！而且，還在繼續中……。」（195～196）
〔註35〕 袁瓊瓊〈家劫〉《滄桑》，台北：洪範，1985.2，頁147。

人無異,「白痴也有性慾的。」(161～162)他趁方老太太進廚房沏茶時問方強,「『阿潔你壓過沒有?』『壓了呀!』白痴興高采烈的:『天天壓!壓!』他在原地蹦呀蹦的。之後,似乎是觸動了他什麼反應,他把手伸進褲襠裏去。」(163)徐再問方強是否壓過方純,「白痴臉色黯淡下來了:『阿純不好,她不讓我壓壓!……媽媽不好,媽媽把阿潔打死了。媽媽不好!……是媽媽,媽媽壞,媽媽壞!』」(163)真相大白的徐立泉質問方老太太方潔肚裏的孩子是否方強的,「方老太太不回答,她只是忙碌的在撿拾茶杯碎片,大片的全收集了,她小心的把茶葉撿起來。她說,語氣冷峻:『她不肯要,說要打掉,這是我們方家的,我們強強的,她不肯要。』她語氣裏有點悻悻的意味。」(164)徐在離開之前,承諾方老太太不會將此秘密外洩,「方老太太看著他,終於哭了起來。」(164)

袁瓊瓊這篇小說情節緊湊,故事曲折,充滿懸疑色彩,故事一開始出現在視線不明的大雨深夜,然後女主角誤拿牛皮紙袋、不久離奇死亡……,如果我們暫時不論一個作家的寫作技巧高明與否,單就故事本身的吸引力而言,袁瓊瓊絕對是當代女性文學最會說故事的小說家之一。就〈家劫〉來看,袁捨棄了倒敘穿插、象徵隱喻等繁複的敘事技巧,就「方潔之死」的軸線平舖前進,沒有節外生枝,篇幅雖不小但人物簡單,語言也明快自然,情節不拖泥帶水,故事從開頭到結尾幾乎沒有讓讀者掩卷(或者厭倦)的餘地。袁瓊瓊如此精於掌控敘事的能力,可能與她長年編劇的訓練有關;編劇的身分提醒她情節設計的重要性,也磨練她掌控敘事的能力,如郝譽翔所言:「袁瓊瓊確實以幾近完美的方式,操縱著敘事的軸線,或是穿插倒敘,時空交錯,或是抒情寫景,節奏輕重緩急,均能適可而止。這是她短篇小說的精采所在,也說明了它們何以好看的原因,就在於充滿了戲劇的張力〔註36〕。」這的確是對袁的短篇小說最精闢的析論。〈家劫〉的戲劇張力不僅僅在於每翻一頁會讓讀者產生一個意想不到的「驚」,更在於它同時讓人感到一股莫名的「悚」,或許人對這種通俗驚悚的故事都有潛意識的偏好吧!它滿足了人對探險與窺奇的欲念,也呈現了某種暴力美學,身兼電視編劇與小說家的袁瓊瓊想必暗悉此點人性,所以她的這一類型的故事出奇好看,即使內容不乏瘋子、殺人、鬼魅、性與暴力,但出自她特有的女性書寫的手中,又有一種淡淡的哀戚(尤

〔註36〕郝譽翔〈荒涼虛無的故事高手——閱讀袁瓊瓊〉,《幼獅文藝》第 563 期,2000.11,頁 57。

其是故事裏的女性角色），而不流於荒誕鬼怪。袁這一方面的寫作功夫到了九
〇年代的《恐怖時代》（台北：時報文化，1998.9）達到顛峰，裡面的每篇故
事不僅讀來毛骨悚然，其敘事語調又冷酷異常，可謂她通俗驚悚小說的代表
作〔註37〕。這也是袁瓊瓊從「閨秀文學」越界而發展出來的另一種與同時代
女作家不同的文學路徑。〈家劫〉發表於八〇年代中期，當時的袁瓊瓊仍致力
於男女情事的書寫，然而此篇故事內容的可怖情境已讓人隱約窺見她另一層
面的寫作觸角。

　　小說中袁瓊瓊著墨不多但卻是最爲恐怖的角色無疑是方老太太。她爲了
滿足白痴兒子的性慾、爲方家傳宗接代，收養了方潔方純兩姊妹，小說雖未
明言兩姊妹何時被收養，但從「方潔方純都是抱來的」這句話可猜測仍是小
女孩之際。一個母親收養兩個小女孩，表面上將她們視爲女兒般養育，目的
竟然是把她們當成白痴兒子發洩性慾的對象，以及生產工具，這似乎與一個
妓院的老鴇，或者雞鴨豬羊牲畜的飼養者並無兩樣。然而令人懷疑的是，方
老太太在養育兩個小女孩的過程中，難道不曾對她們產生任何的感情嗎？即
使彼此毫無血緣關係，但所謂日久生情，她與小女孩數年的養母養女關係不
曾讓她產生「不忍人之心」嗎？答案是否定的，如此她才狠心地把長成少女
的方潔方純丟給白痴兒子任意蹂躪，目睹一幕幕的人間慘劇而絲毫不爲所
動。如果對方強而言，這就是母愛的話，那麼這個母親無異於一個病態的瘋
子。而更無情殘酷的是，方純的不依卻因此被壓斷了腿，方潔的拒絕生產被
活活打死，東窗事發之後方老太太居然振振有詞，毫不以爲錯，其冷漠與悻
悻然的神色令人無端悚然。對照方老太太這位陰沉極至、人鬼參半的瘋母，
方潔方純兩姊妹的悲劇色彩更加濃厚，尤其兩人的名字合爲「純潔」兩字，
與此文充滿辯證意味：兩姊妹「純潔」來到世上、被方老太太收養、歷經人
生劫難，最後唯有賠上性命（一被打死，一去頂罪）才能夠回歸「純潔」的
他界。

　　朱雙一在分析袁瓊瓊與張愛玲的文學關係時說：「最容易使人將袁瓊瓊

〔註37〕王德威認爲袁的《恐怖時代》「充滿了凶殺橫死、抑鬱瘋狂。她（指袁）眼下
　　　　的生命即景，不由你不覺得恐怖。」他進一步析論，「袁瓊瓊最要著墨的，不
　　　　是恐怖事件自身的嚴重性，而是我們『應付』恐怖事件的過程，以及過程中
　　　　的疏離、意外、因循、笨拙，甚或尷尬。」〈女作家的後現代鬼話——評袁瓊
　　　　瓊《恐怖時代》〉《落地的麥子不死：張愛玲與「張派」傳人》，濟南：山東畫
　　　　報出版社，2004.5，頁 208～209。

和張愛玲聯繫在一起的，是兩人都對畸形人生、變態人性投以較多的筆觸。」她認為袁瓊瓊〈家劫〉中的方老太太與張愛玲〈金鎖記〉的曹七巧是同一類型的人物，「這兩位孤寡的女性，都對下一代的男女婚姻關係橫加干涉、扭曲，其狠毒、凶殘的作為，顯然與她們因長期壓抑而變態的心理不無關係〔註38〕。」方老太太與曹七巧的確在小說中都顯現了一種陰沉瘋母的變態心理，但是嚴格來說，兩者又不盡相同，似乎不適合相提並論；曹七巧對子女婚姻的強加干涉確實是源自於她長期（情慾）壓抑的一種變態心理，這種異常心態不僅導致她將媳婦活活虐待到死，她對兒子女兒的親情也是極為淡薄的，然而方老太太卻不是。小說中方老太太完全沒有「干涉兒子婚姻」，因為兒子智能不足，她並無打算讓兒子結婚，她盤算的是幫兒子準備幾個「性玩物」（如同父母買玩具給孩子），並藉此生孫子，讓方家不致斷絕後代，她對兒子的愛絕非淡薄，反而是濃烈過度。相較之下，方老太太的瘋狂似乎比曹七巧更徹底。這篇小說寫於八〇年代中期，當時的台灣文壇已過了現代主義的風潮，但此文的瘋母角色與現代主義作家挖掘人性幽暗面的某些小說人物頗為相似，如張誦聖所言：「〈〈家劫〉〉雖然大可歸類於通俗驚悚小說，這些故事也不期然地顯露出與台灣現代派作家某些相似之處——特別是像專門探討人類行為在正常與不正常間交界處擺盪的歐陽子的作品〔註39〕。」由此，我們亦可窺見袁瓊瓊受現代主義文學的部分影響。

二、歇斯底里

　　嚴格來說，上述幾篇作品裡的瘋母雖然行徑失常、喪失人性，但並非真

〔註38〕　朱雙一〈世俗風情畫和女性真我的展現——略論袁瓊瓊的小說創作〉，《聯合文學》第 163 期，1998.5，頁 124。朱舉張愛玲〈金鎖記〉、〈茉莉香片〉中的主角都是變態人生的呈現，而袁瓊瓊《滄桑》裏也多見此類人物。歷來討論袁瓊瓊與張愛玲之文學關係的學者相當多，例如張誦聖著眼在兩人「對通俗愛情小說題材的喜愛」（〈袁瓊瓊與八〇年代台灣女作家的「張愛玲熱」〉）、郝譽翔認為是「荒涼和宿命」（〈荒涼虛無的故事高手——閱讀袁瓊瓊〉）、朱雙一則放在兩者「對生活的關照方式和作品的內在涵蘊上」。

〔註39〕　張誦聖〈袁瓊瓊與八〇年代台灣女作家的「張愛玲熱」〉，《文學場域的變遷》，頁 77。不過，張認為這只是表面上的相似，因為現代主義作家將文學當作認知追求（an epistemological quest）的工具，並且以探討「共通人性本質」為目標，但袁瓊瓊的故事太世俗化了，比較缺乏哲學性，象徵層面也較少，這與現代主義文學不一樣。袁瓊瓊世俗化題材的小說或與現代主義作家探究人性深層面的作品有許出入，但是，筆者以為袁的文學仍具一定的藝術性，其文字表現與寫作技巧未必不如現代派作家。

正的「發瘋」，她們的極端作為的背後隱藏的或是陰沉的心機，或是審慎的巧智，表面上看來仍與一般人無異，比較屬於變態型人物。但接下來要討論的卻是衝破理智的邊緣、歇斯底里的瘋母。對於女性而言，什麼樣的處境可能導致她發瘋？理智的邊緣線在哪裡？成為一個人人口中的瘋子對她而言，是人生的毀滅，還是解脫？瘋癲的母親形象是女作家控訴父權文化的某種書寫策略嗎？

　　袁瓊瓊的〈瘋〉（1979）一開始便是一連串的怒聲怨言，「你說呀你說呀！我怎麼辦！我又不能把她栓在家裡。……這個家我還忙得不夠呀！還要成天看著她！……弄得亂七八糟的回來，那樣子，我受不了啦！……我也不是不高興伺候她，可是她那樣子……，你去！你自己去告訴她，她是你母親，我不去！〔註40〕」媳婦金枝口中抱怨的瘋母此時正安靜地坐在屋子裡，「屋子裡光線暗，她坐在那兒，暗沉沉的一大截，微傾著臉。……銀髮下頭一張乾淨的臉，沒有喜怒哀樂，沒有生活的痕跡。」（80～81）兒子光源走近她，打算告訴母親要將她送往醫院的決定，可是話說了一半就不忍繼續，因為「想起了母親往日的種種好處。」（81）帶母親去醫院表面上說是治病，其實「是不要這麼個不正常的人待在家裡罷了。」（81）媳婦金枝迅速叫了車，邊等車邊和鄰居閒談，話題仍是婆婆發瘋之後的種種怪異行為，「我還不是為了他（指光源）好，放了這麼個母親在家裡，說出去也不光彩。」（83）計程車終於來到，兒子光源哄母親上車，「一邊說著一邊有罪惡感。老太太瘋了之後，待她的法子就是當她完全不懂事，凡事哄著騙著來，光源自己也疑心，就算跟她講實話，她能不能懂？」（85）老太太安靜地跟著兒子走出家門，看到司機，突然哭了起來，「『我不要看見他，……他！他！』老太太厲聲哭喊，慢慢掉過頭來，臉上全失了顏色，一下子老了十年。」（86）原來她將計程車司機誤認成已死去的丈夫，「梁棟庭啊！你欺負我孤零零一個人，沒有人替我出氣，我也是我父母手心裡一塊肉，交到你糟蹋啊！你是怎麼待我。」（87）圍過來看熱鬧的人越來越多，「老鄰居有明白的，跟著歎起氣來。」（87）媳婦金枝覺得丟臉，在車上大聲對司機抱怨，「有一天，莫名其妙的就發了瘋啦。一大早就出了門，怎麼找也找不回來。……一天到晚到處去拿東西，人家見了都怕哦！後來又搬些破銅爛鐵回家來，堆得一院子。」（88～89）光源一邊阻止妻子說話，一邊想起未發瘋時的母親：總是待在廚房、總是被父親喝來斥去

〔註40〕袁瓊瓊〈瘋〉《春水船》，台北：洪範，1985.2，頁79～81。

地辱罵與責打，「他突然完全了解他的母親。」（91）老太太在車上忽然又哭了起來，開始瘋言瘋語，「娘，我是有冤沒處訴啊，您怎麼把女兒送到這個惡神手裡，我一肚子說不出的苦。」（91～92）金枝勸阻無效之後，老太太向前，「把著司機椅背：『你這也不讓我，那也不讓我，對我兇哦！你是天皇老子！我告你，我到法院去告你，告你精神虐待！』」（92）車上於是亂成一團。

袁瓊瓊這篇小說運用了許多「對照」的敘事筆法，小說一開始是金枝對丈夫光源爆發自己長期照顧發瘋的婆婆的不滿情緒，然而袁瓊瓊將這些冗長且充滿情緒性的言語巧妙地切割開來，中間穿插著對一張老舊照片的娓娓敘述——金枝口中這個醜陋發瘋的年老母親，三十年前是照片裡那位美麗文靜的青春女子。這形成了一種今與昔、動與靜的對比，也相當具有影像的效果。這樣的對照敘述也同時引起讀者的閱讀慾望和想像：三十年前好端端的她怎會變成現今發了瘋的模樣？這中間發生了什麼事？小說中的瘋母終於出現，卻令讀者有些失望，因為她看起來「不像一個瘋子」，只是安靜地坐在屋子裡，與照片裡那個靜止的形象似乎沒太大差別，唯一的差異彷彿只是「相片上那頭永恆的黑髮，這時已經白了。」（81）小說進行到一半，老太太始終維持安靜的模樣，反而是媳婦金枝鎮日滔滔不絕地對左鄰右舍傾訴婆婆的瘋子行徑，這裡又形成一個有趣的對照——到底誰才是瘋子？是安靜的老太太，還是那個尖銳激動的金枝？

故事的轉折出現在老太太將計程車司機誤認成丈夫的那一刻，老太太瞬間從安靜的模樣便成屬聲哭嚎的瘋子，將身邊所有的人（包括讀者）嚇了一大跳，她開始瘋言瘋語，歇斯底里，用失控的情緒和失序的語言，露西·伊瑞葛萊（Luce Irigaray）分析所謂的「歇斯底里症」乃是一個人「以癱瘓的姿態機能模式發言，述說不可能且遭到禁制的故事，述說出『無法對自己說出或言及自身』的病癥〔註41〕。」即使老太太使用的語言斷斷續續、夾雜哭喊，但仍有很強的力量讓人感受到她在婚姻裡飽受的壓抑和痛苦（即使沒有兒子光源回憶母親被父親欺凌那一段），如張誦聖言：「她（指老太太）的瘋狂裏充滿了對飽受壓抑的婚姻生活的不滿暗示，老婦人所爆發出來的悲痛與怨恨令人心碎〔註42〕。」老太太確實是瘋了，然而正因為她瘋了，才敢把一生想

〔註41〕露西·伊瑞葛萊（Luce Irigaray）著，李金梅譯，朱重儀校閱《此性非一》（*Ce sexe quin'en est pas un*），台北：桂冠，2005.2，頁179。

〔註42〕張誦聖〈袁瓊瓊與八○年代台灣女作家的「張愛玲熱」〉，《文學場域的變遷》，

說卻一再隱忍的話都發洩了出來——對她而言，「瘋」反而是解脫、是一種得以生存的方式。更何況，老太太並非「莫名其妙的就發了瘋」，她在數十年的婚姻裡應該已經「想發瘋」好幾次了，只是一再容忍，忍了一輩子，終於瘋了。邱貴芬提及，這類母親，通常都是「父權社會裡無權無錢的女性的轉化，她們被加上種種枷鎖，逼上瘋狂之路〔註43〕。」甚至，父權社會對「無權無錢」的女性要求的犧牲與馴化是加倍的。

在這篇小說中，老太太的「瘋癲」不只是對父權社會的一種抗議，更重要的是她大聲地（用失序的語言）說出了內心真實的話——女性在瘋癲情境之下的「吶喊」意味著什麼呢？如果將此文與林海音的〈燭〉（1965）相比較，會發現一個對照的情況：〈燭〉裡的老太太瘋了之後仍然不敢將隱忍一輩子的話傾吐出來，只將自己囚禁在床角，默默含恨，等待死亡，而〈瘋〉裡的老太太呢？她瘋了之後不但四處遊走，且毫無禁忌地開啟封鎖已久的話語，宣洩一生的怨懟。林海音和袁瓊瓊代表不同世代的作家，透過她們對「瘋母」的詮釋，我們得以窺見在不同的政經結構、社會背景之下，女性「說真話」的空間。不過，這篇小說最引人悲憫的還不是老太太發瘋這件事，而是她即使成了一個瘋子，都還忘不了丈夫帶給她的羞辱和痛苦：她清楚地記得丈夫的名字，看見與丈夫形貌相似的男人時情緒激動憤恨不已，還知道要去法院告他精神虐待……，丈夫早已死亡，她的怨恨卻還那麼清晰深刻——她真的瘋了嗎？

最後要提的是蘇偉貞的《離開同方》（1990）。《離》是從一個在「同方」眷村長大的男子奉磊為第一人稱敘述觀點，回想當年在眷村成長的種種記憶，其中之一乃是方景心母女的故事。小說採倒敘筆法，故事才開始便出現村裡的甘蔗園失火的畫面，大火中燒死了兩具屍體，雖已面目焦黑無法辨識，村民卻一致猜測是戀愛受阻、選擇殉情的余蓬和方景心。「方媽媽不知道被誰通知了奔到屍體旁，抱起屍體就又喊又嚎瘋了一樣，……她抱著已經涼掉的屍體，在大火裡足足燒了十二個鐘頭的女兒，就這樣曝在荒地上，……半夜，一直到以後過去很久的半夜，二十三號仍傳出方媽媽的狂號，全村人繼續著另一場噩夢。……淒厲的狂叫與哀嚎交互起落幾天幾夜沒消弱，終於變成空

頁 73。

〔註43〕邱貴芬〈當代台灣女性小說裡的孤女現象〉，《仲介台灣・女人：後殖民女性觀點的台灣閱讀》，台北：元尊文化，1997.9，頁 106～107。

氣的一部分。〔註 44〕」在奉磊的眼中，以大嗓門聞名的方母是個什麼樣的人呢？「炒菜、做衣裳、醃泡菜、種花樣樣有一手，全副心力放在方伯伯、方姊姊身上，再標準沒有了，但是她愛抽菸，一根接一跟的抽，菸乾放在一旁燃著她也高興。我們村上沒見過比她更像『良家婦女』的了，也沒見過抽菸抽得像她那般兇的女人。」（56）方母只有景心一個女兒，她「人又漂亮，嘴巴又甜，生活習慣、功課全靠自己養成；讀書、處人對她而言似乎是份天生具備的本能。」（75）十九歲的方景心喜歡上大她十歲且是父親的同事余蓬，兩人相戀，全村人都知道，惟方母被蒙在鼓裡，「景心至少得念個洋碩士才對她爺爺有交代。……她爺爺是前清翰林呢！……景心可是念書的料，方家靠她光大門楣呢！」（118）直到某天景心徹夜不歸，方母才發現不對，「一大早校門沒開她就衝進校長室要人，這才知道方姊姊曠課過多，功課全部不及格，前兩天叫學校給退學了。方媽媽當然不相信，認為學校故意要加害方姊姊，女兒是她生的，方姊姊還曾經越級跳讀。」（137）她甚至因此怒罵校長老師、國家社會，鬧得鄰居只好告訴她余蓬與景心的戀情，「方媽媽當下愣住，一張臉轉紅轉紫，脹得飽滿然後消瘦，……這個打擊比方姊姊個位數的成績單還大。」（137）她瘋狂地找上余蓬，嘶聲罵他誘拐晚輩，「她抽抽嗒嗒邊哭邊自言自語，身為母親她想知道一切，然而那神情真教人不敢多說一句。……她轉而開始怨嘆命運，社會風氣，教育措施，最後她罵累了脫水般暈倒在小余叔叔房裡。」（138）離家出走的方景心終於回來，挺著微凸的肚子，「方媽媽奔近了看清楚了方姊姊瘦削的臉、四肢和被凸出的肚皮撐開的花朵，整個人一矮，骨架子幾乎便要散掉，她還來不及痛哭痛罵，先一個箭步上前連甩方姊姊幾個耳光。」（141）在一陣瘋狂打罵與哭鬧之後，方母突然冷靜下來，「她變得果敢而獨斷，她公然當著全村面前以超強硬手段僱車帶方姊姊去拿掉胎兒。」（144）回來之後將女兒關在房裡，並剝光、搜藏女兒的所有衣物。全村人都認為方母瘋了。之後景心圍著一條床單還是逃走了，回來之後又懷孕了，方母用繩子將女兒緊緊捆住，「她強悍地堅不相信方姊姊又懷孕的事實。……方媽媽說方姊姊走出大門她就上吊自殺。」（173）甘蔗園燒死景心的事讓方母真的發瘋了，然而數年之後，方景心竟活生生地回到同方眷村，帶著丈夫與孩子，蔗園裡的屍體原來不是她。方母野獸般的狂嚎觸痛了景心，

〔註44〕蘇偉貞《離開同方》，台北：聯經，1990.11，頁 25～27。

「方姊姊這才深深絕望地放聲痛哭起來，……屋裡頭方媽媽和聲似地揚起了無意識又尖厲的呼喚：『景心！景心啊！』」（377）景心渴望見母親一面卻遭父親強力阻止，父親甚至不認女兒，景心只好再度離開。

　　《離開同方》是一部篇幅冗長、結合數則眷村小故事且為蘇偉貞耗時三年的力作〔註45〕。整部小說乃為奉磊——一個眷村第二代者的回憶敘述，題名「離開」除了點出作者對眷村族群今昔對照的慨歎之外，也隱含其對此段歷史的依戀與追想〔註46〕。雖然有評論者認為「離開」兩字與此書的內容不甚符合〔註42〕，然而站在一個寫作者的角度，唯有「離開」，才有「回溯和記憶」，也才有言說與書寫的慾望。蘇偉貞是七○年代末崛起且被歸入閨秀文學的女作家，早期代表作如〈陪他一段〉（1979）、〈紅顏已老〉（1980）等都以處理男女情愛的主題見長，但除此之外，蘇也在之後嘗試寫遲暮將軍、兩岸阻絕、台灣眷村，以及大陸勞改等較具社會寫實性的作品，開展另一條迥異於其他閨秀女作家的寫作路線。《離開同方》以大規模的敘述方式為台灣的眷村生活立碑，總結蘇偉貞對亂離世代、四十年來社會生活之觀察與關注〔註48〕。同樣是書寫台灣眷村這個題材，比起之前的《有緣千里》（1984），《離》的視野更宏觀，結構與戲劇性張力也更超越〔註49〕，雖然小說仍然不乏兒女情長，但蘇似乎並未讓她這部九○年代的鉅作陷入言情的泥淖；她雖以「情」為切入點（或主要關注點），但企圖建構的卻是一則歷

〔註45〕蘇偉貞於〈再版序——分解記憶〉中說：「《離開同方》蘊藏了我個人生命中所能及的最高記憶——一段無法嚴格劃分的時空、一群沒有真正善惡的人們、一份不確定的情感需要……，打破了真實與虛幻的界限，打破了我自己的記憶。《離開同方》寫了三年，這三年別人也必定有他的發生吧？我則是逐漸發現了我自己。」收入《離開同方》，台北：聯經，1990.11，頁2。

〔註46〕蕭義玲〈女性情慾之自主與人格之實現——論蘇偉貞小說中的女性意識〉，《文學台灣》第26期，1998.4，頁196。

〔註42〕張大春在〈曖昧、輾轉的眷村傳奇〉中認為這個書名如果改成「回到同方」或「進入同方」會比較符合小說的敘述狀況，收入蘇偉貞《離開同方》，台北：聯經，1990.11，頁9。

〔註48〕陳義芝〈悲憫撼人，為一個時代作結〉，收入蘇偉貞《離開同方》，台北：聯經，1990.11，頁3。

〔註49〕蘇偉貞的「眷村書寫」是其在剖析愛情之外致力開拓的另一塊寫作領域，趙慶華將蘇偉貞的四部小說：《有緣千里》（1984.11）、《離開同方》（1990.11）、《沉默之島》（1994.11）、《時光隊伍》（2006.7）定位為「眷村四部曲」。趙慶華〈相聚、離開、沉默、流浪——閱讀蘇偉貞「眷村四部曲」〉，《台灣文學研究》創刊號，2007.4，頁145。

史敘述──爲台灣的眷村歷史留下文字見證。小說中的奉磊有點類似班雅明
（Walter Benjamin）所謂的述史者（chronicler）或說故事者（story teller）：只
要是發生在同方新村的任何事，不論鉅細，也無所謂輕重，似乎都可以納入
歷史的一部分，而奉磊之所以能夠如此清晰地娓訴同方新村的種種記憶也間
接透露了眷村生活那種特殊的「共有分攤的種種情感、情緒、情結〔註 50〕」，
換言之，那裡沒有所謂的個人隱私，個人的事就是全體村民的事，哪戶人家
的愛慾糾葛、是非恩怨、生死離別到最後都成了村民的集體記憶〔註 51〕。

　　蘇偉貞以寫「情」（愛情、親情、情慾）來建構眷村歷史的敘述筆法多少
與張愛玲《赤地之戀》（1954）中政治／情慾的雙重敘述〔註 52〕有疊合之處，
而這似乎也讓我們窺見女作家在觀照歷史時的著眼點和書寫方式與男作家的
不同──不管以文字建構歷史的企圖心有多大，她們的出發點永遠是情愛。
不過，除卻蘇偉貞在《離》裡欲書寫眷村歷史的意圖之外，這部小說更讓人
看見蘇在其寫作領域的一大跨越乃在於她嘗試運用類似拉丁美洲魔幻寫實主
義的筆法去架構她欲處理的龐雜故事，雖然這樣的敘事或多或少造成整部作
品零散、混亂的閱讀障礙〔註 53〕，但如此似乎更符合歷史的眞相，因爲歷史
誠如阿圖塞（Louis Althusser）所言，「是個沒有目的沒有主體的過程〔註 54〕」。
陳義芝評這部小說時也稱讚作者「打破了眞實與虛構的界分，創造出一種原
始神秘的眞實。那種眞實非一般俗表之眞實，既帶著荒謬、誇張的詭祕性，

〔註 50〕 張大春〈眷村子弟江湖老〉，《中國時報·副刊》，1990.12.29

〔註 51〕 李有成〈眷村的童騃時代〉，收入蘇偉貞《離開同方》，台北：聯經，1990.11，
　　　　 頁 12。

〔註 52〕 參見陳靜宜《張愛玲長篇小說的女性書寫》的第三章〈《赤地之戀》的政治／
　　　　 情慾書寫〉，台北：文津，2005.4

〔註 53〕 張大春在〈曖昧、輾轉的眷村傳奇〉言：「同方新村一如《百年的孤寂》裡的
　　　　 馬康多村，是某個處於亂世的國族的縮影。不過，蘇偉貞的企圖心不算旺盛，
　　　　 馬奎斯所能提供的示範僅止於敘述技巧的自由──當那對在蔗田裡被烈火燒
　　　　 死的戀人重新出現在方家門口的時候，當『全如意』被村人認出她是李媽媽
　　　　 而忽然罹患健忘症的時候，當小白妹露出那奇特詭異的笑容的時候，……讀
　　　　 者看到了拉丁美洲魔幻寫實主義爲台灣眷村故事所織染的驚奇氣氛。……重
　　　　 覆和反覆的『馬派』敘述也爲《離開同方》帶來零亂的閱讀障礙，使之成爲
　　　　 蘇偉貞最難讀的一部小說。」張大春雖然認爲此書零亂難讀，離眞正的魔幻
　　　　 寫實主義文學還有一段距離，但是他肯定蘇「經營這樣繁複的寫作技術並以
　　　　 之展現小說的自由性」，也認爲蘇因此作而拉開了與廖輝英、鍾曉陽等閨閣派
　　　　 女作家的距離。頁 9～10。

〔註 54〕 李有成〈眷村的童騃時代〉，頁 12。

又深挖到靈魂血處，令人不敢逼視〔註55〕。」不管在形式或內容均給此作相當高的評價，李有成甚至認為《離》是「蘇偉貞截至目前為止最重要的一部傑作。〔註56〕」細讀此作，蘇偉貞確實藉著同方新村的幾戶家庭瑣事、幾椿愛慾糾結，以及一個戲班子的興衰去來，將隨軍遷台的這群人的流離感受和掙扎營生描繪淋漓，而且正因如此，小說的結局──離開（包括搬家、遠離、出走、死亡）才那麼令人感慨，因為這裡的「離開」不僅是告別成長之地，還意味著眷村這個奇特的社群的結束，甚至是「一個時代的消逝〔註57〕」。然而，從另一個角度思索，「離開」似乎也是必然的，因為惟有「離開同方」（這個封閉的生活環境），生命才有真正的出路，年輕一輩也才有展開自己人生的機會。

　　如前所述，此作雖以文字見證眷村歷史，但仍不乏兒女情長，甚至可以說，整部小說寫得最為精湛的仍然是那幾則激越的愛情故事，如陳義芝所言：「《離開同方》最令人驚心動魄的當然還是撐持迴盪在裡面的情愛，大膽、隱忍、熾烈〔註58〕。」王德威也持相似的論點，認為「蘇並未能進一步探索眷村文化的歷史底蘊。她的重心毋寧仍是在一齣齣或慘烈、或詭異的愛情傳奇上。」雖然王肯定《離》是蘇偉貞創作生涯中重要的里程碑，其中不乏精采片段，但「如果小說不僅汲汲於村內男女情愛，而更著墨於大夥對偉人及信仰一種無以名狀的依戀、對團體生活的陷溺與鄉愁，氣魄將更大一些〔註59〕。」邱貴芬則直指：「這些錯綜複雜的世間男女情仇，假如不放在眷村這個脈絡裡，而放在任何其他一個地方，並沒有多大差別。」邱認為《離》並沒有刻劃出獨特的「眷村經驗」，眷村在書中只是一個陪襯性的背景，「蘇偉貞真正用心鋪陳的還是她一向拿手的男女情愛故事。」因此嚴格說來，此書的族群意識或歷史脈絡都不特別突出〔註60〕。仔細爬梳《離》，它雖是以大規模的敘事呈現了同方新村的點滴生活，但誠如邱貴芬等之評論，全書的情愛鋪陳確實遠遠超過對眷村文化的敘寫。情愛書寫原是蘇偉貞最擅長的部

〔註55〕陳義芝〈悲憫撼人，為一個時代作結〉，頁4。

〔註56〕李有成〈眷村的童騃時代〉，頁13。

〔註57〕陳義芝〈悲憫撼人，為一個時代作結〉，頁4。

〔註58〕同上註，頁6。

〔註59〕王德威〈以愛欲興亡為己任，置個人死生於度外──試讀蘇偉貞的小說〉，收入蘇偉貞《封閉的島嶼：得獎小說選》，台北：麥田，1996.10，頁18～19。

〔註60〕邱貴芬〈族國建構與當代台灣女性小說的認同政治〉，《仲介台灣·女人：後殖民女性觀點的台灣閱讀》，台北：元尊文化，1997.9，頁54。

分，作為一個寫作者，她自然不會在任何主題的文學創作中輕易放棄這個層面的經營和發揮。然而，從一個對比的角度視之，同方新村之所以出現那麼多樁愛恨糾葛的事件其實正反映了眷村生活的封閉與平乏：村民似乎想要透過如此激烈的愛慾經歷才有踏實活過的感覺，如此反而產生了一種強烈對照的美學效果。再者，別忘了這部小說是奉磊的追憶敘寫，對一個在眷村那樣保守單調的環境中成長的人而言，最深刻的記憶不外乎是目睹或耳聞的那幾樁愛恨情仇，它們很自然成了他回憶書寫的重心。在這些愛慾糾葛的故事中，蘇偉貞著墨最多的無疑是方景心母女的故事，尤其，寫活了方母這個角色。

方母同大多數婦女，是個婚後以家庭為主的女性，在村民的眼中，她是一個再標準不過的良家婦女，生活重心完全放在丈夫、女兒的身上，而她不識字，對成績優異的獨生女更是寄予厚望。方母與丈夫隨軍遷台，落腳眷村，故鄉回不去，未來不知如何，內心惶然難免，但她惟一能做的只有努力地做個賢妻良母、相夫教子，其餘的情緒只能靠大量的抽菸排遣。小說中方母對待女兒的強硬手段（例如墮胎、囚禁、綑綁）近乎瘋狂，根本已是喪失人性的施虐行為，呈現所謂的「母職機制化」（institutionalized motherhood）的一面〔註 61〕，而她那張動不動便怒罵國家社會、教育措施以及不斷怨嘆自身命運的嘴臉也隱約顯現了某種歇斯底里的徵兆。雖然她口口聲聲為了女兒的未來著想，但從故事中實在難以看出她極力拆散女兒和余蓬真正的理由為何，只因為余蓬是丈夫的同事、年紀比女兒大十歲嗎？余蓬單身，有正當的職業，最重要的是他對景心情意真誠，方母瘋狂似地阻止兩個相愛的年輕人的真正原因是什麼？

方母的一生歷經流離戰亂，沒讀過書雙足又纏過，丈夫也不過是個平庸者，她的人生可以說是枉然了，小說中她抽菸抽得那樣兇，透露出她內心有著極深的怨嘆與無奈，但是，她有一個會讀書又美麗的女兒，這似乎讓她對未來有了另一種希望：她要景心的人生精彩有成就，以彌補自己近乎荒廢空白的一生；她要景心出國留學，以彌補自己存活在家庭／眷村／小島的封閉空間。因此，當她得知女兒可能步上她的後塵（結婚生子，一輩子待在家庭、

〔註 61〕 劉惠琴：「母職機制化（institutionalized motherhood）扭曲了母親的真實面貌，進而導致施虐：施虐的母親其實是受困在心理家庭系統，與社會結構的重重障礙之下掙扎的女性。」〈母女關係的社會建構〉，《應用心理研究》第 6 期，2000.6，頁 123。

同方新村）時，她頓時無法接受，才會選擇如此暴虐的方式阻止一切，如西
蒙・波娃（Simone de Beauvoir）所言：

> 有的母親全心全意地栽培這個自己的再生，結果把自己完全投射在
> 女兒身上，放棄了自我，女兒的幸福成為她所關心的一切，……這
> 樣的母親可能碰到的危險是，令她所愛的女兒產生反感，……女兒
> 會憤怒地反抗這種暴虐式的苦心〔註62〕。

她近乎歇斯底里的打罵叫囂，其實不完全是針對景心或余蓬，而是自己的命
運，因為對她而言，景心是她個人生命的一個延伸，她要藉著女兒重新再活
一次，因此她拒絕母女之間存有任何歧異（estrangement）、拒絕女兒有自我發
展的意圖，她無法容忍女兒成為一個「他者」，完全必須按照她的規劃進行人
生。方母最後變成了真正的瘋子，這對她而言或許也是一種解脫吧！如果對
景心而言，母親代表的是父權文化的干涉力量，那麼因為失去女兒而發瘋的
方母不也是父權社會的犧牲者嗎？如林芳玫所言：「母愛是世界上最可貴的力
量，然而，一個社會如果不給予女人充分發展自我的空間，母愛往往成了自
縛也縛人的情繭。母愛是女人對父權社會所從事的最甜蜜的復仇〔註63〕。」
方母發瘋之後終日野獸般的嘶吼著女兒的名字，令人讀之心酸。南西・邱多
若（Nancy J. Chodorow）言：「母親，尤其當她身處於孤立的核心家庭，而且
沒有其他職業時，往往也會全心全意放在女兒身上，對女兒產生一種愛恨交
織的感覺，並難以放手〔註64〕。」難以放手的母親卻間接促成了女兒的遠走
高飛，也讓自己陷入另一層面的精神困境。

　　小說最後令人出乎意料的是，被誤認為在蔗園大火中燒死的景心與余蓬
活生生地回來了，讀者或許會追問：蔗園裡的兩具焦屍到底是誰？活生生回
來的兩人到底是人還是鬼？何者為真何者為假？但這些其實都不重要，重要
的是，景心和余蓬終於逃亡成功，而方母成了一個真正的瘋子，這才是虛虛
實實的人生中無可改變的事實（歷史的真相）。當然，閱讀此作，我們不免疑
問：景心為何要重返同方新村？在她追求愛情的天路歷程中，母親是最大的

〔註62〕西蒙・波娃（Simone de Beauvoir）著，楊美惠譯《第二性》（Le Deuxieme Sexe）
　　　　（第二卷：處境），台北：志文，1992.9，頁124。

〔註63〕林芳玫《權力與美麗──超越浪漫說女性》，台北：九歌，2005.5，頁70。

〔註64〕南西・邱多若（Nancy J. Chodorow）著，張君玫譯《母職的再生產：心理分析
　　　　與性別社會學》（The Reproduction of Mothering:Psychoanalysis and the Sociology
　　　　of Gender），台北：群學，2003.10，頁180。

阻礙，她也數度因為母親的殘酷手段而幾乎斷送生命，好不容易逃家成功為何又回來？甚至在得知母親精神崩潰以及父親的憤怒之後，心生愧疚，希望得到雙親的寬量。難道她重返同方新村（當年被拘囚的封建圍城）是為了「與父權社會再度展開真摯的對話〔註 65〕」嗎？有但不盡然如此，景心返家最大的因素乃因她自己做了母親。為人母的經驗沖淡了她以往與母親的尖銳對立，多少讓她體悟母親當年採取如此強硬激烈手段背後的苦心與愛，因而釋懷了些許多年的母女心結，這應才是她返家、渴望得到父母諒解的真正原因。小說中除了方母發瘋之外，還陸續出現村民失憶、慘死、出走等等情節，令人讀之頗有一股窒息之感，蘇偉貞或以此隱喻：當一個封閉的生存空間一再發生此類事件時，意味著它（同方新村）即將瓦解、結束的必然命運。文中的方景心惟有逃跑出走，離開家、母親、同方新村，她的人生才能重新開始（蔗園焦黑的女屍象徵的是過去的她），與她同輩的村民亦是如此。

第三節　離家出走，或者離奇失蹤的母親

離家出走，或者離奇失蹤的母親是八、九〇年代女性小說中的一個特殊的現象，究竟這些母親們離家出走、無故失蹤的原因為何？她們遠離的不僅僅是具體的「家」，也是傳統妻母神話的位置；出走，不管是短暫或是長久，女性追求的正是屬於自我的那一點自由空間。五〇到七〇年代的女性小說並非沒有離家出走的母親，童真寫於七〇年代的《離家的女孩》就是一個明顯的例子，林海音〈週記本〉（1957）、艾雯〈捐〉（1962）和於梨華〈有一個春天〉（1964）也有離家出走的母親，但是在這些作品裡，作者比較是從一個道德（或傳統母德）的立場去敘寫這類人物，離家的母親們最後幾乎都在反省之下重返家庭，歸回社會結構的性別位置，即使沒有重返家庭，也未曾卸下自己為人母的責任。這一觀點與八、九〇年代的作家大不相同。八、九〇年代女性小說中離家出走的母親所持的心態幾乎都是理直氣壯的，跨出家庭的那一刻，她們沒有任何猶豫或是愧疚，既不在意旁人的指責，也無所謂家人是否諒解，在更大程度上，她們的離家出走是為了保全自己尊嚴與生命的完整，而這類作品「也似乎隱隱重現、批判了社會中既有的權力結構，讓女性有了不同以往

〔註 65〕 蕭義玲〈女性情慾之自主與人格之實現──論蘇偉貞小說中的女性意識〉，《文學台灣》第 26 期，1998.4，頁 198。

的象徵性的面貌出現〔註66〕。」

　　蕭颯的〈廉禎媽媽〉（1978）是從一個外國媳婦南茜的角度去描述的故事，南茜的婆婆廉禎因為丈夫外遇，決定搬出去獨居，且從此不再冠夫姓，「不要稱我傅夫人，我不再姓傅了。我沒有自己的名字嗎？叫我廉禎，再不然叫我廉老師也好。〔註67〕」搬出之後她開了一家畫室教畫，在南茜的鼓勵之下，廉禎開始參加一些藝文活動，衣著裝扮上也變得較為鮮麗新穎，「友誼和充實精采的生活，使得廉禎媽媽變得積極有生氣，她煥然變了一個人，一掃老態。」（116）然而對於母親的改變，兒子傅成卻一直無法接受。在某次的攝影展上，廉禎認識了朋友的兒子戴沂，一個未滿二十歲的俊美少年，「他長髮烏亮過耳，全部妥貼的梳向耳後，皮膚白皙整潔，五官更是清朗出眾。尤其是眼睛，亮爍有神，使人不由得將那雙眸子和他手上漂亮的 Nikon 黑體相機晶瑩的鏡頭想成一體。」（118）戴沂的青春和俊美讓年過六十的廉禎既震撼又著迷，「我活了這麼久，還沒見過這麼漂亮的男孩子，眼睛像有許多話要說一樣，說不出的嫵媚。」（124）南茜不明白戴沂對廉禎媽媽有著什麼意義，也無法了解她為何要一再提及他。廉禎設法與戴沂見面，雖然她感到彼此之間有代溝，也無法接受他是同性戀的事實，「不過我真喜歡看到他，他美得叫人著迷，看見他，就會喚起你一些最美好的記憶。」（130）廉禎一再找戴沂之事觸怒了兒子和已分居的丈夫，他們要她收斂行為，以維護傅家的聲譽，並要她搬回家，「我就是死了也不回他們傅家，……其實，我去找戴沂，只不過希望多看看他，他的美總叫我想起一些美好的事情，我為什麼不能去看他呢？」（135）之後戴沂悄悄搬走，廉禎大受打擊，因此重病而亡。

　　蕭颯這篇作品寫於七○年末，主角廉禎媽媽是一個可以從不同的面向來剖析的女性角色。首先，小說一開始便點出「廉禎媽媽生於民國八年五月四日」（113），這似乎為她之後離家出走、拒冠夫姓，以及主動追求俊美少年等不被世俗認同的行為埋下伏筆，尤其她因為丈夫外遇一事，堅決搬出夫家，又自開畫室另闢人生的天地，充滿新女性的前衛色彩。年過六十的廉禎媽媽「否定」了許多傳統女性內化的道德觀念，呈現女性自覺的積極面，這

〔註66〕張淑麗〈「閨怨」美學的挑戰——當代台灣女性書寫的異／移位〉，《文訊》第149期，1998.3，頁22。張的「象徵性的面貌」饒富深意，因為文本內外的母親是不相等的，八、九○年代固然出現不少勇於離家出走的文學母親，但現實中卻未必如此。

〔註67〕蕭颯〈廉禎媽媽〉《我兒漢生》，台北：九歌，1981.1，頁114。

種人格特質無疑地與五四時期女性追求保有自身及批判父權的姿態有十分疊合之處：

> 用五四那個大時代的眼光看，女性的真實價值必須在與父系秩序下的社會性別角色的差異關係中才能得到確定。確實，現代新女性們用以肯定自身的東西，首先是一系列的否定：女人「不是玩物」、女人「不是傳宗接代的工具」、女人「不是室內花瓶」、女人「不是男人的附屬品」。這一系列否定，這一系列差異，構成了女性這一群體稱謂的歷史內涵，亦即，她是對男性中心的社會積習、對為男性服務的性別角色、對整個男性統治秩序的反動和叛逆。……這當然並不意味著女性群體的成員就不再成為妻子或母親，但作為一個文化概念，「女性」的生存維繫於她對這些秩序的拒絕、維繫於她與這些社會化的性別角色之間不可彌合的差異。唯其如此，女性才保有自身，保有她對父系統治秩序的批判力和對自身的反闡釋力〔註68〕。

廉楨媽媽離家出走並非意氣用事，當丈夫認真地說要將新歡帶回家同住時，她既無哭鬧怨嘆，亦不隱忍垂淚，拒絕妥協的她選擇離開傅家（父權文化的縮影）之後，也沒有去投靠兒子，寧可獨居並以授畫營生，也不願再扮演一個附屬的角色。廉楨媽媽的果敢及獨立性格彰顯五四新女性的精神，這樣的一個女性形象即使放置在台灣七、八〇年代的社會仍是受人矚目（也備受爭議）的。

　　如果將這篇小說與袁瓊瓊〈自己的天空〉（1980）相提並論，廉楨與靜敏同是屬於因婚變而走出「自己的天空」的女性，加上兩篇小說的發表時間很接近，由此或可窺見七〇年代末到八〇年代初女作家所關注的女性議題。不過，比起袁瓊瓊筆下那位三十歲的靜敏，廉楨媽媽是更勇往直前的，她年過六十，卻能在人生的轉折處無所畏懼地擇取自己所需，實在令人佩服。此外，她視洋媳婦為友，無話不談，甚至聽取南茜的建議改變既定的生活方式與穿著習慣，因而拓展自己生活圈子與美學視野，也打破了傳統婆媳的階層關係，或許，「唯有當女人不再拘泥於原有固定的身份，而能勇敢積極地去實現自己的慾望，追求豐富自己人生的機會，她的空間才得以開始寬廣，也才有能力接受人生原具的或仍待開發的許多複雜面相〔註69〕。」廉楨媽媽確

〔註68〕 孟悅、戴錦華《浮出歷史地表：中國現代女性文學研究》，台北：時報文化，1993.9，頁30。
〔註69〕 蘇芊玲《我的母職實踐》，台北：女書文化，1998.9，頁83。

實因為離家出走而拓展了人生的多元面向，可是，這個社會「認同」她的作為嗎？當她努力追求自己渴望擁有的東西時，她得到的回應又是什麼？

　　對於廉楨媽媽的改變持最大反對聲者是她的兒子傅成，傅成留美多年，妻子又是外國人，然而他卻無法接受母親跳脫傳統位置之後的任何改變——他無視母親的成長與自由，完全站在「傅家」（夫家）的立場要求（或指責）母親的言行舉止，希望母親永遠停頓在一個沒有情緒、慾望的位置裡。當社會逐漸開放，女性努力伸展、建立自己的人生版圖時，阻擾最大的竟是自己最親近的人，這也是蕭颯藉這篇小說想要諷刺的地方。廉楨媽媽深受戴沂的美所吸引，這種吸引與情慾無關，而是一種生命力的觸動〔註70〕，一種美感的喜悅，這是她想要追求的東西。然而在她追求的過程中，她受到了許多的壓力與干預，不外乎都是從情色的眼光為出發點，戴沂最後消失，廉楨媽媽重病死亡，臨終前告訴南茜不後悔自己所做的一切。小說的結局令人深思，廉楨媽媽即使離家出走，她仍然受制於父權文化的種種規範，尤其兒子與丈夫對她的暴怒與規勸更象徵著整個傳統道德體系對「母親」角色的重重枷鎖（不論她再怎麼努力掙脫、社會再怎麼開放），因此，「死亡」反而讓她解脫了，她因為死亡獲得了永恆的時間和空間，獲得了真正的美，也真正「離家出走」了。

　　蘇偉貞的〈大夢〉（1987）也有一個離家出走的母親。這篇小說是從兒子江衡為第一人稱的角度來述寫，故事採倒敘手法，從江母死亡後開始回溯，江衡留美回國，住進母親山上的家，「母親於我出國期間遷至山上獨活七、八年，屋裡全是她數年收藏，盡為破殘，為什麼人入老年特別喜歡留住一切？那些收藏整治得十分潔淨又不像附屬品，倒似母親的一部分。〔註71〕」母親似乎很愛養植物，但她獨居時所養的「植物顯為山中野生，母親一介老婦，如何長日山中拾掇這些？」（177）住了數月江衡才發現母親將對門的房間租給一個名喚張安序的女子，「我母親究竟製了什麼謎底？她與這女子有何關係？為什麼臨終並沒提起房子事？」（179）他因此知道母親所養的植物原來是她和張安序兩人漫山遍野地去撿拾的，「我母親為什麼並未提及？這一老一少多日在山間遊蕩，搜尋什麼？」（182）江衡回憶唸高一時，「父親

〔註70〕李仕芬《愛情與婚姻：台灣當代女作家小說研究》，台北：文史哲，1996.5，頁41。

〔註71〕蘇偉貞〈大夢〉《離家出走》，台北：洪範，1987.2，頁176。

赴國外考察沒再回來。我和母親一直等，不相信人會突然消失。」（183）許多流言傳出，在中學教歷史的母親卻始終未置一言。在江衡的眼中，母親一生固執、潔淨、毫無想像力，「父親事雖完全改變我們家庭組合，卻未更動我們的生活。母親不解釋爸爸去了哪裡，也沒問過我想不想爸爸，……一個女人怎麼可能冷靜、漠然如此？」（188）留美期間，母親搬上山獨居，收藏一屋子雜物，「收藏不外舊床腳、瓶缸、樹根、石頭，甚至自縫的百衲被、燈座、菜刀、木雕、石刻，無不詭異，這些，所來何處？」（188）他感到母親更陌生了，然而在房客張安序的口中，母親卻是一個截然不同的人，「她自尊心很強，她不要靠配偶。有時候一個人活下去靠的就這麼點自尊。……你母親是個十分浪漫的人，你懂嗎？」（192）江衡不懂，他只知道母親是個有原則、愛乾淨的人，認爲母親跑到山中亂逛或許是爲了尋找不告而別的父親。他試圖再從其他線索了解母親，妻子小湯對她有另一番觀察，「你母親恐怕意識到自己瀕臨失常，於是搬上山藏起來。她可能很快就陷於難以控制。你不記得嗎？她從不給你寫信，也不問你的近況，……最怪的是你回來待在她身邊，她無意識的漠視是常人少見的。但是她堅強的理性使她不至於崩潰。」（200）江衡未曾察覺母親的精神是否錯亂，只清楚記得母親三十六歲失去父親之後，「牆上仍掛著我們全家福還有父親的獨照，好像什麼事也沒有發生。我母親用這種方式強迫我相信什麼事也沒有發生，父親只是死了。母親依賴她自己的想法活下去。」（208）母親是那麼勇敢堅強，他甚至希望她能夠再嫁。父母的婚姻建立得太倉促，由於缺乏感情基礎，「母親因此將力氣用看見與看不見的事物上——整理家具及挑剔。從小，我們家就是不能隨便躺臥的，換下來的衣服全得消毒，空氣裡永遠是潔淨近乎福馬林的味道。」（210）江衡相信父親是被母親逼走的，如同自己出國也是爲了逃離母親，他不恨母親，因爲「母親自苦一生，我較多是感嘆！父母兒女一場多麼不易。」（213）也決定不再談論母親了，因爲「那彷彿是場噩夢。」（214）

　　蘇偉貞這篇小說篇幅相當長，江母這個角色嚴格說來並未眞正出現，而是透過兒子江衡、媳婦小湯，以及房客張安序的回憶與觀察拼湊出來的。江衡不解母親搬上山中獨居的原因爲何，自然對母親一屋子的收藏感到納悶，小說中他對母親所作所爲一連串的問號顯現出他們母子之間的鴻溝。在江衡的記憶裡，母親近乎無情，冷漠、潔癖、自閉、挑剔，是一個不易親近的人，甚至因此造成父親與他前後的逃離；江衡著眼的是母親表面上異常的人格特

質，從他的形容用語多少可以看出他對母親不僅僅是不解，還隱含著些許不屑的眼光。然而，在成長的過程中，江衡曾試著去了解過母親嗎？了解父親的不告而別對母親的巨大傷害、了解此事發生之後母親一貫的冷靜漠然是為了穩定他讀書的情緒、了解母親跑到山中獨居或許是另一種保護子女且避免衝突的選擇嗎？江衡的頻頻不解源於他對母親的漠不關心，這一點從小說中他一直掛念父親、渴望遠離母親，且對獨居山上數年的母親不聞不問可以推知。他開始想要了解母親是在她死亡之後，然而面對她一屋子詭異的收藏，江衡疑惑不已，他完全不明白母親收藏這些殘破雜物的目的為何，就某種程度來說，她似乎不再是一個「母親」，而是陌生人（反之亦然）。

　　江衡與朱天心〈鶴妻〉（1989）裡那個妻子死後、面對滿櫃子裡的衣食收藏感到困惑的丈夫一樣，他們以為對她們（母親、妻子）有足夠的熟悉，但她們卻有著不為人（兒子、丈夫）知、惟有獨處時才會現露出來的真實面。在這兩篇小說裡，重點不是母親和妻子收藏了何物，而是「收藏」這件事帶給她們的意義，但小說中的兒子與丈夫卻完全無法領悟，〈大夢〉裡真正貼近江母心思的反而是與她沒有血緣關係的兩個女性角色，媳婦小湯明言「一個人收藏成癖往往是一份彌補。」（199）房客張安序跟著江母在山中遊走、拾取植物，「我懂江媽媽的心情，她要求活的乾淨而尊嚴。」（207）她們也都明白江母獨居山中、異常行徑背後的女性內心世界的孤寂與困境，相較之下，江衡這個親生兒子反而是疏離的。蘇偉貞似乎有意藉此肯定所謂的「姊妹情誼」（sisterhood），認為真正能夠貼近女性心靈、彼此扶持的仍然只有女性，且透過這種情誼的建立來表現某種獨特的（外人視為異常的）女性經驗。尤其是張安序這個角色，或可視為江母的延伸，她細膩、不羈又怪異的性格與江母有多處疊合，在小說中，江母雖未曾出現，但張安序取代了她在故事中、在江衡的面前，重現江母這個人物，這也是饒富深意的敘事筆法，一來能夠讓江衡透過一個活生生的人重新認識母親（這一類的女性），二來作者似乎也藉此暗喻現實社會裡這種遠離塵囂、選擇隱居的女性族群的可能性。

　　小說中值得注意的是，江母是家中最後一個（繼丈夫、兒子之後）離家出走的人，她不是暗中逃離，也非負氣搬走，而是徹底地將房子賣掉，隱居山中，並拒絕與任何親人聯絡。江母渴望的是一個理想、潔淨且穩定的生活秩序，但現實人生（婚姻、家庭、人際）是充滿變動與不堪的，當兒子也如同丈夫離開之後，那個「家」也沒有再待下去的意義；離開空無一人的「家」

的那一刻,也意味著結束世俗的一切。她隱居山中,遊走林野,終日與植物與雜器爲伍,並將之洗淨編號,從世俗的眼光來看,她無疑像個精神異常者,但是對她而言,終於不必再過等待丈夫、害怕兒子遠離那種隨時可能變動的日子,比起與「人」相處,「植物和雜器」更讓人有安全感與穩定性。離開父權體制的核心家庭之後,她在隱匿的山野中建立另一個「家」(她的桃花源),安頓自己的心靈。貝蒂・傅瑞丹(Betty Friedan)曾言:「到底是什麼讓婦女離家出走,去尋求新的認同,或是讓她們人還留在家裡,心裡卻苦苦渴求著更多的東西。這些女人的行爲是一種反叛,是一種猛烈的否定,強烈地拒斥了當時對女人所做出的定義和認定〔註72〕。」一個選擇離家出走、獨居山中的母親確實是一種反叛與否定世俗的行爲,但她卻也因爲如此釋放了自我。

在兒子江衡的回憶敘述中,他一再強調母親是一個有潔癖的人,這似乎爲江母後來的隱遁行爲做了某種伏筆,王德威在分析蘇小說的女性人物時曾提及:

> 五四以來文學的戀愛話語講求的是衝破藩籬,解放身體。從盧隱到丁玲,莫不如此。唯有少數作者如張愛玲等採取更複雜曲折的角度,觀照此一問題。這是她小說異軍突起的意義所在。……比較起來,蘇卻缺乏張的世故與犬儒。她的角色哪裡能承受「錯落參差」的、「不徹底」的亂世愛情觀?她們都有潔癖。也因此,她們死亡、發瘋、失蹤的「頻率」,要遠高於張愛玲筆下的男女。……我所謂的潔癖,不是說這些人不沾葷腥,而是說她們對一種純淨愛情形式的嚮往,能使她們不計任何肉體代價,戮力爭取〔註73〕。

王的論調雖是針對蘇筆下女性角色的愛情觀,但亦可擴及她們的人生觀。「潔癖」極至,她們選擇的是用生命去實踐自己欲求的人生,即使犧牲性命也在所不惜,所以〈陪他一段〉中的費敏最後選擇自殺,《離開同方》裡的方景心選擇逃家,這都是爲了完成愛情的純粹至高境界,至於〈大夢〉中的江母走上與世隔絕的隱居生活,也是爲了完成某種身心和諧的純粹境界,尤其,她身爲一個母親,竟連至親的兒子都捨棄,比起費敏的殉情,江母的「潔癖」是否更徹底呢?

〔註72〕 貝蒂・傅瑞丹(Betty Friedan)著,李令儀譯《女性迷思》(*The Feminine Mystique*),台北:月旦,1995.9,頁124～125。
〔註73〕 王德威〈以愛欲興亡爲己任,置個人死生於度外——試讀蘇偉貞的小說〉,收入蘇偉貞《封閉的島嶼:得獎小說選》,台北:麥田,1996.10,頁12。

　　蘇偉貞的〈斷線〉（1988）也值得探討。汪玉如帶十歲的兒子小威出國讀書，兒子卻在一次意外車禍中喪命。「小威出事後第三天，正是周日約定打電話回台北的日子。她一直拖到接近子夜才撥了號碼。〔註74〕」然而在電話中她卻隱瞞了丈夫這個事實。她獨自在異鄉面對兒子的死亡，「小威一死，她在這個地方又是一個人了。」（37）學生時代的她奉子成婚，夫妻之間無多交集，丈夫天天在外應酬，他們的婚姻總是處在「一種沉默的對抗、拉鋸。」（34）兒子的出生不但沒有拉近他們的距離，彼此反而更疏離了。小威是個難馴的孩子，個性幾乎是丈夫的翻版，「讓她最感絕望的是無論如何糾正，他掉頭便忘。她打他的速度跟不上他忘記的速度。她對小威可以說清楚地看到自己愈來愈失望的過程。」（41）兒子跟著她一起出國唸書，很快適應美式生活，有自己的朋友與活動，不需要母親的陪伴，「當然也沒有相依為命的感覺。」（43）透過越洋電話她知道丈夫有外遇，但不揭發，兩人之間更淡漠了。汪玉如一再地將兒子的死亡瞞著丈夫，冷靜地處理後事，甚至「把小威的墓地、下葬的過程、衣飾全想了一遍，還有他墓碑上刻的字。」（48）然後隔天若無其事地回校園，繼續上課，「沒有人知道她去了哪裡，也沒有人好奇。」（49）她決定永遠不將兒子的死訊透露給任何人，「當假期整個的結束，學校的人都回到了教室，汪玉如沒有辦休學手續，也沒有回到教室，她徹底地失去了行跡。」（54）她的丈夫持續追問、尋找她們母子的下落，得到的答案都是否定的。

　　蘇偉貞這篇小說發表於八〇年代末，全文以現實生活和過往記憶交互穿插的手法進行：現實中汪玉如的兒子小威意外死亡，她忙著辦理後事，在這過程中她回溯了自己婚前的單身生活、與丈夫的交往過程、婚後的日子，以及初為人母的感觸。故事從開始到結束，汪雖從單身生涯到歷經妻母角色，也出國唸書，但有一件事卻始終未曾改變：她總是一個人。汪年輕時奉子成婚，對她而言，走入婚姻和為人母都是處在一種不得不的情況之下，沒有選擇的餘地，也因此，婚姻和孩子總是令她疲累，彷彿是生命的負擔，尤其小說中她不斷懷疑自己是否再度懷孕以致養成時時量體溫的習慣，以及夜夜多夢的跡象，都一再顯露了她處於一種緊繃的、不安穩的生命情境之中。單身時代她就是一個多夢者，但當時是因生活單調乏味，入夢反而「有多些的想像力與空間。」（37）婚後她依然多夢，此時的夢境卻充滿繁複的人際，不

但更接近現實，而且「沒完沒了。」（35）小威的出生並未讓她因此而喜悅，教養兒子的過程更使她心力交瘁；沉默的夫妻關係加上難馴的孩子，汪決定出國唸書，為自己的人生找一個出口。小說中的她並非獨自出國，而是帶著小威同行，就某種程度而言，她仍不失母職的責任，也渴望異鄉裡能有一份相依相伴的母子情，但是，小威很快適應美式生活，建立自己的天地，不再需要母親的陪伴，汪玉如感覺自己仍然是一個人。小威難馴且放縱的性格幾乎是父親的翻版，就象徵層面來看，汪在美國與兒子的相處其實是延續了在台灣與丈夫的關係：對方永遠讓她無法掌握，她永遠被棄置在一旁。她也一直在隱忍這樣的人際關係，如同一直處在多夢的精神狀態，直到小威死亡。

唯一的兒子意外身亡，汪卻似乎沒什麼悲痛哀傷，小說中未見她哭泣或不捨，對肇事者亦無厲聲指責，一個母親痛失愛子的所有情緒性的畫面於此完全派不上用場，汪異常冷靜地面對、處理兒子死後的一切，並決定隱瞞身邊所有人（不只是丈夫）。小威的死，讓汪在美國又成了一個人，沒有親人的相伴，相對地也卸下了負擔與責任──她不必再忍受兒子難馴的性格、不必再虛假地在兒子面前維繫這場沉默的婚姻，甚至，也不必與遠在台灣已有外遇的丈夫再維繫夫妻關係。小威的死間接地讓她感覺到走出繁複的人際網絡的可能（或說擺脫與婚姻相關的一切），讓她意識到女人惟有放下母職的那一刻才有重展人生的開始。她已經藉著出國唸書「離家出走」一次了，但是因兒子的存在她仍維持原有的「家」的妻母身分，如今兒子的死反而讓她有再一次「離家出走」的機會，她要藉著這次機會，離「家」遠遠的，徹底失去行蹤，讓自己換另一種生命形式存活，把兒子、丈夫、婚姻當成是人生的一場夢境，如王德威所言：「這些動輒失蹤的男女，也許藉此逃避現實人生的險阻或乏味，換個角度，她們何嘗不是換個生命形式，追逐又一種生命的『不可能』〔註75〕？」從小說的脈絡讀來，離家或失蹤應是汪的潛意識裡渴望實現的作為，但受母職的牽絆，始終處在原地；小威的死亡讓她得以跳脫這個處境，這便是她面對兒子之死卻毫無悲痛哀傷的真正原因。她隱瞞小威的死訊、繼而離奇失蹤，或許也是對外遇丈夫的報復吧！因為隱瞞和失蹤對至親而言是最大的傷害與不忠。

蘇偉貞這篇小說令人聯想起成英姝的〈我的幸福生活就要開始〉（收入《公主徹夜未眠》，台北：聯合文學，1994），文中的母親因為頭部撞傷，醒

〔註75〕 王德威〈以愛欲興亡為己任，置個人死生於度外──試讀蘇偉貞的小說〉，頁13。

來已失去記憶，不記得眼前的丈夫，也忘了有兩個女兒這一事實。雖然失去記憶的她最後不得已仍然待在原來的家，但她的內心極度希望再次失去記憶，「要是能再失去一次記憶就好了，她想。這一次一定會好好把握，狠狠地把丈夫和女兒都甩掉，真正地開始幸福的生活。」（27）失蹤、失憶竟成了一個母親展開「幸福生活」的關鍵，這類作品無形中透露了八、九○年代女性作家對傳統母職文化的反思與嘲弄，台灣女性小說的母親書寫走到這一階段，距離慈母文化、婚姻家庭、傳統倫理等觀念越加遙遠了，這當然與女作家的女性意識以及八、九○年代社會的多元風氣不無關係。六、七○年代文學裡那群離不開家（割捨不下親情）、或者離家之後又無奈返回的母親們至此終於勇敢地抒發了一己之願。從五○到九○年代的母親書寫，我們多少能夠從女作家對「家」之概念的重新思考與詮釋，窺見其女性自覺及自我成長的一面。

　　既然母親離家出走、失蹤是為了尋找一片自我的天地，那麼，會不會有母親一開始就拒絕成立家庭呢？蘇偉貞〈以上情節……〉（1999）訴說了這個可能性。寶聖的母親每年除夕都帶著她待在電影院看電影，小小的她始終跟在母親背後走，「她母親呢？從不曾回頭看過她。〔註76〕」母親是一個「無趣的女性主義服膺者，注定一輩子找尋位置。」（149）在大學當講師，拒絕婚姻，只要小孩，寶聖還在母親肚子裡「父親」便走了。寶聖讀小學時母親從不接送她，等到她長大結婚第二天母親就移民了，直到死亡。母親唯一留給她的就是電影，母女兩人「交叉最多的部分是電影院時光。她母親輕易就用電影代替了她不會做母親這個弱點。」（157）寶勝不恨母親沒有母性，只覺得母親是個不愛自己的女人。

　　蘇的這篇小說寫於九○年代末，文中那位我行我素的母親讀來令人印象深刻，她未婚生子，拒絕婚姻與家庭，時常帶女兒看電影，就某種意義而言，母親讓一部又一部的電影代替了她對女兒的教育和親情，而電影院則成了她們母女另一種形式的「家」。一切有些荒腔走板，但放置在世紀末的背景裡又似乎不無可能。母親是個女性主義者，寶聖是個小說家，「母親把電影當母親，女兒用小說過日子，母女都在虛構中經驗真實〔註77〕」，以電影

〔註76〕蘇偉貞〈以上情節……〉《魔術時刻》，台北：INK，2002.5，頁146～147。
〔註77〕梁一萍〈封閉之外：〈以上情節……〉導讀〉，《文學台灣》第38期，2001.4，頁144。

取代母愛、將電影院當成家，沒有婚姻與家庭的包袱，隨時可以離開，這樣的女性（主義者）會比較快樂嗎？蘇偉貞在世紀末藉著文學作品丟出一個值得深思的問題。

第四節　愛恨交集的母女／子關係

　　八、九○年代女性小說的母親書寫還有一個關注點即是母女／子之間的互動，在此之前雖然也有相關作品出現，但不同階段的作家對於母女／子關係的敘述焦點多少有所差異。以林海音和琦君的作品為例，她們較擅長經營的是相依互存、彼此體諒的母女／子關係（論文第二章）；艾雯、畢璞、童真雖跨出一步，試圖描繪親子之間的代溝與衝突，但也總是適可而止，未達絕裂之地（論文第三章）；至於現代主義女作家著重的比較是母親內心的幽暗層面與情慾世界，母女／子之間的緊張關係反而是次要了（論文第四章）。到了袁瓊瓊等作家對這一面向的挖掘與探討卻有不同於以往的視野，兩代關係的敘寫可以說是這個時期母親書寫的一個重點，在選取的文本中，幾乎看不到琦君作品中溫馨感人的親子關係，取而代之的是一幕幕尖銳的對立與衝突，尤其許多作品都是從子女的角度出發，審視母親的言行舉止，並加以批判，充滿愛恨交集的情緒，相對地也讓小說的戲劇張力更為精采。

　　從傳統的眼光看來，母親的最大職責，除了生養出兒子來繼承宗族命脈，就是複製一些將來可以繼續擔任同樣角色的女兒，因此在父權社會的結構中，母親的地位看似重要，但她不過是一個工具性的角色；父權經常假手母親，對兒子、女兒做出種種符合利益卻蔑視人情的限制與規範，再加上傳統人倫中孝道的約束，致使子女在成長的過程中，與母親之間產生一種愛恨交集的情結，其中又以母女關係更為緊張。在戰後女性小說的母親書寫裡，母女／子之間的這些情結和緊張關係，一直到八、九○年代，才深切（也殘酷）地被描述出來。

一、尖銳的厭母與恨母

　　蕭颯的〈水月緣〉（1976）敘述清月因丈夫外遇而離婚，離婚時她堅持帶著兩個孩子生活，「除了愛孩子之外，另一個重要原因是，她有著一個好

女人絕不放棄自己子女的觀念。〔註78〕」兩年後經由同事撮合再嫁，個性木訥少言的丈夫對她的兩個孩子雖不差，「可是清月卻對他有著說不出的嫌惡，……懊悔自己倉促草率的決定，更怨自己耐不住寂寞。」（205）生下老三之後，她再度因丈夫不忠而離婚，往後雖不間斷地與男人們往來，卻也存了戒心。年過四十，清月仍然決定要再嫁。教書的盧天建和自美返台的聶仲天是她先後認識的對象，「到底是選擇她已經熟悉的盧天建？還是條件似乎優厚的聶仲天？」（207）偶爾聽到孩子們在背地數落她，十分傷感，也無可奈何。老三尤其不喜歡任何與母親親近的男人，對他們的態度極差。清月同時與兩人交往，很想聽聽孩子們的意見，然而「到底是母子、母女，誰也不便先點破題。」（217）她也顧慮孩子們的感受，所以「一向是不單獨和男伴夜遊的。」（220）某次翻到小兒子的日記，上面竟「赫然寫著：我這樣的媽媽是不是像娼妓？」（222）令她悲憤交加。當她還在猶豫到底該選盧或聶時，兩個男人竟在她家巧遇了，「老三站在廚房門口望著她詭異的扯著嘴角冷笑。」（223）所有的人尷尬地用完餐之後，「那晚清月回到房裡就沒再出來，她不想看到孩子們打量她的眼光。」（223）聶決定返美，盧也另結新歡，清月不但兩邊落空，還得忍受小兒子的冷眼嘲笑。

　　蕭颯這篇小說探討的仍是一個古老的問題：已為人母的女性是否可以再嫁？這個議題的作品在大陸遷台女作家的筆下已充分發揮過（參見論文第二章「母性與女性之間的抉擇」這部分），相較於林海音等在這個抉擇上的「母性」考量，蕭颯這一輩側重的比較是個人的、女性的、情感（慾）的部分。小說題名「水月緣」隱喻文中主角追尋幸福人生的徒勞，因為幸福如同水中之月般短暫〔註79〕。離了婚的清月堅持獨自帶著兩個孩子生活，除了親情難捨之外，她的作為是想證明自己是個「好女人」，但是，她的「好女人」的認知裡除了盡力扶養子女長大之外，還不忘帶著他們再嫁，而且是尋找一個經濟條件優渥的對象。清月的盤算表面上像是個精明的新女性，骨子裡卻再傳統不過：想當個不愁吃穿的家庭主婦，將婚姻當成長期飯票。當她秉持如此的理念去尋找對象時，她的三個孩子同時也以傳統道德的眼光來評定他們的母親，尤其是小兒子的冷眼嘲諷及日記上的苛刻用語，針對此，李仕芬提及：「老三可能因為年紀尚小，未能清楚分析事情，但從另外的角度來看，

〔註78〕蕭颯〈水月緣〉《日光夜景》，台北：聯經，1977.5，頁204。
〔註79〕林依潔〈蕭颯‧小說‧七十年代〉，《明道文藝》第68期，1981.1，頁158

未嘗不可發現男權思想如何深入人心，連年紀尚輕的男性，也受到感染，對母親提出傳統的保守要求〔註80〕。」李的評語固然沒錯，但「對母親提出傳統的保守要求」可不是只有兒子，女兒亦是，小說中二十二、三歲的大女兒偷用母親的香水、與盧天建相偕看電影用餐，其實也都是對母親另一種形式的抗議。小說中的清月即使年過四十，又是三個孩子的母親，但戀愛機會似乎不曾間斷，這篇小說發表於七○年代末，清月的情況似乎也讓我們窺見當時越加開放的社會風氣；比起林海音等在五○年代描寫的那群嚴守母性不願再嫁的母親們，清月並非沒有母性，而是她所處的大環境給了她太多的機會：她似乎永遠不乏約會、隨時有人為她介紹婚戀對象，在這種狀況之下，她想當林海音筆下堅守母性不願再嫁的女性都難！從這樣的比較，我們亦可推知五○年代到七、八○年代這二三十年裡台灣社會多元風氣的趨向，以及女性在情感（慾）上擁有逐漸擴大的空間。

正因為清月能夠輕易認識異性，她對結婚對象的條件（尤其是經濟層面）要求相對而言更嚴苛了，然而，她因此得到她欲求的幸福了嗎？當清月精打細算地衡量眼前哪一個對象的條件更優渥（能讓她的下半輩子過得更舒適）時，她忘了自己的「條件」──她是一個四十五歲、有三個子女的母親（她的大學同學已經當外婆，女兒也已到適婚年齡），因此小說中她一副高姿態的盤算與比較的模樣反倒令人讀之可笑（亦可悲），最後她兩邊落空，還得面對子女的冷眼與唾棄。蕭颯或想藉此作思考：當社會給女性更多的情愛選擇和慾望空間時，女性不一定因此而幸福快樂，因為太多的選擇與誘惑往往讓一個女性迷失自我。再從一個母親書寫的角度視之，清月雖然未忽略母職任務，然而從子女尖銳的厭母嘲弄中，她這個母親角色似乎也有些爭議之處；清月的子女（尤其是小兒子）站在傳統母德觀念上批判母親（像個娼妓）固然有欠公允，然而一個母親（在子女面前）那般汲汲於愛情，是否也是一種失衡呢？比起林海音等筆下的那些母親們，清月有更幸福嗎？小說最後引用谷中清泉的話：「人不能愛兩個相反的東西，正像不能同時走兩個方向一樣。一個人不能又卑賤又尊貴，也不能又慷慨又自私。」（224）它多少呼應了此作的意旨：女人不能既當一個犧牲奉獻的慈母，又同時做一位行為開放、情慾自主的女性。這仍舊是一個「母性與女性之間」的交戰取捨──它永遠是女作

〔註80〕 李仕芬《女性觀照下的男性──女作家小說析論》，台北：聯合文學，2000.5，頁42。

家在母親書寫中最關注的議題，也永遠是一個母親的難題。

　　蘇偉貞的〈黃花落〉（1984）有更殘酷的恨母描述。孟至雅年輕喪夫，幾年後她「雙手空空，托著章祖雲、正雲兩姊妹嫁給了殷書球。〔註81〕」之後又生了殷寧、殷勤兩姐弟。殷書球在外地工作，幾乎不回家，孟至雅整天打牌，鄰居形容這個家「真難待，祖雲、正雲老給臉色看，殷寧、殷勤夾在中間跟誰也不親，一家人六個想法，六種個性。」（65）殷書球患了肺病回家休養，夫妻倆幾乎無話可說，殷心底認為「他和孟至雅也算是才子佳人，可惜孟至雅過了一手，凡事就不那麼對味了。」（68）在家養病期間他才驚訝原來家用支出如此龐大，「孟至雅的美和理財本事完全成反比。」（69）祖雲、正雲寒假回家，一家六口終於相聚，卻也是「全家陷於備戰狀態」（69）的時刻。正雲與殷寧爆發激烈衝突，一家人更難相處了，尤其是正雲，自從與異父同母的妹妹爭吵過後，性格變得潑辣刻薄，並且將矛頭指向母親，一再數落、冷諷母親再嫁一事，「『……我爸屍骨未寒妳就再嫁了！』……她根本在恨，恨自己姊妹當年把母親逼上做最後打算，現在仍然在逼。」（72）面對女兒一句句的無情嘲諷，「孟至雅不禁打了個寒顫，這頃刻，她只是一個名字，不是章太太，也不是殷太太。」（73）不務正業的正雲因為未婚懷孕，只好迅速結婚，婚後為了省錢常回娘家開伙，「暫時和母親少掉許多間隙，算是早早饒了母親。」（77）婚後回娘家的她仍然不時與殷寧鬥嘴，鬥完再數落母親，孟至雅「為之氣結，站在原地直打顫，心裡一陣冷、一陣熱，恨自己生兒育女反落到兒女手上，正雲簡直把娘家當成出氣所，攪完局又退回自己的天地。」（78）正雲生產之後將孩子丟給母親，過著三天兩頭換工作的日子。丈夫車禍身亡，悲慟中正雲發誓絕對不像母親那樣輕易改嫁，但不久就傳出她帶著孩子再婚的消息，且已懷了身孕。

　　蘇偉貞的這篇小說很深刻地描述了一個母親帶著孩子再婚之後的種種情形：異父同母的兄弟姊妹之間的鉤心鬥角、「父親」角色的尷尬與為難、旁人的指點輿論、母親處理這種組合家庭所面臨的困境，以及子女對母親再婚行為的感受和態度。比起前述〈水月緣〉裡小兒子在日記上抒發對母親的不滿，〈黃〉中的女兒選擇的是正面抨擊母親，且以更激烈的語氣。從小說的幾個側寫讀來，年輕時的孟至雅必定美麗極至（女兒正雲、殷寧遺傳了她的美貌），她能夠兩手空空帶著兩個稚子順利再嫁，與其外貌不無關係。婚

────────────

〔註81〕蘇偉貞〈黃花落〉《舊愛》，台北：洪範，1985.7，頁63。

後她倒也爲殷書球生兒育女，渴望生活從此安穩，直到終老。「再婚」的確讓孟過著不愁吃穿的日子，她幾乎天天打牌，不勞家務，也無需工作，或許正因如此，祖雲和正雲只見母親安適的生活表相，無能體會她內心的清冷與苦衷，才將寄人籬下的委屈和自卑都發洩在她身上，而她們也相信，母親應該要承受子女的抱怨，因爲她選擇了再婚，才讓她們兩姊妹有了異常的、被人奚落的身世。海瑞亞‧勒那（Harriet Lerner）言：「女兒可能在成長過程中，猛烈地攻擊母親，尤其是她相信母親夠堅強、承受得住的時候〔註82〕。」小說中的正雲便是如此，她每一次對母親發動的猛烈攻擊都是針對母親的痛處，她也刻意挑起家庭鬥爭，觸怒所有的人；或許對正雲而言，將母親逼到極限是宣洩她在成長過程中種種壓抑情緒的唯一管道吧！她是那麼無法原諒母親再嫁，然而她卻不曾想過，除了美貌一無所有的母親倘若年輕時沒有再婚，她如何獨力扶養兩個孩子？

　　五〇年代林海音寫過一篇小說〈再嫁〉（1955），文中的母親最後帶著兩個稚子快快樂樂再嫁了，蘇偉貞這篇小說在某種程度上接續了林海音這則故事，年輕的母親終於如願再嫁了，生活負擔減輕，人生也有了依靠，可是之後呢？比起林海音著重於「再婚與否」的敘事思考，蘇偉貞將焦點放置在「再婚之後」這個層面，並嚴肅思索其中可能發生的真實情況，特別是母女／子之間的衝突。

　　小說中祖雲兩姊妹以讀書爲理由離家住校，多少避開了回「殷家」的不自在，但畢業之後呢？母親當年帶著她們兩姊妹再嫁是爲了給她們一個「完整的家」，然而事實上反而造成了兩姊妹心靈上的「無家可歸」，能夠怪母親嗎？不該怪她嗎？類似的情形竟也出現在殷國球身上，他爲了逃避家裡的紛爭和間隙，選擇在外地工作，躲得遠遠的，到後來竟連過年也不願返家，他後悔娶孟至雅嗎？孟被丈夫冷落、女兒數落的日子也不好過啊！「女人再嫁是誰錯了呢？」（67）小說的後半段有戲劇性的發展，正雲婚後喪夫、帶著稚子改嫁，幾乎重蹈母親的覆轍，或許說，走上了一條她最不屑且引以爲恥的人生路，林丹婭言：「她們（指女兒）若要擺脫自己的命定屬性時，可憐的母親角色在她們的眼裡就變成了她可以看到的有關自身的將來。她們不能再忍受重蹈母親之轍，她要超越自己，首先得超越母親〔註83〕。」正雲還

〔註82〕　海瑞亞‧勒那（Harriet Lerner）著，汪芸譯《與兒女共舞：母親的成長之路》（*The Mother Dance: How Children Change Your Life*），頁 219。
〔註83〕　林丹婭《當代中國女性文學史論》，廈門：廈門大學，2003.3，頁 292。

來不及超越母親就在無形中重蹈了她的覆轍，這也是小説中很反諷的地方。
如果從一個精神分析的角度來看，一個女性「的母職經驗與期待，往往建立
在她自己的童年歷史（大部分是無意識地），以及她和原生家庭現代與過去
的關係〔註84〕。」因此，章正雲成了另一個孟至雅，似乎也就不足爲奇了。

　　小説中還有一處值得深究，正雲在與母親強烈對抗之際，她也同時流露
出對母親的依賴（例如生產需要幫忙、經濟需要救濟、改嫁後又懷孕也必須
母親援助），她對母親的心態，正如南西‧秋多若（Nancy J. Chodorow）在母
女關係理論中提出的「雙重認同過程」（double identification process）：

> 在母女關係上，子女雖然同樣在生命早期完全認同母親，然而由於
> 成長過程中，子女必須建構自我認同，加上女兒與母親同樣身爲女
> 性，原本的關係較母親與兒子更爲親密，因此，當女兒欲將自己與
> 母親區別開來，建構出自我認同時，其所需花費的力氣與時間，皆
> 較身爲男性的兒子更加辛苦與綿長。……女兒的自我疆界（ego
> boundary）不易與母親的自我疆界劃分清楚，她爲了成爲獨立的個
> 體，必須學習放棄原先與母親之間的共生關係，在這個過程中，她
> 不時擺盪在「完全排斥母親」與「強烈依戀母親」的兩種極端的情
> 感之中〔註85〕。

正因爲女兒在成長過程中對母親有著的「完全排斥」和「強烈依戀」的矛盾
情結，彼此之間才有更多的衝突，相對的，愛恨交集的情感也更深。

　　若説此篇作品的母親面對和處理的是「異父同母」的孩子們的種種困境，
那麼它或可與蕭颯的《霞飛之家》〔註86〕（1980）做個對照，因爲《霞》中

〔註84〕　南西‧邱多若（Nancy J. Chodorow）著，張君玫譯《母職的再生產：心理分析
　　　　　與性別社會學》（*The Reproduction of Mothering:Psychoanalysis and the Sociology
　　　　　of Gender*），台北：群學，2003.10，頁113。

〔註85〕　參見南西‧邱多若（Nancy J. Chodorow）著，張君玫譯《母職的再生產：心理
　　　　　分析與性別社會學》（*The Reproduction of Mothering:Psychoanalysis and the
　　　　　Sociology of Gender*），頁227。以及林素英〈流放者之歌：試論母職理論與《客
　　　　　途秋恨》中之母女關係〉，《中外文學》第28卷第5期，1999.10，頁50～51。

〔註86〕　蕭颯的《霞飛之家》於1980年獲聯合報中篇小説獎，於1985年改拍成電影
　　　　　「我這樣過了一生」，由張毅導演，楊惠姍主演。楊惠姍爲了突顯文中的母親
　　　　　桂美犧牲奉獻、充滿大地之母的母性形象，在拍片期間增胖了二十公斤（這
　　　　　是小説原著沒有的），造成轟動，此片不但是當時華語片賣座第十名，且獲「金
　　　　　馬獎認定爲1985年最佳影片、最佳改編劇本、最佳導演、最佳女主角。」參
　　　　　見沈曉茵〈胴體與鋼筆的爭戰——楊惠姍、張毅、蕭颯的文化現象〉，《中外

的母親桂美面對的是更多個「同父異母」的孩子，她的處境也更困難。小說
描述桂美透過相親嫁給離過婚、有三個孩子的侯永年，婚後生了一對雙胞胎。
她在經濟拮据、丈夫不務正業的情況之下，刻苦耐勞、勤儉持家，尤其對五
個孩子，「她都要求公平。〔註87〕」但是不管她再如何努力，孩子只要一句「你
管我。……你又不是我媽。」（49）就讓桂美氣憤痛心不已。桂美爲了讓家裡
的經濟更改善，決定自己開店，取名「霞飛之家」。桂美的辛勤讓生意蒸蒸日
上，終於養大了五個子女。然而子女們感謝這位母親嗎？丈夫前妻生的三個
孩子多年來在「背後都稱桂美做『她』」（66），即使沒有惡意，也看得出他們
對這個後母不親不敬的一面。晚年桂美罹患肝癌，「霞飛之家」是她臨終前唯
一的牽掛，子女不僅不願接手，甚至盤算將之結束賣掉。蕭颯的《霞》的確
成功地塑造了一個深具傳統母德、犧牲奉獻的的母親形象，尤其她對丈夫前
妻生的孩子那種無私的教育態度，實在令人敬佩〔註88〕。然而子女對她的回
報近乎冷漠甚至是不屑的，雖然小說中並未出現激烈的母女／子衝突，但與
桂美的眞情付出相較，子女對她那副無關緊要的漠然姿態，比起〈黃花落〉
裡的正雲對母親的厲聲抨擊，似乎更讓人感慨。蕭颯在八○年代塑造了桂美這
位偉大的傳統母親形象，也在同時反思了婚姻在女性生命中的實質意義。

文學》第 26 卷第 2 期，1997.7，頁 105。

〔註87〕 蕭颯《霞飛之家》，台北：聯經，1981.3，頁 34。

〔註88〕 蕭颯在另一部長篇小說《返鄉箚記》（台北：洪範，1987.5）也塑造了一位偉
大勇敢、吃苦耐勞、深具傳統美德的母親「碧春」。葉石濤在〈「返鄉箚記」
代序〉中便讚賞蕭颯成功地塑造碧春這個母親角色：「作者把一個台灣女性置
於大時代的動亂中，讓她備嘗折磨、挫折和流浪之苦，藉之成功地刻畫了台
灣女性的傳統性格，社會地位，溫柔層面和堅強層面，塑造了美好的台灣女
性的形象。」收入蕭颯《返鄉箚記》，頁 4。桂美和碧春這兩位八○年代的母
親在戰後女性小說母親書寫的系譜中可說是接續並發揮了大陸遷台女作家筆
下慈愛堅毅的母者精神，吳達芸曾言：「碧春與《霞飛之家》的桂美在某些方
面頗爲類似，她們同樣都是生命韌性特別強烈的女性，同樣具有貞定的品德，
堅守隨婚姻而生的身分與責任，在離亂世間篳路藍縷地開創生機。」〈造端乎
夫婦的省思——談蕭颯小說中的婚姻主題〉，《文星》第 110 期，1987.8，頁
107。郝譽翔則認爲像桂美這類深具傳統美德的女性可視爲蕭颯的理想人物：
「蕭颯筆下的理想女人大抵如此，一個堅毅、包容的大地之母，負於責任但
寡情少慾，她們的能力足以應付都市生活，卻仍然固守傳統農業社會的美德、
價值觀與思考模式。我們不妨稱之爲是新社會中的舊女人，在面對快速變遷
的社會之際，傳統不但沒有遭到淘汰，反而成爲她們安身立命的鵠的。」郝
譽翔〈社會、國家、鄉土——論八○年代台灣女性小說中的三種「寫實」〉，《情
慾世紀末：當代台灣女性小說論》，台北：聯合文學，2002.4，頁 24。

　　若母親「再嫁與否」是造成母女／子衝突的一大原因，那麼除此之外呢？袁瓊瓊的〈希元十六歲〉（1979）呈現了另一種恨母的情結。十六歲的希元是個遺腹子，母親因此對她寵恣萬分，她不僅不感恩，反而以忤逆的態度對待母親，然而不管她怎麼叛逆，「母親毫不動氣，……她討厭母親永遠不生氣，永遠不動惱，『老巫婆』。她又恨自己，爲什麼這樣子煩母親。〔註89〕」在外惹事生非的她被母親從看守所領回家，但母親絲毫未責罵她，依舊在一旁「撥數著念珠，在唸玫瑰經。慈眉低目：『萬福瑪利亞……』……她恨她，你就這樣好，這樣子慈悲，這樣子愛的教育。」（209）母親慈愛的面容甚至讓她感到噁心，希元的同學很羨慕她有個偉大的母親，同學離開之後，她立刻轉身「對母親講：『還以爲你多美吶！你偉個屁大個屁！』母親死命的抓著念珠撥著：『萬福瑪利亞……』母親從不生氣，她的『生氣』都在那串念珠上。」（210）讓希元感覺比較有像母親的反而是從小一手把她帶大、會不時嘮叨她的唐媽，「而真正是母親的那個女人，她對她是茫然多於親切。」（212）母親的慈愛親切、輕聲細語有時候恍惚讓她感覺「像是別人的媽媽。」（218）爲了觸怒偉大的慈母，希元竭盡所能用苛刻言語和荒唐作爲來刺激她，「你打我，你罵我呀！……你爲什麼不來管管我，你就這樣子逆來順受，你是模範母親呀！你討厭，你根本不是我媽，我媽才不會這樣子什麼都不管我。……你這是什麼愛！」（220）母親依舊無動於衷。

　　袁瓊瓊這篇小說可以從不同的面向來討論，通篇故事充斥著一股強烈的情緒：恨母，然而仔細搜尋希元真正恨母的原因（例如母親改嫁、遺棄、虐待……等等），似乎又找不到一個實質的理由。十六歲的希元正值叛逆的青春期，Gilligan 曾提出關係危機（relational crisis）的理論來說明青春期母女關係的交結對女性發展的危機性與重要性：

> 青少女們正面臨著「關係連結的危機」（crisis of connection），當她們真實地經驗她們與母親的關係時，亦同時經驗到父權文化中對女人貶抑的價值，諸如，女人不被視爲獨立的「人」，而是「女兒」，「妻子」，與「母親」等功能性的角色。Gilligan 稱此龐大卻無形的文化壓力爲「父權之牆」。青少女們在面對這面父權之牆時，爲了被這個社會接納，及生存上的安全考慮，往往得放棄或扭曲她們的真實經

驗，尤其是與其他女人或女孩們的真實關係，首先面對的便是母親〔註90〕。

希元絕非不愛自己的母親，處在青黃不接的青春期階段的她開始意識到所謂「女性在社會結構中的角色」不過是：女兒、妻子和母親，她看見母親偉大慈悲、犧牲奉獻的模樣，彷彿預見自己的未來，那是目前的她所拒絕的形象，於是她隱藏、放棄對母親的親情，極力對抗母親，其實她真正抗拒的不是母親，而是「父權之牆」，或者說，抗拒父權文化期待女性的某種價值觀。從醫學心理學的角度視之，希元對母親愛恨交集的心態即是所謂的「恐媽症」（Mamaholism）：「女兒一方面敬愛媽媽，但又害怕跟她一樣。這種害怕成為母親翻版的現象，在西方的醫學心理學家與精神科醫生的眼中是相當普遍的現象，他們甚至稱之為『恐媽症』（Mamaholism）〔註91〕。」西蒙・波娃（Simone de Beauvoir）說得更深切：「對遊戲、歡笑，冒險之享受，使小女孩視母性世界為狹窄，令人窒息。……母親被固定在『家庭主婦』的角色中，停止了生命之發展，她便成了阻礙與否定。她的女兒希望不要像她，而崇拜一些逃避了女性桎梏的女人：明星，作家，教師〔註92〕。」十六歲的希元尚未清楚自己未來的人生走向，也沒有誰可以崇拜，更不是什麼女性主義者，她的恨母僅僅在於：拒絕成為一個像母親（那樣完美）的人，如此未來才有無限的寬廣與可能性。

邱貴芬曾說：「在傳統英美女性小說裡，母親經常是個負面的角色──母親象徵女性對父權體制的屈服、妥協。唯有擺脫母親角色所意味的傳統女性角色，小說中的女主角方有發展自我的可能。……在許多小說裡，母親的聲音和觀點總是付諸闕如，突顯的只是叛逆女兒的聲音〔註93〕。」邱的論調雖是用在傳統英美女性小說，但也適用於此文。小說中只不斷聽見希元這個叛逆女兒的聲音，母親的話語永遠只有「萬福瑪莉亞」，表面上，這樣的敘事似

〔註90〕Gilligan, C（1991）. Woman's psychological development: Implications for psychotherapy in C. Gilligan, A. G. Rogersss., & D. L. Tolman （Eds.）*Woman, Girls & Psychotherapy--Reframing Resistance.* Harrington Park Press. 轉引自劉惠琴〈母女關係的社會建構〉，《應用心理研究》第 6 期，2000.6，頁 99。

〔註91〕劉惠琴〈母女關係的社會建構〉，頁 97～98。

〔註92〕西蒙・波娃（Simone de Beauvoir）著，歐陽子譯《第二性》（*Le Deuxieme Sexe*）（第一卷：形成期），台北：志文，1992.9，頁 37，40。

〔註93〕邱貴芬〈「失聲畫眉」──探討台灣女性小說壓抑的母親論述〉，《台灣文藝》新生版第 5 期，1994.10，頁 35。

乎突顯了女兒的大逆不道與母親的逆來順受，然而從另一個角度思考，似乎不盡如此。不管希元如何認眞地表達她的不滿、憤恨以及寂寞，母親始終當那是「童言童語」，唐媽則視之爲「瘋言瘋語」，她們從來沒有認眞地去回應、正視希元的任何情緒與問題，意即，不管希元使出任何手段去挑釁，母親（象徵某種程度的父權之牆）永遠轟立在前方，而且堅固如昔、不爲所動。這才是希元「恨母」的眞正原因。而這股恨意同時也夾雜著恐懼，小說中袁瓊瓊以兩個比喻來表達希元深層的恐懼，其一是她在夢境裡驚見許多大母蜘蛛（她覺得大蜘蛛爲母蜘蛛乃因其腹部碩大如孕母）四處爬行，希元曾在現實中感到母愛讓她「心情上就像黏了滿頭滿臉的蜘蛛絲。」（209）因此在她的潛意識裡，母親象徵著可怕的大母蜘蛛，而偉大的母愛正如強韌又牢密的絲網讓她無所遁逃、幾乎窒息。其二乃希元總是莫名地將母親和幼年時一個經常處罰她、讓她十分害怕的老師聯想在一起，她怕老師的原因除了時常被嚴峻處罰之外，還有一點是老師總是特別關注她（母親也是）。希元恨母的表現越尖銳，越顯現了她內心的巨大恐懼。

　　希元也試圖逃離母親，奔向外面的世界，表現自己的獨立性，如南西・邱多若（Nancy J. Chodorow）所言：「女孩通常會批評她的家庭，尤其是她的母親，……她的母親和家庭代表了壞的，家庭以外的世界代表了好的。也有可能，她會故意在各方面都和母親唱反調，反其道而行。這種種行爲都是爲了促使她們自己的個體性和獨立性〔註94〕。」但最後她還是回家，重返母親的身邊，這亦表露了她對母親愛恨交集的複雜心理。最後，這篇小說也顛覆了琦君時代慈母與母女情誼的文學建構，在母親書寫的系譜中格外重要，此重要性並非指小說塑造了一個惡母來顛覆所謂的慈母神話，而是一個父權文化標榜、讚揚且一再推崇的「慈母」放置在現代的社會裡，似乎逐漸失去了其偉大的色彩了，甚至，這樣一個鞠躬盡瘁、逆來順受的完美母親換來的也不是子女的感恩，而是陌生和距離，因爲完美者永遠像是個「他者」。袁瓊瓊藉此文戳破慈母神話，也進一步闡明了現實中「慈母」在子女心中的眞實感觸──不是感激或幸福，而是疏離與寂寞。

〔註94〕南西・邱多若（Nancy J. Chodorow）著，張君玫譯《母職的再生產：心理分析與性別社會學》（*The Reproduction of Mothering:Psychoanalysis and the Sociology of Gender*），頁 176。

二、背離母親

　　上述幾則故事呈現了子女尖銳的厭母／恨母情結，充滿愛與恨的交集辯證，然而，不管母女（子）之間的衝突如何劇烈，故事結束之際，子女仍然處於母親身邊，母親依舊是最割捨不下的親情。不過，接下來要探討的作品卻不僅如此，子女在長期的厭母／恨母的情緒折騰之下，冷靜地決定割斷與母親的關係，背離她，展開自己的人生。禹燕曾言：「母親是在男性的讚美聲中高度社會化了的女性，她生存的任務之一就是使更多的女孩子變成母親，完成女性生存的最高使命。……她是女兒活動的直接限制者，是女兒社會行為的直接規範者，她用種種方式，試圖把女兒塑造成真正符合男性社會標準的所謂『女性』。……對母親角色的重新認識和批判，顯現了女性自我批判的尖銳性與敏感性，反映了女性生存的勇氣和渴望擺脫自身宿命的願望〔註95〕。」女兒背離母親的因素當然不完全因為渴望逃脫母親對她的「傳統期待」，作為一個女兒，她觀看、批判、甚至決定遠離自己的母親，不僅僅是一項叛逆的舉動，更是女性對自我生存的反思與重建。

　　蘇偉貞的〈背影〉（1992）描寫長期就醫的母親在住院期間總愛鬧事，不是粗聲大罵、偷別人的藥吃，就是鬧自殺和攻擊他人，「在妳（指母親）長期住院期間，我（指女兒）稍微晚點到，無論任何理由，都會激怒妳。〔註96〕」母親指控丈夫和女兒耽誤了她，因此極為仇視這對父女，她總是發脾氣、生病，又不時離家出走，竭盡所能折磨身邊的人。女兒回憶自己上小學二年級的某天，母親又失蹤了，「當我知道自己對這件事的耐性完全沒了，我已經無法再對妳付出一丁點情感時，那時我心底真害怕。」（38）女兒某次去醫院探看母親時，驚見母親手持銼刀猛戳一個布娃娃，口中竟喊著她的名字，「母親高聲朗唸：『戳死妳！妖精！魔鬼！周中涵妳死定了！』……母親臉上浮現著難得忘我的笑，聚精會神戳那小人。臉上的笑化開了似的，漫到後頸都是。」（40）這個畫面讓女兒悲憤交加，難以釋懷。丈夫去世之後，她的目標更是女兒了，「妳用母女關係管制我。」（41）女兒對母親異常的行徑不解，也怕遺傳母親歇斯底里的因子，「我內心越來越懷恨妳，我怕我一天天更像妳。……妳生下我最終的目的是毀滅我，印證妳自己永遠不再存在於這個世界上。」（44）這種疏離且惡質的母女關係導致女兒長大後畏懼親

〔註95〕禹燕《女性人類學》，北京：東方，1988.6，頁 150。
〔註96〕蘇偉貞〈背影〉《熱的絕滅》，台北：洪範，1992.9，頁 35。

密關係，交往的對象時間都不長，男女關係混亂，「我說不上為什麼，我就是畏懼固定的親密關係。」（50）女兒對外謊稱母親已死，且拒絕結婚生子，可是在她的內心深處卻極度渴望一份完整的親情。女兒開始逐漸遠離醫院、不去探望母親——即使收到醫院的通知函，在電話答錄機裡聽到母親焦慮的聲音。女兒悄悄地去訂母親的棺木、墳地，將父親留下的最後一棟房子賣掉，並決定搬家，「我會寄一筆錢給醫院，足夠妳開支到不需要為止，……至於我以後住哪裡，妳不必知道了。媽媽，妳這輩子都不會出院的，妳離開這間醫院根本沒有醫院可去了。」（65）她要將住在醫院二十一年的母親狠狠地遺棄。

蘇偉貞這篇小說發表於九○年代初期，以女兒寫給母親的第一人稱書信體為主，中間穿插女兒目前的日常生活以及童年回憶。透過書信體部分，讀者得以窺見周中涵的內心世界，經由第三人稱的敘事，得知她外在的生活細節以及童年往事，然而，不管作者採取何種敘述筆法，小說的主題始終圍繞在愛恨交集的母女關係上，這也隱喻周中涵的人生（從內到外，從小到大）一直是籠罩在母親的陰影之下，直到她決定背離母親，捨棄這份親情。這篇小說也令人回想起叢甦發表於七○年代的〈百老匯上〉（1976），同樣是藉由女兒的陳述，道出一段不堪回首的母女情，不過〈百〉中的母親始終未曾現身，僅是女兒陳述中的一個對象，這與〈背〉中穿插鮮明的母親形象大不相同。其次，〈百〉裡的女兒金敏是用一種情緒性的話語去回述她的母女關係，而〈背〉裡的周中涵卻是採取平穩冷靜（近乎冷漠）的語調來傾訴她對母親的觀感，相較之下，後者予人的愛恨之情（尤其是恨）反而更深。此作篇幅甚長，全文充斥著濃烈的恨母情緒，而且主要片段又是以第一人稱「我」為敘述角度，讀起來不免令人有些窒息之感，尤其是文中描寫母親以苛刻的言行折磨女兒的片段，以及母親苦於走不出自己精神困頓的部分，齊邦媛曾言：「蘇偉貞文字的圓融成熟與對人生各種沉鬱情結的剖析可說是她最大的實力〔註97〕。」〈背〉一文尤其如此。

小說中的女兒周中涵的處境引人憐憫，她從小忍受母親陰晴不定的異常行徑與情緒，無形中似乎也變成另一個異常者了，例如她畏懼固定的親密關係、憎恨延續子嗣（深怕遺傳）、寧可住陌生的旅館也不住熟悉的家……，她

〔註97〕齊邦媛〈閨怨之外——以實力論台灣女作家的小說〉，《千年之淚》，台北：爾雅，1990.7，頁140。

已逐漸變得與母親一樣，將一切摒除在人生之外，活在自己狹小的世界裡，然而她又是那麼提防自己成為一個像母親的人。安竺‧瑞奇（Adrienne Rich）言：

> 在人性當中，或許沒有什麼可以比得上母女兩個生物學上如此相似的身體之間，經過交流而共振出來的能量了。這兩個身體，其中一個曾經安適地躺在另外一個的羊膜中，其中一個則幾經陣痛後產下另外一個。這樣的兩個身體，為的就是要體驗最深切的親密感與最痛苦的歧異感〔註98〕。

在女兒的潛意識裡，或許她是一直渴望擺脫母親的，因為「母親的存在始終是成長過程中擺脫不去的夢魘〔註99〕」，但也總是壓抑著，文中她藉由不斷地更換情人，透過一段又一段短暫、親密又混亂的肉體關係來彌補長時間缺乏母親的關愛，也藉此暫時擺脫母親的掌控。文中她謊稱母親已死，暗中買棺木、選墓地、計畫搬家，均透露出她迫切渴望母親消失（死亡）的心態。然而回到現實中，她還是得繼續隱忍，持續地去醫院探視母親，以一個外在的「假我」（false self／相對於「真我」true self）〔註100〕、一個乖女兒的形象來面對現實中的母親。

　　小說中她羨慕她的某位女同學擁有美好的母女關係，而她卻無法根據她的母親來定位自己──在難以專注地追求自我成長的情況之下，她選擇背離母親似乎也是可預期的。文中一封封寫給母親的信件，既是女兒對這段母女情的深刻剖析，也像是與母親的訣別告白，當她在最後一封信的末端寫下「再見，媽媽。」的時候，也是她在真實人生裡背離母親的開始。然而那位被女兒（唯一的親人）遺棄在醫院的母親呢？那個才四十二歲卻在醫院「住」了二十一年的母親，誰來安置她往後的人生？安竺‧瑞奇（Adrienne Rich）在其母職論述中說：「母親失去女兒，女兒失去母親，這是女性最為根本的悲劇〔註101〕。」文中的女兒背離母親，擺脫了長期以來生命的陰影，然而對她而言，這也是人生最深的悲劇，不是嗎？

〔註98〕 林素英〈流放者之歌：試論母職理論與《客途秋恨》中之母女關係〉，《中外文學》第 28 卷第 5 期，1999.10，頁 56。
〔註99〕 石曉楓《兩岸小說中的少年家變》，台北：里仁，2006.7，頁 95。
〔註100〕 珍妮特‧謝爾絲（Janet Sayers）著，劉慧卿譯《母性精神分析──女性精神分析大師的生命故事》（*Mother of Psychoanalysis: Helene Deutsch, Karen Horney, Anna Freud, Melanie Klein*），台北：心靈工坊，2001.10，頁 54。
〔註101〕 劉岩編著《母親身分研究讀本》，武漢：武漢大學，2007.7，頁 226。

　　最後要探討的是蕭颯的《單身薏惠》（1993）。薏惠的母親年輕時美麗好賭、虛榮潑辣，常與丈夫吵架，也總將怨氣出在女兒身上，「母親吼叫著，還反手一巴掌抽在薏惠臉上，母親是使出了全身力勁的，那也是她全部的恨怒和氣怨！〔註102〕」。在薏惠的印象中，母親經常處在這種怨怒的情緒，「母親始終以為自己是天下最委屈的，像她這樣嬌小美麗的女人，卻嫁了個比她大十多歲的老丈夫，養了個平庸的女兒，還過著這樣拮据窮酸的生活。對於這一切，她相當怨怒。」（29）薏惠逐漸成長，母親依然動不動就打罵她，「小時後她只覺得母親動不動就罵她，就出手打她，是很兇的媽媽。可是漸漸的，薏惠覺得母親不只是兇，她罵人、打人的時候瞪起的眼睛和扭曲的臉孔，甚至是猙獰的。」（54）她開始躲避那個讓她恐懼的母親。初中畢業後薏惠考取師專，也開始談起戀愛，母親仍舊不時厲聲怒罵，「薏惠原地站著，看著母親，看著看著，最後她眼裡只剩下母親一張永不停止的大嘴，和不停止的惡聲。這就是她的母親？母親一肚子沖天的怨氣，她怒！她怨！所有的人都對不起她，所有的事都辜負了她。薏惠突然覺得，母親好可憐。」（87）師專畢業後薏惠被分發到濱海的一所鄉下小學，當情人出國留學時，她發現自己懷孕了，掙扎之後決定生下孩子，勇敢地當一個未婚媽媽。「薏惠也不太確定知道自己到底是為了什麼，不過她十分確定的是，她不要再孤獨下去，她希望能與什麼人分享她的愛，或許這是這個孩子吧！」（159）面對那個三不五時打罵她的母親，薏惠決定永遠離開她，「『我搬出去，……不再回來了。』……她終於拎起沉重的帆布行李袋，走向一個她完全不知道將要如何面對的未來。」（161）肚子逐漸隆起，薏惠未婚懷孕的事再也瞞不住，「大家背地裡竊竊私語，不只是學校同事，還有鎮上的居民，話傳得真快，不多久，幾乎整個小鎮上的人都知道了有個女老師未婚懷孕的醜事。」（171）薏惠獨自面對這一切，之後終於平安產下了女兒，非常珍惜這份母女情，「經歷過寂寞、委屈童年的薏惠，很知道與孩子談話的重要，母女倆可以由交談彼此更加信任，更了解，更懂得彼此的需要，和彼此的愛。」（186）女兒小乖三歲多時薏惠決定辭去滿五年的教職，帶女兒離開小鎮，回台北教美術，之後買了公寓，終於有自己的房子，也成立了「金蘋果兒童畫室」，擁有自己的事業。薏惠平常除了工作之外，所有心思都放在女兒身上，「她不認為這樣就會寵壞孩子，她

〔註102〕蕭颯《單身薏惠》，台北：九歌，1993.3，頁27。

只為了有更多的時間與成長中的小乖多親近、多交談，更了解彼此。」（240）母親中風，蕙惠去醫院看她，對她卻似乎已無任何感情，「蕙惠也很氣自己，面對這麼一個垂死的老人，況且還是養育過自己的母親，難道她就不能表現得更關心更親密些嗎？……蕙惠覺得自己做不到。」（255）。女兒正婷（即小乖）國中之後有自己的朋友和生活，蕙惠開始感到孤獨，她也因此「有些懂得母親從前為什麼總是出去打牌，或是和小舅舅、傅伯伯那些人在一起……其實，她只不過就是害怕寂寞而已。」（273）蕙惠拒絕追求者的求婚，原因是不希望女兒成年前要去適應繼父和新的家庭結構。女兒高中畢業要申請去美國讀大學新聞系，母女一度衝突，「『妳就是想要離開我，想要離開這個家，對不對？』……『媽，我沒有。是妳！妳一直只想把我栓在妳身邊，最好永遠不要離開妳，永遠只做妳的小乖乖。』母女倆一下怔住，都不敢再往下說話，怕再說出什麼更難堪的話來傷害了彼此。」（321）但蕙惠最後還是答應了，「如果在經濟上供應得起的話，她想她是沒有權利阻止女兒，正婷已經成年，必須尊重她自己的選擇。」（321）女兒終於飛去美國，蕙惠「痛心女兒已經是放出手的風箏，正要展翅高飛，難道她還想再收攏回來嗎？掛上了電話，整間屋子仍然只有她一個人，黃昏最後的一抹太陽光也已經隱去，屋裡一片幽黯，而她便在幽黯之中輕聲啜泣。」（356）父親罹患癌症過世，母親決定回大陸定居，蕙惠送母親上機，走出機場，真的是一個人了。

蕭颯這部長篇小說發表於九〇年代初期，放置在整個戰後女性小說的母親書寫系譜裡，有其多重的意義，它突顯了當代女性選擇未婚懷孕的社會話題、母女關係的衝突與修復、女性經濟獨立的重要性，以及對現代母親角色的再思考。小說分前後兩部，前半部著重在對蕙母的描繪，而且是透過孩童時期的蕙惠眼中加以詮釋的；後半部應是整部作品的重心，蕭颯很深刻地呈現了蕙惠在未婚懷孕這條路上遇到的艱辛與挫折，以及她與女兒之間的互動與成長。

童年時代的蕙惠對母親的感情是畏懼多於親近的，蕙惠總是挨打，母親幾乎不分青紅皂白天天將女兒當成出氣筒施虐，蕭颯不厭其煩地一再敘寫母親暴烈地打女兒這個情節，乍讀之下或有重覆之嫌，然而正因如此，加深了幼小蕙惠畏母的心理，為成長之後她厭母、恨母甚至背離母親的行徑鋪陳前奏，另一用意則在強化蕙母的「怨女」形象，如西蒙・波娃（Simone de Beauvoir）言：「媽媽打小孩，並不單單是打小孩，或者她的心根本不在打小孩上面：她是

在報復男人，報復世道，或報復自己的身世〔註 103〕。」蕙母內心積壓太多的慾望和怨怒，打小孩成了最直接的宣洩，這對她或許只是短暫的、一念之間的，然而對年幼的蕙惠而言卻是一件冷酷的現實。母親從來與「慈愛」無關，當少女蕙惠感受到自己的尊嚴一再遭到折損時，她逐漸看清母親的人格與生命本質，對其產生了憐憫、鄙視，以及背棄的心態：

> 她們（指母親）不再是所謂慈愛的化身，她們並不能庇護任何人，……
> 她們還常常把自己的不幸與痛苦，本能地轉嫁或推卸給比自己更爲
> 弱小的家庭成員。當女兒能在文本中清晰地看清這個母親角色的本
> 質時，女兒對母親角色的恐懼與鄙視便會油然而生。或者換句話說
> 是，爲了避免自己「染上母親的模樣」，成爲一個可憐可悲可憎的母
> 親，女兒可能斷然選擇背棄母親〔註104〕。

蕙惠背離母親，追尋獨立的人生，除了避免「染上母親的模樣」之外，更重要的是她懷有身孕，她要當一個與自己母親截然不同的母親。

蕙惠不畏世俗眼光未婚生子，除了渴望有人分享她的人生之外，更深層的意義應在於她想要透過「成爲母親」這個事實，徹底的與自己的母親分離，或者說，她要透過另一段光明美好的母女關係，來取代、彌補原有的那段灰暗破碎的母女關係，並修復童年時期的精神創傷。現實中，她也確實努力讓女兒享有完整的愛與充足的安全感，如石曉楓所言：「蕙惠以柔韌的女性姿態，示範擺脫家變陰影的正面例證，也呈現了少女創傷經驗的成功轉化〔註 105〕。」沈曉茵也認爲這部小說最大的專注點在於蕙惠「透過對上一代的省思進而努力自我突破、對下一代形塑〔註 106〕。」小說後半部中蕙惠慈愛堅韌的形象，以及母女相融的歡樂情境，在某種程度上延續了林海音等的母親書寫，只是，蕭颯更掌握現實的層面，讓文中的蕙惠在經營家庭之際，不忘擁有自己的事業與房子，這一點是林海音等鮮少著墨的。未婚生子的蕙惠一路上遭受不少旁人的指點奚落，這也顯示了即使是九〇年代的社會，結婚生子仍是女性被設定的普遍人生模式，不婚而孕，或婚而不孕的

〔註103〕 西蒙・波娃（Simone de Beauvoir）著，楊美惠譯《第二性》（*Le Deuxieme Sexe*）
（第二卷：處境），台北：志文，1992.9，頁 119。
〔註104〕 林丹婭《當代中國女性文學史論》，廈門：廈門大學，2003.3，頁 325。
〔註105〕 石曉楓《兩岸小說中的少年家變》，頁 62。
〔註106〕 沈曉茵〈胴體與鋼筆的爭戰——楊惠姍、張毅、蕭颯的文化現象〉，《中外文
學》第 26 卷第 2 期，1997.7，頁 112。

女性依然無法跳脫傳統道德批判的藩籬（至今仍是）。林芳玫認為未婚生子是女性表達獨立宣言的一種方式，在現實社會裡「做個單身母親是條漫長艱辛的道路，並非所有的女性都有能力好好走完這條路，但是若一位女性慎思熟慮後，認為這會使她的生命更充實、更豐富，我們也只好給予尊重與祝福〔註 107〕。」她也觀察當一個父親角色的象徵意義多過實質意義時，「也許一個和諧的單親家庭勝過問題重重的雙親家庭〔註 108〕。」

蕙惠的女兒正婷高中畢業要申請出國讀書，學習獨立，決定暫時與母親分離，如王玲珍言：「女兒成長過程就是同母親在各個方面疏離的過程，從情感之愛到肌膚之親，這常常被認為是現代女性長大『獨立』的第一步。現代女性自我認知和社會主體身份的獲取往往是建立在同母親／母體分割的基礎上的〔註 109〕。」她因為從小不缺母親的愛，面對獨立生活毫不畏懼，反倒是蕙惠一時無法接受女兒即將遠離的事實。蕙惠從驚愕到答應，又經歷了一次的成長；或許，當一個母親發覺自己和女兒的關係原來是一種補償性的愛，才能調整愛女兒的方式，還給女兒一些自我的空間吧！〔註 110〕從背離自己的母親到接受自己女兒的道別，蕙惠經驗了母女關係最複雜的轉變過程，這其中有極深的恨，也有無盡的愛，兩者交錯，無法釐清，而此就是母女之間最真實的情感詮釋。

結　語

比起大陸遷台及現代主義女作家們的母親書寫，蘇偉貞等的作品似乎又跨越另一個新的里程：開放多元的社會氛圍促使作家嚴肅反思傳統母職文化對現代女性的實質意義，並以較激進的方式表達父權箝制之下母親角色可能的選擇，例如離家、失蹤、瘋狂，或者死亡。

「母親的一天，乏善可陳，卻處處可見窒息活動空間對女性的無形囚禁〔註 111〕」，瘋狂或逃亡等行為突顯的正是女性跨越囚禁空間、反叛父權文化

〔註 107〕林芳玫《權力與美麗——超越浪漫說女性》，台北：九歌，2005.5，頁 76。
〔註 108〕同上註，頁 77。
〔註 109〕王玲珍〈女性的鏡界：歷史，性別，和主體建構——兼論馬曉穎的《世界上最疼我的那個人去了》〉，《中外文學》第 34 卷第 11 期，2006.4，頁 51。
〔註 110〕曾瑞真〈幼年的母女關係與母職模式〉，《應用心理研究》第 7 期，2000.9，頁 37～38。
〔註 111〕邱貴芬〈「失聲畫眉」——探討台灣女性小說壓抑的母親論述〉，《台灣文藝》

的自主精神，由此亦可見作家們敏銳的女性自覺以及對社會脈絡的關注，如陳芳明所說：「通過她們的書寫，不僅可以發現傳統的美學開始受到挑戰，而且也可以預見一個新的女性知識論（feminist epistemology）正在形成當中〔註112〕。」母女（子）關係的探討與重思更是這個時期母親書寫不可忽視的部分，因為它跳脫了傾向正面或負面的單一思考，呈現繁複的、愛恨交集的親子互動，將人性的深層情感表現得更為明澈，這是與前輩作家很不相同的地方。最後要一提的是，蘇偉貞等作家自七○年代末開始走紅之後，作品價值頻頻受到評論家的質疑與嚴格檢視，此似乎隱隱說明了閨秀／女作家／瑣碎敘述要在嚴肅的文學批評／學院／典律上要佔一席之地是相當困難的，而這一點如同本章論文探討的那些離家、失蹤、瘋狂的文學母親，呈現的都是現實社會中「存在的困境」。

新生版第 5 期，1994.10，頁 37。

〔註112〕陳芳明〈挑戰大敘述──後戒嚴時期的女性文學與國家認同〉，《後殖民台灣──文學史論及其周邊》，台北：麥田，2002.4，頁 131。

第六章　結　論

　　自女性主義興起以來，女作家和她的作品也陸續成為重新被探討和印證的對象。女作家透過文字建構的世界，真的是現實的反映嗎？她們表述的文學是潛抑欲望的真實面貌，還是父權文化的鏡像回聲？筆者就不同世代女性小說的母親書寫逐章歸結如下：

第一節　歸結各章論述之重點

一、沉默與犧牲：琦君、林海音小說的母親書寫

　　琦君（1917～2006）和林海音（1918～2001）遷台之後，寫出了許多以童年故居為主題的懷鄉之作，在此類作品中，慈母永遠是筆下的靈魂人物。「慈母」不但是兩位作家最關注的女性角色，也是她們最擅長刻劃的文學人物；其紙上的慈母均秉持著一股無私的高貴情操，完全以家庭和子女為生命中心，並為此犧牲奉獻，是很正面、近乎神格的形象。在戰後初期大陸遷台的女作家裡，琦君和林海音可說是最致力於建構慈母文學的作家，其中又以琦君表現得更為盡致。大量的慈母書寫除了是一種鄉愁的抒放之外，從一個文學脈絡的觀點視之，無非是受五四女作家如冰心、馮沅君、盧隱等的影響，因此亦可稱之為「五四文學傳統的台灣化」。其次，這種尊崇傳統道德（母德）、深具教化意義的「雅文」，相當符合五○年代的國家文藝政策，同時又能迎合大眾的閱讀品味，而此較傾向保守的寫作態度也間接讓兩位作家在戰後初期的台灣文壇上佔有一定的優勢位置與影響力。雖然，她們的慈母書寫

多少是持一種保守妥協、迎合主流的姿態，且這種將慈母視為女性典範的思維在當今女性意識更為高漲的時代也越來越不被認同，但是，兩位的慈母書寫仍然有其不容抹滅的文學價值，尤其琦君文中那種至情至性、難以超越的高度抒情，不僅樹立了她獨特的文學風格，也成為那個年代女性文學的代表之一，而林海音不但書寫慈母、宣揚慈母文化，她本身更以一種「新型態的賢妻良母」的文化符號現身，影響力更是深遠。

琦君和林海音也關注舊社會的母親們，深入描寫她們在傳統父權文化下所承受的階級和性別的雙重壓迫，其中又以林海音的觀察更為敏銳。不過，兩位作家並不以批判、嘲諷的語氣去描寫，而是選擇一種較為憐憫、同情的筆調去敘述。倘若與五四時期的女性文學比較起來，她們這種見證（舊時代）歷史的書寫姿態，確實是少了些批判精神，但相較之下也流露了更多冷靜的省思，以及悲憫的胸襟。更重要的是，作家自己的母親便是舊社會的女性，以致她們在敘寫這一類婦女時不自覺地投以更深的關懷之情，至於對父權文化的尖銳抨擊，對她們而言反倒是其次了。

兩位作家也都致力於母女情感的悉心描繪，這亦可視為五四女性文學的一種延續。在此類作品中，她們共同選擇的敘事筆法都是從女童的角度來鋪陳與母親的親密互動；藉著寫作逆回孩提時代，本身即有濃厚的懷鄉意涵，而結合女性和孩童的雙重視角（double perspective），也讓讀者對父權體制與複雜的成人世界有更深刻的體會。

「已為人母的寡婦（婦女）是否再嫁」也是琦君和林海音的母親書寫裡的一項重要議題，在這個部分兩位作家都深刻地描繪女人夾在母性與女性之間的無奈與掙扎，小說中的母親所面臨的兩難取捨，似乎也是對作家倫理道德觀的挑戰。雖然大抵而言，這類作品仍然比較傾向於「嚴守母性」這一區域（此與她們致力於慈母文學的建構以及較為保守妥協的寫作性格不無關係），但是，少數作品也初步觸及了母親的情慾世界、母女（子）之間的衝突，表現出作家試圖突破、超越傳統的一面。況且，作家讓筆下大部分的母親們選擇母性、放棄女性並不完全代表她們毫無女性意識，而是更著眼在人（對子女）的本分與責任這一點上的思考。琦君和林海音渡海遷台，在懷念大陸故鄉與適應台灣新環境的交錯心境之下，寫下了許多關於母親／女性的流離經驗，而不管是兩岸之間的移居記載或者家庭婚姻的瑣碎敘述，她們都不以消極、絕望、或者憤恨的態度去寫，而是帶著一份關切、貼近女性的情誼去

敘寫，這樣作品雖然未必具有鮮明的女性意識，但不可否認的，從小說中所披露的母親／女性的種種處境來看，兩位作家是深具性別自覺的。

二、介於慈與惡之間：艾雯、畢璞、童真小說的母親書寫

艾雯（1922～2009）、畢璞（1922～）和童真（1928～）三位作家與琦君和林海音同被歸為戰後初期大陸遷台女作家，她們的創作始於五〇年代，技巧多採取寫實筆法，內容也不脫愛情／婚姻／家庭的瑣碎敘述，表面上似乎延續了琦君等的文學格調，然仔細爬梳她們的作品，尤其是母親書寫這一部分，卻有相當大的差異。有別於琦君和林海音小說中的慈母形象，三位作家著墨更多的是充滿韌性的堅毅之母，這類母者不再是以溫柔婉約的「他者」面貌出現，而是以一種較具陽剛性格、大無畏的、充滿自我意識的地母姿態呈現在讀者面前。除此之外，強悍／強權／強勢這類文學母親在她們的筆下也有精采的發揮，比起陽剛性格的堅毅之母，強悍的母親可說更進一步地瓦解了陰柔沉默的慈母形象。在這類作品裡，不乏出現異於傳統家庭位置的女強男弱的性別結構，以及突破傳統才子佳人的女大男小的婚戀組合，作家似乎要透過這樣的敘述表達她們對既定的性別文化的思索與不滿，在社會風氣尚保守的六、七〇年代是相當具有開創精神的。

她們也在作品裡開始質疑傳統母德在現代社會的價值、對整個母職文化展開重新思考、描繪不安於室的另類母親，並探索親子之間的種種代溝；這些作家站在理想女性（慈母）的背後，試圖建構另一種異於慈母但更貼近真實人性的母親形象。三位作家的創作雖始於五〇年代，但許多成熟之作到六、七〇年代才逐漸發表，彼時亦是現代主義盛行的時期，相較兩派，雖然她們與現代主義作家走的文學路徑不盡相同，採取的寫作技巧也有所差異，但對母親／女性角色的反思卻未必輸現代主義作家：她們較傾向揭發女性深陷於母職生活的困境，而現代主義女作家較著重的是母親難以突破的情慾禁區，兩派文學的聚焦雖不同，但皆具批判色彩。

三位作家對母職之於女性的關係尤有深入的探討，在諸篇小說中甚至尖銳地批評母職生活對女性造成的內囿與侷限性，直指女性為家庭放棄理想、犧牲奉獻的行為幾乎都是迫於無奈而非自願的。除此之外，她們也深刻地寫出職業婦女夾於事業與婚姻（遠大的理想與繁瑣的家務）的矛盾和茫然，刻劃女性踟躕於兩者之間的疲憊與奔波，這一點與林海音標榜的「兼具知識份

子與賢妻良母的新女性」形象截然不同，卻更點出現實中母親們的真實處境。
而針對卸下母職的中年女性面臨空巢生活的空虛與徬徨，三位作家也有精湛
的描繪。整體看來，她們作品的反思精神雖然也承襲了五四新文學裡對女性
在現實結構中的生存位置的嚴肅思考，但就小說大部分（回歸家庭）的結局
來看，她們對於人追求獨立性和自主性的堅持，似乎又是不及五四女作家的，
不過，小說中那些母親們對事業的企圖心以及對理想的執念，比起琦君和林
海音筆下那群普遍較安於家庭生活的母者，似乎又朝前走了一大步。

再者，她們也嘗試描寫魔女／惡母這一類型的女性，只不過她們僅僅讓
惡／魔的念頭在母親的心中打轉，繼而壓抑、沉寂，並未真正讓它突破藩籬，
造成瘋狂或毀滅的局面，因此，她們筆下的母親們雖然高喊獨立自主、極力
抨擊傳統母職文化，但最後仍然放棄理想、回歸家庭，繼續扮演母親的角色。
比起現代主義女作家描寫的那種徹底的、具毀滅性的惡母形象，她們筆下的
惡母只能說是「雛型」而已，但正是透過這種「不徹底的惡母」書寫，彰顯
了母親在家庭這一私領域的真實面貌，小說中的母親也藉著「小小的惡行」，
抒發了內心壓抑的不平與怨忿。

在戰後初期大陸遷台女作家群裡，艾雯、畢璞和童真的知名度與影響力
雖然不及琦君和林海音，但是她們在母親書寫裡所思考的面向與批判的勇
氣，卻是更深入的。比起琦君等的慈母與歐陽子等的惡母，三位作家筆下那
群「不慈不惡，亦慈亦惡」的母親們確實更能反映現實社會裡女性的處境。

三、情慾・毀滅・流離：歐陽子、陳若曦、於梨華、孟絲小說的母親書寫

受西方思潮的影響，六、七〇年代台灣現代主義的女性小說，強調突顯女
性的自我個性，側重描寫人性的複雜幽暗面，並拓展情慾書寫的層面。現代
派女作家在創作上，希望與柴米油鹽、閨秀、婉約等刻板的女性文學風格劃
清界線，她們在寫作上的實驗精神，固然拓寬了台灣戰後女性書寫的視野，
卻相對地也引來不少的爭議。

現代主義的母親書寫有一個重要的特質，便是重現母親的聲音，或者說，
將母親放在說話主體的位置上。從母親的角度敘寫其真實感受並非始於現代
主義文學，這種敘述模式在戰後初期大陸遷台女作家的作品裡已多處可見，
或描寫母親介於女性與母性之間的掙扎、或探討女性侷限於母職生活的痛苦

等等，林海音、艾雯、童眞等都有精釆的作品問世，但是，要從母親的角度去（說）寫其情慾／性愛這個話題，卻要到六〇年代現代主義時期才開始，歐陽子（1939～）、於梨華（1931～）等均以更大膽的筆調拓展了這個領域。將母親描繪成一個有情慾者，自然是要還原她作爲女人的本質，而母親勇於自我陳述，也意味著她從「女人」的位置走向「（男）人」，因爲操控說話權力者往往都不是女性，尤其是母親。

除了讓母親發出自我的聲音、成爲話語主體之外，現代派女作家在惡母形象的塑造上也有開創性的表現。女性之所以成爲惡母，其實與整個社會結構與性別文化息息相關，不單單是個人的問題；變成恐怖的惡母，毀滅子女的一生，自己也逃脫不了黑暗人生的牢籠。在此類的小說裡，子女是犧牲者，母親亦是。陳若曦（1938～）、叢甦（1939～）、李昂（1952～）對魔性（人性陰暗面）之母有深入的探索，於六、七〇年代有精釆（亦驚世）的作品問世，這類小說引來文壇上的爭議當然也是無可避免。撇開倫理道德的層面，這個時期的惡母敘述才眞正落實了現代主義女作家對人性複雜面的嚴肅探討。惡母書寫不僅僅是作家挖掘人性陰暗面的一種表述，站在文學史的角度來看，這類作品更是對傳統母德、慈母神話的一種諷刺、挑戰，以及顛覆。

無根、漂泊也是現代派女性小說裡另一種氛圍特質，作品裡的母親即使完成留學夢想、結婚生子、衣食無虞，內心依然有著不安穩的飄零感傷，從吉錚（1937～1968）、於梨華發表於六、七〇年代的母親書寫裡，我們看到的是一個個不快活的、無力的、沒有人生方向的母親。這種情況當然與她們身處異鄉有極大的關係，因爲長時間失去母土的飄泊感使她們即使在另一個國度自組家庭，仍然有無根、流離之憾，小說中的母親很大程度上也是作者自身的投射。女作家在詮釋這一類的文學母親時，表現更爲深刻的還有探討年老母親無家可安身的處境，孟絲（1936～）、陳若曦在這一部分都有出色的作品出現，作家們也藉此重新思索了「何處是女性眞正的家」這個議題。

歸結現代主義女作家在母親書寫這一塊區域上最大的突破，無疑是開拓了「相對於慈母」這一部分：相對於慈母的完美形象，母親作爲一個眞實的（女）人，她是有情慾私心、有言說渴望、有毀滅衝動、也會逃家的血肉之軀，而非只是單一化的道德虛相。這些顛覆傳統慈母形象的作品並非作家標新立異之舉，也不是刻意要將母親「污名化」，其眞正目的乃在將她拉回「人」的本位，將之「人性化」。從這個角度來看，現代主義女作家筆下的惡母／慾

母在文學裡應與琦君等刻劃的慈母／善母列於同等的位置，如此才能彰顯「母親角色的完整性」。換言之，慈母書寫與惡母書寫互為補充、辯證，才更能體現女性文學的豐富。

四、瘋癲，或者逃亡：袁瓊瓊、蕭颯、蘇偉貞小說的母親書寫

　　七○年代末崛起的女作家袁瓊瓊（1950～）、蕭颯（1953～）和蘇偉貞（1954～）均出生在五○年代，大多成長於傳統家庭，其作品經常出現跨越兩代不同的生活模式與價值觀念，也對社會轉型之下的女性位置作出反思與批評。她們的母親書寫很大程度上可說延續了大陸遷台女作家未完成的部分，尤其是離家出走、瘋母這些類型，其實是五、六○年代那群徘徊在出走與回家、擺盪於瘋狂與正常之間的文學母親的進一步描繪。而子女對母親的愛恨情結，以及母親的情愛私慾之探討，多少也承襲了現代主義。

　　當女性拒絕進入父系文化中的生存位置、拒絕扮演社會性別角色時，除了逃離、死亡，就是發瘋。對女性而言，什麼樣的生命困境可能導致她瘋狂？理智的邊緣線在哪裡？而變成瘋婦到底是人生的毀滅，還是解脫？無可否認的，瘋癲的母親形象是女作家控訴父權文化的某種書寫策略。不過，在女性小說「瘋母敘事」這一區塊裏，除了歇斯底里的類型之外，還有另一種外表看來與正常人無異，但骨子裡隱藏的卻是審慎的巧智、陰沉的心機，這類變態型人物相對而言更值得深究。回溯八○年代之前女性小說的母親書寫，並非沒有瘋母的出現，林海音〈燭〉（1965）裏的韓老太太就是一例，只是作家安排她在故事裏默默的發瘋、安靜的死亡，並沒有像袁瓊瓊等進一步去鋪陳瘋癲之後種種不堪的情境；艾雯等筆下那群困獸般被侷限在家庭的母親們也是處在發瘋邊緣的女性，但作家都適度地移轉了筆調，讓故事裏的母親們朝向光明面前進。至於擅長挖掘人性幽暗面的現代主義女作家，她們的惡母書寫，雖然已觸及瘋母敘事這一層面，但是距離袁瓊瓊等更驚悚也更冷諷的描繪，似乎還差了一大步。

　　離家出走，或者離奇失蹤的母親也是八、九○年代女性小說中的一個特殊的現象，審視這類作品，發現她們逃離的不僅是具體的「家」，更是社會結構裡的妻母位置。出走或失蹤，女性追尋的不過是屬於自我的那一塊空間，或者說，為了保全自己的尊嚴與生命的完整。五○到七○年代的女性小說並非沒有離家出走的母親，童真寫於七○年代的《離家的女孩》就是一個

明顯的例子，林海音的〈週記本〉（1957）、艾雯〈捐〉（1962）和於梨華的
〈有一個春天〉（1964）也有離家的母親，但是在這些作品裡，作者比較是
從一個道德（或傳統母德）的立場去敘寫，離家的母親們最後幾乎都在反省
之下重返家庭，歸回社會結構的性別位置，即使沒有回家，也未曾卸下為人
母的責任。這一寫作觀點與蘇偉貞等大不相同，其小說中離家出走的母親所
持的心態幾乎都是理直氣壯的，跨出家門的那一刻，她們沒有任何猶豫或是
愧疚，既不在意旁人的指責，也無所謂家人是否諒解，出走或失蹤竟成了一
個母親展開「幸福人生」的開始，這類作品透露了作家對傳統母職文化莫大
的反思與嘲弄。母親書寫走到這一階段，距離慈母神話、賢妻良母、婚姻家
庭、倫理道德等傳統觀念越加遙遠了，這當然與作家的女性意識以及八、九
○年代社會的多元風氣不無關係。六、七○年代小說裡那群離不開家（割捨
不下親情）、或者離家之後又無奈返回的母親們至此終於抒發了一己之願。
從五○到九○年代的母親書寫，從女作家對「家」之概念的重思與詮釋，我
們得以窺見其性別意識之覺醒以及自我成長的一面。

　　蕭颯等的母親書寫還有一個關注點即是母女／子之間的互動，在此之前
雖然也有相關作品出現，但不同階段的作家對於母女／子關係的敘述焦點多
少有所差異。以林海音和琦君的作品為例，她們較擅長經營的是相依互存、
彼此體諒的母女（子）關係（論文第二章）；畢璞、童真等雖跨出一步，試
圖描繪親子之間的代溝與衝突，但也總是適可而止，未達絕裂之地（論文第
三章）；至於現代主義女作家著重的比較是母親內心的幽暗層面與情慾世
界，母女／子之間的緊張關係反而是次要了（論文第四章）。比較林海音等
和蕭颯等處理母女關係的差異，前者是以一種較悲憫的姿態去敘寫舊時代的
母親，後者採取的卻是較為冷眼、嘲弄的態度去批判傳統社會的母親；不同
的寫作觀點形成了五、六○年代「母女情誼」與八、九○年代「母女衝突」
兩個鮮明的文學區塊。在三位作家的小說中，我們幾乎看不到琦君作品裡溫
馨感人的親子畫面，取而代之的是一幕幕尖銳的對立與激烈的衝突，尤其許
多作品都是從子女的角度出發，審視母親的言行舉止，並加以批判，充滿愛
恨交集的情緒。

　　比起大陸遷台和現代主義女作家們的母親書寫，蘇偉貞等的作品似乎又
跨越了另一個新的里程：作家嚴肅反思、質疑傳統母職文化對現代女性的實
質意義何在，並以較激進的方式表述父權箝制之下母親可能的選擇，例如離

家、失蹤、瘋狂，或者死亡。離家或瘋狂等行徑突顯的是女性反叛父權文化的自主精神，由此亦可見作家們敏銳的女性自覺以及關注社會現象的一面，而母女（子）關係的探討與重思則跳脫了正面或負面的單一思考，呈現繁複的、愛恨交集的互動，將人性的深層情感表現得更爲明澈，這是與前輩作家很不相同之處。

第二節　從 50～90 年代的母親書寫中反思

　　從琦君到蘇偉貞，審視台灣戰後五十年來女性小說的母親書寫，如果就其中的「女性意識」的發展作一觀察，筆者以爲可以歸結出一個脈絡：從父權文化下女性形象之刻板塑造（例如五、六○年代林海音和琦君致力宣揚的慈母文學），到女性對邊陲位置之自覺與抵抗（例如六、七○年代童眞等以「不慈不惡、亦慈亦惡」的母親形象抨擊傳統母職文化，以及現代主義女作家藉著惡母／慾母的形象打破母親神格色彩），進而在兩性意識之糾葛中試圖掙脫父權思想之籠罩（例如八、九○年代蘇偉貞、袁瓊瓊等筆下一連串瘋癲、出走、失蹤的母親）。這其中，包含了女作家對社會結構中母親角色的思索、與自己母親的互動，以及自身的母職經驗，對任何女性而言，這些都是最切身且最深層的人生感觸。

　　佛洛伊德（Sigmund Freud）主張孩童最終必須壓抑或轉化戀母情結，認同父親的形象，進入文明結構的父系社會。拉岡（Jacques Lacan）延續佛氏的父權中心觀點，認爲孩童主體化的過程中，必須認清並捨棄與母親一體的鏡像階段（the mirror phase），去認同父親的象徵秩序（the symbolic order）。在這些論述裡，母親一直處於被壓抑的邊緣位置，正因爲她缺乏象徵權力的話語和陽具，長期而來始終被排斥在男性秩序之外。母親被客體化爲「他者」，這個角色乃是父權體制強加在女性身上的社會角色，因而也成爲束縛女性尋找個體發展的羈絆，甚至象徵性地淪爲以具有生育能力的身體爲表現形式的物質。在父權體制之下，傳統觀念總認爲作女人就意味著作母親，而女性似乎也很自然地接受了作母親的身份和命運，並把生育子女視爲生活的主要內容和人生的基本責任。

　　無可否認的，當女人被母職束縛之後，固然會因爲瑣碎家務而喪失了自我的空間，失去獨立以及創造一個有意義的人生的可能性，但是從另一個角度觀之，生育、母職卻也相對地豐富了女性的人生歷程，讓她們從中找到了

自我肯定的人生價值。就女作家而言，生育、母職甚至可被視爲一種文本經驗；曾獲普立茲獎的非裔美國黑人女作家艾莉絲・沃克（Alice Walker）於1979年發表了一篇〈自己的孩子〉（One Child of One's Own），文中便提及女兒羅貝卡（Rebecca）的出生對她人生的影響：「羅貝卡的出生，以及加諸在我們身上的種種困難都加深我對生命的體驗和使命感，以其他觀點來看，這是一種難以理解的生命。她的誕生更是無可匹敵的贈禮，因爲她讓我以不同於以往的角度看世界，且以遠遠超越我一生的評量標準評斷這個世界〔註1〕。」從這個角度回頭看五、六〇年代琦君和林海音的慈母書寫，她們透過文字，把母親角色視爲一個強而有力的文化符號，我們固然可以說那是作家對父權文化的某種認同、對女性形象的刻板塑造，但是她們的文學母親流露出來的慈善溫柔的氣質，以及母女（子）之間相融歡樂的畫面，確實也令讀者感到溫暖喜悅，而這一點，便是慈母文學值得肯定的地方。無可否認的，母職經驗確實有豐富女性人生之處，然而，「作母親」卻不該成爲女性生存的唯一目標，法國女性主義者露西・伊里葛蕊（Luce Irigaray）曾言，只有當女性找到身爲女性而不是母親的價值的時候，才能享有同男性平等的權利〔註2〕。因此，只有當女性不將生育能力視爲自己唯一的價值、不陷入女性唯有透過作母親才能豐富生活或者人生因此才會完整的迷思時，她才能跳脫「他者」的位置、跳脫父權體制強加在女性身上的社會角色，擁有建立自我價值的能力。

法國女性主義者海蓮娜・西蘇（H'ele'ne Cixous）主張「女性必須書寫自己」、「女性必須書寫女性」，她一方面是說女性必須講述她們自己的故事，另一方面是認爲女性必須在現實社會裡去書寫自我的身份和主體性〔註3〕。就某種程度而言，六、七〇年代的母親書寫，符合了西蘇的論述：大陸遷台女作家艾雯、畢璞、童眞在小說中透過母親的主體話語揭露了母職文化如何造成女性的困境，不管是家庭主婦或者職業婦女，都因此而受到箝制；現代主義女作家也透過母親的自我陳述，闡發七情六慾的正當性與必要性。這兩個同時期出現在文壇上的女性流派雖然在母親書寫上關注的焦點不同，但她們均是透過文學，勇敢地呈現了母親更眞實的面貌與更深切的慾望。童眞等因爲有

〔註1〕　游素玲〈書寫／母職──以艾莉絲・沃克爲例〉，收入游素玲編《母職研究再思維──跨領域的視野》，台北：五南圖書，2008.12，頁16。

〔註2〕　劉岩編著《母親身分研究讀本》，武漢：武漢大學，2007.7，頁400。

〔註3〕　同上註，頁149。

多年的母職經驗，相較之下她們的作品似乎更能將母親身處邊陲位置的眞相表達出來，更貼近現實，畢竟「經驗是建構知識的重要基礎，我們的思考方式以及理解世界的方式，受到我們的行動與所處的情境的圍限〔註4〕」。童眞等的母親書寫，似乎也更能突顯西蘇「女性必須書寫自己」的意義。至於現代主義歐陽子、陳若曦這群學院派作家，她們的母親書寫當然不是自身經驗的傳遞，但是，她們站在一個人性深層心理的角度來探究母親可能面臨的難題與痛苦，也深富女性自覺與反抗父權的色彩，多少亦達到西蘇「女性必須書寫女性」的要求。

　　五○到七○年代的女性主義者大多致力於提倡女性的生活不能被生養和撫育孩子完全左右，但到了八○年代，更多的女性主義者關心的卻是作母親的經歷對女性產生的影響，甚至有越來越多的女性——包括女性主義者，都願意生養孩子，把作母親當成一種豐富的人生經歷，那麼，母親身份對於女性而言到底意味著什麼呢？走過慈母神話、慈惡參半、惡母、慾母的文學歷程，八○年代蘇偉貞、袁瓊瓊和蕭颯如何接續這條母親書寫的系譜之路呢？孫康宜曾提及，今日的女性主義者已由「解構」男權演變到「重建」女性的內在自覺，換言之，經過三、四十年的努力，女性已漸漸從顛覆父權體制爲宗旨的「激進女權主義者」（radical feminists）走向強調擁有自覺體驗的「個人女性主義者」（individualist feminists）；有別於所謂的「性革命」或「性解放」的階段，九○年代的女性更注重「自我闡釋」與「自我分析」〔註5〕。孫這番論述雖然是在剖析女性主義的演變，但筆者以爲亦適用於女性小說中母親書寫的發展。女性的主體性在慈母神話中經過壓抑、在惡母／慾母文學中經過批判和反抗之後，到了蘇偉貞等的筆下，要進入的是自我闡釋、自我分析的階段，作家讓小說裡的母親們選擇離家出走、隱匿、失蹤、發瘋，種種不被世俗認同的行徑，來闡釋自我、保全完整的尊嚴，並因此建立屬於女性的主體性。

　　從琦君到蘇偉貞，透過不同世代女作家對母親角色的詮釋，我們應該更了解「女性」的「非一」感受，每個女作家觸及的文學視野都是可貴的獨立自我，不管文字經營出來的母親是善是惡，都不宜被否定。

〔註4〕　謝小芩〈男性如何可能成爲女性主義思考主體〉，《當代》第142期，1999.6，頁89。

〔註5〕　孫康宜〈關於女性的新闡釋〉（自序），《古典與現代的女性闡釋》，台北：聯合文學，1998.4，頁5～7。

第三節　90年代之後：新世代女作家的文學母親

　　八〇年代前後崛起的女性書寫雖然閨秀純情作品不少，但藉由愛慾情仇及婚姻家庭問題探討性別意識的小說亦逐漸增多，如蕭颯、袁瓊瓊、蘇偉貞都是其中佼佼者，這群作家在九〇年代之後仍持續創作，且有出色的作品問世。然而論及台灣九〇年代的小說，不能忽略另一批以性別越界爲題材的新世代女作家，例如成英姝、郝譽翔、陳雪、邱妙津等等，都對女性情慾和同性戀有深入的著墨。放在母親書寫的範疇裡，陳雪〈尋找天使的翅膀〉（收入《惡女書》，2005）將女同性戀和戀母情結作了一個巧妙的連結，史無前例，當然也引來爭議〔註6〕。郝譽翔〈萎縮的夜〉（收入《洗》，1998）裡女兒目睹母親的自慰畫面，筆調赤裸大膽，觸及同輩鮮少涉獵的禁區，而母親、女兒、孫女三代女性的情慾輪迴，也讀來令人戰慄。此外，成英姝〈我的幸福生活就要開始〉、〈公主徹夜未眠〉（均收入《公主徹夜未眠》，1994）則以一種冷峭、略帶誇張的幽默語調寫女性痛恨、極度渴望擺脫妻母角色的心理，甚至將單調乏味的婚姻生活視爲人生的荒謬困境〔註7〕；小說中的母親一再期盼「失憶」，其實是潛意識的一種自我防衛的心理反應，希望就此掙脫平庸的灰色生活〔註8〕。就象徵的層面而言，「失憶」與「瘋癲」、「離家」、「失蹤」的意涵是雷同的。而她的〈惡鄰〉（收入《好女孩不做》，1998）更一反李昂、蘇偉貞筆下那些只會欺壓女兒們的寡母人物，大大嘲弄、調侃了這一類「惡母」。好母親和壞母親在新女性作家的文本裡似乎有了重新的界定，陳文玲《多桑與紅玫瑰》（2000）裡那個脾氣火爆、奢侈、愛錢、說謊、當過舞女、老鴇、摸摸茶老闆娘、結六次婚、入獄三次的母親，女兒非但不認爲她是壞媽媽，還認爲母親是個勇於實踐自己人生的女性。

　　九〇年代以後新世代女作家的母親書寫，還有一個重要的特質，便是藉著寫母親（或母輩）來建構女性家族史，鍾文音《昨日重現：物件與影像的家族史》（2001）、陳玉慧《海神家族》（2004）、周芬伶《母系銀河》（2005）

〔註6〕　例如楊照便認爲陳雪把女同性戀寫成是戀母情結的投射，根本是在否認女同性戀情慾的存在。〈何惡之有？——序陳雪小說集《惡女書》，收入陳雪《惡女書》，台北：INK，2005.7，頁22～23。

〔註7〕　劉亮雅〈世紀末台灣小說裡的性別跨界與頹廢：以李昂、朱天文、邱妙津、成英姝爲例〉，《情色世紀末：小說、性別、文化、美學》，台北：九歌，2001.9，頁115～126。

〔註8〕　朱雙一《戰後台灣新世代文學論》，台北：揚智文化，2002.2，頁567。

皆顯現了這種意旨。對作家而言，透過母親書寫建構女性家族史（甚至國族認同），除了自我「主體重構」（reconstruction）的意圖之外，欲以母系敘述取代父系，以空間感取代時間觀，以片段、拼貼、跳躍等類似放射狀的方式取代傳統線性的歷史書寫學（historiography），並由此建立一塊屬於女性記憶與想像的歷史版圖〔註 9〕，恐怕是她們更大的企圖心。其中鍾文音更值得注意，在她的作品裡，「母親」一直是其創作的原型，從九○年代末的《女島紀行》（1998），到新世紀的《昨日重現：物件與影像的家族史》（2001）、《在河左岸》（2003）、《少女老樣子：一個女兒與母親的城市對話》（2008），她不斷地敘寫母親，散文與小說、紀實與虛構交叉對照，母親書寫幾乎成了她創作生命的迴旋敘事學。然而與五、六○年代同樣是將「母親」視為創作原型的琦君相較，鍾要藉此伸展的文學版圖又不一樣了。

新世代女作家的母親書寫，與前輩作品有不少對話的空間，不管是延伸或衍異之前的議題，皆是值得後續深究的領域。

〔註 9〕 關於台灣女性家族／國族書寫，可參見張瑞芬〈國族・家族・女性——陳玉慧、施叔青、鍾文音近期文本中的國族／家族寓意〉，《逢甲人文社會學報》第 10 期，2005.6，頁 1～29。

參考文獻

一、文學作品

1. 王令嫻〈球〉《球》，台北：仙人掌，1969.11。
2. 朱天心〈新黨十九日〉《我記得》，台北：遠流，1989.7（原刊於《自立早報副刊》，1989.1.22～26）。
3. 朱天心〈袋鼠族物語〉《想我眷村的兄弟們》，台北：麥田，1992.5（原刊於《中時晚報副刊》，1990.8.26）。
4. 艾雯〈考驗〉《霧之谷》，台北：正中書局，1958.3。
5. 艾雯〈犧牲者〉《一家春》，台北：正中書局，1959.12。
6. 艾雯〈捐〉《與君同在》，台北：復興書局，1962.7。
7. 艾雯〈風雨之夕〉《池蓮》，台北：正中書局，1966.5。
8. 艾雯〈老人與牌〉《弟弟的婚禮》，台北：立志，1968.12。
9. 吉錚〈會哭的樹〉《孤雲》，台北：水牛圖書，1985.12（原刊於《中央日報副刊》，1965.3）。
10. 成英姝〈我的幸福生活就要開始〉《公主徹夜未眠》，台北：聯合文學，1994.10。
11. 成英姝〈公主徹夜未眠〉《公主徹夜未眠》，台北：聯合文學，1994.10。
12. 成英姝〈惡鄰〉《好女孩不做》，台北：聯合文學，1998.3。
13. 李昂〈西蓮〉《殺夫》，台北：聯經，1983.11（發表於1973）。
14. 林海音〈母親的秘密〉《冬青樹》，台北：游目族文化事業，2000.5（台北：重光文藝，1955.12）。
15. 林海音〈母親是好榜樣〉《冬青樹》，台北：游目族文化事業，2000.5（台北：重光文藝，1955.12）。

16. 林海音〈再嫁〉《冬青樹》，台北：游目族文化事業，2000.5（台北：重光文藝，1955.12）。

17. 林海音〈週記本〉《綠藻與鹹蛋》，台北：純文學，1980.12（台北：文華，1957.7）。

18. 林海音〈蘭姨娘〉《城南舊事》，台北：爾雅，1960.7。

19. 林海音《曉雲》，台北：游目族文化事業，2000.5（台北：紅藍，1959.12）。

20. 林海音〈瓊君〉《燭芯》，台北：愛眉文藝，1971.1（台北：文星，1965.4）。

21. 林海音〈燭〉《燭芯》，台北：愛眉文藝，1971.1（台北：文星，1965.4）。

22. 林海音〈金鯉魚的百襉裙〉《燭芯》，台北：愛眉文藝，1971.1（台北：文星，1965.4）。

23. 於梨華〈有一個春天〉《也是秋天》，台北：皇冠，1970.10（台北：文星，1964）。

24. 於梨華〈母與子〉《雪地上的星星》，台北：皇冠，1966.4。

25. 於梨華〈母女情〉《相見歡》，台北：皇冠，1989.3。

26. 於梨華〈踏碎了的九重葛〉《屏風後的女人》，台北：九歌，1998.3（原刊於《中國時報人間副刊》，1991）。

27. 於梨華〈月兒彎彎照九州〉《屏風後的女人》，台北：九歌，1998.3（原刊於《中華日報副刊》，1993.10.21～11.25）。

28. 孟絲〈生日宴〉《生日宴》，台北：大林，1980.10（台北：文星，1967）。

29. 孟絲〈燕兒的媽媽〉《白亭巷》，台北：仙人掌，1969.11。

30. 孟絲〈唐人街的故事〉《吳淞夜渡》，台北：三民，1970.11。

31. 周芬伶《母系銀河》，台北：INK，2005.4。

32. 施叔青〈回首‧驀然〉《完美的丈夫》，台北：洪範，1985.1。

33. 施叔青〈最好她是尊觀音〉《韭菜命的人》，台北：洪範，1988.10。

34. 畢璞〈慘綠和蒼白〉《寂寞黃昏後》，台北：商務印書館，1967.3。

35. 畢璞〈最美麗的媽媽〉《秋夜宴》，台北：水牛圖書，1968.8。

36. 畢璞〈媽媽沒有哭〉《綠萍姐姐》，台北：東方，1969.9。

37. 畢璞〈母親‧兒子‧情人〉《綠萍姐姐》，台北：東方，1969.9。

38. 畢璞〈歌星的媽媽〉《再見！秋水！》，台北：三民，1970.2。

39. 畢璞〈再見！秋水！〉《再見！秋水！》，台北：三民，1970.2。

40. 畢璞〈溝的兩邊〉《黑水仙》，台北：水芙蓉，1977.3。

41. 畢璞〈獨腳戲〉《溪頭月》，台中：學人文化，1978.9。

42. 畢璞〈冤家〉《出岫雲》，台北：中央日報社，1979.9。

43. 畢璞〈春日芳華知幾許〉《清音》，台北：水芙蓉，1981.9。

44. 畢璞〈做了半日娜拉〉《清音》，台北：水芙蓉，1981.9。

45. 畢璞〈母親的眼淚〉《清音》，台北：水芙蓉，1981.9。

46. 袁瓊瓊〈希元十六歲〉《春水船》，台北：洪範，1985.2（台北：皇冠，1979）。

47. 袁瓊瓊〈瘋〉《春水船》，台北：洪範，1985.2（台北：皇冠，1979）。

48. 袁瓊瓊〈媽媽〉《兩個人的事》，台北：洪範，1983.7。

49. 袁瓊瓊〈家劫〉《滄桑》，台北：洪範，1985.2。

50. 袁瓊瓊〈迴〉《滄桑》，台北：洪範，1985.2。

51. 郝譽翔〈萎縮的夜〉《洗》，台北：聯合文學，1998.4。

52. 陳若曦〈喬琪〉《陳若曦自選集》，台北：聯經，1976.5（原刊於《現代文學》第 7 期，1961.3.15）。

53. 陳若曦〈最後夜戲〉《陳若曦集》，台北：前衛，1993.12（原刊於《現代文學》第 10 期，1961.9.15）。

54. 陳若曦〈素月的除夕〉《貴州女人》，台北：遠流，1989.6（原刊於《文學季》夏季號，1985）。

55. 陳若曦〈清水嬸回家〉《清水嬸回家》，台北：遠流，1989.6。

56. 陳若曦〈演戲〉《王左的悲哀》，台北：遠流，1995.1。

57. 陳若曦〈玫瑰和菖蒲〉《王左的悲哀》，台北：遠流，1995.1。

58. 陳若曦〈媽媽寂寞〉《女兒的家》，台北：探索文化，1999.2。

59. 陳若曦〈媽媽的原罪〉《完美丈夫的秘密》台北：九歌，2000.5。

60. 陳文玲《多桑與紅玫瑰》，台北：大塊文化，2000.5。

61. 陳玉慧《海神家族》，台北：INK，2004.10。

62. 陳雪〈尋找天使的翅膀〉《惡女書》，台北：INK，2005.7。

63. 童眞〈泥彈〉《古香爐》，高雄：大業書店，1958.5。

64. 童眞〈穿過荒野的女人〉《黑烟》，台北：明華書局，1960.8。

65. 童眞〈秋虹〉《爬塔者》，台北：復興書局，1963.11。

66. 童眞《寂寞街頭》，台北：文史哲，2005.11（台北：立志，1969）。

67. 童眞〈母親的理想屋〉《樓外樓：短篇小說下集》，台北：文史哲，2005.11（完成於 1974.4）。

68. 童眞《離家的女孩》，台北：文史哲，2005.11（完成於 1974）。

69. 琦君〈琴心〉《琴心》，台北：爾雅，1980.12（台北：國風，1954.1）。

70. 琦君〈長相憶〉《琴心》，台北：爾雅，1980.12（台北：國風，1954.1）。

71. 琦君〈懇親會〉《百合羹》，台北：開明，1958.9。

72. 琦君〈沉淵〉《百合羹》，台北：開明，1958.9。

73. 琦君〈岳母〉《百合羹》，台北：開明，1958.9。

74. 琦君〈聖心〉《百合羹》，台北：開明，1958.9。

75. 琦君〈媽媽離家時〉《琦君小品》，台北：三民，1966.12。

76. 琦君〈燈下〉《琦君小品》，台北：三民，1966.12。

77. 琦君〈完整的愛〉《錢塘江畔》，台北：爾雅，1980.4。

78. 歐陽子〈那長頭髮的女孩〉《那長頭髮的女孩》，台北：大林，1984.7（台北：文星，1967）（原以〈蛻變〉為題刊於《現代文學》第 12 期，1962；1967 年曾改題為〈那長頭髮的女孩〉；1970 年全部改寫，易題〈覺醒〉）。

79. 歐陽子〈近黃昏時〉《秋葉》，台北：爾雅，1980.9（原刊於《現代文學》第 26 期，1965）。

80. 歐陽子〈魔女〉《秋葉》，台北：爾雅，1980.9（原刊於《現代文學》第 33 期，1967）。

81. 瓊瑤《窗外》，台北：皇冠，1963.10。

82. 瓊瑤〈三朵花〉《六個夢》，台北：皇冠，1966.1。

83. 蕭颯〈水月緣〉《日光夜景》，台北：聯經，1977.5（原刊於《中華日報副刊》，1976.12.3）。

84. 蕭颯〈我兒漢生〉《我兒漢生》，台北：九歌，1981.1（原刊於《聯合報副刊》，1978.6.27）。

85. 蕭颯〈廉禎媽媽〉《我兒漢生》，台北：九歌，1981.1（原刊於《聯合報副刊》，1978.12.6）。

86. 蕭颯《霞飛之家》，台北：聯經，1981.3（1980 年聯合報中篇小說獎）。

87. 蕭颯《返鄉箚記》，台北：洪範，1987.5。

88. 蕭颯〈小駱先生的一天〉《死了一個國中女生之後》，台北：洪範，1984.4（原刊於《光華雜誌》，1981.2）。

89. 蕭颯《單身薏惠》，台北：九歌，1993.3。

90. 鍾梅音〈遲開的茉莉〉《遲開的茉莉》，台北：三民，1957.12。

91. 鍾梅音〈路〉《遲開的茉莉》，台北：三民，1957.12。

92. 鍾文音《女島紀行》，台北：探索文化，1998.11。

93. 鍾文音〈我的天可汗〉《昨日重現：物件和影像的家族史》，台北：大田，2001.2。

94. 鍾文音《在河左岸》，台北：大田，2003.2。

95. 鍾文音《少女老樣子：一個女兒與母親的城市對話》，台北：大田，2008.6。

96. 叢甦〈百老匯上〉《想飛》，台北：聯經，1977.7（原刊於《聯合報副刊》，1976.8.15）。

97. 蘇偉貞〈長亭〉《人間有夢》，台北：現代關係，1983.9。

98. 蘇偉貞〈黃花落〉《舊愛》，台北：洪範，1985.7（原刊於《台灣日報》，1984.1.13～14）。

99. 蘇偉貞〈大夢〉《離家出走》，台北：洪範，1987.2。

100. 蘇偉貞〈斷線〉《流離》，台北：洪範，1989.2（原刊於《聯合報副刊》，1988.8.9～12）。

101. 蘇偉貞《離開同方》，台北：聯經，1990.11。

102. 蘇偉貞〈背影〉《熱的絕滅》，台北：洪範，1992.9。

103. 蘇偉貞〈以上情節……〉《魔術時刻》，台北：INK，2002.5（原刊於《聯合文學》，1999.5）。

二、單篇論文

1. 王德威〈尋找女主角的男作家〉，《中外文學》第 14 卷第 10 期，1986.3。

2. 王德威〈「女」作家的現代「鬼」話——從張愛玲到蘇偉貞〉，《眾聲喧嘩——三○到八○年代的中國小說》，台北：遠流，1988.9。

3. 王德威〈作母親，也要作女人〉，《小說中國——晚清到當代的中文小說》，台北：麥田，1993.6。

4. 王德威〈賈寶玉也是留學生——晚清的留學生小說〉，《小說中國——晚清到當代的中文小說》，台北：麥田，1993.6。

5. 王德威〈出國‧歸國‧去國——五四與三、四○年代的留學生小說〉，《小說中國——晚清到當代的中文小說》，台北：麥田，1993.6。

6. 王德威〈感傷的嘲諷——評袁瓊瓊的《情愛風塵》〉，《閱讀當代小說——台灣‧大陸‧香港‧海外》台北：遠流，1991.9。

7. 王德威〈原鄉神話的追逐者——沈從文、宋澤萊、莫言、李永平〉，《小說中國——晚清到當代的中文小說》，台北：麥田，1993.6。

8. 王德威〈以愛欲興亡為己任，置個人死生於度外——試讀蘇偉貞的小說〉，收入蘇偉貞《封閉的島嶼：得獎小說選》，台北：麥田，1996.10。

9. 王德威〈國族論述與鄉土修辭〉，收入周英雄、劉紀蕙編《書寫台灣——文學史、後殖民與後現代》，台北：麥田，2000.4。

10. 王德威〈女作家的後現代鬼話——評袁瓊瓊《恐怖時代》〉《落地的麥子不死：張愛玲與「張派」傳人》，濟南：山東畫報出版社，2004.5。

11. 王玲珍〈女性的鏡界：歷史，性別，和主體建構——兼論馬曉穎的《世界上最疼我的那個人去了》〉，《中外文學》第 34 卷第 11 期，2006.4。

12. 王列耀〈台灣女性文學中的母性審視〉，收入廣東省社會科學院文學研究所選編《台灣香港澳門暨海外華文文學論文選》，福州：海峽文藝，1993.3。

13. 王淑英、賴幸媛〈台灣的托育困境與國家角色〉，收入劉毓秀主編《女性‧國家‧照顧工作》，台北：女書文化，1997.9。

14. 平路〈傷逝的週期——張愛玲作品與經驗的母女關係〉，收入楊澤編《閱讀張愛玲——張愛玲國際研討會論文集》，台北：麥田，1999.10。

15. 司徒衛〈琦君的「菁姐」〉，收入隱地編《琦君的世界》，台北：爾雅，1980.11。

16. 司徒衛〈林海音的「冬青樹」〉，《五十年代文學評論》，台北：成文，1979.7。

17. 白先勇〈棄婦吟——讀琦君〈橘子紅了〉有感〉，收入琦君《橘子紅了》，台北：洪範，1991.9。

18. 安克強〈春風息息，春花爛漫，春樹繁茂——專訪畢璞女士〉，《文訊》第 83 期，1992.9。

19. 羊憶蓉〈女性知識分子成長歷程中的衝突〉，收入中國論壇編輯委員會主編《女性知識份子與台灣發展》，台北：聯經，1989.6。

20. 朱嘉雯〈推開一座牢固的城門——林海音及同時代女作家的五四傳承〉，收入李瑞騰主編《霜後的燦爛——林海音及其同輩女作家學術研討會論文集》，台南：國立文化資產保存研究中心籌備處，2003.5。

21. 朱雙一〈世俗風情畫和女性真我的展現——略論袁瓊瓊的小說創作〉，《聯合文學》第 163 期，1998.5。

22. 朱雙一〈《自由中國》與台灣自由人文主義文學脈流〉，收入何寄澎主編《文化、認同、社會變遷：戰後五十年台灣文學國際學術研討會論文集》，台北：文建會，2000。

23. 呂正惠〈閨秀文學的社會問題〉，《小說與社會》，台北：聯經，1988.5。

24. 呂正惠〈現代主義在台灣——從文藝社會學的角度來考察〉，《戰後台灣文學經驗》，台北：新地文學，1995.7。

25. 呂正惠〈五○年代的林海音〉，收入東海大學中文系編《戰後初期台灣文學與思潮》，台北：文津，2005.1。

26. 何欣〈歐陽子的主題與人物〉，收入歐陽子《歐陽子集》，台北：前衛，1993.12。

27. 李仕芬〈當代臺灣女作家小說中的母子關係〉，《師大學報：人文與社會科學類》第 43 卷第 1 期，1998.4。

28. 李美枝〈社會變遷中中國女性角色及性格的改變〉，收入《婦女在國家發展過程中的角色研討會論文集》，台北：國立台灣大學人口研究中心，1985。

29. 李金梅〈寡頭母職──牛頭人身怪的由來〉,《當代》第 62 期,1991.6。

30. 李有成〈眷村的童騃時代〉,收入蘇偉貞《離開同方》,台北:聯經,1990.11。

31. 李元貞〈母親情結〉《女人的明天》,台北:健行文化,1991.2。

32. 李元貞〈做一個新時代的母親〉《女人的明天》,台北:健行文化,1991.2。

33. 李元貞〈蛻變中的母親〉《女人的明天》,台北:健行文化,1991.2。

34. 李元貞〈家庭主婦再出發的重要性〉《女人的明天》,台北:健行文化,1991.2。

35. 李元貞〈一位現代母親的憂傷〉《女人的明天》,台北:健行文化,1991.2。

36. 汪淑珍〈「女性哭歌」──林海音三角婚姻情節模式分析〉,《中國文化月刊》第 229 期,1999.4。

37. 沈曉茵〈胴體與鋼筆的爭戰──楊惠姍、張毅、蕭颯的文化現象〉,《中外文學》第 26 卷第 2 期,1997.7。

38. 吳達芸〈造端乎夫婦的省思──談蕭颯小說中的婚姻主題〉,《文星》第 110 期,1987.8。

39. 孟瑤〈弱者,你的名字是女人!〉,《中央日報·婦女與家庭週刊》,1950.5.7。

40. 季季〈關於「六十五年短篇小說選」〉,《書評書目》第 49 期,1977.5。

41. 林素英〈流放者之歌:試論母職理論與《客途秋恨》中之母女關係〉,《中外文學》第 28 卷第 5 期,1999.10。

42. 林太乙〈琦君與我〉,收入琦君《青燈有味似兒時》,台北:九歌,1988.7。

43. 林依潔〈蕭颯·小說·七十年代〉,《明道文藝》第 68 期,1981.11。

44. 林淑貞〈困境與掙扎──歐陽子短篇小說析論〉,《台灣人文》第 2 號,1998.7。

45. 林麗如〈時代的顯影──專訪童眞女士〉,《文訊》第 244 期,2006.2。

46. 林麗如〈以行動證明對理想的始終如一──專訪陳若曦女士〉,《文訊》第 209 期,2003.3。

47. 林秀蘭〈琦君的社會寫實小說《繕校室八小時》〉,《文訊》第 207 期,2003.1。

48. 林海音〈舊時三女子〉,《我的京味兒回憶錄》,台北:遊目族文化事業,2000.5。

49. 林海音〈爲時代女性裁衣──我的寫作歷程〉,《英子的鄉戀》,台北:九歌,2003.12。

50. 林芳玫〈女體的凝固與蒸發──市場、家庭與國家對待女體的方式〉,《聯合文學》第 11 卷第 4 期,1995.2。

51. 邱貴芬〈「失聲畫眉」──探討台灣女性小說壓抑的母親論述〉,《台灣文

藝》新生版第 5 期，1994.10。

52. 邱貴芬〈當代台灣女性小說裡的孤女現象〉，《仲介台灣‧女人：後殖民女性觀點的台灣閱讀》，台北：元尊文化，1997.9。

53. 邱貴芬〈族國建構與當代台灣女性小說的認同政治〉，《仲介台灣‧女人：後殖民女性觀點的台灣閱讀》，台北：元尊文化，1997.9。

54. 邱貴芬〈台灣（女性）小說史學方法初探〉，《中外文學》第 27 卷第 9 期，1999.2。

55. 邱貴芬〈女性的「鄉土想像」——台灣當代鄉土女性小說初探〉，收入梅家玲編《性別論述與台灣小說》，台北：麥田，2000.10。

56. 邱貴芬〈從戰後初期女性創作談台灣文學史敘述〉，《後殖民及其外》，台北：麥田，2003.9。

57. 於梨華〈把各種女性介紹給讀者〉《屏風後的女人》，台北：九歌，1998.3。

58. 周蕾〈愛（人的）女人——被虐待、狂想和母親的理想化〉，《婦女與中國現代性：東西方之間閱讀記》，台北：麥田，1995.11。

59. 周芬伶〈千里懷人月在峰——與琦君越洋筆談〉，收入琦君《青燈有味似兒時》，台北：九歌，1988.7。

60. 周芬伶〈千面媽媽〉，《女阿甘正傳》，台北：健行文化，1996.6。

61. 周芬伶〈女人的一生〉，《女阿甘正傳》，台北：健行文化，1996.6。

62. 胡錦媛〈母親，妳在何方？——被虐狂、女性主體與閱讀〉，收入楊澤編《閱讀張愛玲——張愛玲國際研討會論文集》，台北：麥田，1999.10。

63. 施淑〈現代的鄉土——六、七〇年代的台灣文學〉，收入楊澤編《從四〇年代到九〇年代——兩岸三邊華文小說研討會論文集》，台北：時報文化，1994.11。

64. 施佳瑩〈戰後台灣文學史的建構與女作家小說〉（上）、（下），《國文天地》第 19 卷第 2 期，1993.7～8。

65. 俞彥娟〈女性主義對母親角色研究的影響〉，《女學學誌：婦女與性別研究》第 20 期，2005.12。

66. 封德屏〈遷台初期文學女性的聲音——以武月卿主編《中央日報‧婦女與家庭週刊》為研究場域〉，收入李瑞騰主編《永恆的溫柔——琦君及其同輩女作家學術研討會論文集》，中壢：中央大學中文系琦君研究中心，2006.7。

67. 范銘如〈台灣新故鄉——五〇年代女性小說〉，《眾裡尋她——台灣女性小說縱論》，台北：麥田，2002.3。

68. 范銘如〈「我」行我素——六〇年代台灣文學的「小」女聲〉，《眾裡尋她——台灣女性小說縱論》，台北：麥田，2002.3。

69. 范銘如〈台灣現代主義女性小說〉,《眾裡尋她——台灣女性小說縱論》,台北:麥田,2002.3。

70. 范銘如〈來來來,去去去——六、七○年代海外女性小說〉,《眾裡尋她——台灣女性小說縱論》,台北:麥田,2002.3。

71. 范銘如〈由愛出走——八、九○年代女性小說〉,《眾裡尋她——台灣女性小說縱論》,台北:麥田,2001.3.1。

72. 高全之〈由幾個形構學觀點論歐陽子〉,《從張愛玲到林懷民》,台北:三民,1998.2。

73. 郝譽翔〈荒涼虛無的故事高手——閱讀袁瓊瓊〉,《幼獅文藝》第 563 期,2000.11。

74. 郝譽翔〈筆,是她的劍——閱讀陳若曦〉,《幼獅文藝》第 550 期,1999.10。

75. 郝譽翔〈社會、家庭、鄉土——論八○年代台灣女性小說中的三種「寫實」〉,《情慾世紀末:當代台灣女性小說論》,台北:聯合文學,2002.4。

76. 郝譽翔〈沒有光的所在——論袁瓊瓊和蘇偉貞小說中的「張腔」〉,《情慾世紀末:當代台灣女性小說論》,台北:聯合文學,2002.4。

77. 畢璞〈那一段危樓歲月〉,《老樹春深更著花》,台北:東大圖書,1993.3。

78. 畢璞〈當年勇〉,《老樹春深更著花》,台北:東大圖書,1993.3。

79. 畢璞〈四十顆紅寶石〉,收入封德屏《聯珠綴玉——十一位女作家的筆墨生涯》,台北:文訊雜誌社,1988.7。

80. 袁瓊瓊〈傷心誌〉,《紅塵心事》,台北:爾雅,1981.2。

81. 袁瓊瓊〈談小孩〉,《隨意》,台北:洪範,1983.2。

82. 袁瓊瓊〈寧為舊女性〉,《隨意》,台北:洪範,1983.2。

83. 夏志清〈陳若曦的小說〉,收入陳若曦《陳若曦自選集》,台北:聯經,1976.5。

84. 孫康宜〈寡婦詩人的文學「聲音」〉,《古典與現代的女性闡釋》,台北:聯合文學,1998.4。

85. 孫康宜〈關於女性的新闡釋〉,《古典與現代的女性闡釋》,台北:聯合文學,1998.4。

86. 孫隆基〈人道主義還是媽道主義?〉,《女性人》第 2 期,1989.7。

87. 孫隆基〈「母胎化」之精神現象學——現代中國小說中的一些男性樣相〉,《女性人》第 5 期,1991.9。

88. 唐文慧、游美惠〈社會母職:女性主義媽媽的願景〉,《婦女與性別研究通訊》第 63 期,2002.6。

89. 章方松〈琦君的文學理念〉,《幼獅文藝》第 610 期,2004.10。

90. 許俊雅〈光復後台灣小說的階段性變化〉,《台灣文學論——從現代到當

代》，台北：南天書局，1997.10。

91. 梅家玲〈性別論述與戰後台灣小說發展〉，《性別，還是家國？：五○與八、九○年代台灣小說論》，台北：麥田，2004.9。

92. 梅家玲〈女性小說的都市想像與文化記憶——林海音與凌叔華的北京故事〉，《性別，還是家國？：五○與八、九○年代台灣小說論》，台北：麥田，2004.9。

93. 陳惠娟、郭丁熒〈「母職」概念的内涵之探討——女性主義觀點〉，《教育研究集刊》41 輯，1998.7。

94. 陳碧月〈林海音小說的女性自覺書寫〉，收入李瑞騰主編《霜後的燦爛——林海音及其同輩女作家學術研討會論文集》，台南：國立文化資產保存研究中心籌備處，2003.5。

95. 陳碧月〈90 年代：顛覆「母親神話」的大陸女性小說〉，《兩岸當代女性小說選讀》，台北：五南，2007.9。

96. 陳芳明〈挑戰大敘述——後戒嚴時期的女性文學與國家認同〉，《後殖民台灣——文學史論及其周邊》，台北：麥田，2002.4。

97. 陳芳明〈永恆的鄉愁——楊牧文學的花蓮情結〉《後殖民台灣——文學史論及其周邊》，台北：麥田，2002.4。

98. 陳義芝〈悲憫撼人，爲一個時代作結〉，收入蘇偉貞《離開同方》，台北：聯經，1990.11。

99. 陳若曦〈女人依靠什麼〉，《女兒的家》，台北：探索文化，1999.2。

100. 陳靜宜〈《赤地之戀》的政治／情慾書寫〉，《張愛玲長篇小說的女性書寫》，台北：文津，2005.4。

101. 尉天驄〈對現代主義的攷察——慢幕掩飾不了污垢，兼評歐陽子的「秋葉」〉，《現代文學的考察》，台北：遠景，1976。

102. 尉天驄〈台灣婦女文學的困境〉，《文星》第 110 期，1987.8。

103. 張娟芬〈女性與母職——一個嚴肅的女性思考〉，《當代》第 62 期，1991.6。

104. 張系國〈少年漢生的煩惱——〈我兒漢生〉讀後〉，收入蕭颯《我兒漢生》，台北：九歌，1981.1。

105. 張瑞芬〈琦君散文及五○、六○年代女性創作位置〉，《臺灣文學學報》第 6 期，2005.2。

106. 張瑞芬〈國族‧家族‧女性——陳玉慧、施叔青、鍾文音近期文本中的國族／家族寓意〉，《逢甲人文社會學報》第 10 期，2005.6。

107. 張誦聖〈袁瓊瓊與八○年代台灣女作家的「張愛玲熱」〉，《文學場域的變遷》，台北：聯合文學，2001.6。

108. 張誦聖〈當代台灣文學與文化場域的變遷〉，《文學場域的變遷》，台北：

聯合文學，2001.6。

109. 張誦聖〈台灣女作家與當代主導文化〉，《文學場域的變遷》，台北：聯合文學，2001.6。

110. 張誦聖〈現代主義與台灣現代派小說〉，《文學場域的變遷》，台北：聯合文學，2001.6。

111. 張昌華〈夕陽，牽著駝鈴遠去──林海音的城南舊事〉，《傳記文學》第18卷第1期，2002.1。

112. 張小虹〈子宮戰場：女性與生育的政治文化意義〉，《後現代／女人：權力、慾望與性別表演》，台北：時報文化，1993.5。

113. 張小虹〈叛離母職的詩人：安竺・瑞琪〉，《後現代／女人：權力、慾望與性別表演》，台北：時報文化，1993.5。

114. 張小虹〈西方論著如何顛覆母職？〉，《後現代／女人：權力、慾望與性別表演》，台北：時報文化，1993.5。

115. 張淑麗〈「閨怨」美學的挑戰──當代台灣女性書寫的異／移位〉，《文訊》第149期，1998.3。

116. 張大春〈曖昧、軃軆的眷村傳奇〉，收入蘇偉貞《離開同方》，台北：聯經，1990.11。

117. 張秀亞〈琴韻心聲──我讀「琴心」〉，收入隱地編《琦君的世界》，台北：爾雅，1980.11。

118. 張愛玲〈談跳舞〉，《流言》，台北：皇冠，1991.9。

119. 梁一萍〈封閉之外：〈以上情節……〉導讀〉，《文學台灣》第38期，2001.4。

120. 游惠貞採訪〈月光下我記得──李昂、林正盛、楊貴媚的三角習題〉，《聯合文學》第245期，2005.3。

121. 游素玲〈書寫／母職──以艾莉絲・沃克為例〉，收入游素玲編《母職研究再思維──跨領域的視野》，台北：五南圖書，2008.12。

122. 童真〈我的創作之旅〉，《文訊》第28期，1987.2。

123. 琦君〈一點心願──由散文到小說四十年〉，《母心・佛心》，台北：九歌，1990.10。

124. 彭歌〈東方的寬柔〉，收入隱地編《琦君的世界》，台北：爾雅，1980.11。

125. 彭小妍〈巧婦童心──承先啟後的林海音〉，收入李瑞騰、夏祖麗主編《一座文學的橋──林海音先生紀念文集》，台南：國立文化資產保存研究中心籌備處，2002.12。

126. 彭小妍〈一座文學的橋──銜接世代的林海音〉，李瑞騰、夏祖麗主編《一座文學的橋──林海音先生紀念文集》，台南：國立文化資產保存研究中心籌備處，2002.12。

127. 彭瑞金〈現代主義下的鹿城故事〉，《書評書目》第 54 期，1977.10。

128. 黃錦珠〈摹寫人生與人性的平凡及永恆──讀林海音《金鯉魚的百襇裙》〉，《文訊》第 179 期，2000.9。

129. 曾瑞真〈幼年的母女關係與母職模式〉，《應用心理研究》第 7 期，2000.9。

130. 詹悟〈陳若曦的《女兒的家》真好〉，《明道文藝》第 301 期，2001.4。

131. 楊照〈神話的文學‧文學的神話──論五○、六○年代的台灣文學」〉，《文學、社會與歷史想像──戰後文學史散論》，台北：聯合文學，1995.10。

132. 楊照〈四十年台灣大眾文學小史〉，《文學、社會與歷史想像：戰後文學史散論》，台北：聯合文學，1995.10。

133. 楊照〈何惡之有？──序陳雪小說集《惡女書》〉，收入陳雪《惡女書》，台北：INK，2005.7。

134. 楊巧玲〈母親與兒子〉，《婦女與性別研究通訊》第 63 期，2002.6。

135. 葉石濤〈林海音論〉，收入李瑞騰、夏祖麗主編《一座文學的橋──林海音先生紀念文集》，台南：國立文化資產保存研究中心籌備處，2002.12。

136. 趙慶華〈相聚、離開、沉默、流浪──閱讀蘇偉貞「眷村四部曲」〉，《台灣文學研究》創刊號，2007.4。

137. 趙淑俠〈從留學生文藝談海外的知識份子〉，《文訊》第 13 期，1984.8。

138. 廖輝英〈勇敢一生做母親〉《愛情原來是這樣》，台北：皇冠，1992.7。

139. 廖輝英〈母親是夏娃〉《愛情原來是這樣》，台北：皇冠，1992.7。

140. 廖玉蕙〈逃與困──聶華苓女士訪談錄〉（上）《自由時報》2003.1.13。

141. 齊邦媛〈超越悲歡的童年〉，收入林海音《城南舊事》，台北：爾雅，1960.7。

142. 齊邦媛〈閨怨之外──以實力論台灣女作家的小說〉，《千年之淚：當代台灣小說論集》，台北：爾雅，1990.7。

143. 齊邦媛〈從灰濛凝重到恣肆揮灑──五十年來的台灣文學〉，《霧漸漸散的時候──台灣文學五十年》，台北：九歌，1998.10。

144. 齊邦媛〈江河匯集成海的六○年代小說〉，《霧漸漸散的時候──台灣文學五十年》，台北：九歌，1998.10。

145. 蔡振念〈叫母親太沈重──台灣現代小說中的母親及母女關係〉，《中國現代文學理論季刊》第 20 期，2000.12。

146. 蔡雅薰〈台灣留學文學到移民文學的發展與近況〉，《文訊》第 172 期，2000.2。

147. 蔡秀枝〈克麗絲特娃對母子關係中「陰性」空間的看法〉，《中外文學》第 21 卷第 9 期，1993.2。

148. 蔡英俊〈女作家的兩種典型及其困境──試論李昂與廖輝英的小說〉，《文星》第 110 期，1987.8。

149. 劉惠琴〈母女關係的社會建構〉,《應用心理研究》第 6 期,2000.6。

150. 劉秀美〈略論留外華人小說中主題意識之轉變〉,《文訊》第 172 期,2000.2。

151. 劉心皇〈導言:自由中國文學三十年〉,收入劉心皇編著《當代中國新文學大系:史料與索引》,台北:天視,1981.8。

152. 劉叔慧〈生活的藝術家——訪艾雯女士〉,《文訊》第 101 期,1994.3。

153. 劉亮雅〈世紀末台灣小說裡的性別跨界與頹廢:以李昂、朱天文、邱妙津、成英妹爲例〉,《情色世紀末:小說、性別、文化、美學》,台北:九歌,2001.9。

154. 潘淑滿〈台灣母職圖像〉,《女學學誌:婦女與性別研究》第 20 期,2005.12。

155. 鄭明娳〈談琦君散文〉,收入隱地編《琦君的世界》,台北:爾雅,1980.11。

156. 簡瑛瑛〈性／女性／新女性:袁瓊瓊訪談錄〉,《中外文學》第 18 卷第 10 期,1990.3。

157. 簡瑛瑛〈處處是女兒家〉,收入陳若曦《女兒的家》,台北:學英文化,1999.2。

158. 應鳳凰〈五、六〇年代女性小說的性別與家國話語——比較琦君與林海音〉,收入李瑞騰主編《永恆的溫柔——琦君及其同輩女作家學術研討會論文集》,中壢:中央大學中文系琦君研究中心,2006.7。

159. 應鳳凰〈林海音與台灣文壇〉,收入李瑞騰、夏祖麗主編《一座文學的橋——林海音先生紀念文集》,台南:國立文化資產保存研究中心籌備處,2002.12。

160. 應鳳凰、鄭秀婷〈戰後臺灣文學風華——五〇年代女作家系列(2):永保赤子之心的希世珍琦——琦君〉,《明道文藝》第 346 期,2005.1。

161. 應鳳凰、鄭秀婷〈戰後臺灣文學風華——五〇年代女作家系列(4):永遠青春的姑蘇姑娘——艾雯〉,《明道文藝》第 348 期,2005.3。

162. 應鳳凰、黃恩慈〈戰後臺灣文學風華——五〇年代女作系列(11):穿過林間的海音——林海音〉,《明道文藝》第 358 期,2006.1。

163. 應鳳凰〈在那激越的年代〉,《文訊》第 262 期,2007.8。

164. 鍾梅音〈女人不是鋼鐵鑄的〉,《海濱隨筆》,台北:大華晚報社,1954.11。

165. 鍾年〈中國文史裡的寡婦〉,《國文天地》第 13 卷 12 期,1998.5。

166. 鍾鳳美〈讓缺憾從人性中躍昇——縱談袁瓊瓊小說《滄桑》〉,《文藝月刊》第 205 期,1986.7。

167. 鍾玲〈女性主義與台灣女性作家小說〉,收入邵玉銘、張寶琴、瘂弦主編《四十年來中國文學》,台北:聯合文學,1995.6。

168. 謝敏〈心理分析與女性主義:簡介夏多若〈母性的複製〉〉,《女性人》第

5 期，1991.9。

169. 謝小芩〈男性如何可能成爲女性主義思考主體〉，《當代》第 142 期，1999.6。

170. 隱地〈讀「紅紗燈」〉，收入隱地編《琦君的世界》，台北：爾雅，1980.11。

171. 關瀅芬〈從於梨華、吉錚論「留學生文藝」之多元發展〉，《東方人文學誌》第 2 卷第 3 期，2003.9。

172. 關瀅芬〈極眞——吉錚〈會哭的樹〉〉，《中國語文》第 556 期，2003.10。

173. 蕭蘋、李佳燕〈母職的社會建構與解構〉，《婦女與性別研究通訊》第 63 期，2002.6。

174. 蕭義玲〈女性情慾之自主與人格之實現——論蘇偉貞小說中的女性意識〉，《文學台灣》第 26 期，1998.4。

175. 藍佩嘉〈母職—消滅女人的制度〉，《當代》第 62 期，1991.6。

176. 藥婆〈琦君的《菁姐》〉，收入隱地編《琦君的世界》，台北：爾雅，1980.11。

177. 蘇偉貞〈書寫生活的原型——林海音的「家的文學」光譜〉，收入李瑞騰、夏祖麗主編《一座文學的橋——林海音先生紀念文集》，台南：國立文化資產保存研究中心籌備處，2002.12。

178. 龔鵬程〈文學人口的結構變遷〉，《我們都是稻草人》，台北：久大文化，1987.4。

179. 龔鵬程〈文學與歷史的交會——論蕭颯的〈我兒漢生〉〉，《當代》第 7 期，1986.11。

180. 伊蘭·修華特（Elaine Showalter）著，張小虹譯〈荒野中的女性主義批評〉，《中外文學》第 14 卷第 10 期，1986.3。

181. 馬庫色（Herbert Marcuse）著，蔡美麗譯〈社會主義和女性主義〉（Socialism and Feninism），《女性人》第 4 期，1990.9。

182. 茱麗葉·米切爾（Juliet Mitchell）〈父權制、親屬關係與作爲交換的婦女〉（Patriarchy, Kinship, and Women as Exchange Objects），收入張京媛主編《當代女性主義文學批評》，北京：北京大學，1992.1。

三、文史專書

（一）中文著作

1. 王德威《眾聲喧嘩——三〇到八〇年代的中國小說》，台北：遠流，1988.9。

2. 王德威《閱讀當代小說——台灣·大陸·香港·海外》台北：遠流，1991.9。

3. 王德威《小說中國——晚清到當代的中文小說》，台北：麥田，1993.6。

4. 王德威《落地的麥子不死：張愛玲與「張派」傳人》，濟南：山東畫報出

版社，2004.5。

5. 王雅各《台灣婦女解放運動史》，台北：巨流圖書，1999.10。

6. 中國論壇編輯委員會主編《女性知識份子與台灣發展》，台北：聯經，1989.6。

7. 石曉楓《兩岸小說中的少年家變》，台北：里仁，2006.7。

8. 司徒衛《五十年代文學評論》，台北：成文，1979.7。

9. 江寶釵、范銘如主編《島嶼妷聲：台灣女性小說讀本》，台北：巨流，2000.10。

10. 宇文正《永遠的童話——琦君傳》，台北：三民，2006.1。

11. 伍寶珠《從反思到反叛——八、九零年代台灣女性主義小說探究》，台北：大安，2001.9。

12. 朱雙一《戰後台灣新世代文學論》，台北：揚智文化，2002.2。

13. 任一鳴《中國女性文學的現代衍進》，香港：青文書屋，1997.6。

14. 呂正惠《小說與社會》，台北：聯經，1988.5。

15. 呂正惠《戰後台灣文學經驗》，台北：新地文學，1995.7。

16. 呂秀蓮《新女性主義》，台北：前衛，1990.5。

17. 何寄澎主編《文化、認同、社會變遷：戰後五十年台灣文學國際學術研討會論文集》，台北：文建會，2000。

18. 李仕芬《愛情與婚姻：台灣當代女作家小說研究》，台北：文史哲，1996.5。

19. 李仕芬《女性觀照下的男性——女作家小說析論》，台北：聯合文學，2000.5。

20. 李楯《性與法》，河南：河南人民出版社，1993.4。

21. 李元貞《女人的明天》，台北：健行文化，1991.2。

22. 李瑞騰、夏祖麗主編《一座文學的橋——林海音先生紀念文集》，台南：國立文化資產保存研究中心籌備處，2002.12。

23. 李瑞騰主編《霜後的燦爛——林海音及其同輩女作家學術研討會論文集》，台南：國立文化資產保存研究中心籌備處，2003.5。

24. 李瑞騰主編《永恆的溫柔——琦君及其同輩女作家學術研討會論文集》，中壢：中央大學中文系琦君研究中心，2006.7。

25. 周芬伶《女阿甘正傳》，台北：健行文化，1996.6。

26. 周芬伶《聖與魔——台灣戰後小說的心靈圖象（1945～2006）》，台北：INK，2007.3。

27. 周英雄、劉紀蕙編《書寫台灣——文學史、後殖民與後現代》，台北：麥田，2000.4。

28. 周蕾《婦女與中國現代性——東西方之間閱讀記》，台北：麥田，1995.11。

29. 林丹婭《當代中國女性文學史論》，廈門：廈門大學，2003.3。

30. 林海音《英子的鄉戀》，台北：九歌，2003.12。

31. 林芳玫《權力與美麗——超越浪漫說女性》，台北：九歌，2005.5。

32. 孟悅、戴錦華《浮出歷史地表：中國現代女性文學研究》，台北：時報文化，1993.9。

33. 邱貴芬《仲介台灣・女人：後殖民女性觀點的台灣閱讀》，台北：元尊文化，1997.9。

34. 邱貴芬《「（不）同國女人」聒噪：訪談當代台灣女作家》，台北：元尊文化，1998.3。

35. 邱貴芬主編《日據以來台灣女作家小說選讀》（上）（下），台北：女書文化，2001.7。

36. 邱貴芬《後殖民及其外》，台北：麥田，2003.9。

37. 邵玉銘、張寶琴、瘂弦主編《四十年來中國文學》，台北：聯合文學，1995.6。

38. 東海大學中文系編《戰後初期台灣文學與思潮》，台北：文津，2005.1。

39. 封德屏《聯珠綴玉——十一位女作家的筆墨生涯》，台北：文訊雜誌社，1988.7。

40. 胡幼慧《三代同堂——迷思與陷阱》，台北：巨流圖書，1995.2。

41. 胡曉真《才女徹夜未眠——近代中國女性敘事文學的興起》，台北：麥田，2003.10。

42. 范銘如《眾裡尋她——台灣女性小說縱論》，台北：麥田，2002.3。

43. 禹燕《女性人類學》，北京：東方，1988.6。

44. 高全之《從張愛玲到林懷民》，台北：三民，1998.2。

45. 郝譽翔《情慾世紀末：當代台灣女性小說論》，台北：聯合文學，2002.4。

46. 孫康宜《古典與現代的女性闡釋》，台北：聯合文學，1998.4。

47. 夏祖麗《握筆的人》，台北：純文學，1977。

48. 夏祖麗《從城南走來：林海音傳》，台北：天下遠見，2000.10。

49. 陳芳明《後殖民台灣——文學史論及其周邊》，台北：麥田，2002.4。

50. 陳東原《中國婦女生活史》，台北：台灣商務印書館，1937.5。

51. 陳玉玲《尋找歷史中缺席的女人——女性自傳的主體性研究》，嘉義：南華管理學院，1998.5。

52. 陳碧月《兩岸當代女性小說選讀》，台北：五南，2007.9。

53. 陳靜宜《張愛玲長篇小說的女性書寫》，台北：文津，2005.4。

54. 許俊雅《台灣文學論——從現代到當代》，台北：南天書局，1997.10。

55. 梅家玲編《性別論述與台灣小說》,台北:麥田,2000.10。

56. 梅家玲《性別,還是家國?:五○與八、九○年代台灣小說論》,台北:麥田,2004.9。

57. 張小虹《後現代/女人:權力、慾望與性別表演》,台北:時報文化,1993.5。

58. 張京媛主編《當代女性主義文學批評》,北京:北京大學,1992.1。

59. 張誦聖《文學場域的變遷》,台北:聯合文學,2001.6。

60. 張春興《心理學》,台北:東華書局,1989.5。

61. 張愛玲《流言》,台北:皇冠,1991.9。

62. 盛英《中國女性文學新探》,山東:中國文聯,1999.9。

63. 盛英《中國女性主義文學縱橫談》,北京:九州,2004.10。

64. 章方松《琦君的文學世界》,台北,三民,2004.9。

65. 傅光明《林海音》,香港:三聯書店,2003.10。

66. 彭瑞金《台灣新文學運動四十年》,高雄:春暉,1997.8。

67. 游素玲編《母職研究再思維——跨領域的視野》,台北:五南圖書,2008.12。

68. 賀安慰《台灣當代短篇小說的女性描寫》,台北:文史哲,1989.1。

69. 葉石濤《台灣文學史綱》,高雄:文學界,1987.2。

70. 楊照《文學、社會與歷史想像——戰後台灣文學史散論》,台北:聯合文學,1995.10。

71. 楊澤編《從四○年代到九○年代——兩岸三邊華文小說研討會論文集》,台北:時報文化,1994.11。

72. 楊澤編《閱讀張愛玲——張愛玲國際研討會論文集》,台北:麥田,1999.10。

73. 趙知悌(尉天驄)編著《現代文學的考察》,台北:遠景,1976。

74. 廣東省社會科學院文學研究所選編《台灣香港澳門暨海外華文文學論文選》,福州:海峽文藝,1993.3。

75. 廖輝英《愛情原來是這樣》,台北:皇冠,1992.7。

76. 樊琪、嚴明《中國女性文學的傳統》,台北:洪葉文化,1999.6。

77. 劉毓秀主編《女性‧國家‧照顧工作》,台北:女書文化,1997.9。

78. 劉岩編著《母親身分研究讀本》,武漢:武漢大學,2007.7。

79. 劉心皇編著《當代中國新文學大系:史料與索引》,台北:天視,1981.8。

80. 劉康《對話的喧聲——巴赫丁文化理論述評》(Bakhtin's Dialogism and Cultural Theory),台北:麥田,1995.5。

81. 劉亮雅《情色世紀末:小說、性別、文化、美學》,台北:九歌,2001.9。

82. 齊邦媛《千年之淚：當代台灣小說論集》，台北：爾雅，1990.7。

83. 齊邦媛《霧漸漸散的時候──台灣文學五十年》，台北：九歌，1998.10。

84. 鍾梅音《海濱隨筆》，台北：大華晚報社，1954.11。

85. 隱地編《琦君的世界》，台北：爾雅，1980.11。

86. 蘇芊玲《不再模範的母親》，台北：女書文化，1996.5。

87. 蘇芊玲《我的母職實踐》，台北：女書文化，1998.9。

88. 龔鵬程《我們都是稻草人》，台北：久大文化，1987.4。

（二）外國譯作

1. 〔美〕貝蒂・傅瑞丹（Betty Friedan）著，李令儀譯《女性迷思》（*The Feminine Mystique*），台北：月旦，1995.9。

2. 〔法〕克洛德・列維－斯特勞斯（Claude Levi-Strauss）著，李幼燕譯《野性的思維》（*La Pensee Sauvage*），北京：中國人民大學，2006.1。

3. 〔德〕佛洛姆（Erich Fromm）著，孟祥森譯《愛的藝術》（*The Art of Loving*），台北：志文，1969.9。

4. 〔德〕埃利希・諾伊曼（Erich Neumann）著，李以洪譯《大母神──原型分析》（*The Great Mother:An Analysis of the Archetype*），北京：東方，1998.9。

5. 〔美〕葛羅麗亞・史坦能（Gloria Steinem）著，羅勒譯《內在革命》（*Revolution from Within*），台北：正中，1992.8。

6. 〔美〕海瑞亞・勒那（Harriet Lerner）著，汪芸譯《與兒女共舞：母親的成長之路》（*The Mother Dance: How Children Change Your Life*），台北：天下遠見，2000.4。

7. 〔英〕珍妮特・謝爾絲（Janet Sayers）著，劉慧卿譯《母性精神分析──女性精神分析大師的生命故事》（*Mother of Psychoanalysis: Helene Deutsch, Karen Horney, Anna Freud, Melanie Klein*），台北：心靈工坊，2001.10。

8. 〔美〕珍・貝克・密勒（Jean Baker Miller）著，鄭至慧、劉毓秀、葉安安、顧效齡合譯《女性新心理學》（*Toward A New Psychology of Women*），台北：女書文化，1997.5。

9. 〔英〕裘依・瑪姬西絲（Joy Magezis）著，何穎怡譯《女性研究自學讀本》（*Teach Yourself Women's Studies*），台北：女書文化，2000.3。

10. 〔法〕露西・伊瑞葛萊（Luce Irigaray）著，李金梅譯，朱重儀校閱《此性非一》（*Ce sexe quin'en est pas un*），台北：桂冠，2005.2。

11. 〔美〕南西・邱多若（Nancy J. Chodorow）著，張君玫譯《母職的再生產：心理分析與性別社會學》（*The Reproduction of Mothering: Psychoanalysis*

and the Sociology of Gender），台北：群學，2003.10。

12. 〔美〕羅絲瑪莉・佟斯（Rosemarie Tong）著，刁小華譯《女性主義思潮》（*Feminist Thought: A Comprehensive Introduction*），台北：時報文化，1996.11。

13. 〔奧〕佛洛伊德（Sigmund Freud）著，林克明譯《性學三論、愛情心理學》（*Drei Abhandlungen zur Sexualtheorie*），台北：志文，1971.3。

14. 〔法〕西蒙・波娃（Simone de Beauvoir）著，歐陽子譯《第二性》（*Le Deuxieme Sexe*）（第一卷：形成期），台北：志文，1992.9。

15. 〔法〕西蒙・波娃（Simone de Beauvoir）著，楊美惠譯《第二性》（*Le Deuxieme Sexe*）（第二卷：處境），台北：志文，1992.9。

16. 〔法〕西蒙・波娃（Simone de Beauvoir）著，楊翠屏譯《第二性》（*Le Deuxieme Sexe*）（第三卷：正當的主張與邁向解放），台北：志文，1992.9。

17. 〔美〕托里・莫以（Toril Moi）著，陳潔詩譯《性別／文本政治：女性主義文學理論》（*Sexual/Textual politics: Feminist Literary Theory*），台北：駱駝，1995.6。

四、學位論文

1. 張佩珍《台灣當代女性文學中的母女關係探討》，南華大學文學所碩士論文，2000。

2. 簡君玲《若即若離——八、九○年代台灣女性文學中的「母女角色」探討》，清華大學中國文學所碩士論文，2002。

3. 吳芷維《交纏與共生：九○年代以來女性小說中的母女關係》，靜宜大學中國文學所碩士論文，2004。

4. 許雅茹《蕭颯小說中的母親形象研究》，雲林科技大學漢學資料整理研究所碩士論文，2006。